监察机关职务犯罪调查法律实务

（第2版）

韩玉胜 王 达◎主编

中国法制出版社
CHINA LEGAL PUBLISHING HOUSE

再版说明

《监察机关职务犯罪调查法律实务》自2019年3月出版以来，因贴近实务、内容翔实、查询便捷等特点，受到读者朋友的广泛认可与好评，这也是本书修订再版的动力所在。

本次修订是对2022年7月1日以前与职务犯罪调查相关有效法律法规的一次全面梳理。在第一版的基础上，新增内容主要有2019年12月30日施行的《人民检察院刑事诉讼规则》、2021年3月1日施行的《刑法修正案（十一）》、2021年9月20日施行的《监察法实施条例》、最高人民检察院指导案例13个、行贿犯罪典型案例5个等，修改内容主要有2021年3月1日施行的《最高人民法院关于适用〈中华人民共和国刑事诉讼法〉的解释》、2021年7月1日施行的《关于常见犯罪的量刑指导意见（试行）》、2022年5月15日施行的《关于公安机关管辖的刑事案件立案追诉标准的规定（二）》等，同时删去已经废止的部分规范性文件，并校正了若干错漏之处。

修订后的《监察机关职务犯罪调查法律实务》分上编、下编和附录三部分。上编打破常规体例，将实体法和程序法的内容按照职务犯罪调查的步骤重新排列，着重论述犯罪论、刑罚论等基本理论，系统介绍取证措施、证据标准以及调查程序，有助于从事监察工作的非法律背景同志迅速理解职务犯罪调查工作。下编采用可视化编排法，从刑法规定、犯罪构成、定罪量刑标准、司法认定、易混罪名比较、指导案例等方面逐一梳理监察机关管辖的101个职务犯罪罪名，为一线调查人员提供精准指导。附录除《刑法》（节选）、《监察法》、《监察法实施条例》外，还收录了办案期限汇总表和差旅住宿费标准明细表，方便调查人员随时翻阅。

本书修订过程中，得到了中国法制出版社的大力支持，时任编辑薛强、熊林林和现任编辑朱自文等同志为本书的出版付出了辛勤劳动，在此表示衷心感谢。

随着国家监察体制改革的不断深化、职务犯罪调查法规制度的逐步完善，本书将以修订版的形式及时进行更新，以期为读者提供最新、最全、最实用的办案参考。对于本书中的疏漏和不足之处，诚请读者提出宝贵意见建议并发至 dawruc@163.com，我们将在今后修订时予以完善。为弥补纸质书籍的更新滞后，我们会第一时间通过微信公众号“监纪天下”推送最新法规、案例等，欢迎大家关注并投稿交流。

第一版说明

2016年1月，习近平总书记在十八届中央纪委六次全会上指出，要坚持党对党风廉政建设和反腐败工作的统一领导，扩大监察范围，整合监察力量，健全国家监察组织架构，形成全面覆盖国家机关及其公务员的国家监察体系；11月，中共中央办公厅印发《关于在北京市、山西省、浙江省开展国家监察体制改革试点方案》；12月，十二届全国人大常务委员会第二十五次会议决定，在北京市、山西省和浙江省开展改革试点工作。2017年10月，中共中央办公厅印发《关于在全国各地推开国家监察体制改革试点方案》；11月，十二届全国人大常务委员会第三十次会议通过《关于在全国各地推开国家监察体制改革试点工作的决定》。2018年3月，十三届全国人大一次会议通过《中华人民共和国宪法修正案》《中华人民共和国监察法》。

国家监察体制改革是以习近平同志为核心的党中央作出的重大决策部署，是习近平新时代中国特色社会主义思想的重要组成部分。通过整合行政监察、预防腐败和检察机关查处贪污贿赂、失职渎职及预防职务犯罪等工作力量，设立国家、省、市、县监察委员会，同党的各级纪律检查委员会合署办公，有利于加强党对反腐败工作的集中统一领导，构建集中统一、权威高效的国家监察体系，推进党和国家治理体系和治理能力现代化，强化对权力运行的监督和制约，把权力全面关进制度的笼子。

各级监察委员会是行使国家监察职能的专责机关，依照监察法对所有行使公权力的公职人员进行监察，对涉嫌贪污贿赂、滥用职权、玩忽职守、权力寻租、利益输送、徇私舞弊以及浪费国家资财等职务违法和职务犯罪行为进行调查，对涉嫌职务犯罪的，将调查结果移送人民检察院依法审查、提起公诉。

2018年以来，中共中央纪律检查委员会、国家监察委员会相继印发《国家监察委员会管辖规定（试行)》《国家监察委员会与最高人民检察院办理职务犯罪案件工作衔接办法》《国家监察委员会移送最高人民检察院职务犯罪案件证据收集审查基本要求与案件材料移送清单》《中央纪委国家监委立案相关工作程序规定（试行)》等多部规定，职务犯罪调查工作逐步走向专业化、系统化、规范化，以往的刑事诉讼法律不再适用，办案思维急需转变，办案模式有待磨合，凡此种种都对调查人员提出了更高的要求。

为帮助调查人员迅速理解职务犯罪调查工作，准确运用实体、程序等各项法律法规，作者从监察工作实际出发，围绕职务犯罪调查职能，以刑法作为基础，结合监察法、刑事诉讼法、司法解释、指导案例以及其他相关文件，采用可视化编排法编著本书。本书作为职务犯罪调查的法律实务工具书，不仅全面梳理了监察机关管辖的职务犯罪及相关规定，而且论述了刑法基础理论，一方面为一线调查人员提供办案参考，另一方面也为从事监察工作的非法律人员打开了一扇门。

遗憾的是，由于中共中央纪律检查委员会、国家监察委员会印发的部分文件尚未全文公开发布，本书出版时不能全部引用，这些文件虽不影响本书作为工具书的使用，但因此对读者造成的不便还望谅解。待相关文件发布后，作者会第一时间以修订版的形式对相关文件加以整理，以期为读者更好地服务。

最后，感谢31008部队的王龙同志为本书创作提供的写作思路、资料整理以及动力源泉。同时，感谢中国法制出版社的编辑薛强、熊林林为本书的编辑、出版付出的大量心血。

本书法律文件、机构名称缩略语对照表

法律文件、机构名称	缩略语
《中华人民共和国刑法》	《刑法》
《中华人民共和国公务员法》	《公务员法》
《中华人民共和国监察法》	《监察法》
《中华人民共和国监察法实施条例》	《实施条例》
《中华人民共和国刑事诉讼法》	《刑事诉讼法》
《中华人民共和国保守国家秘密法》	《保守国家秘密法》
全国人民代表大会常务委员会	全国人大常委会
最高人民法院	最高法
最高人民检察院	最高检

目　　录

Contents

上　　编

第一章　概　　述 …… 3
　第一节　调查职责 …… 5
　第二节　管　　辖 …… 6
　第三节　追诉时效 …… 10
　第四节　回　　避 …… 12
第二章　犯　　罪 …… 13
　第一节　犯罪构成 …… 15
　第二节　犯罪未完成形态 …… 29
　第三节　共同犯罪 …… 30
　第四节　罪数形态 …… 33
第三章　证　　据 …… 39
　第一节　证据的种类 …… 41
　第二节　调查取证措施 …… 43
　第三节　证据的审查与认定 …… 63
　第四节　证据的运用 …… 75
第四章　调查程序 …… 79
　第一节　调　　查 …… 81
　第二节　处　　置 …… 85

第三节　法法衔接 …… 90
第四节　特别调查程序 …… 99

第五章　刑　　罚 …… 107
第一节　刑罚的种类 …… 109
第二节　刑罚的裁量 …… 116
第三节　刑罚的执行 …… 126
第四节　刑罚的消灭 …… 128

下　编

第一章　贪污贿赂犯罪 …… 133
第一节　贪污罪 …… 135
第二节　挪用公款罪 …… 143
第三节　受贿罪 …… 149
第四节　单位受贿罪 …… 158
第五节　利用影响力受贿罪 …… 160
第六节　行贿罪 …… 163
第七节　对有影响力的人行贿罪 …… 169
第八节　对单位行贿罪 …… 171
第九节　介绍贿赂罪 …… 172
第十节　单位行贿罪 …… 174
第十一节　巨额财产来源不明罪 …… 175
第十二节　隐瞒境外存款罪 …… 176
第十三节　私分国有资产罪 …… 177
第十四节　私分罚没财物罪 …… 179
第十五节　职务侵占罪 …… 180
第十六节　挪用资金罪 …… 183
第十七节　对外国公职人员、国际公共组织官员行贿罪 …… 186
第十八节　非国家工作人员受贿罪 …… 188

第十九节　对非国家工作人员行贿罪 …………………………………… 191

第二章　滥用职权犯罪 ………………………………………………… 195

第一节　滥用职权罪 …………………………………………………… 198

第二节　国有公司、企业、事业单位人员滥用职权罪 ………………… 202

第三节　滥用管理公司、证券职权罪 …………………………………… 204

第四节　食品、药品监管渎职罪 ………………………………………… 205

第五节　故意泄露国家秘密罪 …………………………………………… 208

第六节　报复陷害罪 …………………………………………………… 211

第七节　阻碍解救被拐卖、绑架妇女、儿童罪 ………………………… 213

第八节　帮助犯罪分子逃避处罚罪 ……………………………………… 214

第九节　违法发放林木采伐许可证罪 …………………………………… 216

第十节　办理偷越国（边）境人员出入境证件罪 ……………………… 217

第十一节　放行偷越国（边）境人员罪 ………………………………… 218

第十二节　挪用特定款物罪 ……………………………………………… 219

第十三节　非法剥夺公民宗教信仰自由罪 ……………………………… 221

第十四节　侵犯少数民族风俗习惯罪 …………………………………… 222

第十五节　打击报复会计、统计人员罪 ………………………………… 223

第十六节　非法拘禁罪 …………………………………………………… 224

第十七节　虐待被监管人罪 ……………………………………………… 227

第十八节　非法搜查罪 …………………………………………………… 228

第三章　玩忽职守犯罪 ………………………………………………… 231

第一节　玩忽职守罪 …………………………………………………… 233

第二节　国有公司、企业、事业单位人员失职罪 ……………………… 236

第三节　签订、履行合同失职被骗罪 …………………………………… 238

第四节　国家机关工作人员签订、履行合同失职被骗罪 ……………… 240

第五节　环境监管失职罪 ………………………………………………… 242

第六节　传染病防治失职罪 ……………………………………………… 244

第七节　商检失职罪 …………………………………………………… 246

第八节　动植物检疫失职罪 ……………………………………………… 248

第九节 不解救被拐卖、绑架妇女、儿童罪 …… 249
第十节 失职造成珍贵文物损毁、流失罪 …… 250
第十一节 过失泄露国家秘密罪 …… 251

第四章 徇私舞弊犯罪 …… 253
第一节 徇私舞弊低价折股、出售国有资产罪 …… 255
第二节 非法批准征收、征用、占用土地罪 …… 256
第三节 非法低价出让国有土地使用权罪 …… 258
第四节 非法经营同类营业罪 …… 260
第五节 为亲友非法牟利罪 …… 261
第六节 枉法仲裁罪 …… 262
第七节 徇私舞弊发售发票、抵扣税款、出口退税罪 …… 263
第八节 商检徇私舞弊罪 …… 265
第九节 动植物检疫徇私舞弊罪 …… 266
第十节 放纵走私罪 …… 267
第十一节 放纵制售伪劣商品犯罪行为罪 …… 269
第十二节 招收公务员、学生徇私舞弊罪 …… 270
第十三节 徇私舞弊不移交刑事案件罪 …… 272
第十四节 违法提供出口退税凭证罪 …… 275
第十五节 徇私舞弊不征、少征税款罪 …… 276

第五章 重大责任事故犯罪 …… 279
第一节 重大责任事故罪 …… 282
第二节 教育设施重大安全事故罪 …… 285
第三节 消防责任事故罪 …… 286
第四节 重大劳动安全事故罪 …… 288
第五节 强令、组织他人违章冒险作业罪 …… 291
第六节 危险作业罪 …… 292
第七节 不报、谎报安全事故罪 …… 293
第八节 铁路运营安全事故罪 …… 295
第九节 重大飞行事故罪 …… 296

第十节　大型群众性活动重大安全事故罪 …… 297
第十一节　危险物品肇事罪 …… 298
第十二节　工程重大安全事故罪 …… 300

第六章　公职人员其他犯罪 …… 303
第一节　破坏选举罪 …… 305
第二节　背信损害上市公司利益罪 …… 306
第三节　金融工作人员购买假币、以假币换取货币罪 …… 308
第四节　利用未公开信息交易罪 …… 310
第五节　诱骗投资者买卖证券、期货合约罪 …… 313
第六节　背信运用受托财产罪 …… 315
第七节　违法运用资金罪 …… 317
第八节　违法发放贷款罪 …… 318
第九节　吸收客户资金不入账罪 …… 320
第十节　违规出具金融票证罪 …… 321
第十一节　对违法票据承兑、付款、保证罪 …… 323
第十二节　非法转让、倒卖土地使用权罪 …… 324
第十三节　私自开拆、隐匿、毁弃邮件、电报罪 …… 326
第十四节　故意延误投递邮件罪 …… 328
第十五节　泄露不应公开的案件信息罪 …… 329
第十六节　披露、报道不应公开的案件信息罪 …… 330
第十七节　接送不合格兵员罪 …… 331

第七章　司法工作人员职务犯罪 …… 333
第一节　刑讯逼供罪 …… 335
第二节　暴力取证罪 …… 336
第三节　徇私枉法罪 …… 337
第四节　民事、行政枉法裁判罪 …… 339
第五节　执行判决、裁定失职罪 …… 341
第六节　执行判决、裁定滥用职权罪 …… 343
第七节　私放在押人员罪 …… 345

第八节　失职致使在押人员脱逃罪 …………………………………… 346
第九节　徇私舞弊减刑、假释、暂予监外执行罪 ……………………… 348

附　录 ………………………………………………………………… 350
一、中华人民共和国刑法（节选） …………………………………… 350
二、中华人民共和国监察法 ………………………………………… 377
三、中华人民共和国监察法实施条例 ……………………………… 386
四、监察机关办案期限汇总表 ……………………………………… 427
五、中央和国家机关工作人员赴地方差旅住宿费标准明细表 ……… 432
六、参考法规名录及案例索引 ……………………………………… 438

上 编

第一章　概　　述

本章介绍职务犯罪的调查职责、管辖、追诉时效以及回避，这是所有职务犯罪案件开展调查前首先应当考虑的原则性问题。

“调查职责”一节列举了监察机关管辖的101个罪名，“管辖”一节明确了案件的具体承办机关，“追诉时效”一节分析了案件的调查必要性，“回避”一节保证了案件承办的合法性。

概述
调查职责
贪污贿赂犯罪
滥用职权犯罪
玩忽职守犯罪
徇私舞弊犯罪
重大责任事故犯罪
公职人员其他犯罪
司法工作人员职务犯罪
权力寻租、利益输送犯罪
浪费国家资财
管 辖
一般管辖
提级管辖
报请提级管辖
指定管辖
管辖争议解决
双管干部管辖
退休人员管辖
优先管辖
移入管辖
移出管辖
追诉时效
追诉期限
追诉期限的计算
回 避

第一节 调查职责

各级监察委员会是行使国家监察职能的专责机关，依据监察法和刑法等规定，调查公职人员涉嫌贪污贿赂、滥用职权、玩忽职守、权力寻租、利益输送、徇私舞弊以及浪费国家资财等职务犯罪案件。

调查职责	罪名①
贪污贿赂犯罪（下编第一章）	贪污罪，挪用公款罪，受贿罪，单位受贿罪，利用影响力受贿罪，行贿罪，对有影响力的人行贿罪，对单位行贿罪，介绍贿赂罪，单位行贿罪，巨额财产来源不明罪，隐瞒境外存款罪，私分国有资产罪，私分罚没财物罪，以及公职人员在行使公权力过程中实施的职务侵占罪，挪用资金罪，对外国公职人员、国际公共组织官员行贿罪，非国家工作人员受贿罪和相关联的对非国家工作人员行贿罪。
滥用职权犯罪（下编第二章）	滥用职权罪，国有公司、企业、事业单位人员滥用职权罪，滥用管理公司、证券职权罪，食品、药品监管渎职罪，故意泄露国家秘密罪，报复陷害罪，阻碍解救被拐卖、绑架妇女、儿童罪，帮助犯罪分子逃避处罚罪，违法发放林木采伐许可证罪，办理偷越国（边）境人员出入境证件罪，放行偷越国（边）境人员罪，挪用特定款物罪，非法剥夺公民宗教信仰自由罪，侵犯少数民族风俗习惯罪，打击报复会计、统计人员罪，以及司法工作人员以外的公职人员利用职权实施的非法拘禁罪、虐待被监管人罪、非法搜查罪。
玩忽职守犯罪（下编第三章）	玩忽职守罪，国有公司、企业、事业单位人员失职罪，签订、履行合同失职被骗罪，国家机关工作人员签订、履行合同失职被骗罪，环境监管失职罪，传染病防治失职罪，商检失职罪，动植物检疫失职罪，不解救被拐卖、绑架妇女、儿童罪，失职造成珍贵文物损毁、流失罪，过失泄露国家秘密罪。
徇私舞弊犯罪（下编第四章）	徇私舞弊低价折股、出售国有资产罪，非法批准征收、征用、占用土地罪，非法低价出让国有土地使用权罪，非法经营同类营业罪，为亲友非法牟利罪，枉法仲裁罪，徇私舞弊发售发票、抵扣税款、出口退税罪，商检徇私舞弊罪，动植物检疫徇私舞弊罪，放纵走私罪，放纵制售伪劣商品犯罪行为罪，招收公务员、学生徇私舞弊罪，徇私舞弊不移交刑事案件罪，违法提供出口退税凭证罪，徇私舞弊不征、少征税款罪。

① 《实施条例》第25条至第31条，第46条第4款，第52条。

续表

重大责任事故犯罪（下编第五章）	重大责任事故罪，教育设施重大安全事故罪，消防责任事故罪，重大劳动安全事故罪，强令、组织他人违章冒险作业罪，危险作业罪，不报、谎报安全事故罪，铁路运营安全事故罪，重大飞行事故罪，大型群众性活动重大安全事故罪，危险物品肇事罪，工程重大安全事故罪。
公职人员其他犯罪（下编第六章）	破坏选举罪，背信损害上市公司利益罪，金融工作人员购买假币、以假币换取货币罪，利用未公开信息交易罪，诱骗投资者买卖证券、期货合约罪，背信运用受托财产罪，违法运用资金罪，违法发放贷款罪，吸收客户资金不入账罪，违规出具金融票证罪，对违法票据承兑、付款、保证罪，非法转让、倒卖土地使用权罪，私自开拆、隐匿、毁弃邮件、电报罪，故意延误投递邮件罪，泄露不应公开的案件信息罪，披露、报道不应公开的案件信息罪，接送不合格兵员罪。
司法工作人员职务犯罪②（下编第七章）	刑讯逼供罪，暴力取证罪，徇私枉法罪，民事、行政枉法裁判罪，执行判决、裁定失职罪，执行判决、裁定滥用职权罪，私放在押人员罪，失职致使在押人员脱逃罪，徇私舞弊减刑、假释、暂予监外执行罪。
权力寻租利益输送	公职人员在行使公权力的过程中，违反职务廉洁等规定进行权力寻租，或者为谋取政治、经济等方面的特定利益进行利益输送，构成犯罪的，适用受贿罪、行贿罪、为亲友非法牟利罪等规定。
浪费国家资财	公职人员违反科学决策、民主决策、依法决策程序，违反财经制度，浪费国家资财构成犯罪的，适用贪污罪、徇私舞弊低价折股出售国有资产罪等规定。

第二节　管　辖

管辖，指各级监察机关办理监察事项的职权分工。对监察机关的管辖范围作明确规定，既可以有效避免争执或推诿，又有利于有关单位和个人按照监察机关的管辖范围提供问题线索，充分发挥人民群众反腐败的积极性。

---

② 根据《实施条例》第52条第1款以及最高检《关于人民检察院立案侦查司法工作人员相关职务犯罪案件若干问题的规定》第1条，人民检察院可以对司法工作人员涉嫌利用职权实施的非法拘禁罪（下编第二章）、非法搜查罪（下编第二章）、虐待被监管人罪（下编第二章）、滥用职权罪（下编第二章）、玩忽职守罪（下编第三章）以及下编第七章共14个罪名立案侦查，必要时由监察机关立案调查。

一、一般管辖

【一般管辖】*③ 各级监察机关按照管理权限管辖本辖区内监察对象所涉职务犯罪案件。

1. 监察机关按照管理权限与属地管辖相结合的原则开展调查，实行分级负责制。管理权限，指干部管理权限，也就是监察对象的组织人事管理权限。本辖区，指本级监察机关所在的行政管辖区域。

2. 监察机关调查公职人员涉嫌职务犯罪案件，可以依法对涉嫌行贿犯罪、介绍贿赂犯罪或者共同职务犯罪的涉案人员中的非公职人员一并管辖。非公职人员涉嫌利用影响力受贿罪的，按照其所利用的公职人员的管理权限确定管辖。

3. 几个监察机关都有管辖权的案件，由最初受理的监察机关管辖。必要时，可以由主要犯罪地的监察机关管辖。

4. 具有下列情形之一的，监察机关可以在职责范围内并案调查：一人犯数罪的；共同犯罪的；共同犯罪的公职人员还实施其他犯罪的；多人实施的犯罪存在关联，并案处理有利于查明事实的。

二、提级管辖

【提级管辖】④ 上级监察机关可以办理下一级监察机关管辖范围内的监察事项，必要时也可以办理所辖各级监察机关管辖范围内的监察事项。

1. 上级监察机关对于下一级监察机关管辖范围内的职务违法和职务犯罪案件，具有下列情形之一的，可以依法提级管辖：一是在本辖区有重大影响的；二是涉及多个下级监察机关管辖的监察对象，调查难度大的；三是其他需要提级管辖的重大、复杂案件。

---

* 本书中的条文主旨均为编者所加，仅供读者参考检索。

③ 《监察法》第16条第1款，《实施条例》第46条。

④ 《监察法》第16条第2款，《实施条例》第47条第1款、第2款。

2. 上级监察机关对于所辖各级监察机关管辖范围内有重大影响的案件，必要时可以依法直接调查或者组织、指挥、参与调查。

三、报请提级管辖

【报请提级管辖】⑤ 监察机关认为所管辖的监察事项重大、复杂，需要由上级监察机关管辖的，可以报请上级监察机关管辖。

1. 地方各级监察机关所管辖的职务犯罪案件，具有下列情形之一的，可以依法报请上一级监察机关管辖：一是在本辖区有重大影响的；二是涉及多个下级监察机关管辖的监察对象，调查难度大的；三是其他需要提级管辖的重大、复杂案件。

2. 监察机关办理案件中涉及无隶属关系的其他监察机关的监察对象，认为需要立案调查的，应当商请有管理权限的监察机关依法立案调查。商请立案时，应当提供涉案人员基本情况、已经查明的涉嫌违法犯罪事实以及相关证据材料。承办案件的监察机关认为由其一并调查更为适宜的，可以报请有权决定的上级监察机关指定管辖。

四、指定管辖

【指定管辖】⑥ 上级监察机关可以将其所管辖的监察事项指定下级监察机关管辖，也可以将下级监察机关有管辖权的监察事项指定给其他监察机关管辖。

1. 上级监察机关对于下级监察机关管辖的职务犯罪案件，具有下列情形之一，认为由其他下级监察机关管辖更为适宜的，可以依法指定给其他下级监察机关管辖：一是管辖有争议的；二是指定管辖有利于案件公正处理的；三是下级监察机关报请指定管辖的；四是其他有必要指定管辖的。

2. 被指定的下级监察机关未经指定管辖的监察机关批准，不得将案件再

---

⑤ 《监察法》第17条第2款，《实施条例》第47条第3款、第50条。

⑥ 《监察法》第17条第1款，《实施条例》第48条。

行指定管辖。发现新的职务犯罪线索，以及其他重要情况、重大问题，应当及时向指定管辖的监察机关请示报告。

3. 设区的市级监察委员会将同级党委管理的公职人员涉嫌职务犯罪案件指定下级监察委员会管辖的，应当报省级监察委员会批准；省级监察委员会将同级党委管理的公职人员涉嫌职务犯罪案件指定下级监察委员会管辖的，应当报国家监察委员会相关监督检查部门备案。

五、管辖争议解决

【管辖争议解决】⑦ 监察机关之间对监察事项的管辖有争议的，由其共同的上级监察机关确定。

1. 对同一监察事项，有两个或两个以上监察机关都认为自己具有或者不具有管辖权而发生争议时，由它们共同的上级监察机关确定哪一个监察机关管辖。

2. 共同的上级监察机关，指对发生管辖争议的两个或者两个以上监察机关均有领导与被领导关系的上级监察机关。

六、其他管辖

【双管干部管辖】⑧ 工作单位在地方、管理权限在主管部门的公职人员涉嫌职务犯罪，一般由驻在主管部门、有管辖权的监察机构、监察专员管辖；经协商，监察机构、监察专员可以按规定移交公职人员工作单位所在地的地方监察委员会调查，或者与地方监察委员会联合调查。地方监察委员会在工作中发现上述公职人员有关问题线索，应当向驻在主管部门、有管辖权的监察机构、监察专员通报，并协商确定管辖。

前述规定单位的其他公职人员涉嫌职务犯罪，可以由地方监察委员会管辖；驻在主管部门的监察机构、监察专员自行立案调查的，应当及时通报地方监察委员会。

地方监察委员会调查前述规定案件，应当将立案、留置、移送审查起诉、撤销案件等重要情况向驻在主管部门的监察机构、监察专员通报。

---

⑦ 《监察法》第16条第3款。

⑧ 《实施条例》第49条。

续表

【退休人员管辖】⑨ 监察机关对于退休公职人员在退休前或者退休后，或者离职、死亡的公职人员在履职期间实施的涉嫌职务违法或者职务犯罪行为，可以依法进行调查。 对前述规定人员，按照其原任职务的管辖规定确定管辖的监察机关；由其他监察机关管辖更为适宜的，可以依法指定或者交由其他监察机关管辖。
【优先管辖】⑩ 被调查人既涉嫌职务犯罪，又涉嫌其他违法犯罪的，一般应当由监察机关为主调查，其他机关予以协助。 依法由监察机关为主调查的，应当由监察机关和其他机关分别依职权立案，监察机关承担组织协调职责，协调调查和侦查工作进度、重要调查和侦查措施使用等重要事项。
【移入管辖】⑪ 人民法院、人民检察院、公安机关、审计机关等国家机关在工作中发现公职人员涉嫌贪污贿赂、失职渎职等职务违法或者职务犯罪的问题线索，应当移送监察机关，由监察机关依法调查处置。 监察机关对于执法机关、司法机关等其他机关移送的问题线索，应当及时审核，并按照下列方式办理：本单位有管辖权的，及时研究提出处置意见；本单位没有管辖权但其他监察机关有管辖权的，在五个工作日以内转送有管辖权的监察机关；本单位对部分问题线索有管辖权的，对有管辖权的部分提出处置意见，并及时将其他问题线索转送有管辖权的机关；监察机关没有管辖权的，及时退回移送机关。
【移出管辖】⑫ 监察机关发现依法由其他机关管辖的违法犯罪线索，应当及时移送有管辖权的机关。 监察机关调查结束后，对于应当给予被调查人或者涉案人员行政处罚等其他处理的，依法移送有关机关。

第三节　追诉时效⑬

追诉时效，指依照法律规定对犯罪分子追究刑事责任的有效期限。在追诉时效期限内，监察机关应当依法调查职务犯罪分子的犯罪事项。

---

⑨ 《实施条例》第 53 条。

⑩ 《监察法》第 34 条第 2 款，《实施条例》第 51 条。

⑪ 《监察法》第 34 条第 1 款，《实施条例》第 171 条。

⑫ 《实施条例》第 32 条。

⑬ “追诉时效”应属于上编第五章第四节的内容，因其为案件调查首要考虑因素，故首章提出职务犯罪调查所适用的部分追诉时效规定。

> **【追诉时效期限】**[14] 犯罪经过下列期限不再追诉：
> （一）法定最高刑为不满五年有期徒刑的，经过五年；
> （二）法定最高刑为五年以上不满十年有期徒刑的，经过十年；
> （三）法定最高刑为十年以上有期徒刑的，经过十五年；
> （四）法定最高刑为无期徒刑、死刑的，经过二十年。如果二十年以后认为必须追诉的，须报请最高人民检察院核准。

报请最高人民检察院核准追诉的案件，应当同时符合下列条件[15]：

1. 有证据证明存在犯罪事实，且犯罪事实是犯罪嫌疑人实施的；

2. 涉嫌犯罪的行为应当适用的法定量刑幅度的最高刑为无期徒刑或者死刑的；

3. 涉嫌犯罪的性质、情节和后果特别严重，虽然已过二十年追诉期限，但社会危害性和影响依然存在，不追诉会严重影响社会稳定或者产生其他严重后果，而必须追诉的；

4. 犯罪嫌疑人能够及时到案接受追诉的。

> **【追诉期限的计算】**[16] 追诉期限从犯罪之日起计算；犯罪行为有连续或者继续状态的，从犯罪行为终了之日起计算。
> 在追诉期限以内又犯罪的，前罪追诉的期限从犯后罪之日起计算。

对一般职务犯罪而言，追诉期限从犯罪之日起计算。例如，行为人贪污三万元以上不满二十万元的，应被判处三年以下有期徒刑或者拘役，此时法定最高刑不满五年，那么，追诉期限就是从行为人贪污罪成立之日起计算，经过五年未被追诉的，不再追诉。如果行为人在贪污罪的五年追诉时效内又犯追诉时效为十年的受贿罪，则两罪的追诉时效都从受贿罪成立之日起计算，此时两罪的追诉时效不累加，而是分别计算，从受贿罪成立之日起经过五年贪污罪不再追诉，从受贿罪成立之日起经过十年受贿罪不再追诉。

职务犯罪行为连续或者有继续状态的，从犯罪行为终了之日起计算。连续犯和继续犯的相关规定，详见上编第二章第四节。

---

[14] 《刑法》第87条。

[15] 最高检《关于办理核准追诉案件若干问题的规定》第5条。

[16] 《刑法》第89条。

第四节 回　　避

回避，指调查人员因与案件或案件当事人有某种特殊关系，不得办理该案件。对回避作出规定，主要目的是确保监察工作客观、公正、合法，树立监察机关公正执法的良好形象。

> **【回避】**⑰ 办理监察事项的监察人员有下列情形之一的，应当自行回避，监察对象、检举人及其他有关人员也有权要求其回避：
> （一）是监察对象或者检举人的近亲属⑱的；
> （二）担任过本案的证人的；
> （三）本人或者其近亲属与办理的监察事项有利害关系的；
> （四）有可能影响监察事项公正处理的其他情形的。

1. 办理监察事项的监察人员有上述所列情形之一的，应当自行提出回避；没有自行提出回避的，监察机关应当依法决定其回避，监察对象、检举人及其他有关人员也有权要求其回避。

监察人员自行提出回避，或者监察对象、检举人及其他有关人员要求监察人员回避的，应当书面或者口头提出，并说明理由。口头提出的，应当形成记录。

2. 监察机关主要负责人的回避，由上级监察机关主要负责人决定；其他监察人员的回避，由本级监察机关主要负责人决定。

3. 选用借调人员、看护人员、调查场所，应当严格执行回避制度。

---

⑰ 《监察法》第 58 条。

⑱ 《实施条例》第 283 条：本条例所称“近亲属”，是指夫、妻、父、母、子、女、同胞兄弟姊妹。

第二章　犯　　罪

本章介绍犯罪论有关问题，调查人员通过对犯罪事实的准确判断，对犯罪论的综合运用，做到罪责刑相统一。

“犯罪构成”一节明确了成立犯罪所必须具备的条件，“犯罪未完成形态”一节列举了故意犯罪的预备、未遂和中止形态，“共同犯罪”一节区分了主犯、从犯、胁从犯以及教唆犯，“罪数形态”一节分析了被调查人构成一罪还是数罪。

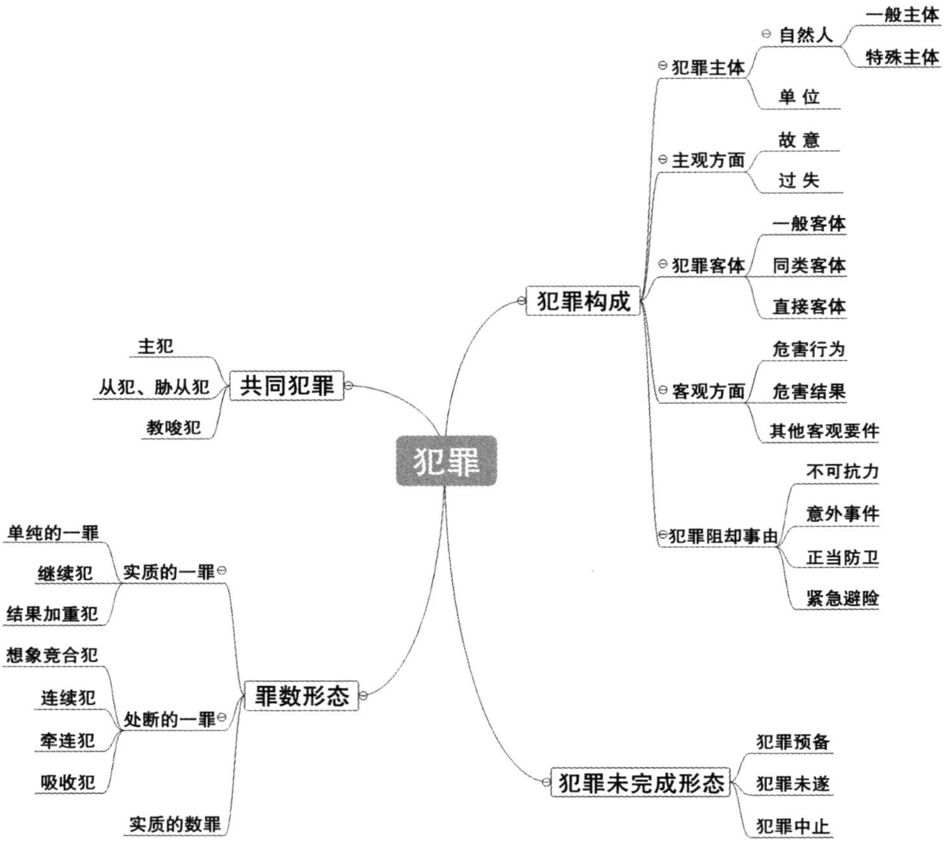

犯罪
犯罪构成
犯罪主体
自然人
一般主体
特殊主体
单 位
主观方面
故 意
过 失
犯罪客体
一般客体
同类客体
直接客体
客观方面
危害行为
危害结果
其他客观要件
犯罪阻却事由
不可抗力
意外事件
正当防卫
紧急避险
共同犯罪
主犯
从犯、胁从犯
教唆犯
罪数形态
实质的一罪
单纯的一罪
继续犯
结果加重犯
处断的一罪
想象竞合犯
连续犯
牵连犯
吸收犯
实质的数罪
犯罪未完成形态
犯罪预备
犯罪未遂
犯罪中止

第一节 犯罪构成

犯罪，指依照法律规定应当受刑罚处罚的危害社会的行为。

> **【犯罪概念】**① 一切危害国家主权、领土完整和安全，分裂国家、颠覆人民民主专政的政权和推翻社会主义制度，破坏社会秩序和经济秩序，侵犯国有财产或者劳动群众集体所有的财产，侵犯公民私人所有的财产，侵犯公民的人身权利、民主权利和其他权利，以及其他危害社会的行为，依照法律应当受刑罚处罚的，都是犯罪，但是情节显著轻微危害不大的，不认为是犯罪。

犯罪构成，指成立犯罪所必须具备的条件。犯罪构成体系在刑法理论界有两阶层、三阶层和四要件等体系，职务犯罪调查实务中常常采用四要件体系，即犯罪主体、犯罪主观方面、犯罪客体、犯罪客观方面，当被调查人同时具备犯罪构成的四个要件，且不存在犯罪阻却事由时，犯罪成立，即犯罪既遂。

一、犯罪主体

犯罪主体，是指实施犯罪行为，依法对自己的罪行应负刑事责任的自然人或者单位。

（一） 自然人

1. 一般主体

自然人成立犯罪，都应当达到刑事责任年龄，并具备刑事责任能力。

> **【刑事责任年龄】**② 已满十六周岁的人犯罪，应当负刑事责任。
>
> 已满十四周岁不满十六周岁的人，犯故意杀人、故意伤害致人重伤或者死亡、强奸、抢劫、贩卖毒品、放火、爆炸、投放危险物质罪的，应当负刑事责任。
>
> 已满十二周岁不满十四周岁的人，犯故意杀人、故意伤害罪，致人死亡或者以特别残忍手段致人重伤造成严重残疾，情节恶劣，经最高人民检察院核准追诉的，应当负刑事责任。

---

① 《刑法》第 13 条。

② 参考《刑法》第 17 条、第 17 条之一。

续表

对依照前述规定追究刑事责任的不满十八周岁的人，应当从轻或者减轻处罚。 因不满十六周岁不予刑事处罚的，责令其父母或者其他监护人加以管教；在必要的时候，依法进行专门矫治教育。 已满七十五周岁的人故意犯罪的，可以从轻或者减轻处罚；过失犯罪的，应当从轻或者减轻处罚。

刑事责任年龄，即法律规定行为人应当承担刑事责任的年龄。对于刑事责任年龄，应当注意以下五个方面：一是自然人的出生时间，以出生证明记载的时间为准；没有出生证明的，以户籍登记或者其他有效身份登记记载的时间为准，有其他证据足以推翻以上记载时间的，以该证据证明的时间为准③。二是成立职务犯罪必须年满十六周岁。三是不满十六周岁的人与调查对象共同实施职务犯罪行为的，虽不承担刑事责任，但应责令他的家长或者监护人加以管教，必要时依法进行专门矫治教育④。四是已满十六周岁不满十八周岁的人成立职务犯罪的，应当从轻或者减轻处罚，减少基准刑的10%～50%⑤。五是年满七十五周岁以上的人故意实施职务犯罪的，可以从轻或者减轻处罚，可以减少基准刑的40%以下；过失实施职务犯罪的，应当从轻或者减轻处罚，减少基准刑的20%～50%⑥。

【精神病人刑事责任能力】⑦ 精神病人在不能辨认或者不能控制自己行为的时候造成危害结果，经法定程序鉴定确认的，不负刑事责任，但是应当责令他的家属或者监护人严加看管和医疗；在必要的时候，由政府强制医疗。 间歇性的精神病人在精神正常的时候犯罪，应当负刑事责任。 尚未完全丧失辨认或者控制自己行为能力的精神病人犯罪的，应当负刑事责任，但是可以从轻或者减轻处罚。

---

③ 《民法典》第15条。

④ 《预防未成年人犯罪法》第41条：对有严重不良行为的未成年人，公安机关可以根据具体情况，采取以下矫治教育措施：（一）予以训诫；（二）责令赔礼道歉、赔偿损失；（三）责令具结悔过；（四）责令定期报告活动情况；（五）责令遵守特定的行为规范，不得实施特定行为、接触特定人员或者进入特定场所；（六）责令接受心理辅导、行为矫治；（七）责令参加社会服务活动；（八）责令接受社会观护，由社会组织、有关机构在适当场所对未成年人进行教育、监督和管束；（九）其他适当的矫治教育措施。

⑤ 最高法、最高检《关于常见犯罪的量刑指导意见（试行）》三、（一）、2。

⑥ 最高法、最高检《关于常见犯罪的量刑指导意见（试行）》三、（二）。

⑦ 《刑法》第18条。

续表

醉酒的人犯罪，应当负刑事责任。 **【又聋又哑的人或盲人刑事责任能力】**⑧ 又聋又哑的人或者盲人犯罪，可以从轻、减轻或者免除处罚。

刑事责任能力，指行为人构成犯罪和承担刑事责任所必须具备的刑法意义上辨认和控制自己行为的能力。对于刑事责任能力，应当注意以下两个方面：一是公民只要达到刑事责任年龄，生理和智力发育正常，法律就推定其具有相应的辨认和控制自己行为的能力，从而具有刑事责任能力；特殊情况下，如精神病人、聋哑人、盲人等也会存在丧失或减弱刑事责任能力的情况。二是对于又聋又哑的人或者盲人犯罪的，综合考虑犯罪的性质、情节、后果以及聋哑人或者盲人犯罪时的控制能力等情况，可以减少基准刑的50%以下；情节较轻的，可以减少基准刑的50%以上或者依法免除处罚。⑨

2. 特殊主体

自然人成立职务犯罪，除达到刑事责任年龄、具备刑事责任能力外，还必须是行使公权力的公职人员，一些职务犯罪还要求犯罪主体是从事公务的国家工作人员。

【公职人员】⑩ 监察机关对下列公职人员和有关人员进行监察： （一）中国共产党机关、人民代表大会及其常务委员会机关、人民政府、监察委员会、人民法院、人民检察院、中国人民政治协商会议各级委员会机关、民主党派机关和工商业联合会机关的公务员，以及参照《中华人民共和国公务员法》管理的人员； （二）法律、法规授权或者受国家机关依法委托管理公共事务的组织中从事公务的人员； （三）国有企业管理人员； （四）公办的教育、科研、文化、医疗卫生、体育等单位中从事管理的人员； （五）基层群众性自治组织中从事管理的人员； （六）其他依法履行公职的人员。

⑧ 《刑法》第19条。
⑨ 最高法、最高检《关于常见犯罪的量刑指导意见（试行）》三、（三）。
⑩ 《监察法》第15条。

上述六类公职人员具体指[11]：

（1）公务员和参照公务员法管理的人员

根据公务员法的规定，公务员是指依法履行公务、纳入国家行政编制、由国家财政负担工资福利的工作人员。主要包括以下八类机构中的公务员：一是中国共产党机关；二是人民代表大会及其常务委员会机关；三是人民政府；四是监察委员会；五是人民法院；六是人民检察院；七是人民政治协商会议各级委员会机关；八是民主党派机关和工商业联合会机关。

参照《公务员法》管理的人员，是指根据公务员法规定，法律、法规授权的具有公共事务管理职能的事业单位中除工勤人员以外的工作人员，经批准参照公务员法进行管理的人员。包括银行保险、证券等监督管理机构的工作人员；总工会、妇联、残联、法学会等社团的工作人员等。

（2）法律、法规授权或者受国家机关依法委托管理公共事务的组织中从事公务的人员

在法律、法规授权或者受国家机关依法委托管理公共事务的组织中，除参照公务员法管理的人员外，对公共事务履行组织、领导、管理、监督等职责的人员，包括具有公共事务管理职能的行业协会等组织中从事公务的人员，以及法定检验检测、检疫等机构中从事公务的人员。

（3）国有企业管理人员

国有企业管理人员，指国家出资企业中的下列人员：在国有独资、全资公司、企业中履行组织、领导、管理、监督等职责的人员；经党组织或者国家机关，国有独资、全资公司、企业，事业单位提名、推荐、任命、批准等，在国有控股、参股公司及其分支机构中履行组织、领导、管理、监督等职责的人员；经国家出资企业中负有管理、监督国有资产职责的组织批准或者研究决定，代表其在国有控股、参股公司及其分支机构中从事组织、领导、管理、监督等工作的人员。主要指以下五类人员：一是领导班子成员，包括设董事会的企业中由国有股权代表出任的董事长、副董事长、董事，总经理、副总经理，党委书记、副书记、纪委书记，工会主席等；未设董事会的企业的总经理（总裁）、副总经理（副总裁），党委书记、副书记、纪委书记，工

---

[11] 《实施条例》第38条至第43条，中共中央纪律检查委员会、中华人民共和国国家监察委员会法规室编写：《〈中华人民共和国监察法〉释义》，中国方正出版社2018年版，第108—114页。

会主席等。二是中层和基层管理人员，包括部门经理、部门副经理、总监、副总监、车间负责人等。三是在管理、监督国有财产等重要岗位上工作的人员，包括会计、出纳人员等。四是国有企业所属事业单位领导人员。五是国有资本参股企业和金融机构中对国有资产负有经营管理责任的人员。

（4）公办的教育、科研、文化、医疗卫生、体育等单位中从事管理的人员

国家为了社会公益目的，由国家机关举办或者其他组织利用国有资产举办的教育、科研、文化、医疗卫生、体育等事业单位中，从事组织、领导、管理、监督等工作的人员。主要指以下四类人员：一是领导班子成员以及国家工作人员，比如，公办学校的校长、副校长，科研院所的院长、所长，公立医院的院长、副院长等。二是中层和基层管理人员，包括管理岗六级（处级副职）以上职员，从事与职权相联系的管理事务的其他职员。三是在管理、监督国有财产等重要岗位上工作的人员，包括会计、出纳人员，采购、基建部门人员等。四是临时从事与职权相联系的管理事务，包括招标、评标、政府采购中依法组建的评标委员会、竞争性谈判采购中谈判小组、询价采购中询价小组的组成人员等。

（5）基层群众性自治组织中从事管理的人员

基层群众性自治组织中从事管理的人员，指该组织中的下列人员：从事集体事务和公益事业管理的人员；从事集体资金、资产、资源管理的人员；协助人民政府从事行政管理工作的人员，包括从事救灾、防疫、抢险、防汛、优抚、帮扶、移民、救济款物的管理，社会捐助公益事业款物的管理，国有土地的经营和管理，土地征收、征用补偿费用的管理，代征、代缴税款，有关计划生育、户籍、征兵工作，协助人民政府等国家机关在基层群众性自治组织中从事的其他管理工作。

（6）其他依法履行公职的人员

下列人员属于其他依法履行公职的人员：履行人民代表大会职责的各级人民代表大会代表，履行公职的中国人民政治协商会议各级委员会委员、人民陪审员、人民监督员；虽未列入党政机关人员编制，但在党政机关中从事公务的人员；在集体经济组织等单位、组织中，由党组织或者国家机关，国有独资、全资公司、企业，国家出资企业中负有管理监督国有和集体资产职责的组织，事业单位提名、推荐、任命、批准等，从事组织、领导、管理、

监督等工作的人员；在依法组建的评标、谈判、询价等组织中代表国家机关，国有独资、全资公司、企业，事业单位，人民团体临时履行公共事务组织、领导、管理、监督等职责的人员；其他依法行使公权力的人员。

【国家工作人员】[12] 国家工作人员，是指国家机关中从事公务的人员。

国有公司、企业、事业单位、人民团体中从事公务的人员和国家机关、国有公司、企业、事业单位委派到非国有公司、企业、事业单位、社会团体从事公务的人员，以及其他依照法律从事公务的人员，以国家工作人员论。

【国家机关工作人员】[13] 在国家机关中从事公务的人员，包括在各级国家权力机关、行政机关、司法机关和军事机关中从事公务的人员。

根据有关立法解释的规定，在依照法律、法规规定行使国家行政管理职权的组织中从事公务的人员，或者在受国家机关委托代表国家行使职权的组织中从事公务的人员，或者虽未列入国家机关人员编制但在国家机关中从事公务的人员，视为国家机关工作人员。在乡（镇）以上中国共产党机关、人民政协机关中从事公务的人员，司法实践中也应当视为国家机关工作人员。

【司法工作人员】[14] 有侦查、检察、审判、监管职责的工作人员。

对于国家工作人员，应当注意以下四个方面[15]：

（1）从犯罪主体范围上看，公职人员 > 国家工作人员 > 国家机关工作人员 > 司法工作人员。在调查职务犯罪时，应当根据公职人员的具体身份，确定其涉嫌犯罪的具体罪名。例如，公职人员利用职务上的便利收受贿赂，就需要确定该公职人员是否属于从事公务的国家工作人员，进而确定其收受贿赂的行为是受贿罪还是非国家工作人员受贿罪。

（2）从事公务，指代表国家机关、国有公司、企业、事业单位、人民团体等履行组织、领导、监督、管理等职责。公务主要表现为与职权相联系的公共事务以及监督、管理国有财产的职务活动。如国家机关工作人员依法履行职责，国有公司的董事、经理、监事、会计、出纳人员等管理、监督国有

---

[12] 《刑法》第93条。

[13] 最高法《全国法院审理经济犯罪案件工作座谈会纪要》一、（一）。

[14] 《刑法》第94条。

[15] 最高法《全国法院审理经济犯罪案件工作座谈会纪要》一、（二）~（四），最高检法律政策研究室《关于国家机关、国有公司、企业委派到非国有公司、企业从事公务但尚未依照规定程序获取该单位职务的人员是否适用刑法第九十三条第二款问题的答复》。

财产等活动，属于从事公务。那些不具备职权内容的劳务活动、技术服务工作，如售货员、售票员等所从事的工作，一般不认为是公务。

（3）委派，即委任、派遣，其形式多种多样，如任命、指派、提名、批准等。不论被委派的人身份如何，只要是接受国家机关、国有公司、企业、事业单位委派，代表国家机关、国有公司、企业、事业单位在非国有公司、企业、事业单位、社会团体中从事组织、领导、监督、管理等工作，都可以认定为国家机关、国有公司、企业、事业单位委派到非国有公司、企业、事业单位、社会团体从事公务的人员。如国家机关、国有公司、企业、事业单位委派在国有控股或者参股的股份有限公司从事组织、领导、监督、管理等工作的人员，应当以国家工作人员论。国有公司、企业改制为股份有限公司后，原国有公司、企业的工作人员和股份有限公司新任命的人员中，除代表国有投资主体行使监督、管理职权的人外，不以国家工作人员论。

对于国家机关、国有公司、企业委派到非国有公司、企业从事公务但尚未依照规定程序获取该单位职务的人员，涉嫌职务犯罪的，可以依照“以国家工作人员论”的规定追究刑事责任。

（4）其他依照法律从事公务的人员，具有两个特征：一是在特定条件下行使国家管理职能；二是依照法律规定从事公务。具体包括：依法履行职责的各级人民代表大会代表；依法履行审判职责的人民陪审员；协助乡镇人民政府、街道办事处从事行政管理工作的村民委员会、居民委员会等农村和城市基层组织人员；其他由法律授权从事公务的人员。

（二）单位

【单位负刑事责任的范围】⑯ 公司、企业、事业单位、机关、团体实施的危害社会的行为，法律规定为单位犯罪的，应当负刑事责任。

调查单位犯罪，应当注意以下七个方面：

1. 公司、企业、事业单位、机关、团体等单位实施刑法规定的危害社会的行为，刑法分则和其他法律未规定追究单位的刑事责任的，对组织、策划、

---

⑯ 《刑法》第30条。

实施该危害社会行为的人依法追究刑事责任。⑰

2. 公司、企业、事业单位，既包括国有、集体所有的公司、企业、事业单位，也包括依法设立的合资经营、合作经营企业和具有法人资格的独资、私营等公司、企业、事业单位。⑱

3. 对以村民委员会名义实施犯罪的，不应以单位犯罪论，可以依法追究直接负责的主管人员和其他直接责任人员的刑事责任。⑲

4. 以单位名义实施犯罪，违法所得归单位所有的，是单位犯罪。以单位的分支机构或者内设机构、部门的名义实施犯罪，违法所得亦归分支机构或者内设机构、部门所有的，应认定为单位犯罪。⑳

5. 个人为进行违法犯罪活动而设立的公司、企业、事业单位实施犯罪的，或者公司、企业、事业单位设立后，以实施犯罪为主要活动的，不以单位犯罪论处。盗用单位名义实施犯罪，违法所得由实施犯罪的个人私分的，依照刑法有关自然人犯罪的规定定罪处罚。㉑

6. 人民检察院起诉时该犯罪企业已被合并到一个新企业的，仍应依法追究原犯罪企业及其直接负责的主管人员和其他直接人员的刑事责任。人民法院审判时，对被告单位应列原犯罪企业名称，但注明已被并入新的企业，对被告单位所判处的罚金数额以其并入新的企业的财产及收益为限。㉒

7. 涉嫌犯罪的单位被撤销、注销、吊销营业执照或者宣告破产的，应当根据刑法关于单位犯罪的相关规定，对实施犯罪行为的该单位直接负责的主管人员和其他直接责任人员追究刑事责任，对该单位不再追诉。㉓

【单位犯罪的处罚】㉔ 单位犯罪的，对单位判处罚金，并对其直接负责的主管人员和其他直接责任人员判处刑罚。刑法分则和其他法律另有规定的，依照规定。

---

⑰ 全国人大常委会《关于〈中华人民共和国刑法〉第三十条的解释》。

⑱ 最高法《关于审理单位犯罪案件具体应用法律有关问题的解释》第1条。

⑲ 公安部《关于村民委员会可否构成单位犯罪主体问题的批复》。

⑳ 最高法《全国法院审理金融犯罪案件工作座谈会纪要》二、(一)、1。

㉑ 最高法《关于审理单位犯罪案件具体应用法律有关问题的解释》第2条、第3条。

㉒ 最高法研究室《关于企业犯罪后被合并应当如何追究刑事责任问题的答复》。

㉓ 最高检《关于涉嫌犯罪单位被撤销、注销、吊销营业执照或者宣告破产的应如何进行追诉问题的批复》。

㉔ 《刑法》第31条。

单位犯罪的处罚有双罚制和单罚制两种：双罚制是对单位和单位直接负责的主管人员和其他直接责任人员处以刑罚；单罚制是在刑法和其他法律另行规定的情况下，只处罚单位或者只处罚直接负责的主管人员和其他直接责任人员。

直接负责的主管人员，是在单位实施的犯罪中起决定、批准、授意、纵容、指挥等作用的人员，一般是单位的主管负责人，包括法定代表人。其他直接责任人员，是在单位犯罪中具体实施犯罪并起较大作用的人员，既可以是单位的经营管理人员，也可以是单位的职工，包括聘任、雇用的人员。应当注意的是，在单位犯罪中，对于受单位领导指派或奉命而参与实施了一定犯罪行为的人员，一般不宜作为直接责任人员追究刑事责任。[25]

二、犯罪主观方面

犯罪主观方面，是指行为人对自己实施危害行为及其危害结果所持的心理态度，包括犯罪故意与犯罪过失。

（一）犯罪故意

> **【故意犯罪】**[26] 明知自己的行为会发生危害社会的结果，并且希望或者放任这种结果发生，因而构成犯罪的，是故意犯罪。
>
> 故意犯罪，应当负刑事责任。

根据故意的认识因素与意志因素的内容，将故意分为直接故意与间接故意：

1. 直接故意：明知自己的行为会发生危害社会的结果，并且希望这种结果发生的心理态度。

认识因素：明知自己的行为会发生危害社会的结果，包括明知行为的内容、社会意义、结果以及刑法规定的特定事实等。

意志因素：希望危害结果的发生，是行为人实施行为直接追求的结果。

2. 间接故意：明知自己的行为会发生危害社会的结果，并且放任这种结果发生的心理态度。

㉕ 最高法《全国法院审理金融犯罪案件工作座谈会纪要》二、（一）、2。

㉖ 《刑法》第14条。

认识因素：明知自己的行为会发生危害社会的结果，包括明知行为的内容、社会意义、结果以及刑法规定的特定事实等。

意志因素：放任危害结果的发生，不论结果是否发生，都不与行为人意志相冲突，对结果的发生听之任之。

（二）犯罪过失

【过失犯罪】[27] 应当预见自己的行为可能发生危害社会的结果，因为疏忽大意而没有预见，或者已经预见而轻信能够避免，以致发生这种结果的，是过失犯罪。

过失犯罪，法律有规定的才负刑事责任。

根据行为人是否预见危害结果，将过失分为疏忽大意的过失与盲目自信的过失。

1. 疏忽大意的过失：应当预见自己的行为可能发生危害社会的结果，因为疏忽大意而没有预见，以致发生这种结果。

2. 盲目自信的过失：已经预见自己的行为可能发生危害社会的结果，但轻信能够避免，以致发生这种结果。

三、犯罪客体

犯罪客体是我国刑法所保护的、为犯罪行为所侵害的社会关系。犯罪行为的社会危害性体现在其侵犯了一定的社会关系。

犯罪客体分为三类：一般客体、同类客体和直接客体。

（一）一般客体

犯罪的一般客体，指一切犯罪共同侵犯的客体，也就是刑法所保护的社会关系的整体，体现了一切犯罪的共性，即犯罪的社会危害性。

（二）同类客体

犯罪的同类客体，指某一类犯罪行为所共同侵犯的刑法所保护的社会关系的某一部分或某一方面。同类客体往往具有相同或相近的性质，刑法分则

---

[27] 《刑法》第15条。

正是根据同类客体的原理将犯罪分为十大类，如刑法分则第八章贪污贿赂罪侵犯的主要是国家工作人员公务行为的廉洁性，第九章渎职罪侵犯的主要是国家机关的正常管理活动等。

（三）直接客体

犯罪的直接客体，指某一种犯罪行为所直接侵害的刑法所保护的具体的社会关系。直接客体根据犯罪行为所侵犯客体的数量可以分为简单客体与复杂客体。简单客体指某一犯罪只直接侵害一种具体的社会关系，如受贿罪，侵犯了国家工作人员职务行为的廉洁性；复杂客体指某一犯罪同时侵害了两种以上的具体社会关系，该犯罪的性质由该犯罪行为所侵害的主要客体性质决定，如贪污罪，既侵犯了国家工作人员职务行为的廉洁性，又侵犯了公共财物所有权。

四、犯罪客观方面

犯罪客观方面是刑法所规定的、对刑法所保护的社会关系造成损害的客观外在的事实，它是成立犯罪所必须具备的核心因素。

犯罪客观方面包括危害行为、危害结果，以及行为的时间、地点、方法、对象等。其中，危害行为是一切犯罪中均具备的要件，危害结果是大多数犯罪需要具备的，而时间、地点、方法、对象等则是选择要件。

（一）危害行为

危害行为是指在人的意志或意识支配下实施的危害社会的身体动作。如果行为人是在无意志或者无意识情形下作出的行为，如在睡梦中、精神错乱或者身体受到强制等情形，即使行为危害社会也不能称作危害行为；如果行为人是在精神受到强制或者威胁等情形下实施危害社会的行为，在其行为不符合紧急避险的条件时，也应当追究刑事责任。

危害行为分为作为与不作为两种形式。

1. 作为，指行为人用积极的身体活动实施的违反禁止性规定的危害社会的行为，即不当为而为之。作为通常表现为以下几个方面：本人身体实施的行为；利用工具实施的行为；利用动物实施的行为；利用他人实施的行为等。

2. 不作为，指行为人应当履行且能够履行某种特定的法律义务而不履行，即当为而不为。特定法律义务的来源有法律规定的义务、行为引起的义务、职务或业务上的要求等。

（二）危害结果

危害结果是危害行为所导致的后果，具有广义和狭义之分。广义的危害结果指由危害行为引起的一切对社会的损害事实，包括直接结果和间接结果。狭义的危害结果指对客体所造成的损害事实，是构成要件的组成部分。

根据不同的划分标准，可将危害结果分为以下三类：

1. 以构成要件为标准，可将危害结果分为属于构成要件的危害结果与不属于构成要件的危害结果。前者是指成立某一犯罪所必须具备的危害结果，如果行为没有造成这种结果，就不可能成立犯罪，如渎职犯罪，一般只有造成公共财产、国家和人民利益遭受重大损失才成立犯罪。后者是指构成要件之外的危害结果，这种危害结果是否发生及其轻重如何，并不影响犯罪的成立，只是在行为构成犯罪的基础上，对反映社会危害性程度起一定作用，从而影响量刑轻重，如行贿罪，使国家利益遭受重大损失不是其构成要件，但具有该情节的应加重处罚。

2. 以危害结果的现象形态为标准，可将危害结果分为物质性危害结果与非物质性危害结果。前者是指现象形态表现为物质性变化的危害结果，如人员伤亡、财物毁损等。后者是指现象形态表现为非物质性变化的危害结果，如重大影响、情节恶劣等。

3. 以危害结果与危害行为的联系为标准，可以将危害结果分为直接危害结果与间接危害结果。前者是指危害行为直接造成的侵害事实，它与危害行为之间具有直接因果关系，即二者之间没有独立的另一现象作为联系的中介。后者是指危害行为间接造成的侵害事实，它与危害行为之间存在独立的另一现象作为联系的中介。

（三）其他客观要件

犯罪的时间、地点、方法、对象等其他客观要件，只有在刑法明文规定其为某一犯罪所必需时，这些客观要件才对某些行为是否构成犯罪起决定作用。当这些要件不是成立犯罪所必需时，往往也会影响到行为的社会危害程度，从而对量刑产生一定的影响。

五、犯罪阻却事由

刑法规定的犯罪阻却事由有不可抗力与意外事件、正当防卫和紧急避险。

（一）不可抗力与意外事件

> **【不可抗力与意外事件】**㉘ 行为在客观上虽然造成了损害结果，但是不是出于故意或者过失，而是由于不能抗拒或者不能预见的原因所引起的，不是犯罪。

不可抗力有以下三个特征：

1. 行为在客观上造成了损害结果；2. 行为人在主观上没有故意或者过失；3. 引起损害结果的主要是不能抗拒的原因，即由于行为时的主观和客观条件的限制，行为人不可能避免危害结果的发生。

意外事件有以下三个特征：

1. 行为在客观上造成了损害结果；2. 行为人在主观上没有故意或者过失；3. 引起损害结果的主要是不能预见的原因。

（二）正当防卫

> **【正当防卫】**㉙ 为了使国家、公共利益、本人或者他人的人身、财产和其他权利免受正在进行的不法侵害，而采取的制止不法侵害的行为，对不法侵害人造成损害的，属于正当防卫，不负刑事责任。
>
> 正当防卫明显超过必要限度造成重大损害的，应当负刑事责任，但是应当减轻或者免除处罚。
>
> 对正在进行行凶、杀人、抢劫、强奸、绑架以及其他严重危及人身安全的暴力犯罪，采取防卫行为，造成不法侵害人伤亡的，不属于防卫过当，不负刑事责任。

㉘ 《刑法》第16条。

㉙ 《刑法》第20条。

正当防卫分为一般正当防卫和特殊正当防卫。

1. 一般正当防卫应同时具备以下五个条件：

（1）必须存在现实客观的不法侵害行为；（2）不法侵害行为必须正在进行；（3）行为人必须是出于防卫的意识，防卫挑拨不成立正当防卫；（4）防卫行为必须针对不法侵害人本人进行，包括不法侵害人的人身或者财产等；（5）防卫行为必须没有明显超过必要限度造成重大损害，超过必要限度造成重大损害的，无论行为人对造成的重大损害是出于故意还是过失，均属于防卫过当，应负刑事责任，但是应当减轻或者免除处罚。

2. 特殊正当防卫必须同时具备以下四个条件：

（1）必须存在现实客观的行凶、杀人、抢劫、强奸、绑架以及其他严重危及人身安全的暴力犯罪；（2）暴力犯罪必须正在进行；（3）行为人必须是出于防卫的意识；（4）防卫行为必须针对不法侵害人本人进行。对于特殊正当防卫，不存在必要限度的规定。

（三）紧急避险

【紧急避险】[30] 为了使国家、公共利益、本人或者他人的人身、财产和其他权利免受正在发生的危险，不得已采取的紧急避险行为，造成损害的，不负刑事责任。

紧急避险超过必要限度造成不应有的损害的，应当负刑事责任，但是应当减轻或者免除处罚。

前述中关于避免本人危险的规定，不适用于职务上、业务上负有特定责任的人。

成立紧急避险，应当具备以下六个条件：

1. 必须发生了现实危险；2. 现实危险必须正在发生；3. 必须是不得已才损害另一方法益，即必须牺牲一方法益，则两害相权取其轻；4. 行为人必须具备避险意识；5. 避险行为必须没有超过必要限度造成不应有的损害，超过必要限度造成不应有的损害的，属于避险过当，应当负刑事责任，但是应当减轻或者免除处罚；6. 紧急避险不适用于职务上、业务上负有特定责任的人，如消防员、船长、飞行员、警察等。

---

[30] 《刑法》第21条。

第二节 犯罪未完成形态

当行为同时符合犯罪构成的四个要件，且不具备犯罪阻却事由时，即达到犯罪的完成形态——犯罪既遂。但在故意犯罪的过程中，行为人会出于种种原因停止下来而不能达到犯罪既遂，这种形态就是犯罪的未完成形态，刑法规定的故意犯罪未完成形态包括犯罪预备、犯罪未遂和犯罪中止。而对于过失犯罪而言，只有犯罪成立与否，不存在犯罪的未完成形态，没有过失犯罪的预备、未遂、中止一说。

一、犯罪预备

> **【犯罪预备】**㉛ 为了犯罪，准备工具、制造条件的，是犯罪预备。
> 对于预备犯，可以比照既遂犯从轻、减轻处罚或者免除处罚。

犯罪预备应具备以下四个条件：

1. 主观上是为了实行犯罪，包括为了自己实行犯罪和为了他人实行犯罪。

2. 客观上实施了犯罪预备行为，即准备工具或制造条件。

3. 事实上未能着手实行犯罪，包括预备阶段未完成，或预备阶段虽已完成但尚未着手实行犯罪。

4. 未能着手实行犯罪是由于行为人意志以外的原因，客观上不可能继续实行预备行为或客观上不可能继续着手实行犯罪。

二、犯罪未遂

> **【犯罪未遂】**㉜ 已经着手实行犯罪，由于犯罪分子意志以外的原因而未得逞的，是犯罪未遂。
> 对于未遂犯，可以比照既遂犯从轻或者减轻处罚。

㉛ 《刑法》第22条。

㉜ 《刑法》第23条。

犯罪未遂应具备以下三个条件：

1. 已经着手实行犯罪，即开始实行刑法分则所规定的某一犯罪构成客观要件的行为，产生了侵害法益的具体危险状态。

2. 犯罪未得逞，即没有达到犯罪既遂的全部犯罪构成要件。

3. 犯罪未得逞是由于犯罪人意志以外的原因。一是行为人认为自己客观上不可能继续实行犯罪，从而被迫停止犯罪；二是行为人客观上不可能继续实行犯罪；三是行为人认为行为实行终了，但某种情况阻止了侵害结果的发生。

对于未遂犯，综合考虑犯罪行为的实行程度、造成损害的大小、犯罪未得逞的原因等情况，可以比照既遂犯减少基准刑的50%以下。[33]

三、犯罪中止

【犯罪中止】[34] 在犯罪过程中，自动放弃犯罪或者自动有效地防止犯罪结果发生的，是犯罪中止。

对于中止犯，没有造成损害的，应当免除处罚；造成损害的，应当减轻处罚。

犯罪中止应具备以下四个条件：

1. 时间上，犯罪中止可以发生在预备阶段，也可以发生在实行阶段。

2. 主观上，自动放弃犯罪或者自动有效防止犯罪结果发生。

3. 客观上，放弃继续实行犯罪或者积极有效防止犯罪结果发生。

4. 效果上，有效防止犯罪结果的发生。

第三节　共同犯罪

共同犯罪简称共犯，是相对于个人犯罪而言的，由于共同犯罪人在犯罪活动中的地位、作用以及分工的不同，刑法将共犯区分为主犯、从犯、胁从犯以及教唆犯。

---

[33] 最高法、最高检《关于常见犯罪的量刑指导意见（试行）》三、（四）。

[34] 《刑法》第24条。

【共同犯罪的概念】[35] 共同犯罪是指二人以上共同故意犯罪。

二人以上共同过失犯罪，不以共同犯罪论处；应当负刑事责任的，按照他们所犯的罪分别处罚。

共同犯罪的成立需具备以下两个条件：

1. 主体：二人以上，可以是两个以上自然人、两个以上单位，也可以是两个以上自然人和单位。

两个以上单位以共同故意实施的犯罪，应根据各单位在共同犯罪中的地位、作用大小，确定犯罪单位。[36]

2. 主观：各共同犯罪人必须有共同的犯罪故意。一是认识因素，共同犯罪人不仅认识到自己在故意地实施犯罪，而且还认识到其他犯罪人和自己一起共同配合实施犯罪；二是意志因素，共同犯罪人明知共同犯罪行为会造成某种危害社会的结果，并且希望或者放任这种危害结果发生。

共同犯罪故意包括实行故意、组织故意、教唆故意、帮组故意。共同犯罪人可以都是直接故意，可以都是间接故意，也可以是直接故意与间接故意的结合。

一、主犯

【主犯】[37] 组织、领导犯罪集团进行犯罪活动的或者在共同犯罪中起主要作用的，是主犯。

三人以上为共同实施犯罪而组成的较为固定的犯罪组织，是犯罪集团。

对组织、领导犯罪集团的首要分子，按照集团所犯的全部罪行处罚。

对于第三款规定以外的主犯，应当按照其所参与的或者组织、指挥的全部犯罪处罚。

犯罪集团，一般应具备下列五个基本特征：

1. 人数较多（三人以上），重要成员固定或基本固定；2. 经常纠集一起进行一种或数种严重的刑事犯罪活动；3. 有明显的首要分子，有的首要分子是在纠集过程中形成的，有的首要分子在纠集开始时就是组织者和领导者；

---

[35] 《刑法》第25条。

[36] 最高法《全国法院审理金融犯罪案件工作座谈会纪要》二、(一)、4。

[37] 《刑法》第26条。

4. 有预谋地实施犯罪活动；5. 不论作案次数多少，对社会造成的危害或其具有的危险性都很严重。[38]

首要分子，指在犯罪集团或者聚众犯罪中起组织、策划、指挥作用的犯罪分子。[39]

二、从犯、胁从犯

【从犯】[40] 在共同犯罪中起次要或者辅助作用的，是从犯。 对于从犯，应当从轻、减轻处罚或者免除处罚。
【胁从犯】[41] 对于被胁迫参加犯罪的，应当按照他的犯罪情节减轻处罚或者免除处罚。

对于一般共同犯罪案件，应当充分考虑各被告人在共同犯罪中的地位和作用，以及在主观恶性和人身危险性方面的不同，根据事实和证据能分清主犯、从犯的，都应当认定主犯、从犯。有多名主犯的，应在主犯中进一步区分出罪行最为严重者。[42] 对单位犯罪中的直接负责的主管人员和其他直接责任人员，应根据其在单位犯罪中的地位、作用和犯罪情节，分别处以相应的刑罚，主管人员与直接责任人员在个案中不是当然的主犯、从犯关系，有的案件，主管人员与直接责任人员在实施犯罪行为的主从关系不明显的，可不分主犯、从犯。但具体案件可以分清主犯、从犯，且不分清主犯、从犯在同一法定刑档次、幅度内量刑无法做到罪刑相适应的，应当分清主犯、从犯，依法处罚。[43]

对于从犯，综合考虑其在共同犯罪中的地位、作用等情况，应当予以从宽处罚，减少基准刑的20%～50%；犯罪较轻的，减少基准刑的50%以上或者依法免除处罚。[44]

---

[38] 最高法、最高检、公安部《关于当前办理集团犯罪案件中具体应用法律的若干问题的解答》二。

[39] 《刑法》第97条。

[40] 《刑法》第27条。

[41] 《刑法》第28条。

[42] 最高法《关于贯彻宽严相济刑事政策的若干意见》第31条。

[43] 最高法《全国法院审理金融犯罪案件工作座谈会纪要》二、(一)、2。

[44] 最高法、最高检《关于常见犯罪的量刑指导意见（试行）》三、(五)。

三、教唆犯

【**教唆犯**】[45] 教唆他人犯罪的，应当按照他在共同犯罪中所起的作用处罚。教唆不满十八周岁的人犯罪的，应当从重处罚。

如果被教唆的人没有犯被教唆的罪，对于教唆犯，可以从轻或者减轻处罚。

教唆犯必须有唆使他人实行犯罪的教唆行为，教唆行为的特点是使他人产生符合犯罪构成要件的违法行为的意思。

第四节 罪数形态

罪数，指一个人犯罪的数量，即一罪或数罪。

罪数的区分，一般以“符合犯罪构成要件的次数”为标准，符合一个犯罪构成的即成立一罪，符合数个犯罪构成的即成立数罪，但是，出于特殊因素的考虑，法律上或司法实践中会将部分符合数罪的情形认定为一罪。因此，正确区分罪数，有利于准确定罪量刑。

职务犯罪主要涉及三种罪数形态：实质的一罪、处断的一罪、实质的数罪。

一、实质的一罪

实质的一罪，指一个行为仅侵害了一个法益，符合一个犯罪构成的情形。实质的一罪包括单纯的一罪、继续犯以及结果加重犯。

（一）单纯的一罪

单纯的一罪，指仅实施一个犯罪行为，符合一个犯罪构成的情形，也是职务犯罪中最常见的犯罪形态，如实施一次贪污犯罪行为则构成贪污罪一罪。

单纯的一罪往往会遇到法条适用的特殊情况——法条竞合，指一个犯罪

---

[45] 《刑法》第29条。

行为同时符合数个法条规定的犯罪构成，但从数个犯罪构成的逻辑关系来看，只能适用其中的一个法条，即构成一罪。

对法条竞合的处理，采用以下原则：

1. 特别法优于普通法原则。当一行为同时触犯特别法与普通法时，如果刑法分则中明确规定了“本法另有规定的，依照规定”时，应严格依照刑法的其他特别规定处罚，如国家机关工作人员滥用管理公司、证券职权的，应以滥用管理公司、证券职权罪论处，而非滥用职权罪；如果刑法分则条文没有要求“本法另有规定的，依照规定”时，一般情况下，应当优先适用特别法，如国家工作人员以窃取、骗取的手段非法占有公共财物的，以贪污罪论处，而非盗窃罪、诈骗罪。

2. 重法优于轻法原则。当一行为同时触犯重法与轻法，只在刑法有特别规定的情况下，才适用重法优于轻法的原则。例如，《刑法》第一百四十九条第二款规定：“生产、销售本节第一百四十一条至第一百四十八条所列产品，构成各该条规定的犯罪，同时又构成本节第一百四十条规定之罪的，依照处罚较重的规定定罪处罚。”

（二）继续犯

继续犯，指犯罪行为和不法状态一直处于持续的犯罪，如不解救被拐卖、绑架妇女、儿童罪。

继续犯具有以下四个特征：

1. 必须是基于一个犯罪故意实施一个犯罪行为；
2. 该犯罪行为必须持续一定的时间；
3. 持续地侵犯同一或相同犯罪客体；
4. 犯罪行为和不法状态同时处于持续状态。

（三）结果加重犯

结果加重犯，指行为人实施了符合犯罪构成的基本犯罪行为，发生了基本犯罪构成以外的加重结果，刑法对其规定加重法定刑的犯罪形态。例如，挪用公款罪处五年以下有期徒刑或者拘役，但具有“挪用公款数额巨大不退还的”加重结果的，处十年以上有期徒刑或者无期徒刑。

结果加重犯具有以下四个特征：

1. 行为人实施了基本犯罪行为；
2. 该行为引起了加重结果；
3. 行为人对加重结果具有故意或者过失；
4. 刑法对加重结果规定了比基本犯罪更重的法定刑。

二、处断的一罪

处断的一罪，指原本符合数个犯罪构成的数罪，在科刑时并不按数罪处理，而是将其视为一罪处理。处断的一罪包括想象竞合犯、连续犯、牵连犯和吸收犯。

（一）想象竞合犯

想象竞合犯，指一个犯罪行为同时符合数个犯罪构成，触犯数个罪名。对于想象竞合犯，应当按其所触犯的数罪中的一个重罪处罚。例如，为境外窃取、刺探、收买、非法提供国家秘密、情报的行为，同时触犯了为境外窃取、刺探、收买、非法提供国家秘密、情报罪与故意泄露国家秘密罪，应当择一重罪处罚，即为境外窃取、刺探、收买、非法提供国家秘密、情报罪。

想象竞合犯具有以下三个特征：

1. 行为人只实施了一个犯罪行为；
2. 该犯罪行为同时符合数个犯罪构成，触犯数个罪名；
3. 数个犯罪构成之间无重合关系，如果有一定的重合关系则为法条竞合。

（二）连续犯

连续犯，指行为人基于同一或概括的犯罪故意，连续实施数个性质相同的行为而触犯了同一罪名。例如，多次贪污，按贪污数额累计计算，以一罪论处。

连续犯具有以下四个特征：

1. 行为人数次实施某种犯罪具有同一或者概括的犯罪故意；
2. 实施的数次犯罪行为必须性质相同；
3. 实施的数次犯罪行为具有连续性；
4. 数次犯罪行为必须触犯同一罪名。

（三）牵连犯

牵连犯，指行为人为实施某一犯罪，而其手段行为或者结果行为又触犯其他罪名的情形。牵连犯，应当按其所触犯的数罪中的一个重罪处罚。例如，为实施贪污犯罪而故意毁坏保险柜的，构成贪污罪与故意毁坏财物罪，但故意毁坏财物属于实现贪污目的的手段行为，因此仅以贪污罪论处。

牵连犯具有以下四个特征：

1. 行为人出于一个犯罪目的；
2. 行为人实施了数个不同的犯罪行为；
3. 数个不同的犯罪行为触犯不同的罪名；
4. 数个犯罪行为之间具有手段与目的、原因与结果的牵连关系。

（四）吸收犯

吸收犯，指行为人实施了数个不同的犯罪行为，其中一个行为吸收其他行为，仅成立吸收行为一个罪名的犯罪。吸收犯，依照吸收行为所构成的犯罪处罚。

吸收犯具有以下四个特征：

1. 行为人出于一个犯罪目的；
2. 行为人实施了数个不同的犯罪行为；
3. 数个不同的犯罪行为触犯不同的罪名；
4. 数个犯罪行为之间具有吸收关系，吸收关系包含三层含义：一是重罪吸收轻罪，如金融工作人员购买假币，事后必然持有假币，构成金融工作人员购买假币罪与持有假币罪，但前罪吸收后罪，以金融工作人员购买假币罪论处；二是共犯主行为吸收从行为，如行为人既属于贪污罪教唆犯，又属于贪污罪帮助犯的，仅以贪污罪一罪论处；三是实施行为吸收预备行为，如挪用公款罪既遂吸收挪用公款罪预备行为。

三、实质的数罪

本章第一节对犯罪构成作了介绍，当行为符合犯罪构成要件且不具备犯罪阻却事由时，成立犯罪。以此类推，当行为人实施的多个犯罪行为符合不同犯罪构成要件，也不具备犯罪阻却事由，且不属于处断的一罪时，成立实质的数罪。例如，行为人既实施了贪污行为，又实施了受贿行为的，成立贪污罪和受贿罪。

对实质的数罪的处罚原则，见上编第五章第二节“四、数罪并罚”。

第三章　证　　据

本章是对证据的原则性、概括性介绍，对取证方向和取证内容具有一定的指导意义，但具体到某一职务犯罪，其证据标准则应由调查人员根据犯罪构成及相关规定综合把握。

“证据的种类”一节列举了8类法定证据，“调查取证措施”一节梳理了职务犯罪的14种调查手段，“证据的审查与认定”一节明确了证据合法性、客观性、关联性的审查认定标准，“证据的运用”一节分析了证据确实、充分的标准。

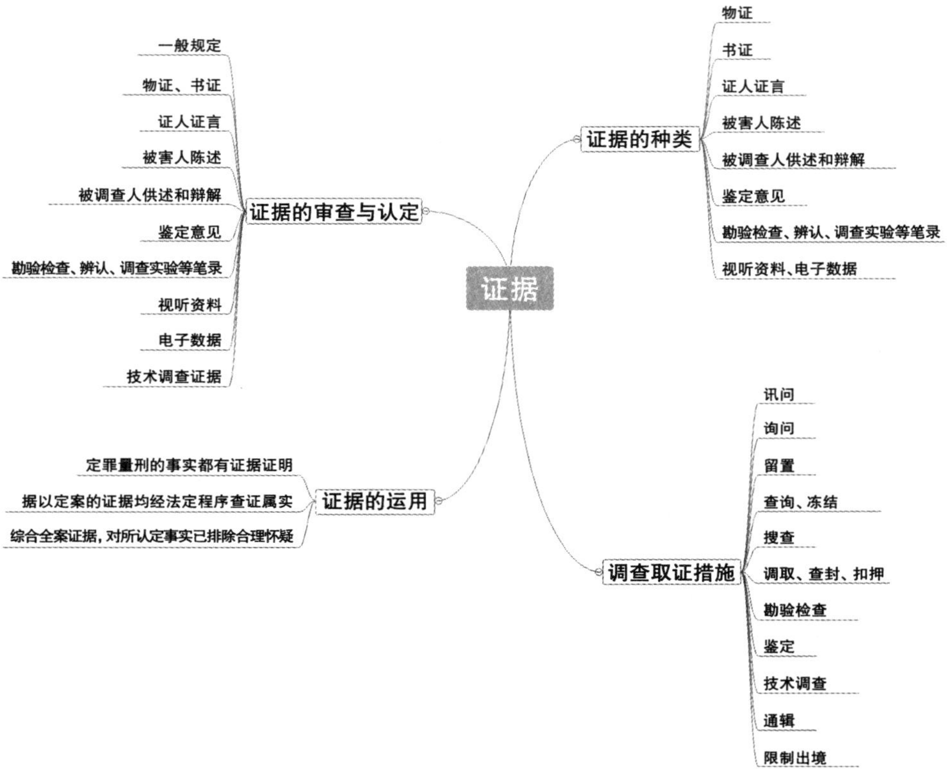
证据
证据的种类
物证
书证
证人证言
被害人陈述
被调查人供述和辩解
鉴定意见
勘验检查、辨认、调查实验等笔录
视听资料、电子数据
证据的审查与认定
一般规定
物证、书证
证人证言
被害人陈述
被调查人供述和辩解
鉴定意见
勘验检查、辨认、调查实验等笔录
视听资料
电子数据
技术调查证据
证据的运用
定罪量刑的事实都有证据证明
据以定案的证据均经法定程序查证属实
综合全案证据，对所认定事实已排除合理怀疑
调查取证措施
讯问
询问
留置
查询、冻结
搜查
调取、查封、扣押
勘验检查
鉴定
技术调查
通缉
限制出境

第一节　证据的种类

可以用于证明案件事实的材料都是证据，包括：物证；书证；证人证言；被害人陈述；被调查人供述和辩解；鉴定意见；勘验检查、辨认、调查实验等笔录；视听资料、电子数据。①

一、物证

物证，指以物品为表现形式的实物证据，能够证明犯罪行为和有关犯罪情节的物品或痕迹。如：赃款赃物、古玩字画、房屋汽车等。

二、书证

书证，指以文字为表现形式的实物证据，能够证明案件真实情况的文件或其他文字材料。如：银行记录、收据、账本、邮件等。

三、证人证言

证人证言，指知道案件真实情况的人，就其所了解的案件情况，向监察机关或有关人员所作的陈述。证人证言必须在法庭上经过公诉人、被害人和被调查人、辩护人双方质证并且查实以后，才能作为定案的根据。

四、被害人陈述

被害人陈述，指直接遭受犯罪行为侵害的人，就自己遭受的直接侵害事实和有关情况，向监察机关所作的陈述。

① 《实施条例》第59条第1款。

五、被调查人供述和辩解

被调查人供述和辩解，指被调查人就涉嫌职务犯罪行为向监察机关所作的供述，或者是被调查人否认自己有职务犯罪行为，或者是被调查人承认自己有职务犯罪行为，但认为应当从轻、减轻或者免除处罚所作的辩解。

六、鉴定意见

鉴定意见，指鉴定人运用自己具有的专门知识对案件中专门性问题所进行的分析、鉴别和判断。如：法医鉴定、指纹鉴定、笔迹鉴定、精神病鉴定等。

七、勘验检查、辨认、调查实验等笔录

勘验检查、辨认、调查实验等笔录，指监察人员或者专门人员为了解案件的事实，对事实发生的现场、物品或者人员进行勘验检查、辨认、调查实验等所做的笔录。

八、视听资料、电子数据

视听资料，指以录音、录像、电子计算机以及其他高科技设备储存的信息证明案件情况的资料。如：录音、录像、照片等。一般情况下，监察机关对被调查人讯问以及对重要证人询问的同步录音录像不作为证据使用，但被调查人或证人提出讯问或询问过程中存在威胁、引诱、欺骗等非法方法取得供述或证言的情况时，该录音录像可以作为证明取证合法性的证据使用。

电子数据，指案件发生过程中形成的，以数字化形式存储、处理、传输的，能够证明案件事实的数据。如：电子邮件、电子数据交换、网上聊天记录、博客、微博客、手机短信、电子签名、域名等。值得注意的是，以数字化形式记载的证人证言、被害人陈述以及被调查人供述和辩解等证据，不属于电子数据。

第二节 调查取证措施

监察机关调查职务犯罪可以采取以下措施[②]：讯问、询问、留置、查询、冻结、搜查、调取、查封、扣押、勘验检查、鉴定、技术调查、通缉、限制出境。

一、一般规定[③]

【调查取证】监察机关行使监督、调查职权，有权依法向有关单位和个人了解情况，收集、调取证据。有关单位和个人应当如实提供。
【一般程序】调查人员采取讯问、询问、留置、搜查、调取、查封、扣押、勘验检查等调查措施，均应当依照规定出示证件，出具书面通知，由二人以上进行，形成笔录、报告等书面材料，并由相关人员签名、盖章。 调查人员进行讯问以及搜查、查封、扣押等重要取证工作，应当对全过程进行录音录像，留存备查。

1. 监察机关在职务犯罪调查初步核实中，可以依法采取询问、查询、调取、勘验检查、鉴定措施；立案后可以采取讯问、留置、冻结、搜查、查封、扣押、通缉措施。需要采取技术调查、限制出境措施的，应当按照规定交由有关机关依法执行。设区的市级以下监察机关在初步核实中不得采取技术调查措施。

开展问责调查，根据具体情况可以依法采取相关监察措施。

2. 告知、通知。采取监察措施需要告知、通知相关人员的，应当依法办理。告知包括口头、书面两种方式，通知应当采取书面方式。采取口头方式告知的，应当将相关情况制作工作记录；采取书面方式告知、通知的，可以通过直接送交、邮寄、转交等途径送达，将有关回执或者凭证附卷。无法告知、通知，或者相关人员拒绝接收的，调查人员应当在工作记录或者有关文

② 根据《监察法》第19条规定，“谈话”措施只适用于职务违法调查，不适用于职务犯罪调查工作。

③ 《监察法》第18条第1款、第41条，《实施条例》第55条至第58条、第67条。

书上记明。

3. 协助调查。需要商请其他监察机关协助收集证据材料的，应当依法出具《委托调查函》；商请其他监察机关对采取措施提供一般性协助的，应当依法出具《商请协助采取措施函》。商请协助事项涉及协助地监察机关管辖的监察对象的，应当由协助地监察机关按照所涉人员的管理权限报批。协助地监察机关对于协助请求，应当依法予以协助配合。

4. 录音录像。开展讯问、搜查、查封、扣押以及重要的询问等调查取证工作，应当全程同步录音录像，并保持录音录像资料的完整性。录音录像资料应当妥善保管、及时归档，留存备查。人民检察院、人民法院需要调取同步录音录像的，监察机关应当予以配合，经审批依法予以提供。

5. 对收集的证据材料及扣押的财物应当妥善保管，严格履行交接、调用手续，定期对账核实，不得违规使用、调换、损毁或者自行处理。

二、讯问④

讯问，是以监察机关工作人员提问、被调查人回答的方式，取得印证被调查人有无犯罪事实的口供及其他证据的过程。

> **【讯问】**对涉嫌贪污贿赂、失职渎职等职务犯罪的被调查人，监察机关可以进行讯问，要求其如实供述涉嫌犯罪的情况。

1. 首次讯问时，应当向被讯问人出示《被调查人权利义务告知书》，由其签名、捺指印。被讯问人拒绝签名、捺指印的，调查人员应当在文书上记明。被讯问人未被限制人身自由的，应当在首次讯问时向其出具《讯问通知书》。

2. 讯问一般按照下列顺序进行：核实被讯问人的基本情况，包括姓名、曾用名、出生年月日、户籍地、身份证件号码、民族、职业、政治面貌、文化程度、工作单位及职务、住所、家庭情况、社会经历，是否属于党代表大会代表、人大代表、政协委员，是否受到过党纪政务处分，是否受到过刑事处罚等；告知被讯问人如实供述自己罪行可以依法从宽处理和认罪认罚的法

④ 《监察法》第20条第2款，《实施条例》第83条。

律规定；讯问被讯问人是否有犯罪行为，让其陈述有罪的事实或者无罪的辩解，应当允许其连贯陈述。

调查人员的提问应当与调查的案件相关。被讯问人对调查人员的提问应当如实回答。调查人员对被讯问人的辩解，应当如实记录，认真查核。

3. 讯问时，应当告知被讯问人将进行全程同步录音录像。告知情况应当在录音录像中予以反映，并在笔录中记明。

4. 讯问笔录应当在讯问现场制作。笔录应当详细具体，如实反映讯问情况。笔录制作完成后，应当交给被调查人核对。被调查人没有阅读能力的，应当向其宣读。笔录记载有遗漏或者差错的，应当补充或者更正，由被调查人在补充或者更正处捺指印。被调查人核对无误后，应当在笔录中逐页签名、捺指印。被调查人拒绝签名、捺指印的，调查人员应当在笔录中记明。调查人员也应当在笔录中签名。

5. 被调查人请求自行书写说明材料的，应当准许。必要时，调查人员可以要求被调查人自行书写说明材料。被调查人应当在说明材料上逐页签名、捺指印，在末页写明日期。对说明材料有修改的，在修改之处应当捺指印。说明材料应当由两名调查人员接收，在首页记明接收的日期并签名。

6. 只有被调查人供述，没有其他证据的，不能认定案件事实；没有被调查人供述，证据符合法定标准的，可以认定案件事实。

三、询问⑤

询问，是通过向证人谈话、了解情况，取得证人证言的一种方式。

【询问】在调查过程中，监察机关可以询问证人等人员。

1. 证人未被限制人身自由的，可以在其工作地点、住所或者其提出的地点进行询问，也可以通知其到指定地点接受询问。到证人提出的地点或者调查人员指定的地点进行询问的，应当在笔录中记明。调查人员认为有必要或者证人提出需要由所在单位派员或者其家属陪同到询问地点的，应当办理交

⑤ 《监察法》第 21 条，《实施条例》第 78 条至第 79 条、第 86 条至第 88 条。

接手续并填写《陪送交接单》。

2. 首次询问时，应当向证人出示《证人权利义务告知书》，由其签名、捺指印。证人拒绝签名、捺指印的，调查人员应当在文书上记明。证人未被限制人身自由的，应当在首次询问时向其出具《询问通知书》。

3. 询问时，应当核实证人身份，问明证人的基本情况，告知证人应当如实提供证据、证言，以及作伪证或者隐匿证据应当承担的法律责任。不得向证人泄露案情，不得采用非法方法获取证言。

4. 询问重大或者有社会影响案件的重要证人，应当对询问过程全程同步录音录像，并告知证人。告知情况应当在录音录像中予以反映，并在笔录中记明。

5. 询问未成年人，应当通知其法定代理人到场。无法通知或者法定代理人不能到场的，应当通知未成年人的其他成年亲属或者所在学校、居住地基层组织的代表等有关人员到场。询问结束后，由法定代理人或者有关人员在笔录中签名。调查人员应当将到场情况记录在案。

6. 询问聋、哑人，应当有通晓聋、哑手势的人员参加。调查人员应当在笔录中记明证人的聋、哑情况，以及翻译人员的姓名、工作单位和职业。询问不通晓当地通用语言、文字的证人，应当有翻译人员。询问结束后，由翻译人员在笔录中签名。

7. 询问笔录应当在询问现场制作。笔录应当详细具体，如实反映询问情况。笔录制作完成后，应当交给被询问人核对。被询问人没有阅读能力的，应当向其宣读。笔录记载有遗漏或者差错的，应当补充或者更正，由被询问人在补充或者更正处捺指印。被询问人核对无误后，应当在笔录中逐页签名、捺指印。被询问人拒绝签名、捺指印的，调查人员应当在笔录中记明。调查人员也应当在笔录中签名。

8. 被询问人请求自行书写说明材料的，应当准许。必要时，调查人员可以要求被询问人自行书写说明材料。被询问人应当在说明材料上逐页签名、捺指印，在末页写明日期。对说明材料有修改的，在修改之处应当捺指印。说明材料应当由两名调查人员接收，在首页记明接收的日期并签名。

四、留置[⑥]

留置，指监察机关依据监察法的规定，要求被调查人及相关人员于特定场所就调查事项涉及的问题作出解释和说明的调查措施。

> **【留置】** 被调查人涉嫌贪污贿赂、失职渎职等严重职务违法或者职务犯罪，监察机关已经掌握其部分违法犯罪事实及证据，仍有重要问题需要进一步调查，并有下列情形之一的，经监察机关依法审批，可以将其留置在特定场所：
>
> （一）涉及案情重大、复杂的；
>
> （二）可能逃跑、自杀的；
>
> （三）可能串供或者伪造、隐匿、毁灭证据的；
>
> （四）可能有其他妨碍调查行为的。
>
> 对涉嫌行贿犯罪或者共同职务犯罪的涉案人员，监察机关可以依照前述规定采取留置措施。

1. 已经掌握其部分违法犯罪事实及证据，指同时具备下列情形：一是有证据证明发生了违法犯罪事实；二是有证据证明该违法犯罪事实是被调查人实施；三是证明被调查人实施违法犯罪行为的证据已经查证属实。

部分违法犯罪事实，既可以是单一违法犯罪行为的事实，也可以是数个违法犯罪行为中任何一个违法犯罪行为的事实。

2. 重要问题，指对被调查人涉嫌的职务犯罪，在定性处置、定罪量刑等方面有重要影响的事实、情节及证据。

3. 可能逃跑、自杀，指下列情形之一：一是着手准备自杀、自残或者逃跑的；二是曾经有自杀、自残或者逃跑行为的；三是有自杀、自残或者逃跑意图的；四是其他可能逃跑、自杀的情形。

4. 可能串供或者伪造、隐匿、毁灭证据，指下列情形之一：一是曾经或者企图串供，伪造、隐匿、毁灭、转移证据的；二是曾经或者企图威逼、恐吓、利诱、收买证人，干扰证人作证的；三是有同案人或者与被调查人存在密切关联违法犯罪的涉案人员在逃，重要证据尚未收集完成的；四是其他可

---

⑥ 《监察法》第22条第1款、第2款、第43条、第44条，《实施条例》第92条至第98条、第101条至第103条。

能串供或者伪造、隐匿、毁灭证据的情形。

5. 可能有其他妨碍调查行为，指下列情形之一：一是可能继续实施违法犯罪行为的；二是有危害国家安全、公共安全等现实危险的；三是可能对举报人、控告人、被害人、证人、鉴定人等相关人员实施打击报复的；四是无正当理由拒不到案，严重影响调查的；五是其他可能妨碍调查的行为。

6. 对下列人员不得采取留置措施：一是患有严重疾病、生活不能自理的；二是怀孕或者正在哺乳自己婴儿的妇女；三是系生活不能自理的人的唯一扶养人。上述情形消除后，根据调查需要可以对相关人员采取留置措施。

【留置的审批、期限、执行】监察机关采取留置措施，应当由监察机关领导人员集体研究决定。设区的市级以下监察机关采取留置措施，应当报上一级监察机关批准。省级监察机关采取留置措施，应当报国家监察委员会备案。

留置时间不得超过三个月。在特殊情况下，可以延长一次，延长时间不得超过三个月。省级以下监察机关采取留置措施的，延长留置时间应当报上一级监察机关批准。监察机关发现采取留置措施不当的，应当及时解除。

监察机关采取留置措施，可以根据工作需要提请公安机关配合。公安机关应当依法予以协助。

7. 采取留置措施时，调查人员不得少于两人，应当向被留置人员宣布《留置决定书》，告知被留置人员权利义务，要求其在《留置决定书》上签名、捺指印。被留置人员拒绝签名、捺指印的，调查人员应当在文书上记明。

8. 留置时间不得超过三个月，自向被留置人员宣布之日起算。具有下列情形之一的，经审批可以延长一次，延长时间不得超过三个月：一是案情重大，严重危害国家利益或者公共利益的；二是案情复杂，涉案人员多、金额巨大，涉及范围广的；三是重要证据尚未收集完成，或者重要涉案人员尚未到案，导致违法犯罪的主要事实仍须继续调查的；四是其他需要延长留置时间的情形。

省级以下监察机关采取留置措施的，延长留置时间应当报上一级监察机关批准。

延长留置时间的，应当在留置期满前向被留置人员宣布延长留置时间的决定，要求其在《延长留置时间决定书》上签名、捺指印。被留置人员拒绝签名、捺指印的，调查人员应当在文书上记明。

延长留置时间的，应当通知被留置人员家属。

9. 对被留置人员不需要继续采取留置措施的，应当按规定报批，及时解除留置。

调查人员应当向被留置人员宣布解除留置措施的决定，由其在《解除留置决定书》上签名、捺指印。被留置人员拒绝签名、捺指印的，调查人员应当在文书上记明。

解除留置措施的，应当及时通知被留置人员所在单位或者家属。调查人员应当与交接人办理交接手续，并由其在《解除留置通知书》上签名。无法通知或者有关人员拒绝签名的，调查人员应当在文书上记明。

案件依法移送人民检察院审查起诉的，留置措施自犯罪嫌疑人被执行拘留时自动解除，不再办理解除法律手续。

10. 留置期间发生被留置人员死亡、伤残、脱逃等办案安全事故、事件的，应当及时做好处置工作。相关情况应当立即报告监察机关主要负责人，并在二十四小时以内逐级上报至国家监察委员会。

【被留置后的通知、保障、刑期折抵】对被调查人采取留置措施后，应当在二十四小时以内，通知被留置人员所在单位和家属，但有可能毁灭、伪造证据，干扰证人作证或者串供等有碍调查情形的除外。有碍调查的情形消失后，应当立即通知被留置人员所在单位和家属。

监察机关应当保障被留置人员的饮食、休息和安全，提供医疗服务。讯问被留置人员应当合理安排讯问时间和时长，讯问笔录由被讯问人阅看后签名。

被留置人员涉嫌犯罪移送司法机关后，被依法判处管制、拘役和有期徒刑的，留置一日折抵管制二日，折抵拘役、有期徒刑一日。

11. 采取留置措施后，应当在二十四小时以内通知被留置人员所在单位和家属。当面通知的，由有关人员在《留置通知书》上签名。无法当面通知的，可以先以电话等方式通知，并通过邮寄、转交等方式送达《留置通知书》，要求有关人员在《留置通知书》上签名。

因可能毁灭、伪造证据，干扰证人作证或者串供等有碍调查情形而不宜通知的，应当按规定报批，记录在案。有碍调查的情形消失后，应当立即通知被留置人员所在单位和家属。

五、查询、冻结⑦

> **【查询、冻结】** 监察机关调查涉嫌贪污贿赂、失职渎职等严重职务违法或者职务犯罪，根据工作需要，可以依照规定查询、冻结涉案单位和个人的存款、汇款、债券、股票、基金份额等财产。有关单位和个人应当配合。
>
> 冻结的财产经查明与案件无关的，应当在查明后三日内解除冻结，予以退还。

（一）查询

1. 调查人员查询财产时应当出具《协助查询财产通知书》，并在《协助查询财产通知书》中填写查询账号、查询内容等信息。没有具体账号的，应当填写足以确定账户或者权利人的自然人姓名、身份证件号码或者企业法人名称、统一社会信用代码等信息。

2. 调查人员可以根据需要对查询结果进行打印、抄录、复制、拍照，要求相关单位在有关材料上加盖证明印章。对查询结果有疑问的，可以要求相关单位进行书面解释并加盖印章。

3. 调查人员不得查询与案件调查工作无关的信息。

（二）冻结

1. 调查人员冻结财产时应当出具《协助冻结财产通知书》，并在《协助冻结财产通知书》中填写冻结账户名称、冻结账号、冻结数额、冻结期限起止时间等信息。冻结数额应当具体、明确，暂时无法确定具体数额的，应当在《协助冻结财产通知书》上明确写明"只收不付"。冻结证券和交易结算资金时，应当明确冻结的范围是否及于孳息。冻结财产，应当为被调查人及其所扶养的亲属保留必需的生活费用。

2. 冻结财产应当通知权利人或者其法定代理人、委托代理人，要求其在《冻结财产告知书》上签名。冻结股票、债券、基金份额等财产，应当告知权利人或者其法定代理人、委托代理人有权申请出售。

---

⑦ 《监察法》第 23 条，《实施条例》第 104 条至第 111 条。

3. 对于被冻结的股票、债券、基金份额等财产，权利人或者其法定代理人、委托代理人申请出售，不损害国家利益、被害人利益，不影响调查正常进行的，经审批可以在案件办结前由相关机构依法出售或者变现。对于被冻结的汇票、本票、支票即将到期的，经审批可以在案件办结前由相关机构依法出售或者变现。出售上述财产的，应当出具《许可出售冻结财产通知书》。

出售或者变现所得价款应当继续冻结在其对应的银行账户中；没有对应的银行账户的，应当存入监察机关指定的专用账户保管，并将存款凭证送监察机关登记。监察机关应当及时向权利人或者其法定代理人、委托代理人出具《出售冻结财产通知书》，并要求其签名。拒绝签名的，调查人员应当在文书上记明。

4. 已被冻结的财产可以轮候冻结，不得重复冻结。轮候冻结的，监察机关应当要求有关银行或者其他金融机构等单位在解除冻结或者作出处理前予以通知。

监察机关接受司法机关、其他监察机关等国家机关移送的涉案财物后，该国家机关采取的冻结期限届满，监察机关续行冻结的顺位与该国家机关冻结的顺位相同。

5. 冻结财产的期限不得超过六个月。冻结期限到期未办理续冻手续的，冻结自动解除。有特殊原因需要延长冻结期限的，应当在到期前按原程序报批，办理续冻手续。每次续冻期限不得超过六个月。

6. 对于冻结的财产，应当及时核查。经查明与案件无关的，经审批，应当在查明后三日以内将《解除冻结财产通知书》送交有关单位执行。解除情况应当告知被冻结财产的权利人或者其法定代理人、委托代理人。

六、搜查⑧

搜查，指监察机关为了收集犯罪证据、查获犯罪人，依法对被调查人以及可能隐藏罪犯或者犯罪证据的人的身体、物品、住处和其他有关地方进行搜寻和检查的调查方法。

---

⑧ 《监察法》第 24 条，《实施条例》第 113 条、第 116 条至第 118 条，最高法《关于适用〈中华人民共和国刑事诉讼法〉的解释》第 80 条。

【搜查】 监察机关可以对涉嫌职务犯罪的被调查人以及可能隐藏被调查人或者犯罪证据的人的身体、物品、住处和其他有关地方进行搜查。在搜查时，应当出示搜查证，并有被搜查人或者其家属等见证人在场。

搜查女性身体，应当由女性工作人员进行。

监察机关进行搜查时，可以根据工作需要提请公安机关配合。公安机关应当依法予以协助。

1. 搜查应当在调查人员主持下进行，对搜查取证工作，应当全程同步录音录像。

2. 搜查时，应当避免未成年人或者其他不适宜在搜查现场的人在场，但被搜查人或者其家属、其所在单位工作人员或者其他见证人应当在场。调查人员应当向被搜查人或者其家属、见证人出示《搜查证》，要求其签名。被搜查人或者其家属不在场，或者拒绝签名的，调查人员应当在文书上记明。

下列人员不得担任见证人：一是生理上、精神上有缺陷或者年幼，不具有相应辨别能力或者不能正确表达的人；二是与案件有利害关系，可能影响案件公正处理的人；三是行使勘验检查、搜查、扣押、组织辨认等监察调查、刑事诉讼职权的监察、公安、司法机关的工作人员或者其聘用的人员。由于客观原因无法由符合条件的人员担任见证人的，应当在笔录材料中注明情况，并对相关活动进行全程录音录像。

3. 对搜查情况应当制作《搜查笔录》，由调查人员和被搜查人或者其家属、见证人签名。被搜查人或者其家属不在场，或者拒绝签名的，调查人员应当在笔录中记明。对于查获的重要物证、书证、视听资料、电子数据及其放置、存储位置应当拍照，并在《搜查笔录》中作出文字说明。

4. 在搜查过程中查封、扣押财物和文件的，按照查封、扣押的有关规定办理。

七、调取、查封、扣押⑨

【调取、查封、扣押】 监察机关在调查过程中，可以调取、查封、扣押用以证明被调查人涉嫌违法犯罪的财物、文件和电子数据等信息。采取调取、查封、扣押措施，应当

⑨ 《监察法》第25条，《实施条例》第120条至第135条。

续表

收集原物原件，会同持有人或者保管人、见证人，当面逐一拍照、登记、编号，开列清单，由在场人员当场核对、签名，并将清单副本交财物、文件的持有人或者保管人。 对调取、查封、扣押的财物、文件，监察机关应当设立专用账户、专门场所，确定专门人员妥善保管，严格履行交接、调取手续，定期对账核实，不得毁损或者用于其他目的。对价值不明物品应当及时鉴定，专门封存保管。 查封、扣押的财物、文件经查明与案件无关的，应当在查明后三日内解除查封、扣押，予以退还。

（一）调取

1. 调取证据材料时，调查人员应当依法出具《调取证据通知书》，必要时附《调取证据清单》。

2. 调取物证应当调取原物。原物不便搬运、保存，或者依法应当返还，或者因保密工作需要不能调取原物的，可以将原物封存，并拍照、录像。对原物拍照或者录像时，应当足以反映原物的外形、内容。

调取书证、视听资料应当调取原件。取得原件确有困难或者因保密工作需要不能调取原件的，可以调取副本或者复制件。

调取物证的照片、录像和书证、视听资料的副本、复制件的，应当书面记明不能调取原物、原件的原因，原物、原件存放地点，制作过程，是否与原物、原件相符，并由调查人员和物证、书证、视听资料原持有人签名或者盖章。持有人无法签名、盖章或者拒绝签名、盖章的，应当在笔录中记明，由见证人签名。

3. 调取外文材料作为证据使用的，应当交由具有资质的机构和人员出具中文译本。中文译本应当加盖翻译机构公章。

4. 收集、提取电子数据，能够扣押原始存储介质的，应当予以扣押、封存并在笔录中记录封存状态。无法扣押原始存储介质的，可以提取电子数据，但应当在笔录中记明不能扣押的原因、原始存储介质的存放地点或者电子数据的来源等情况。

由于客观原因无法或者不宜采取上述规定方式收集、提取电子数据的，可以采取打印、拍照或者录像等方式固定相关证据，并在笔录中说明原因。

收集、提取的电子数据，足以保证完整性，无删除、修改、增加等情形的，可以作为证据使用。

收集、提取电子数据，应当制作笔录，记录案由、对象、内容，收集、提取电子数据的时间、地点、方法、过程，并附电子数据清单，注明类别、文件格式、完整性校验值等，由调查人员、电子数据持有人（提供人）签名或者盖章；电子数据持有人（提供人）无法签名或者拒绝签名的，应当在笔录中记明，由见证人签名或者盖章。有条件的，应当对相关活动进行录像。

5. 调取的物证、书证、视听资料等原件，经查明与案件无关的，经审批，应当在查明后三日以内退还，并办理交接手续。

（二）查封、扣押

1. 监察机关按规定报批后，可以依法查封、扣押用以证明被调查人涉嫌违法犯罪以及情节轻重的财物、文件、电子数据等证据材料。

对于被调查人到案时随身携带的物品，以及被调查人或者其他相关人员主动上交的财物和文件，依法需要扣押的，依照上述规定办理。对于被调查人随身携带的与案件无关的个人用品，应当逐件登记，随案移交或者退还。

2. 查封、扣押时，应当出具《查封/扣押通知书》，持有人拒绝交出应当查封、扣押的财物和文件的，可以依法强制查封、扣押。

调查人员对于查封、扣押的财物和文件，应当会同在场见证人和被查封、扣押财物持有人进行清点核对，开列《查封/扣押财物、文件清单》，由调查人员、见证人和持有人签名或者盖章。持有人不在场或者拒绝签名、盖章的，调查人员应当在清单上记明。

查封、扣押财物，应当为被调查人及其所扶养的亲属保留必需的生活费用和物品。

3. 查封、扣押不动产和置于该不动产上不宜移动的设施、家具和其他相关财物，以及车辆、船舶、航空器和大型机械、设备等财物，必要时可以依法扣押其权利证书，经拍照或者录像后原地封存。调查人员应当在查封清单上记明相关财物的所在地址和特征，已经拍照或者录像及其权利证书被扣押的情况，由调查人员、见证人和持有人签名或者盖章。持有人不在场或者拒绝签名、盖章的，调查人员应当在清单上记明。

查封、扣押上述财物的，必要时可以将被查封财物交给持有人或者其近亲属保管。调查人员应当告知保管人妥善保管，不得对被查封财物进行转移、变卖、毁损、抵押、赠予等处理。

调查人员应当将《查封/扣押通知书》送达不动产、生产设备或者车辆、船舶、航空器等财物的登记、管理部门，告知其在查封期间禁止办理抵押、转让、出售等权属关系变更、转移登记手续。相关情况应当在查封清单上记明。被查封、扣押的财物已经办理抵押登记的，监察机关在执行没收、追缴、责令退赔等决定时应当及时通知抵押权人。

4. 查封、扣押下列物品，应当依法进行相应的处理：一是查封、扣押外币、金银珠宝、文物、名贵字画以及其他不易辨别真伪的贵重物品，具备当场密封条件的，应当当场密封，由二名以上调查人员在密封材料上签名并记明密封时间。不具备当场密封条件的，应当在笔录中记明，以拍照、录像等方法加以保全后进行封存。查封、扣押的贵重物品需要鉴定的，应当及时鉴定。二是查封、扣押存折、银行卡、有价证券等支付凭证和具有一定特征能够证明案情的现金，应当记明特征、编号、种类、面值、张数、金额等，当场密封，由二名以上调查人员在密封材料上签名并记明密封时间。三是查封、扣押易损毁、灭失、变质等不宜长期保存的物品以及有消费期限的卡、券，应当在笔录中记明，以拍照、录像等方法加以保全后进行封存，或者经审批委托有关机构变卖、拍卖。变卖、拍卖的价款存入专用账户保管，待调查终结后一并处理。四是对于可以作为证据使用的录音录像、电子数据存储介质，应当记明案由、对象、内容，录制、复制的时间、地点、规格、类别、应用长度、文件格式及长度等，制作清单。具备查封、扣押条件的电子设备、存储介质应当密封保存。必要时，可以请有关机关协助。五是对被调查人使用违法犯罪所得与合法收入共同购置的不可分割的财产，可以先行查封、扣押。对无法分割退还的财产，涉及违法的，可以在结案后委托有关单位拍卖、变卖，退还不属于违法所得的部分及孳息；涉及职务犯罪的，依法移送司法机关处置。六是查封、扣押危险品、违禁品，应当及时送交有关部门，或者根据工作需要严格封存保管。

5. 对于需要启封的财物和文件，应当由二名以上调查人员共同办理。重新密封时，由二名以上调查人员在密封材料上签名、记明时间。

6. 查封、扣押涉案财物，应当按规定将涉案财物详细信息、《查封/扣押财物、文件清单》录入并上传至监察机关涉案财物信息管理系统。对于涉案款项，应当在采取措施后十五日以内存入监察机关指定的专用账户。对于涉案物品，应当在采取措施后三十日以内移交涉案财物保管部门保管。因特殊原因不能按时存入专用账户或者移交保管的，应当按规定报批，将保管情况录入涉案财物信息管理系统，在原因消除后及时存入或者移交。

7. 对于已移交涉案财物保管部门保管的涉案财物，根据调查工作需要，经审批可以临时调用，并应当确保完好。调用结束后，应当及时归还。调用和归还时，调查人员、保管人员应当当面清点查验。保管部门应当对调用和归还情况进行登记，全程录像并上传涉案财物信息管理系统。

8. 对于被扣押的股票、债券、基金份额等财产，以及即将到期的汇票、本票、支票，依法需要出售或者变现的，按照关于出售冻结财产的规定办理。

9. 监察机关接受司法机关、其他监察机关等国家机关移送的涉案财物后，该国家机关采取的查封、扣押期限届满，监察机关续行查封、扣押的顺位与该国家机关查封、扣押的顺位相同。

10. 对查封、扣押的财物和文件，应当及时进行核查。经查明与案件无关的，经审批，应当在查明后三日以内解除查封、扣押，予以退还。解除查封、扣押的，应当向有关单位、原持有人或者近亲属送达《解除查封/扣押通知书》，附《解除查封/扣押财物、文件清单》，要求其签名或者盖章。

11. 在立案调查之前，对监察对象及相关人员主动上交的涉案财物，经审批可以接收。接收时，应当由两名以上调查人员，会同持有人和见证人进行清点核对，当场填写《主动上交财物登记表》。调查人员、持有人和见证人应当在登记表上签名或者盖章。对于主动上交的财物，应当根据立案及调查情况及时决定是否依法查封、扣押。

八、勘验检查⑩

勘验检查，是监察机关对与职务犯罪有关的场所、物品、人身等亲临查看、了解、检验与检查，以发现和固定犯罪活动所遗留下来的各种痕迹和物品的一种调查方式。

> **【勘验检查】**监察机关在调查过程中，可以直接或者指派、聘请具有专门知识、资格的人员在调查人员主持下进行勘验检查。勘验检查情况应当制作笔录，由参加勘验检查的人员和见证人签名或者盖章。

⑩ 《监察法》第 26 条，《实施条例》第 136 条至第 144 条。

1. 监察机关按规定报批后，可以依法对与违法犯罪有关的场所、物品、人身、尸体、电子数据等进行勘验检查。

2. 依法需要勘验检查的，应当制作《勘验检查证》；需要委托勘验检查的，应当出具《委托勘验检查书》，送具有专门知识、勘验检查资格的单位（人员）办理。

3. 勘验检查应当由两名以上调查人员主持，邀请与案件无关的见证人在场。勘验检查情况应当制作笔录，并由参加勘验检查人员和见证人签名。

勘验检查现场、拆封电子数据存储介质应当全程同步录音录像。对现场情况应当拍摄现场照片、制作现场图，并由勘验检查人员签名。

4. 为了确定被调查人或者相关人员的某些特征、伤害情况或者生理状态，可以依法对其人身进行检查。必要时可以聘请法医或者医师进行人身检查。检查女性身体，应当由女性工作人员或者医师进行。被调查人拒绝检查的，可以依法强制检查。

人身检查不得采用损害被检查人生命、健康或者贬低其名誉、人格的方法。对人身检查过程中知悉的个人隐私，应当严格保密。

对人身检查的情况应当制作笔录，由参加检查的调查人员、检查人员、被检查人员和见证人签名。被检查人员拒绝签名的，调查人员应当在笔录中记明。

5. 为查明案情，在必要的时候，经审批可以依法进行调查实验。调查实验，可以聘请有关专业人员参加，也可以要求被调查人、被害人、证人参加。

进行调查实验，应当全程同步录音录像，制作调查实验笔录，由参加实验的人签名。进行调查实验，禁止一切足以造成危险、侮辱人格的行为。

6. 调查人员在必要时，可以依法让被害人、证人和被调查人对与违法犯罪有关的物品、文件、尸体或者场所进行辨认；也可以让被害人、证人对被调查人进行辨认，或者让被调查人对涉案人员进行辨认。

辨认工作应当由两名以上调查人员主持进行。在辨认前，应当向辨认人详细询问辨认对象的具体特征，避免辨认人见到辨认对象，并告知辨认人作虚假辨认应当承担的法律责任。几名辨认人对同一辨认对象进行辨认时，应当由辨认人个别进行。辨认应当形成笔录，并由调查人员、辨认人签名。

辨认人员时，被辨认的人数不得少于七人，照片不得少于十张。辨认人不愿公开进行辨认时，应当在不暴露辨认人的情况下进行辨认，并为其保守秘密。

组织辨认物品时一般应当辨认实物。被辨认的物品系名贵字画等贵重物品或者存在不便搬运等情况的，可以对实物照片进行辨认。辨认人进行辨认时，应当在辨认出的实物照片与附纸骑缝上捺指印予以确认，在附纸上写明该实物涉案情况并签名、捺指印。辨认物品时，同类物品不得少于五件，照片不得少于五张。对于难以找到相似物品的特定物，可以将该物品照片交由辨认人进行确认后，在照片与附纸骑缝上捺指印，在附纸上写明该物品涉案情况并签名、捺指印。在辨认人确认前，应当向其详细询问物品的具体特征，并对确认过程和结果形成笔录。

7. 辨认笔录具有下列情形之一的，不得作为认定案件的依据：一是辨认开始前使辨认人见到辨认对象的；二是辨认活动没有个别进行的；三是辨认对象没有混杂在具有类似特征的其他对象中，或者供辨认的对象数量不符合规定的，但特定辨认对象除外；四是辨认中给辨认人明显暗示或者明显有指认嫌疑的；五是辨认不是在调查人员主持下进行的；六是违反有关规定，不能确定辨认笔录真实性的其他情形。

辨认笔录存在其他瑕疵的，应当结合全案证据审查其真实性和关联性，作出综合判断。

九、鉴定⑪

鉴定，是为了查明案情，解决案件中某些专门性问题，由监察机关指派或聘请具有专门知识的人，就案件中的专门性问题进行科学鉴别和判断的一种调查方式。

【鉴定】监察机关在调查过程中，对于案件中的专门性问题，可以指派、聘请有专门知识的人进行鉴定。鉴定人进行鉴定后，应当出具鉴定意见，并且签名。

1. 鉴定时应当出具《委托鉴定书》，由两名以上调查人员送交具有鉴定资格的鉴定机构、鉴定人进行鉴定。

2. 监察机关可以依法开展下列鉴定：一是对笔迹、印刷文件、污损文件、

---

⑪ 《监察法》第27条，《实施条例》第145条至第152条。

制成时间不明的文件和以其他形式表现的文件等进行鉴定；二是对案件中涉及的财务会计资料及相关财物进行会计鉴定；三是对被调查人、证人的行为能力进行精神病鉴定；四是对人体造成的损害或者死因进行人身伤亡医学鉴定；五是对录音录像资料进行鉴定；六是对因电子信息技术应用而出现的材料及其派生物进行电子证据鉴定；七是其他可以依法进行的专业鉴定。

3. 监察机关应当为鉴定提供必要条件，向鉴定人送交有关检材和对比样本等原始材料，介绍与鉴定有关的情况。调查人员应当明确提出要求鉴定事项，但不得暗示或者强迫鉴定人作出某种鉴定意见。

监察机关应当做好检材的保管和送检工作，记明检材送检环节的责任人，确保检材在流转环节的同一性和不被污染。

4. 鉴定人应当在出具的鉴定意见上签名，并附鉴定机构和鉴定人的资质证明或者其他证明文件。多个鉴定人的鉴定意见不一致的，应当在鉴定意见上记明分歧的内容和理由，并且分别签名。

监察机关对于法庭审理中依法决定让鉴定人出庭作证的，应当予以协调。

鉴定人故意作虚假鉴定的，应当依法追究法律责任。

5. 调查人员应当对鉴定意见进行审查。对经审查作为证据使用的鉴定意见，应当告知被调查人及相关单位、人员，送达《鉴定意见告知书》。

被调查人或者相关单位、人员提出补充鉴定或者重新鉴定申请，经审查符合法定要求的，应当按规定报批，进行补充鉴定或者重新鉴定。

对鉴定意见告知情况可以制作笔录，载明告知内容和被告知人的意见等。

6. 经审查具有下列情形之一的，应当补充鉴定：一是鉴定内容有明显遗漏的；二是发现新的有鉴定意义的证物的；三是对鉴定证物有新的鉴定要求的；四是鉴定意见不完整，委托事项无法确定的；五是其他需要补充鉴定的情形。

7. 经审查具有下列情形之一的，应当重新鉴定：一是鉴定程序违法或者违反相关专业技术要求的；二是鉴定机构、鉴定人不具备鉴定资质和条件的；三是鉴定人故意作出虚假鉴定或者违反回避规定的；四是鉴定意见依据明显不足的；五是检材虚假或者被损坏的；六是其他应当重新鉴定的情形。

决定重新鉴定的，应当另行确定鉴定机构和鉴定人。

8. 因无鉴定机构，或者根据法律法规等规定，监察机关可以指派、聘请具有专门知识的人就案件的专门性问题出具报告。

十、技术调查[12]

技术调查措施，指监察机关为调查职务犯罪，根据国家有关规定，主要通过通信技术手段对被调查人职务犯罪行为进行调查，主要包括电话监听、电子监控、拍照或者录像等手段。

> **【技术调查】**监察机关调查涉嫌重大贪污贿赂等职务犯罪，根据需要，经过严格的批准手续，可以采取技术调查措施，按照规定交有关机关执行。
>
> 批准决定应当明确采取技术调查措施的种类和适用对象，自签发之日起三个月以内有效；对于复杂、疑难案件，期限届满仍有必要继续采取技术调查措施的，经过批准，有效期可以延长，每次不得超过三个月。对于不需要继续采取技术调查措施的，应当及时解除。

1. 监察机关依法采取技术调查措施的，按照规定交公安机关或者国家有关执法机关依法执行。

2. 重大贪污贿赂等职务犯罪，是指具有下列情形之一：一是案情重大复杂，涉及国家利益或者重大公共利益的；二是被调查人可能被判处十年以上有期徒刑、无期徒刑或者死刑的；三是案件在全国或者本省、自治区、直辖市范围内有较大影响的。

3. 依法采取技术调查措施的，监察机关应当出具《采取技术调查措施委托函》《采取技术调查措施决定书》和《采取技术调查措施适用对象情况表》，送交有关机关执行。其中，设区的市级以下监察机关在初步核实中不得采取技术调查措施，立案后委托有关执行机关采取技术调查措施的，还应当提供《立案决定书》。

4. 技术调查措施的期限按照监察法的规定执行，期限届满前未办理延期手续的，到期自动解除。

对于不需要继续采取技术调查措施的，监察机关应当按规定及时报批，将《解除技术调查措施决定书》送交有关机关执行。

需要依法变更技术调查措施种类或者增加适用对象的，监察机关应当重

---

⑫ 《监察法》第28条，《实施条例》第153条至第157条，最高法《关于适用〈中华人民共和国刑事诉讼法〉的解释》第118条。

新办理报批和委托手续，依法送交有关机关执行。

5. 对于采取技术调查措施收集的信息和材料，依法需要作为刑事诉讼证据使用的，监察机关应当按规定报批，出具《调取技术调查证据材料通知书》向有关执行机关调取。

对于采取技术调查措施收集的物证、书证及其他证据材料，监察机关应当制作书面说明，写明获取证据的时间、地点、数量、特征以及采取技术调查措施的批准机关、种类等。调查人员应当在书面说明上签名。

移送技术调查证据材料的，应当附采取技术调查措施的法律文书、技术调查证据材料清单和有关说明材料。移送采用技术调查措施收集的视听资料、电子数据的，应当制作新的存储介质，并附制作说明，写明原始证据材料、原始存储介质的存放地点等信息，由制作人签名，并加盖单位印章。

对于采取技术调查措施获取的证据材料，如果使用该证据材料可能危及有关人员的人身安全，或者可能产生其他严重后果的，应当采取不暴露有关人员身份、技术方法等保护措施。必要时，可以建议由审判人员在庭外进行核实。

6. 调查人员对采取技术调查措施过程中知悉的国家秘密、商业秘密、个人隐私，应当严格保密。采取技术调查措施获取的证据、线索及其他有关材料，只能用于对违法犯罪的调查、起诉和审判，不得用于其他用途。对采取技术调查措施获取的与案件无关的材料，应当经审批及时销毁。对销毁情况应当制作记录，由调查人员签名。

十一、通缉⑬

通缉，是由监察机关决定、公安机关执行的，通令缉拿在逃被调查人的调查措施。

> **【通缉】** 依法应当留置的被调查人如果在逃，监察机关可以决定在本行政区域内通缉，由公安机关发布通缉令，追捕归案。通缉范围超出本行政区域的，应当报请有权决定的上级监察机关决定。

1. 通缉调查措施适用于以下两类人：一是符合留置条件应当依法留置，

⑬ 《监察法》第29条，《实施条例》第158条至第161条。

但下落不明的被调查人；二是已经依法留置，但又逃跑的被调查人。

2. 县级以上监察机关对在逃的应当被留置人员，依法决定在本行政区域内通缉的，应当按规定报批，送交同级公安机关执行。送交执行时，应当出具《通缉决定书》，附《留置决定书》等法律文书和被通缉人员信息，以及承办单位、承办人员等有关情况。

通缉范围超出本行政区域的，应当报有决定权的上级监察机关出具《通缉决定书》，并附《留置决定书》及相关材料，送交同级公安机关执行。

3. 国家监察委员会依法需要提请公安部对在逃人员发布公安部通缉令的，应当先提请公安部采取网上追逃措施。如情况紧急，可以向公安部同时出具《通缉决定书》和《提请采取网上追逃措施函》。

省级以下监察机关报请国家监察委员会提请公安部发布公安部通缉令的，应当先提请本地公安机关采取网上追逃措施。

4. 监察机关接到公安机关抓获被通缉人员的通知后，应当立即核实被抓获人员身份，并在接到通知后二十四小时以内派员办理交接手续。边远或者交通不便地区，至迟不得超过三日。

公安机关在移交前，将被抓获人员送往当地监察机关留置场所临时看管的，当地监察机关应当接收，并保障临时看管期间的安全，对工作信息严格保密。

监察机关需要提请公安机关协助将被抓获人员带回的，应当按规定报批，请本地同级公安机关依法予以协助。提请协助时，应当出具《提请协助采取留置措施函》，附《留置决定书》复印件及相关材料。

5. 监察机关对于被通缉人员已经归案、死亡，或者依法撤销留置决定以及发现有其他不需要继续采取通缉措施情形的，应当经审批出具《撤销通缉通知书》，送交协助采取原措施的公安机关执行。

十二、限制出境⑭

> **【限制出境】** 监察机关为防止被调查人及相关人员逃匿境外，经省级以上监察机关批准，可以对被调查人及相关人员采取限制出境措施，由公安机关依法执行。对于不需要继续采取限制出境措施的，应当及时解除。

---

⑭ 《监察法》第30条，《实施条例》第162条至第167条。

1. 限制出境调查措施适用于以下三类人：一是涉嫌职务违法犯罪的被调查人；二是涉嫌行贿犯罪或者共同职务犯罪的涉案人员；三是与案件有关的其他相关人员。

2. 监察机关为防止被调查人及相关人员逃匿境外，按规定报批后，可以依法决定采取限制出境措施，交由移民管理机构依法执行。

3. 监察机关采取限制出境措施应当出具有关函件，与《采取限制出境措施决定书》一并送交移民管理机构执行。其中，采取边控措施的，应当附《边控对象通知书》；采取法定不批准出境措施的，应当附《法定不准出境人员报备表》。

4. 限制出境措施有效期不超过三个月，到期自动解除。到期后仍有必要继续采取措施的，应当按原程序报批。承办部门应当出具有关函件，在到期前与《延长限制出境措施期限决定书》一并送交移民管理机构执行。延长期限每次不得超过三个月。

5. 监察机关接到口岸移民管理机构查获被决定采取留置措施的边控对象的通知后，应当于二十四小时以内到达口岸办理移交手续。无法及时到达的，应当委托当地监察机关及时前往口岸办理移交手续。当地监察机关应当予以协助。

6. 对于不需要继续采取限制出境措施的，应当按规定报批，及时予以解除。承办部门应当出具有关函件，与《解除限制出境措施决定书》一并送交移民管理机构执行。

7. 县级以上监察机关在重要紧急情况下，经审批可以依法直接向口岸所在地口岸移民管理机构提请办理临时限制出境措施。

第三节 证据的审查与认定⑮

监察机关依照监察法及其实施条例规定收集的证据材料，经审查符合法定要求的，在刑事诉讼中可以作为证据使用。对监察机关依法收集的证据材料的审查判断，适用刑事审判关于证据的要求和标准。

---

⑮ 在刑事诉讼中，由人民法院负责对案件的证据进行审查、认定。进入法庭审理阶段后被调查人称为被告人，为便于读者理解和行文统一，本节仍称为被调查人。

一、一般规定

（一）审查[16]

1. 证据的真实性。对证据的真实性，应当综合全案证据进行审查。

2. 证据的证明力。对证据的证明力，应当根据具体情况，从证据与案件事实的关联程度、证据之间的联系等方面进行审查判断。

3. 到案经过。对监察机关出具的被调查人到案经过、抓获经过等材料，应当审查是否有出具该说明材料的办案人员、办案机关的签名、盖章。

4. 累犯、毒品再犯证据。证明被调查人具有累犯、毒品再犯情节等的证据材料，应当包括前罪的裁判文书、释放证明等材料；材料不全的，人民法院应当通知提供。

（二）认定[17]

1. 法定责任年龄证据。审查被调查人实施被指控的犯罪时或者审判时是否达到相应法定责任年龄，应当根据户籍证明、出生证明文件、学籍卡、人口普查登记、无利害关系人的证言等证据综合判断。

证明被调查人已满十二周岁、十四周岁、十六周岁、十八周岁或者不满七十五周岁的证据不足的，应当作出有利于被调查人的认定。

2. 自首、坦白、立功证据。证明被调查人自首、坦白、立功的证据材料，没有加盖接受被调查人投案、坦白、检举揭发等的单位的印章，或者接受人员没有签名的，不得作为定案的根据。

对被调查人及其辩护人提出有自首、坦白、立功的事实和理由，有关机关未予认定，或者有关机关提出被调查人有自首、坦白、立功表现，但证据材料不全的，人民法院应当要求有关机关提供证明材料，或者要求有关人员作证，并结合其他证据作出认定。

---

⑯ 最高法《关于适用〈中华人民共和国刑事诉讼法〉的解释》第139条、第142条第1款、第145条。

⑰ 最高法《关于适用〈中华人民共和国刑事诉讼法〉的解释》第144条、第146条。

二、物证、书证

（一）审查[18]

对物证、书证应着重审查以下内容：

1. 物证、书证是否为原物、原件，是否经过辨认、鉴定；物证的照片、录像、复制品或者书证的副本、复制件是否与原物、原件相符，是否由二人以上制作，有无制作人关于制作过程以及原物、原件存放于何处的文字说明和签名。

2. 物证、书证的收集程序、方式是否符合法律、有关规定；经勘验检查、搜查提取、扣押的物证、书证，是否附有相关笔录、清单，笔录、清单是否经调查人员或者侦查人员、物品持有人、见证人签名，没有签名的，是否注明原因；物品的名称、特征、数量、质量等是否注明清楚。

3. 物证、书证在收集、保管、鉴定过程中是否受损或者改变。

4. 物证、书证与案件事实有无关联；对现场遗留与犯罪有关的具备鉴定条件的血迹、体液、毛发、指纹等生物样本、痕迹、物品，是否已作 DNA 鉴定、指纹鉴定等，并与被调查人或者被害人的相应生物特征、物品等比对。

5. 与案件事实有关联的物证、书证是否全面收集。

（二）认定[19]

1. 瑕疵证据。物证、书证的收集程序、方式有下列瑕疵，经补正或者作出合理解释的，可以采用：一是勘验、检查、搜查、提取笔录或者扣押清单上没有调查人员或者侦查人员、物品持有人、见证人签名，或者对物品的名称、特征、数量、质量等注明不详的；二是物证的照片、录像、复制品，书证的副本、复制件未注明与原件核对无异，无复制时间，或者无被收集、调取人签名的；三是物证的照片、录像、复制品，书证的副本、复制件没有制作人关于制作过程和原物、原件存放地点的说明，或者说明中无签名的；四

---

⑱ 最高法《关于适用〈中华人民共和国刑事诉讼法〉的解释》第 82 条。

⑲ 最高法《关于适用〈中华人民共和国刑事诉讼法〉的解释》第 83 条第 2 款、第 84 条第 2 款、第 86 条。

是有其他瑕疵的。

2. 非法证据。物证、书证具有下列情形之一的，不得作为定案的根据：一是物证的照片、录像、复制品，不能反映原物的外形和特征的；二是对书证的更改或者更改迹象不能作出合理解释，或者书证的副本、复制件不能反映原件及其内容的；三是在勘验、检查、搜查过程中提取、扣押的物证、书证，未附笔录或者清单，不能证明物证、书证来源的；四是物证、书证的来源、收集程序有疑问，不能作出合理解释的。

三、证人证言

（一）审查[20]

对证人证言应当着重审查以下内容：

1. 证言的内容是否为证人直接感知；

2. 证人作证时的年龄，认知、记忆和表达能力，生理和精神状态是否影响作证；

3. 证人与案件当事人、案件处理结果有无利害关系；

4. 询问证人是否个别进行；

5. 询问笔录的制作、修改是否符合法律、有关规定，是否注明询问的起止时间和地点，首次询问时是否告知证人有关权利义务和法律责任，证人对询问笔录是否核对确认；

6. 询问未成年证人时，是否通知其法定代理人或者《刑事诉讼法》第二百八十一条第一款规定的合适成年人到场，有关人员是否到场；

7. 有无以暴力、威胁等非法方法收集证人证言的情形；

8. 证言之间以及与其他证据之间能否相互印证，有无矛盾；存在矛盾的，能否得到合理解释。

（二）认定[21]

1. 瑕疵证据。证人证言的收集程序、方式有下列瑕疵，经补正或者作出

---

⑳ 最高法《关于适用〈中华人民共和国刑事诉讼法〉的解释》第 87 条。

㉑ 最高法《关于适用〈中华人民共和国刑事诉讼法〉的解释》第 88 条至第 91 条、第 143 条。

合理解释的，可以采用；不能补正或者作出合理解释的，不得作为定案的根据：一是询问笔录没有填写询问人、记录人、法定代理人姓名以及询问的起止时间、地点的；二是询问地点不符合规定的；三是询问笔录没有记录告知证人有关权利义务和法律责任的；四是询问笔录反映出在同一时段，同一询问人员询问不同证人的；五是询问未成年人，其法定代理人或者合适成年人不在场的。

2. 非法证据。证人证言具有下列情形之一的，不得作为定案的根据：一是询问证人没有个别进行的；二是书面证言没有经证人核对确认的；三是询问聋、哑人，应当提供通晓聋、哑手势的人员而未提供的；四是询问不通晓当地通用语言、文字的证人，应当提供翻译人员而未提供的；五是处于明显醉酒、中毒或者麻醉等状态，不能正常感知或者正确表达的证人所提供的证言；六是证人的猜测性、评论性、推断性的证言，但根据一般生活经验判断符合事实的除外。

3. 当庭证言。证人当庭作出的证言，经控辩双方质证、法庭查证属实的，应当作为定案的根据。证人当庭作出的证言与其庭前证言矛盾，证人能够作出合理解释，并有其他证据印证的，应当采信其庭审证言；不能作出合理解释，而其庭前证言有其他证据印证的，可以采信其庭前证言。经人民法院通知，证人没有正当理由拒绝出庭或者出庭后拒绝作证，法庭对其证言的真实性无法确认的，该证人证言不得作为定案的根据。

4. 弱证明力证言。下列证据应当慎重使用，有其他证据印证的，可以采信：一是生理上、精神上有缺陷，对案件事实的认知和表达存在一定困难，但尚未丧失正确认知、表达能力的证人所作的证言；二是与被调查人有亲属关系或者其他密切关系的证人所作的有利于被调查人的证言，或者与被调查人有利害冲突的证人所作的不利于被调查人的证言。

四、被害人陈述[22]

对被害人陈述的收集、审查与认定，参照适用本节证人证言的有关规定。

---

[22] 最高法《关于适用〈中华人民共和国刑事诉讼法〉的解释》第92条。

五、被调查人供述和辩解

（一）审查[23]

对被调查人供述和辩解应当着重审查以下内容：

1. 讯问的时间、地点，讯问人的身份、人数以及讯问方式等是否符合法律、有关规定；

2. 讯问笔录的制作、修改是否符合法律、有关规定，是否注明讯问的具体起止时间和地点，首次讯问时是否告知被调查人有关权利和法律规定，被调查人是否核对确认；

3. 讯问未成年被调查人时，是否通知其法定代理人或者合适成年人到场，有关人员是否到场；

4. 讯问女性未成年被调查人时，是否有女性工作人员在场；

5. 有无以刑讯逼供等非法方法收集被调查人供述的情形；

6. 被调查人的供述是否前后一致，有无反复以及出现反复的原因；

7. 被调查人的供述和辩解是否全部随案移送；

8. 被调查人的辩解内容是否符合案情和常理，有无矛盾；

9. 被调查人的供述和辩解与同案被调查人的供述和辩解以及其他证据能否相互印证，有无矛盾；存在矛盾的，能否得到合理解释。

必要时，可以结合现场执法音视频记录、讯问录音录像、被调查人进出看守所的健康检查记录、笔录等，对被调查人的供述和辩解进行审查。

（二）认定[24]

1. 瑕疵证据。讯问笔录有下列瑕疵，经补正或者作出合理解释的，可以采用；不能补正或者作出合理解释的，不得作为定案的根据：一是讯问笔录填写的讯问时间、讯问地点、讯问人、记录人、法定代理人等有误或者存在矛盾的；二是讯问人没有签名的；三是首次讯问笔录没有记录告知被讯问人

---

[23] 最高法《关于适用〈中华人民共和国刑事诉讼法〉的解释》第93条。

[24] 最高法《关于适用〈中华人民共和国刑事诉讼法〉的解释》第94条至第96条、第143条。

有关权利和法律规定的。

2. 非法证据。被调查人供述具有下列情形之一的，不得作为定案的根据：一是讯问笔录没有经被调查人核对确认的；二是讯问聋、哑人，应当提供通晓聋、哑手势的人员而未提供的；三是讯问不通晓当地通用语言、文字的被调查人，应当提供翻译人员而未提供的；四是讯问未成年人，其法定代理人或者合适成年人不在场的。

3. 当庭供述和辩解。审查被调查人供述和辩解，应当结合控辩双方提供的所有证据以及被调查人的全部供述和辩解进行。被调查人庭审中翻供，但不能合理说明翻供原因或者其辩解与全案证据矛盾，而其庭前供述与其他证据相互印证的，可以采信其庭前供述。被调查人庭前供述和辩解存在反复，但庭审中供认，且与其他证据相互印证的，可以采信其庭审供述；被调查人庭前供述和辩解存在反复，庭审中不供认，且无其他证据与庭前供述印证的，不得采信其庭前供述。

4. 弱证明力供述。生理上、精神上有缺陷，对案件事实的认知和表达存在一定困难，但尚未丧失正确认知、表达能力的被调查人所作的供述应当慎重使用，有其他证据印证的，可以采信。

六、鉴定意见

（一）审查[25]

对鉴定意见应当着重审查以下内容：

1. 鉴定机构和鉴定人是否具有法定资质；

2. 鉴定人是否存在应当回避的情形；

3. 检材的来源、取得、保管、送检是否符合法律、有关规定，与相关提取笔录、扣押清单等记载的内容是否相符，检材是否可靠；

4. 鉴定意见的形式要件是否完备，是否注明提起鉴定的事由、鉴定委托人、鉴定机构、鉴定要求、鉴定过程、鉴定方法、鉴定日期等相关内容，是否由鉴定机构盖章并由鉴定人签名；

㉕ 最高法《关于适用〈中华人民共和国刑事诉讼法〉的解释》第97条。

5. 鉴定程序是否符合法律、有关规定；

6. 鉴定的过程和方法是否符合相关专业的规范要求；

7. 鉴定意见是否明确；

8. 鉴定意见与案件事实有无关联；

9. 鉴定意见与勘验检查笔录及相关照片等其他证据是否矛盾；存在矛盾的，能否得到合理解释；

10. 鉴定意见是否依法及时告知相关人员，当事人对鉴定意见有无异议。

（二）认定[26]

1. 非法证据。鉴定意见具有下列情形之一的，不得作为定案的根据：一是鉴定机构不具备法定资质，或者鉴定事项超出该鉴定机构业务范围、技术条件的；二是鉴定人不具备法定资质，不具有相关专业技术或者职称，或者违反回避规定的；三是送检材料、样本来源不明，或者因污染不具备鉴定条件的；四是鉴定对象与送检材料、样本不一致的；五是鉴定程序违反规定的；六是鉴定过程和方法不符合相关专业的规范要求的；七是鉴定文书缺少签名、盖章的；八是鉴定意见与案件事实没有关联的；九是违反有关规定的其他情形。

2. 出庭作证。经人民法院通知，鉴定人拒不出庭作证的，鉴定意见不得作为定案的根据。鉴定人由于不能抗拒的原因或者有其他正当理由无法出庭的，人民法院可以根据情况决定延期审理或者重新鉴定。鉴定人无正当理由拒不出庭作证的，人民法院应当通报司法行政机关或者有关部门。

3. 有专门知识的人作的报告。因无鉴定机构，或者根据法律、司法解释的规定，指派、聘请有专门知识的人就案件的专门性问题出具的报告，可以作为证据使用。对报告的审查与认定，参照适用鉴定意见的有关规定。经人民法院通知，出具报告的人拒不出庭作证的，有关报告不得作为定案的根据。

4. 事故调查报告。有关部门对事故进行调查形成的报告，在刑事诉讼中可以作为证据使用；报告中涉及专门性问题的意见，经法庭查证属实，且调查程序符合法律、有关规定的，可以作为定案的根据。

---

[26] 最高法《关于适用〈中华人民共和国刑事诉讼法〉的解释》第98条至第101条。

七、勘验检查、辨认、调查实验等笔录

（一）审查㉗

1. 对勘验检查笔录应当着重审查以下内容：一是勘验检查是否依法进行，笔录制作是否符合法律、有关规定，勘验检查人员和见证人是否签名或者盖章；二是勘验检查笔录是否记录了提起勘验检查的事由，勘验检查的时间、地点，在场人员、现场方位、周围环境等，现场的物品、人身、尸体等的位置、特征等情况，以及勘验检查的过程；文字记录与实物或者绘图、照片、录像是否相符；现场、物品、痕迹等是否伪造、有无破坏；人身特征、伤害情况、生理状态有无伪装或者变化等；三是补充进行勘验检查的，是否说明了再次勘验检查的缘由，前后勘验检查的情况是否矛盾。

2. 对辨认笔录应当着重审查辨认的过程、方法，以及辨认笔录的制作是否符合有关规定。

3. 对调查实验笔录应当着重审查实验的过程、方法，以及笔录的制作是否符合有关规定。

（二）认定㉘

1. 勘验检查笔录非法证据。存在明显不符合法律、有关规定的情形，不能作出合理解释的，不得作为定案的根据。

2. 辨认笔录非法证据。具有下列情形之一的，不得作为定案的根据：一是辨认不是在调查人员、侦查人员主持下进行的；二是辨认前使辨认人见到辨认对象的；三是辨认活动没有个别进行的；四是辨认对象没有混杂在具有类似特征的其他对象中，或者供辨认的对象数量不符合规定的；五是辨认中给辨认人明显暗示或者明显有指认嫌疑的；六是违反有关规定，不能确定辨认笔录真实性的其他情形。

3. 调查实验笔录非法证据。调查实验的条件与事件发生时的条件有明显

㉗ 最高法《关于适用〈中华人民共和国刑事诉讼法〉的解释》第 102 条、第 104 条、第 106 条。

㉘ 最高法《关于适用〈中华人民共和国刑事诉讼法〉的解释》第 103 条、第 105 条、第 107 条。

差异，或存在影响实验结论科学性的其他情形的，调查实验笔录不得作为定案的根据。

八、视听资料

（一）审查[29]

对视听资料应当着重审查以下内容：

1. 是否附有提取过程的说明，来源是否合法。

2. 是否为原件，有无复制及复制份数；是复制件的，是否附有无法调取原件的原因、复制件制作过程和原件存放地点的说明，制作人、原视听资料持有人是否签名。

3. 制作过程中是否存在威胁、引诱当事人等违反法律、有关规定的情形。

4. 是否写明制作人、持有人的身份，制作的时间、地点、条件和方法。

5. 内容和制作过程是否真实，有无剪辑、增加、删改等情形。

6. 内容与案件事实有无关联。

对视听资料有疑问的，应当进行鉴定。

对视听资料还应当审查是否移送文字抄清材料以及对绰号、暗语、俗语、方言等不易理解内容的说明。未移送的，必要时，人民法院可以要求移送。

（二）认定[30]

视听资料具有下列情形之一的，不得作为定案的根据：

1. 系篡改、伪造或者无法确定真伪的；

2. 制作、取得的时间、地点、方式等有疑问，不能作出合理解释的。

---

[29] 最高法《关于适用〈中华人民共和国刑事诉讼法〉的解释》第108条、第115条。

[30] 最高法《关于适用〈中华人民共和国刑事诉讼法〉的解释》第109条。

九、电子数据

（一）审查[31]

1. 真实性审查。对电子数据是否真实，应当着重审查以下内容：一是是否移送原始存储介质；在原始存储介质无法封存、不便移动时，有无说明原因，并注明收集、提取过程及原始存储介质的存放地点或者电子数据的来源等情况；二是是否具有数字签名、数字证书等特殊标识；三是收集、提取的过程是否可以重现；四是如有增加、删除、修改等情形的，是否附有说明；五是完整性是否可以保证。

2. 完整性审查。对电子数据是否完整，应当根据保护电子数据完整性的相应方法进行审查、验证：一是审查原始存储介质的扣押、封存状态；二是审查电子数据的收集、提取过程，查看录像；三是比对电子数据完整性校验值；四是与备份的电子数据进行比较；五是审查冻结后的访问操作日志；六是其他方法。

3. 合法性审查。对收集、提取电子数据是否合法，应当着重审查以下内容：一是收集、提取电子数据是否由两名以上调查人员、侦查人员进行，取证方法是否符合相关技术标准；二是收集、提取电子数据，是否附有笔录、清单，并经调查人员、侦查人员、电子数据持有人、提供人、见证人签名或者盖章；没有签名或者盖章的，是否注明原因；对电子数据的类别、文件格式等是否注明清楚；三是是否依照有关规定由符合条件的人员担任见证人，是否对相关活动进行录像；四是采用技术调查、侦查措施收集、提取电子数据的，是否依法经过严格的批准手续；五是进行电子数据检查的，检查程序是否符合有关规定。

4. 对电子数据还应当审查是否移送文字抄清材料以及对绰号、暗语、俗语、方言等不易理解内容的说明。未移送的，必要时，人民法院可以要求移送。

---

[31] 最高法《关于适用〈中华人民共和国刑事诉讼法〉的解释》第110条至第112条、第115条。

（二）认定[32]

1. 瑕疵证据。电子数据的收集、提取程序有下列瑕疵，经补正或者作出合理解释的，可以采用；不能补正或者作出合理解释的，不得作为定案的根据：一是未以封存状态移送的；二是笔录或者清单上没有调查人员或者侦查人员、电子数据持有人、提供人、见证人签名或者盖章的；三是对电子数据的名称、类别、格式等注明不清的；四是有其他瑕疵的。

2. 非法证据。电子数据具有下列情形之一的，不得作为定案的根据：一是系篡改、伪造或者无法确定真伪的；二是有增加、删除、修改等情形，影响电子数据真实性的；三是其他无法保证电子数据真实性的情形。

十、技术调查证据

（一）审查[33]

对采取技术调查措施收集的证据材料，除根据相关证据材料所属的证据种类，依照本节相应规定进行审查外，还应当着重审查以下内容：

1. 技术调查措施所针对的案件是否符合法律规定。

2. 技术调查措施是否经过严格的批准手续，按照规定交有关机关执行。

3. 采取技术调查措施的种类、适用对象和期限是否按照批准决定载明的内容执行。

4. 采取技术调查措施收集的证据材料与其他证据是否矛盾；存在矛盾的，能否得到合理解释。

（二）认定[34]

1. 当庭调查。采取技术调查措施收集的证据材料，应当经过当庭出示、辨认、质证等法庭调查程序查证。当庭调查技术调查证据材料可能危及有关人员的人身安全，或者可能产生其他严重后果的，法庭应当采取不暴露有关

---

[32] 最高法《关于适用〈中华人民共和国刑事诉讼法〉的解释》第113条、第114条。

[33] 最高法《关于适用〈中华人民共和国刑事诉讼法〉的解释》第119条。

[34] 最高法《关于适用〈中华人民共和国刑事诉讼法〉的解释》第120条、第122条。

人员身份和技术调查措施使用的技术设备、技术方法等保护措施。必要时，审判人员可以在庭外对证据进行核实。

2. 人民法院认为应当移送的技术调查证据材料未随案移送的，应当通知人民检察院在指定时间内移送。人民检察院未移送的，人民法院应当根据在案证据对案件事实作出认定。

第四节 证据的运用

监察机关调查终结的职务犯罪案件，应当事实清楚，证据确实、充分。证据确实、充分，应当符合下列条件：定罪量刑的事实都有证据证明；据以定案的证据均经法定程序查证属实；综合全案证据，对所认定事实已排除合理怀疑。

一、定罪量刑的事实都有证据证明[35]

监察机关认定案件事实应当以证据为根据，全面、客观地收集、固定被调查人有无违法犯罪以及情节轻重的各种证据，形成相互印证、完整稳定的证据链。

应当运用证据证明的案件事实包括：1. 被调查人、被害人的身份；2. 被指控的犯罪是否存在；3. 被指控的犯罪是否为被调查人所实施；4. 被调查人有无刑事责任能力，有无罪过，实施犯罪的动机、目的；5. 实施犯罪的时间、地点、手段、后果以及案件起因等；6. 是否系共同犯罪或者犯罪事实存在关联，以及被调查人在犯罪中的地位、作用；7. 被调查人有无从重、从轻、减轻、免除处罚情节；8. 有关涉案财物处理的事实；9. 有关附带民事诉讼的事实；10. 有关管辖、回避、延期审理等的程序事实；11. 与定罪量刑有关的其他事实。

---

[35] 最高法《关于适用〈中华人民共和国刑事诉讼法〉的解释》第72条第1款，《实施条例》第60条。

二、据以定案的证据均经法定程序查证属实[36]

证据必须经过查证属实，才能作为定案的根据，未经当庭出示、辨认、质证等法庭调查程序查证属实，不得作为定案的根据。审查认定证据，应当结合案件的具体情况，从证据与待证事实的关联程度、各证据之间的联系、是否依照法定程序收集等方面进行综合判断。

监察机关对行政机关以及根据法律、行政法规规定行使国家行政管理职权的组织在行政执法和查办案件中，收集的物证、书证、视听资料、电子数据，勘验检查等笔录，以及鉴定意见等证据材料，经审查符合法定要求的，可以作为证据使用；对人民法院、人民检察院、公安机关、国家安全机关等在刑事诉讼中收集的物证、书证、视听资料、电子数据，勘验检查、辨认、侦查实验等笔录，以及鉴定意见等证据材料，经审查符合法定要求的，可以作为证据使用。

三、综合全案证据，对所认定事实已排除合理怀疑

合理怀疑，一般指以证据、逻辑和经验为根据的怀疑。排除合理怀疑，即在对全案证据进行综合判断之后，对被调查人犯罪的事实不再存在任何有证据支持的、符合逻辑与经验的疑问，产生了被调查人构成犯罪的内心确信。

为排除合理怀疑，本部分重点介绍间接证据证明规则和非法证据排除规则。

（一）间接证据证明规则[37]

间接证据与直接证据相对，指无法直接证明被调查人实施了职务犯罪行为的证据。

调查职务犯罪一般均应有被调查人供述等直接证据，但在一些情况下，没有直接证据，其他间接证据同时符合下列条件的，可以认定案件事实：一是证据已经查证属实；二是证据之间相互印证，不存在无法排除的矛盾和无

㊱ 最高法《关于适用〈中华人民共和国刑事诉讼法〉的解释》第71条，《实施条例》第59条第3款、第61条、第68条、第69条第1款。

㊲ 最高法《关于适用〈中华人民共和国刑事诉讼法〉的解释》第140条。

法解释的疑问；三是全案证据形成完整的证据链；四是根据证据认定案件事实足以排除合理怀疑，结论具有唯一性；五是运用证据进行的推理符合逻辑和经验。

（二）非法证据排除规则[38]

以非法方法收集的证据应当依法予以排除，不得作为案件处置的依据。

1. 言词证据

严禁以暴力、威胁、引诱、欺骗以及非法限制人身自由等非法方法收集证据，严禁侮辱、打骂、虐待、体罚或者变相体罚被调查人、涉案人员和证人。对于调查人员采用暴力、威胁以及非法限制人身自由等非法方法收集的被调查人供述、证人证言、被害人陈述，应当依法予以排除。

前述所称暴力的方法，是指采用殴打、违法使用戒具等方法或者变相肉刑的恶劣手段，使人遭受难以忍受的痛苦而违背意愿作出供述、证言、陈述；威胁的方法，是指采用以暴力或者严重损害本人及其近亲属合法权益等进行威胁的方法，使人遭受难以忍受的痛苦而违背意愿作出供述、证言、陈述。

采用刑讯逼供方法使被调查人作出供述，之后被调查人受该刑讯逼供行为影响而作出的与该供述相同的重复性供述，应当一并排除，但下列情形除外：一是调查期间，监察机关根据控告、举报或者自己发现等，确认或者不能排除以非法方法收集证据而更换调查人员，其他调查人员再次讯问时告知有关权利和认罪的法律后果，被调查人自愿供述的；二是审查逮捕、审查起诉和审判期间，检察人员、审判人员讯问时告知诉讼权利和认罪的法律后果，被调查人自愿供述的。

2. 实物证据

收集物证、书证不符合法定程序，可能严重影响案件公正处理的，应当予以补正或者作出合理解释；不能补正或者作出合理解释的，对该证据应当予以排除。

3. 排除程序

监察机关监督检查、调查、案件审理、案件监督管理等部门发现监察人

---

[38] 《监察法》第 33 条第 3 款，《实施条例》第 64 条至第 66 条，最高法《关于适用〈中华人民共和国刑事诉讼法〉的解释》第 124 条，《刑事诉讼法》第 60 条。

员在办理案件中，可能存在以非法方法收集证据情形的，应当依据职责进行调查核实。对于被调查人控告、举报调查人员采用非法方法收集证据，并提供涉嫌非法取证的人员、时间、地点、方式和内容等材料或者线索的，应当受理并进行审核。根据现有材料无法证明证据收集合法性的，应当进行调查核实。经调查核实，确认或者不能排除以非法方法收集证据的，对有关证据依法予以排除，不得作为案件定性处置、移送审查起诉的依据。认定调查人员非法取证的，应当依法处理，另行指派调查人员重新调查取证。

监察机关接到对下级监察机关调查人员采用非法方法收集证据的控告、举报，可以直接进行调查核实，也可以交由下级监察机关调查核实。交由下级监察机关调查核实的，下级监察机关应当及时将调查结果报告上级监察机关。

对于经过法庭审理，确认或者不能排除存在以非法方法收集证据情形的，对有关证据应当予以排除。

第四章　调查程序

本章介绍职务犯罪调查程序，围绕线索处置、初步核实、立案、调查、处置、移送审查起诉等环节，对职务犯罪调查流程进行梳理介绍，进一步强化调查人员法治思维和程序意识，确保做到依规依法开展调查工作。

“调查”一节介绍了职务犯罪案件的一般调查程序，“处置”一节介绍了调查结果的处置方式，“法法衔接”一节介绍了监察机关与人民检察院、人民法院工作的衔接，“特别调查程序”一节介绍了被调查人逃匿、死亡案件违法所得的没收程序和缺席审判程序。

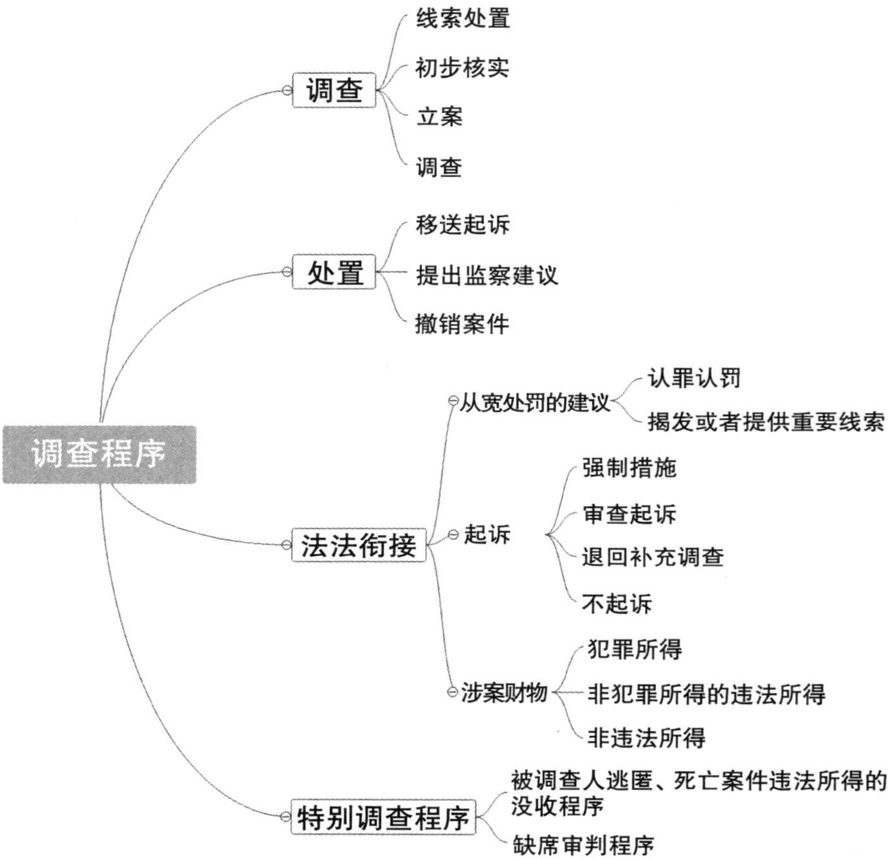
调查程序
调查
线索处置
初步核实
立案
调查
处置
移送起诉
提出监察建议
撤销案件
法法衔接
从宽处罚的建议
认罪认罚
揭发或者提供重要线索
起诉
强制措施
审查起诉
退回补充调查
不起诉
涉案财物
犯罪所得
非犯罪所得的违法所得
非违法所得
特别调查程序
被调查人逃匿、死亡案件违法所得的没收程序
缺席审判程序

第一节 调 查

一、线索处置

【线索处置】[①] 监察机关对监察对象的问题线索，应当按照有关规定提出处置意见，履行审批手续，进行分类办理。线索处置情况应当定期汇总、通报，定期检查、抽查。

监督检查部门、调查部门在处置问题线索时，要综合分析、精准研判，提出科学处置建议。处置问题线索应当注意以下五个方面[②]：

1. 处置方式。监督检查部门应当结合问题线索所涉及地区、部门、单位总体情况进行综合分析，提出处置意见并制定处置方案，经审批按照谈话、函询、初步核实、暂存待查、予以了结等方式进行处置，或者按照职责移送调查部门处置。

2. 处置时间。线索处置不得拖延和积压，处置意见应当在收到问题线索之日起一个月内提出，并制定处置方案，履行审批手续。

3. 线索管理。问题线索承办部门应当指定专人负责管理线索，逐件编号登记、建立管理台账。线索管理处置各环节应当由经手人员签名，全程登记备查，及时与案件监督管理部门核对。

4. 实名检举控告。检举控告人使用本人真实姓名或者本单位名称，有电话等具体联系方式的，属于实名检举控告。

监察机关对实名检举控告应当优先办理、优先处置，依法给予答复。虽有署名但不是检举控告人真实姓名（单位名称）或者无法验证的检举控告，按照匿名检举控告处理。

调查人员应当将实名检举控告的处理结果在办结之日起十五个工作日以内向检举控告人反馈，并记录反馈情况。对检举控告人提出异议的应当如实

---

① 《监察法》第37条。

② 《实施条例》第172条第3款、第173条第2款、第174条第1款、第175条第1款和第3款，《中国共产党纪律检查机关监督执纪工作规则》第21条第2款。

记录，并向其进行说明；对提供新证据材料的，应当依法核查处理。

5. 工作中发现的问题线索。监督检查部门、调查部门在工作中发现的相关问题线索，属于本部门受理范围的，应当报送案件监督管理部门备案；属于本机关其他部门受理范围的，经审批后移交案件监督管理部门分办。

二、初步核实

【初步核实】③ 需要采取初步核实方式处置问题线索的，监察机关应当依法履行审批程序，成立核查组。初步核实工作结束后，核查组应当撰写初步核实情况报告，提出处理建议。承办部门应当提出分类处理意见。初步核实情况报告和分类处理意见报监察机关主要负责人审批。

初步核实是监察机关对受理和发现的反映监察对象涉嫌职务犯罪的问题线索进行初步了解、核实的活动，其任务是了解反映的主要问题是否存在，为是否立案提供依据。监察机关对具有可查性的职务犯罪问题线索，应当按规定报批后，依法开展初步核实工作。初步核实应当注意以下四个方面④：

1. 初核手续。采取初步核实方式处置问题线索，应当确定初步核实对象，制定工作方案，明确需要核实的问题和采取的措施，成立核查组。

在初步核实中发现或者受理被核查人新的具有可查性的问题线索的，应当经审批纳入原初核方案开展核查。

2. 调查措施。职务犯罪调查初步核实中，可以依法采取询问、查询、调取、勘验检查、鉴定、技术调查、限制出境措施。需要采取技术调查、限制出境措施的，应当按照规定交有关机关依法执行。设区的市级以下监察机关在初步核实中不得采取技术调查措施。

3. 初核报告。核查组在初步核实工作结束后应当撰写初步核实情况报告，列明被核查人基本情况、反映的主要问题、办理依据、初步核实结果、存在疑点、处理建议，由全体人员签名。

4. 处置建议。承办部门应当综合分析初步核实情况，按照拟立案调查、

---

③ 《监察法》第 38 条。

④ 《实施条例》第 55 条、第 176 条至第 179 条。

予以了结、谈话提醒、暂存待查，或者移送有关部门、机关处理等方式提出处置建议，按照批准初步核实的程序报批。

三、立案

> **【立案】**⑤ 经过初步核实，对监察对象涉嫌职务违法犯罪，需要追究法律责任的，监察机关应当按照规定的权限和程序办理立案手续。
>
> 监察机关主要负责人依法批准立案后，应当主持召开专题会议，研究确定调查方案，决定需要采取的调查措施。
>
> 立案调查决定应当向被调查人宣布，并通报相关组织。涉嫌严重职务违法或者职务犯罪的，应当通知被调查人家属，并向社会公开发布。

监察机关经过初步核实，对于已经掌握监察对象涉嫌职务违法或者职务犯罪的部分事实和证据，认为需要追究其法律责任的，应当按规定报批后，依法立案调查。立案应当注意以下五个方面⑥：

1. 立案条件。职务犯罪立案应当符合三个条件：一是存在职务犯罪的事实，即经初核，初步确定被调查人存在部分职务犯罪事实；二是需要追究法律责任，对一些情节显著轻微的职务犯罪，不需要追究法律责任的则不需要立案；三是按照规定的权限和程序办理立案手续。对符合立案条件的，承办部门应当起草立案调查呈批报告，按程序报批予以立案调查。

2. 共同犯罪。监察机关立案调查职务犯罪案件，需要对涉嫌行贿犯罪、介绍贿赂犯罪或者共同职务犯罪的涉案人员立案调查的，应当一并办理立案手续。需要交由下级监察机关立案的，经审批交由下级监察机关办理立案手续。

3. 单位犯罪。对单位涉嫌受贿、行贿等职务犯罪，需要追究法律责任的，依法对该单位办理立案调查手续。对事故（事件）中存在职务犯罪问题，需要追究法律责任，但相关责任人员尚不明确的，可以以事立案。对单位立案或者以事立案后，经调查确定相关责任人员的，按照管理权限报批确定被调查人。

---

⑤ 《监察法》第39条。

⑥ 《实施条例》第180条，第181条第1款、第2款，第183条，第184条。

4. 指定立案。上级监察机关需要指定下级监察机关立案调查的，应当按规定报批，向被指定管辖的监察机关出具《指定管辖决定书》，由其办理立案手续。

5. 宣布发布。批准立案后，应当由两名以上调查人员出示证件，向被调查人宣布立案决定。宣布立案决定后，应当及时向被调查人所在单位等相关组织送达《立案通知书》，并向被调查人所在单位主要负责人通报。对涉嫌严重职务犯罪的公职人员立案调查并采取留置措施的，应当按规定通知被调查人家属，并向社会公开发布。

四、调查

【调查】⑦ 监察机关对职务违法和职务犯罪案件，应当进行调查，收集被调查人有无违法犯罪以及情节轻重的证据，查明违法犯罪事实，形成相互印证、完整稳定的证据链。
【调查方案】⑧ 调查人员应当严格执行调查方案，不得随意扩大调查范围、变更调查对象和事项。 对调查过程中的重要事项，应当集体研究后按程序请示报告。

监察机关对已经立案的职务犯罪案件应当依法进行调查，收集证据查明犯罪事实。调查应当注意以下五个方面⑨：

1. 调查期限。职务犯罪案件，对被调查人没有采取留置措施的，应当在立案后一年以内作出处理决定；对被调查人解除留置措施的，应当在解除留置措施后一年以内作出处理决定。案情重大复杂的案件，经上一级监察机关批准，可以适当延长，但延长期限不得超过六个月。被调查人在监察机关立案调查以后逃匿的，调查期限自被调查人到案之日起重新计算。

2. 工作要求。调查人员在调查工作期间，未经批准不得单独接触任何涉案人员及其特定关系人，不得擅自采取调查措施。

3. 事实材料。调查组应当将调查认定的涉嫌犯罪事实形成书面材料，交给被调查人核对，听取其意见。被调查人应当在书面材料上签署意见。对被

---

⑦ 《监察法》第 40 条第 1 款。

⑧ 《监察法》第 42 条。

⑨ 《实施条例》第 185 条至第 188 条、第 190 条、第 206 条。

调查人签署不同意见或者拒不签署意见的，调查组应当作出说明或者注明情况。对被调查人提出申辩的事实、理由和证据应当进行核实，成立的予以采纳。

调查组对于立案调查的涉嫌行贿犯罪、介绍贿赂犯罪或者共同职务犯罪的涉案人员，在查明其涉嫌犯罪问题后，依照前述规定办理。

对于按照《实施条例》规定，对立案和移送审理一并报批的案件，应当在报批前履行书面材料核对程序。

4. 调查报告。调查组在调查工作结束后应当集体讨论，形成调查报告。调查报告应当列明被调查人基本情况、问题线索来源及调查依据、调查过程，涉嫌的主要职务犯罪事实，被调查人的态度和认识，处置建议及法律依据，并由调查组组长以及有关人员签名。

5. 专题报告。对调查过程中发现的重要问题和形成的意见建议，应当形成专题报告。

第二节 处　　置

【处置】⑩ 监察机关根据监督、调查结果，依法作出如下处置：

（一）对有职务违法行为但情节较轻的公职人员，按照管理权限，直接或者委托有关机关、人员，进行谈话提醒、批评教育、责令检查，或者予以诫勉；

（二）对违法的公职人员依照法定程序作出警告、记过、记大过、降级、撤职、开除等政务处分决定；

（三）对不履行或者不正确履行职责负有责任的领导人员，按照管理权限对其直接作出问责决定，或者向有权作出问责决定的机关提出问责建议；

（四）对涉嫌职务犯罪的，监察机关经调查认为犯罪事实清楚，证据确实、充分的，制作起诉意见书，连同案卷材料、证据一并移送人民检察院依法审查、提起公诉；

（五）对监察对象所在单位廉政建设和履行职责存在的问题等提出监察建议。

监察机关经调查，对没有证据证明被调查人存在违法犯罪行为的，应当撤销案件，并通知被调查人所在单位。

监察机关根据监督、调查结果，可以依法采取“红脸出汗”、政务处分、问责、移送起诉、提出监察建议、撤销案件六种处置方式。本节重点介绍与职务犯罪调查相关的移送起诉、提出监察建议和撤销案件程序。

---

⑩ 《监察法》第45条。

一、移送起诉

案件调查结束后，调查部门应当将案卷材料连同全部证据和文书手续移送审理部门，经审理认为被调查人涉嫌职务犯罪需要追究刑事责任的，由审理部门将案件移送人民检察院依法审查起诉。

（一）调查部门⑪

1. 文书手续。调查组对被调查人涉嫌职务犯罪拟依法移送人民检察院审查起诉的，应当起草《起诉建议书》。《起诉建议书》应当载明被调查人基本情况，调查简况，认罪认罚情况，采取留置措施的时间，涉嫌职务犯罪事实以及证据，对被调查人从重、从轻、减轻或者免除处罚等情节，提出对被调查人移送起诉的理由和法律依据，采取强制措施的建议，并注明移送案卷数及涉案财物等内容。

调查组应当形成被调查人到案经过及量刑情节方面的材料，包括案件来源、到案经过，自动投案、如实供述、立功等量刑情节，认罪悔罪态度、退赃、避免和减少损害结果发生等方面的情况说明及相关材料。被检举揭发的问题已被立案、查破，被检举揭发人已被采取调查措施或者刑事强制措施、起诉或者审判的，还应当附有关法律文书。

2. 移送审理。经调查认为被调查人构成职务犯罪的，应当区分不同情况提出相应处理意见，经审批将调查报告、职务犯罪事实材料、涉案财物报告、涉案人员处理意见等材料，连同全部证据和文书手续移送审理。

对涉嫌职务犯罪的案件材料应当按照刑事诉讼要求单独立卷，与《起诉建议书》、涉案财物报告、同步录音录像资料及其自查报告等材料一并移送审理。

（二）审理部门⑫

1. 重新调查。经审理认为主要犯罪事实不清、证据不足的，应当经审批

---

⑪ 《实施条例》第189条、第190条第1款和第2款。

⑫ 《实施条例》第196条、第197条、第212条第1款、第220条，中共中央纪律检查委员会、中华人民共和国国家监察委员会法规室编写：《〈中国共产党纪律检查机关监督执纪工作规则〉释义》，中国方正出版社2019年版，第180页。

将案件退回承办部门重新调查。

重新调查终结后，应当重新形成调查报告，依法移送审理。

2. 补充调查。有下列情形之一，需要补充完善证据的，经审批可以退回补充调查：一是部分事实不清、证据不足的；二是遗漏违法犯罪事实的；三是其他需要进一步查清案件事实的情形。

承办部门补充调查结束后，应当经审批将补证情况报告及相关证据材料，连同案卷材料一并移送案件审理部门；对确实无法查明的事项或者无法补充的证据，应当作出书面说明。

3. 审理报告。审理工作结束后应当形成审理报告。对被调查人涉嫌职务犯罪需要追究刑事责任的，应当形成《起诉意见书》，作为审理报告附件。经审理认为现有证据不足以证明被调查人存在犯罪行为，且通过退回补充调查仍无法达到证明标准的，应当提出撤销案件的建议。

4. 移送起诉。在案件移送前，监察机关应当按程序报批后，对被调查人作出党纪处分、政务处分决定，需要终止人大代表、政协委员资格的，应当提请有关机关终止人大代表、政协委员资格。

监察机关一般应当在正式移送起诉十日前，向拟移送的人民检察院采取书面通知等方式预告移送事宜。正式移送起诉的，应当出具《起诉意见书》，连同案卷材料、证据等，一并移送同级人民检察院。

（三）指定起诉、审判管辖⑬

1. 本级立案案件。监察机关办理的职务犯罪案件移送起诉，需要指定起诉、审判管辖的，应当与同级人民检察院协商有关程序事宜。需要由同级人民检察院的上级人民检察院指定管辖的，应当商请同级人民检察院办理指定管辖事宜。

监察机关一般应当在移送起诉二十日前，将商请指定管辖函送交同级人民检察院。商请指定管辖函应当附案件基本情况，对于被调查人已被其他机关立案侦查的犯罪认为需要并案审查起诉的，一并进行说明。

派驻或者派出的监察机构、监察专员调查的职务犯罪案件需要指定起诉、审判管辖的，应当报派出机关办理指定管辖手续。

---

⑬ 《实施条例》第221条至第224条。

2. 上级指定立案案件。上级监察机关指定下级监察机关进行调查，移送起诉时需要人民检察院依法指定管辖的，应当在移送起诉前由上级监察机关与同级人民检察院协商有关程序事宜。

3. 补充移送起诉案件。监察机关对已经移送起诉的职务犯罪案件，发现遗漏被调查人罪行需要补充移送起诉的，应当经审批出具《补充起诉意见书》，连同相关案卷材料、证据等一并移送同级人民检察院。

对于经人民检察院指定管辖的案件需要补充移送起诉的，可以直接移送原受理移送起诉的人民检察院；需要追加犯罪嫌疑人、被告人的，应当再次商请人民检察院办理指定管辖手续。

4. 行贿等犯罪案件。对于涉嫌行贿犯罪、介绍贿赂犯罪或者共同职务犯罪等关联案件的涉案人员，移送起诉时一般应当随主案确定管辖。

主案与关联案件由不同监察机关立案调查的，调查关联案件的监察机关在移送起诉前，应当报告或者通报调查主案的监察机关，由其统一协调案件管辖事宜。因特殊原因，关联案件不宜随主案确定管辖的，调查主案的监察机关应当及时通报和协调有关事项。

二、提出监察建议⑭

监察建议是指监察机关依法根据监督、调查结果，针对监察对象所在单位廉政建设和履行职责存在的问题等，向相关单位和人员就其职责范围内的事项提出的具有一定法律效力的建议。

1. 适用情形。监察机关根据监督、调查结果，发现监察对象所在单位在廉政建设、权力制约、监督管理、制度执行以及履行职责等方面存在问题需要整改纠正的，依法提出监察建议。主要指下列情形：拒不执行法律、法规或者违反法律、法规，应当予以纠正的；有关单位作出的决定、命令、指示违反法律、法规或者国家政策，应当予以纠正或者撤销的；给国家利益、集体利益和公民合法权益造成损害，需要采取补救措施的；录用、任免、奖惩决定明显不适当，应当予以纠正的；依照有关法律、法规的规定，应当给予

---

⑭ 《实施条例》第36条、第205条，中共中央纪律检查委员会、中华人民共和国国家监察委员会法规室编写：《〈中华人民共和国监察法〉释义》，中国方正出版社2018年版，第204页。

处罚的；需要完善廉政建设制度的；等等。

2. 监察建议书。监察机关依法向监察对象所在单位提出监察建议的，应当经审批制作监察建议书。监察建议书一般应当包括下列内容：监督调查情况；调查中发现的主要问题及其产生的原因；整改建议、要求和期限；向监察机关反馈整改情况的要求。

3. 跟踪指导。监察机关应当跟踪了解监察建议的采纳情况，指导、督促有关单位限期整改，推动监察建议落实到位。

三、撤销案件[15]

为保障被调查人的合法权益，一经发现不应追究被调查人法律责任，应当撤销案件，及时终止错误或者不当的调查行为。

1. 本级立案案件。监察机关经调查，对没有证据证明或者现有证据不足以证明被调查人存在犯罪行为的，应当依法撤销案件。省级以下监察机关撤销案件后，应当在七个工作日以内向上一级监察机关报送备案报告。上一级监察机关监督检查部门负责备案工作。

2. 指定管辖或交办案件。省级以下监察机关拟撤销上级监察机关指定管辖或者交办案件的，应当将《撤销案件意见书》连同案卷材料，在法定调查期限到期七个工作日前报指定管辖或者交办案件的监察机关审查。对于重大、复杂案件，在法定调查期限到期十个工作日前报指定管辖或者交办案件的监察机关审查。

指定管辖或者交办案件的监察机关由监督检查部门负责审查工作。指定管辖或者交办案件的监察机关同意撤销案件的，下级监察机关应当作出撤销案件决定，制作《撤销案件决定书》；指定管辖或者交办案件的监察机关不同意撤销案件的，下级监察机关应当执行该决定。

3. 行贿等犯罪案件。对于涉嫌行贿等犯罪的非监察对象，案件调查终结后依法移送起诉。综合考虑行为性质、手段、后果、时间节点、认罪悔罪态度等具体情况，对于情节较轻，经审批不予移送起诉的，应当采取批评教育、责令具结悔过等方式处置；应当给予行政处罚的，依法移送有关行政执法部门。

---

⑮ 《实施条例》第206条，第207条第1款、第2款。

对于有行贿行为的涉案单位和人员，按规定记入相关信息记录，可以作为信用评价的依据。

4. 撤销案件的宣布。监察机关对于撤销案件的决定应当向被调查人宣布，由其在《撤销案件决定书》上签名、捺指印，立即解除留置措施，并通知其所在机关、单位。

5. 撤案后重新立案。撤销案件后又发现重要事实或者有充分证据，认为被调查人有犯罪事实需要追究法律责任的，应当重新立案调查。

第三节　法法衔接

一、从宽处罚的建议

涉嫌职务犯罪的被调查人和涉案人员符合《监察法》第三十一条（认罪认罚从宽处罚）、第三十二条（揭发或者提供重要线索从宽处罚）规定情形的，结合其案发前的一贯表现、犯罪行为的情节、后果和影响等因素，监察机关经综合研判和集体审议，将主要证据材料、忏悔反思材料一并报上一级监察机关相关监督检查部门审查，上一级监察机关在十五个工作日以内批准的，可以在移送人民检察院时依法提出从轻、减轻或者免除处罚等从宽处罚建议。[16]

从宽处罚建议一般应当在移送起诉时作为《起诉意见书》内容一并提出，特殊情况下也可以在案件移送后、人民检察院提起公诉前，单独形成从宽处罚建议书移送人民检察院。对于从宽处罚建议所依据的证据材料，应当一并移送人民检察院。监察机关对于被调查人在调查阶段认罪认罚，但不符合监察法规定的提出从宽处罚建议条件，在移送起诉时没有提出从宽处罚建议的，应当在《起诉意见书》中写明其自愿认罪认罚的情况。[17]

---

⑯《实施条例》第213条。

⑰《实施条例》第219条。

（一）认罪认罚从宽处罚

> **【认罪认罚】**[18] 涉嫌职务犯罪的被调查人主动认罪认罚，有下列情形之一的，监察机关经领导人员集体研究，并报上一级监察机关批准，可以在移送人民检察院时提出从宽处罚的建议：
>
> （一）自动投案，真诚悔罪悔过的；
>
> （二）积极配合调查工作，如实供述监察机关还未掌握的违法犯罪行为的；
>
> （三）积极退赃，减少损失的；
>
> （四）具有重大立功表现或者案件涉及国家重大利益等情形的。

提出从宽处罚建议时，应当注意以下五方面[19]：

1. 自动投案，真诚悔罪悔过，指涉嫌职务犯罪的被调查人有下列情形之一，如实交代自己主要犯罪事实的：一是职务犯罪问题未被监察机关掌握，向监察机关投案的；二是在监察机关谈话、函询过程中，如实交代监察机关未掌握的涉嫌职务犯罪问题的；三是在初步核实阶段，尚未受到监察机关谈话时投案的；四是职务犯罪问题虽被监察机关立案，但尚未受到讯问或者采取留置措施，向监察机关投案的；五是因伤病等客观原因无法前往投案，先委托他人代为表达投案意愿，或者以书信、网络、电话、传真等方式表达投案意愿，后到监察机关接受处理的；六是涉嫌职务犯罪潜逃后又投案，包括在被通缉、抓捕过程中投案的；七是经查实确已准备去投案，或者正在投案途中被有关机关抓获的；八是经他人规劝或者在他人陪同下投案的；九是虽未向监察机关投案，但向其所在党组织、单位或者有关负责人员投案，向有关巡视巡察机构投案，以及向公安机关、人民检察院、人民法院投案的；十是具有其他应当视为自动投案的情形的。

被调查人自动投案后不能如实交代自己的主要犯罪事实，或者自动投案并如实供述自己的罪行后又翻供的，不能适用上述规定。

2. 积极配合调查工作，如实供述监察机关还未掌握的违法犯罪行为，指涉嫌职务犯罪的被调查人有下列情形之一的：一是监察机关所掌握线索针对的犯罪事实不成立，在此范围外被调查人主动交代其他罪行的；二是主动交

---

[18] 《监察法》第31条。

[19] 《实施条例》第214条至第217条，最高法、最高检《关于常见犯罪的量刑指导意见（试行）》三、（十四）。

代监察机关尚未掌握的犯罪事实，与监察机关已掌握的犯罪事实属于不同种罪行的；三是主动交代监察机关尚未掌握的犯罪事实，与监察机关已掌握的犯罪事实属于同种罪行的；四是监察机关掌握的证据不充分，被调查人如实交代有助于收集定案证据的。

上述所称同种罪行和不同种罪行，一般以罪名区分。被调查人如实供述其他罪行的罪名与监察机关已掌握犯罪的罪名不同，但属于选择性罪名或者在法律、事实上密切关联的，应当认定为同种罪行。

3. 积极退赃，减少损失，指涉嫌职务犯罪的被调查人有下列情形之一的：一是全额退赃的；二是退赃能力不足，但被调查人及其亲友在监察机关追缴赃款赃物过程中积极配合，且大部分已追缴到位的；三是犯罪后主动采取措施避免损失发生，或者积极采取有效措施减少、挽回大部分损失的。

4. 具有重大立功表现或者案件涉及国家重大利益等情形。

（1）具有重大立功表现，指涉嫌职务犯罪的被调查人有下列情形之一的：一是检举揭发他人重大犯罪行为且经查证属实的；二是提供其他重大案件的重要线索且经查证属实的；三是阻止他人重大犯罪活动的；四是协助抓捕其他重大职务犯罪案件被调查人、重大犯罪嫌疑人（包括同案犯）的；五是为国家挽回重大损失等对国家和社会有其他重大贡献的。

上述所称重大犯罪一般是指依法可能被判处无期徒刑以上刑罚的犯罪行为；重大案件一般是指在本省、自治区、直辖市或者全国范围内有较大影响的案件；查证属实一般是指有关案件已被监察机关或者司法机关立案调查、侦查，被调查人、犯罪嫌疑人被监察机关采取留置措施或者被司法机关采取强制措施，或者被告人被人民法院作出有罪判决，并结合案件事实、证据进行判断。

（2）案件涉及国家重大利益，是指案件涉及国家主权和领土完整、国家安全、外交、社会稳定、经济发展等情形。

5. 认罪认罚量刑。对于被告人认罪认罚的，综合考虑犯罪的性质、罪行的轻重、认罪认罚的阶段、程度、价值、悔罪表现等情况，可以减少基准刑的30%以下；具有自首、重大坦白、退赃退赔、赔偿谅解、刑事和解等情节的，可以减少基准刑的60%以下，犯罪较轻的，可以减少基准刑的60%以上或者依法免除处罚。认罪认罚与自首、坦白、当庭自愿认罪、退赃退赔、赔偿谅解、刑事和解、羁押期间表现好等量刑情节不作重复评价。

6. 最高人民检察院指导案例75号——金某某受贿案

【关键词】

职务犯罪 认罪认罚 确定刑量刑建议

【要旨】

对于犯罪嫌疑人自愿认罪认罚的职务犯罪案件，应当依法适用认罪认罚从宽制度办理。在适用认罪认罚从宽制度办理职务犯罪案件过程中，检察机关应切实履行主导责任，与监察机关、审判机关互相配合，互相制约，充分保障犯罪嫌疑人、被告人的程序选择权。要坚持罪刑法定和罪责刑相适应原则，对符合有关规定条件的，一般应当就主刑、附加刑、是否适用缓刑等提出确定刑量刑建议。

（二）揭发或者提供重要线索从宽处罚

【揭发或者提供重要线索】⑳ 职务违法犯罪的涉案人员揭发有关被调查人职务违法犯罪行为，查证属实的，或者提供重要线索，有助于调查其他案件的，监察机关经领导人员集体研究，并报上一级监察机关批准，可以在移送人民检察院时提出从宽处罚的建议。

提出从宽处罚建议时，应注意以下两方面㉑：

1. 主观态度。涉案人员在揭发有关被调查人职务违法犯罪行为或者提供重要线索时，对有些细节或者情节记不清楚或者确实无法说清楚的，不能认为是隐瞒或者不配合调查工作。如果涉案人员避重就轻或者故意隐瞒保留有关情况，企图蒙混过关，就不能作为提出从宽处罚建议的条件。但如果涉案人员经监察机关调查人员教育，从不配合转为主动配合，从有所隐瞒转为全部反映，也可以作为提出从宽处罚建议的条件。

2. 行贿等犯罪案件。涉嫌行贿等犯罪的涉案人员有下列情形之一的，可以认定为揭发有关被调查人职务违法犯罪行为，查证属实或者提供重要线索，有助于调查其他案件：一是揭发所涉案件以外的被调查人职务犯罪行为，经查证属实的；二是提供的重要线索指向具体的职务犯罪事实，对调查其他案件起到实质性推动作用的；三是提供的重要线索有助于加快其他案件办理进

⑳ 《监察法》第32条。

㉑ 《实施条例》第218条，中共中央纪律检查委员会、中华人民共和国国家监察委员会法规室编写：《〈中华人民共和国监察法〉释义》，中国方正出版社2018年版，第165—166页。

度，或者对其他案件固定关键证据、挽回损失、追逃追赃等起到积极作用的。

二、起诉

> **【起诉】**[22] 对监察机关移送的案件，人民检察院依照《中华人民共和国刑事诉讼法》对被调查人采取强制措施。
>
> 人民检察院经审查，认为犯罪事实已经查清，证据确实、充分，依法应当追究刑事责任的，应当作出起诉决定。
>
> 人民检察院经审查，认为需要补充核实的，应当退回监察机关补充调查，必要时可以自行补充侦查。对于补充调查的案件，应当在一个月内补充调查完毕。补充调查以二次为限。
>
> 人民检察院对于有《中华人民共和国刑事诉讼法》规定的不起诉的情形的，经上一级人民检察院批准，依法作出不起诉的决定。监察机关认为不起诉的决定有错误的，可以向上一级人民检察院提请复议。

（一）强制措施[23]

1. 已留置案件。对于已采取留置措施的案件，人民检察院应当对犯罪嫌疑人先行拘留，留置措施自动解除。人民检察院应当在拘留后的十日以内作出是否逮捕、取保候审或者监视居住的决定。在特殊情况下，决定的时间可以延长一日至四日。

对于已采取留置措施的案件，监察机关发现被调查人因身体等原因存在不适宜羁押等可能影响刑事强制措施执行情形的，应当通报人民检察院。

2. 未留置案件。对于未采取留置措施的案件，监察机关可以根据案件具体情况，向人民检察院提出对被调查人采取刑事强制措施的建议。

（二）审查起诉[24]

1. 审查期限。人民检察院对监察机关移送起诉的案件，应当在一个月以

---

[22] 《监察法》第 47 条。

[23] 《刑事诉讼法》第 170 条第 2 款，《实施条例》第 220 条。

[24] 《刑事诉讼法》第 172 条第 1 款、第 176 条第 1 款；《实施条例》第 225 条、第 228 条；中共中央纪律检查委员会、中华人民共和国国家监察委员会法规室编写：《〈中华人民共和国监察法〉释义》，中国方正出版社 2018 年版，第 213—214 页。

内作出决定，重大、复杂的案件，可以延长十五日；犯罪嫌疑人认罪认罚，符合速裁程序适用条件的，应当在十日以内作出决定，对可能判处的有期徒刑超过一年的，可以延长至十五日。

2. 发现新线索。人民检察院在审查起诉过程中发现新的职务违法或者职务犯罪问题线索并移送监察机关的，监察机关应当依法处置。

3. 应当配合情形。监察机关对于人民检察院在审查起诉中书面提出的下列要求应当予以配合：一是认为可能存在以非法方法收集证据情形，要求监察机关对证据收集的合法性作出说明或者提供相关证明材料的；二是排除非法证据后，要求监察机关另行指派调查人员重新取证的；三是对物证、书证、视听资料、电子数据及勘验检查、辨认、调查实验等笔录存在疑问，要求调查人员提供获取、制作的有关情况的；四是要求监察机关对案件中某些专门性问题进行鉴定，或者对勘验检查进行复验、复查的；五是认为主要犯罪事实已经查清，仍有部分证据需要补充完善，要求监察机关补充提供证据的；六是人民检察院依法提出的其他工作要求。

4. 起诉决定。人民检察院认为犯罪嫌疑人的犯罪事实已经查清，证据确实、充分，依法应当追究刑事责任的，应当作出起诉决定。

具有下列情形之一的，可以认为犯罪事实已经查清：一是属于单一罪行的案件，查清的事实足以定罪量刑或者与定罪量刑有关的事实已经查清，不影响定罪量刑的事实无法查清的；二是属于数个罪行的案件，部分罪行已经查清并符合起诉条件，其他罪行无法查清的，应当以已经查清的罪行起诉；三是无法查清作案工具、赃物去向，但有其他证据足以对被告人定罪量刑的；四是证人证言、犯罪嫌疑人供述和辩解、被害人陈述的内容主要情节一致，个别情节不一致，但不影响定罪的。

5. 最高人民检察院指导案例 76 号——张某受贿，郭某行贿、职务侵占、诈骗案

【关键词】

受贿罪　改变提前介入意见　案件管辖　追诉漏罪

【要旨】

检察机关提前介入应认真审查案件事实和证据，准确把握案件定性，依法提出提前介入意见。检察机关在审查起诉阶段仍应严格审查，提出审查起诉意见。审查起诉意见改变提前介入意见的，应及时与监察机关沟通。对于

在审查起诉阶段发现漏罪，如该罪属于公安机关管辖，但犯罪事实清楚，证据确实充分，符合起诉条件的，经征求监察机关、公安机关意见后，没有不同意见的，可以直接追加起诉；提出不同意见，或者事实不清、证据不足的，应当将案件退回监察机关并说明理由，建议其移送有管辖权的机关办理，必要时可以自行补充侦查。

（三）退回补充调查㉕

1. 退补的期限与次数。人民检察院经审查，认为需要补充核实的，应当退回监察机关补充调查，必要时可以自行补充侦查。退回监察机关补充调查的案件，应当在一个月以内补充调查完毕。补充调查以二次为限。

2. 已采取强制措施案件的退补。人民检察院决定退回补充调查的案件，被调查人已被采取强制措施的，应当将退回补充调查情况书面通知强制措施执行机关。监察机关需要讯问的，人民检察院应当予以配合。

3. 退补案件的报告。监察机关对于人民检察院依法退回补充调查的案件，应当向主要负责人报告，并积极开展补充调查工作。

4. 退补案件的处理。对人民检察院退回补充调查的案件，经审批分别作出下列处理：

（1）认定犯罪事实的证据不够充分的，应当在补充证据后，制作补充调查报告书，连同相关材料一并移送人民检察院审查，对无法补充完善的证据，应当作出书面情况说明，并加盖监察机关或者承办部门公章；

（2）在补充调查中发现新的同案犯或者增加、变更犯罪事实，需要追究刑事责任的，应当重新提出处理意见，移送人民检察院审查；

（3）犯罪事实的认定出现重大变化，认为不应当追究被调查人刑事责任的，应当重新提出处理意见，将处理结果书面通知人民检察院并说明理由；

（4）认为移送起诉的犯罪事实清楚，证据确实、充分的，应当说明理由，移送人民检察院依法审查。

5. 审判期间的协助。在案件审判过程中，人民检察院书面要求监察机关补充提供证据，对证据进行补正、解释，或者协助人民检察院补充侦查的，

㉕《刑事诉讼法》第 170 条第 1 款，《实施条例》第 226 条、第 227 条、第 229 条，《人民检察院刑事诉讼规则》第 343 条第 3 款。

监察机关应当予以配合。监察机关不能提供有关证据材料的，应当书面说明情况。

人民法院在审判过程中就证据收集合法性问题要求有关调查人员出庭说明情况时，监察机关应当依法予以配合。

（四）不起诉[26]

1. 应当不起诉。人民检察院对于监察机关移送起诉的案件，发现犯罪嫌疑人没有犯罪事实，或者符合《刑事诉讼法》第十六条规定的情形之一的，经检察长批准，应当作出不起诉决定。

对于犯罪事实并非犯罪嫌疑人所为，需要重新调查的，应当在作出不起诉决定后书面说明理由，将案卷材料退回监察机关并建议重新调查。

2. 可以不起诉。人民检察院对于犯罪情节轻微，依照刑法规定不需要判处刑罚或者免除刑罚的，经检察长批准，可以作出不起诉决定。

3. 退补不起诉。人民检察院对于二次退回补充调查的案件，仍然认为证据不足，不符合起诉条件的，经检察长批准，依法作出不起诉决定。在发现新的证据，符合起诉条件时，可以提起公诉。

人民检察院对于经过一次退回补充调查的案件，认为证据不足，不符合起诉条件，且没有再次退回补充调查必要的，经检察长批准，可以作出不起诉决定。

证据不足，不符合起诉条件，指具有下列情形之一，不能确定犯罪嫌疑人构成犯罪和需要追究刑事责任的：一是犯罪构成要件事实缺乏必要的证据予以证明的；二是据以定罪的证据存在疑问，无法查证属实的；三是据以定罪的证据之间、证据与案件事实之间的矛盾不能合理排除的；四是根据证据得出的结论具有其他可能性，不能排除合理怀疑的；五是根据证据认定案件事实不符合逻辑和经验法则，得出的结论明显不符合常理的。

4. 不起诉决定书。对于监察机关移送起诉的案件，人民检察院决定不起诉的，应当将不起诉决定书送达监察机关。

5. 政务处分的改变。对于监察机关移送起诉的案件，人民检察院作出不

---

[26] 《实施条例》第 230 条、第 231 条，《人民检察院刑事诉讼规则》第 365 条、第 367 条至第 370 条、第 378 条、第 379 条、第 388 条。

起诉决定，人民法院作出无罪判决，或者监察机关经人民检察院退回补充调查后不再移送起诉，涉及对被调查人已生效政务处分事实认定的，监察机关应当依法对政务处分决定进行审核。认为原政务处分决定认定事实清楚、适用法律正确的，不再改变；认为原政务处分决定确有错误或者不当的，依法予以撤销或者变更。

6. 不起诉决定的复议。监察机关认为人民检察院不起诉决定有错误的，应当在收到不起诉决定书后三十日以内，依法向其上一级人民检察院提请复议。监察机关应当将上述情况及时向上一级监察机关书面报告。上一级人民检察院应当在收到提请复议意见书后三十日以内，经检察长批准，作出复议决定，通知监察机关。

7. 不起诉决定的撤销。人民检察院发现不起诉决定确有错误，符合起诉条件的，应当撤销不起诉决定，提起公诉。

三、涉案财物[27]

【涉案财物】[28] 监察机关经调查，对违法取得的财物，依法予以没收、追缴或者责令退赔；对涉嫌犯罪取得的财物，应当随案移送人民检察院。

监察机关根据调查结果，对犯罪所得、非犯罪所得的违法所得、非违法所得分别作出处理。

（一）犯罪所得

1. 随案移送。监察机关对查封、扣押、冻结的涉嫌职务犯罪所得财物及孳息应当妥善保管，并制作《移送司法机关涉案财物清单》随案移送人民检察院。对作为证据使用的实物应当随案移送；对不宜移送的，应当将清单、照片和其他证明文件随案移送。

2. 价格认定。对于移送人民检察院的涉案财物，价值不明的，应当在移送起诉前委托进行价格认定。在价格认定过程中，需要对涉案财物先行作出

[27] 《实施条例》第207条第3款，第208条，第209条。

[28] 《监察法》第46条。

真伪鉴定或者出具技术、质量检测报告的，应当委托有关鉴定机构或者检测机构进行真伪鉴定或者技术、质量检测。

3. 不认为是犯罪所得的退回。人民检察院、人民法院依法将不认定为犯罪所得的相关涉案财物退回监察机关的，监察机关应当依法处理。

（二）非犯罪所得的违法所得

1. 处置方式。对不属于犯罪所得但属于违法取得的财物及孳息，应当依法予以没收、追缴或者责令退赔，并出具有关法律文书。

2. 处置原则及期限。追缴涉案财物以追缴原物为原则，原物已经转化为其他财物的，应当追缴转化后的财物；有证据证明依法应当追缴、没收的涉案财物无法找到、被他人善意取得、价值灭失减损或者与其他合法财产混合且不可分割的，可以依法追缴、没收其他等值财产。追缴或者责令退赔应当自处置决定作出之日起一个月以内执行完毕。因被调查人的原因逾期执行的除外。

3. 行贿等手段取得财物的处理。对于涉案单位和人员通过行贿等非法手段取得的财物及孳息，应当依法予以没收、追缴或者责令退赔。对于违法取得的其他不正当利益，依照法律法规及有关规定予以纠正处理。

4. 相关部门的协助。监察机关经调查，对违法取得的财物及孳息决定追缴或者责令退赔的，可以依法要求公安、自然资源、住房和城乡建设、市场监管、金融监管等部门以及银行等机构、单位予以协助。

（三）非违法所得

对经认定不属于违法所得的财物及孳息，应当及时予以返还，并办理签收手续。

第四节 特别调查程序

如果腐败分子逃匿或者死亡，不没收其违法所得，或者不对其进行审判，会严重影响人民群众对党风廉政建设和反腐败斗争的获得感，也会严重影响党和国家的形象。《监察法》及《实施条例》规定被调查人逃匿、死亡案件违法所得的没收程序和缺席审判程序，主要目的是规范监察机关提请司法机关依法启动该程序，进一步加大反腐败追逃追赃工作力度。

一、被调查人逃匿、死亡案件违法所得的没收程序

【被调查人逃匿、死亡案件违法所得的没收程序】[29] 监察机关在调查贪污贿赂、失职渎职等职务犯罪案件过程中，被调查人逃匿或者死亡，有必要继续调查的，经省级以上监察机关批准，应当继续调查并作出结论。被调查人逃匿，在通缉一年后不能到案，或者死亡的，由监察机关提请人民检察院依照法定程序，向人民法院提出没收违法所得的申请。

1. 案件范围。被调查人逃匿、死亡案件违法所得的没收程序适用于贪污贿赂、失职渎职等职务犯罪案件，主要指刑法分则第八章、第九章规定的国家工作人员贪污贿赂犯罪和国家机关工作人员渎职犯罪。

2. 适用情形[30]。被调查人逃匿，在通缉一年后不能到案，或者被调查人死亡。

逃匿，指被调查人在犯罪后，为逃避法律制裁而逃跑、隐匿或躲藏的；被调查人为逃避调查和刑事追究潜逃、隐匿的；被调查人因意外事故下落不明满二年，或者因意外事故下落不明，经有关机关证明其不可能生存的。

通缉，指监察机关通令缉拿应当留置而在逃的被调查人归案的一种调查措施，主要是通过公安机关发布“通缉令”或公安机关国际刑警部门发布红色通报。

3. 没收对象[31]。根据《刑事诉讼法》第二百九十八条的规定，没收对象包括“违法所得及其他涉案财产”。

违法所得，指犯罪嫌疑人、被告人通过实施犯罪直接或者间接产生、获得的任何财产。违法所得已经部分或者全部转变、转化为其他财产的，转变、转化后的财产应当视为“违法所得”。来自违法所得转变、转化后的财产收益，或者来自已经与违法所得相混合财产中违法所得相应部分的收益，也应当视为“违法所得”。

---

[29] 《监察法》第48条。

[30] 《人民检察院刑事诉讼规则》第513条、第514条。

[31] 《人民检察院刑事诉讼规则》第515条、第516条，最高法《关于适用〈中华人民共和国刑事诉讼法〉的解释》第621条。

其他涉案财产，指犯罪嫌疑人、被告人非法持有的违禁品、供犯罪所用的本人财物。

申请没收的财产具有高度可能属于违法所得及其他涉案财产的，应当认定为“申请没收的财产属于违法所得及其他涉案财产”。巨额财产来源不明犯罪案件中，没有利害关系人对违法所得及其他涉案财产主张权利，或者利害关系人对违法所得及其他涉案财产虽然主张权利但提供的证据没有达到相应证明标准的，应当视为“申请没收的财产属于违法所得及其他涉案财产”。

4. 审批权限。“继续调查”的结果，是司法机关适用违法所得没收程序的基础和前提。省级以上监察机关有权批准继续调查，未经批准或者不属于省级以上监察机关批准权限，均不得采取继续调查措施。

5. 适用程序㉜。对于贪污贿赂、失职渎职等职务犯罪案件，依法应当追缴其违法所得及其他涉案财产的，承办部门在调查终结后应当依法移送审理。

监察机关应当经集体审议，出具《没收违法所得意见书》，连同案卷材料、证据等，一并移送人民检察院依法提出没收违法所得的申请。

6. 被调查人到案㉝。监察机关将《没收违法所得意见书》移送人民检察院后，在逃的被调查人自动投案或者被抓获的，监察机关应当及时通知人民检察院。

人民检察院在审查监察机关移送的没收违法所得意见书的过程中，在逃的被调查人自动投案或者被抓获的，人民检察院应当终止审查，并将案卷退回监察机关处理。

人民法院在审理申请没收违法所得的案件过程中，在逃的被调查人到案的，人民法院裁定终止审理的，人民检察院应当将案卷退回监察机关处理。

人民法院没收违法所得裁定生效后，被调查人到案并对没收裁定提出异议，人民检察院应当向原作出裁定的人民法院重新提起公诉。

7. 没收违法所得意见书㉞。人民检察院审查监察机关移送的没收违法所得意见书，应当审查下列内容：是否属于本院管辖；是否符合刑事诉讼法第二百九十八条第一款规定的条件；被调查人基本情况，包括姓名、性别、国

㉜ 《实施条例》第232条第1款、第2款。

㉝ 《实施条例》第232条第3款，最高法《关于适用〈中华人民共和国刑事诉讼法〉的解释》第625条、第628条，《人民检察院刑事诉讼规则》第526条、第532条。

㉞ 《人民检察院刑事诉讼规则》第522条。

籍、出生年月日、职业和单位等；被调查人涉嫌犯罪的事实和相关证据材料；被调查人逃匿、下落不明、被通缉或者死亡的情况，通缉令或者死亡证明是否随案移送；违法所得及其他涉案财产的种类、数量、所在地以及查封、扣押、冻结的情况，查封、扣押、冻结的财产清单和相关法律手续是否随案移送；违法所得及其他涉案财产的相关事实和证据材料；有无近亲属和其他利害关系人以及利害关系人的姓名、身份、住址、联系方式。

对于与犯罪事实、违法所得及其他涉案财产相关的证据材料，不宜移送的，应当审查证据的清单、复制件、照片或者其他证明文件是否随案移送。

8. 违法所得的没收期限。经法定程序批准后，对违法所得及其他涉案财产的继续调查和追缴不应停止，而且适用违法所得没收程序没有时间的限制，也不受诉讼时效的限制。任何时候，只要能够追踪、查询或查找到任何涉案违法所得或赃款赃物，都可以适用该程序调查，并提请检察机关向审判机关提出没收申请。

二、缺席审判程序

【缺席审判程序】[35] 对于贪污贿赂犯罪案件，被调查人在境外，监察机关移送起诉，人民检察院认为犯罪事实已经查清，证据确实、充分，依法应当追究刑事责任的，可以向人民法院提起公诉。人民法院进行审查后，对于起诉书中有明确的指控犯罪事实，符合缺席审判程序适用条件的，应当决定开庭审判。

1. 案件范围。监察机关立案调查拟适用缺席审判程序的，案件范围仅限于贪污贿赂犯罪案件，不包括失职渎职等职务犯罪案件。

2. 适用情形。监察机关立案调查拟适用缺席审判程序的，只适用被调查人潜逃境外的情形，不包括被调查人死亡或者在境内长期隐匿的情形。

3. 审批权限[36]。监察机关拟适用缺席审判程序的，应当逐级报送国家监察委员会同意。

4. 适用程序[37]。监察机关承办部门认为在境外的被调查人犯罪事实已经

---

[35] 参考《刑事诉讼法》第 291 条。

[36] 《实施条例》第 233 条第 1 款。

[37] 《实施条例》第 233 条第 2 款、第 3 款。

查清，证据确实、充分，依法应当追究刑事责任的，应当依法移送审理。监察机关应当经集体审议，出具《起诉意见书》，连同案卷材料、证据等，一并移送人民检察院审查起诉。

5. 被调查人到案[38]。在审查起诉或者缺席审判过程中，犯罪嫌疑人、被告人向监察机关自动投案或者被抓获的，监察机关应当立即通知人民检察院、人民法院。

人民检察院审查起诉期间，犯罪嫌疑人自动投案或者被抓获的，人民检察院应当重新审查。提起公诉后被调查人到案，人民法院拟重新审理的，人民检察院应当商人民法院将案件撤回并重新审查。

在审理过程中，被告人自动投案或者被抓获的，人民法院应当重新审理。被告人死亡的，人民法院应当裁定终止审理，但有证据证明被告人无罪，人民法院经缺席审理确认无罪的，应当依法作出判决。

罪犯在判决、裁定发生法律效力后到案的，人民法院应当将罪犯交付执行刑罚。交付执行刑罚前，人民法院应当告知罪犯有权对判决、裁定提出异议。罪犯对判决、裁定提出异议的，人民法院应当重新审理。依照生效判决、裁定对罪犯的财产进行的处理确有错误的，应当予以返还、赔偿。

三、指导案例

（一）最高人民检察院指导案例74号——李某波贪污案

【关键词】

违法所得没收程序　犯罪嫌疑人到案　程序衔接

【要旨】

对于贪污贿赂等重大职务犯罪案件，犯罪嫌疑人、被告人逃匿，在通缉一年后不能到案，如果有证据证明有犯罪事实，依照刑法规定应当追缴其违法所得及其他涉案财产的，应当依法适用违法所得没收程序办理。违法所得没收裁定生效后，在逃的职务犯罪嫌疑人自动投案或者被抓获，监察机关调查终结移送起诉的，检察机关应当依照普通刑事诉讼程序办理，并与原没收

[38] 《实施条例》第233条第4款，《人民检察院刑事诉讼规则》第509条第1款、第510条，《刑事诉讼法》第295条、第297条第1款。

裁定程序做好衔接。

（二）最高人民检察院指导案例127号——白某贪污违法所得没收案

【关键词】

违法所得没收　证明标准　鉴定人出庭　举证重点

【要旨】

提出没收违法所得申请，应有证据证明申请没收的财产直接或者间接来源于犯罪所得，或者能够排除财产合法来源的可能性。对于专业性较强的案件，可以申请鉴定人出庭。

（三）最高人民检察院指导案例128号——彭某峰受贿，贾某语受贿、洗钱违法所得没收案

【关键词】

违法所得没收　主犯　洗钱罪　境外财产　国际刑事司法协助

【要旨】

对于跨境转移贪污贿赂所得的洗钱犯罪案件，应当依法适用特别程序追缴贪污贿赂违法所得。对于犯罪嫌疑人、被告人转移至境外的财产，如果有证据证明具有高度可能属于违法所得及其他涉案财产的，可以依法申请予以没收。对于共同犯罪的主犯逃匿境外，其他共同犯罪人已经在境内依照普通刑事诉讼程序处理的案件，应当充分考虑主犯应对全案事实负责以及国际刑事司法协助等因素，依法审慎适用特别程序追缴违法所得。

（四）最高人民检察院指导案例129号——黄某兰贪污违法所得没收案

【关键词】

违法所得没收　利害关系人异议　善意第三方

【要旨】

检察机关在适用违法所得没收程序中，应当承担证明有犯罪事实以及申请没收的财产属于违法所得及其他涉案财产的举证责任。利害关系人及其诉讼代理人参加诉讼并主张权利，但不能提供合法证据或者其主张明显与事实不符的，应当依法予以辩驳。善意第三方对申请没收财产享有合法权利的，应当依法予以保护。

（五）最高人民检察院指导案例130号——任某厚受贿、巨额财产来源不明违法所得没收案

【关键词】

违法所得没收　巨额财产来源不明　财产混同　孳息

【要旨】

涉嫌巨额财产来源不明犯罪的人在立案前死亡，依照刑法规定应当追缴其违法所得及其他涉案财产的，可以依法适用违法所得没收程序。对涉案的巨额财产，可以由其近亲属或其他利害关系人说明来源。没有近亲属或其他利害关系人主张权利或者说明来源，或者近亲属或其他利害关系人主张权利所提供的证据达不到相应证明标准，或说明的来源经查证不属实的，依法认定为违法所得予以申请没收。违法所得与合法财产混同并产生孳息的，可以按照违法所得占比计算孳息予以申请没收。

第五章 刑　罚

刑罚，是国家对犯罪行为的否定评价以及对犯罪人最严厉的谴责方式。刑罚通过惩罚、教育的手段，达到预防犯罪的目的。

本章所介绍内容为法律后果，主要是法院对犯罪人科处刑罚的依据。其中，追诉时效制度（见第四节刑罚的消灭）是在职务犯罪调查开始前应当首先考虑的。本章其他规定对职务犯罪调查工作具有一定的借鉴意义，能够为调查工作提供法律、政策以及理论支持，有利于更快、更好地处理案件。

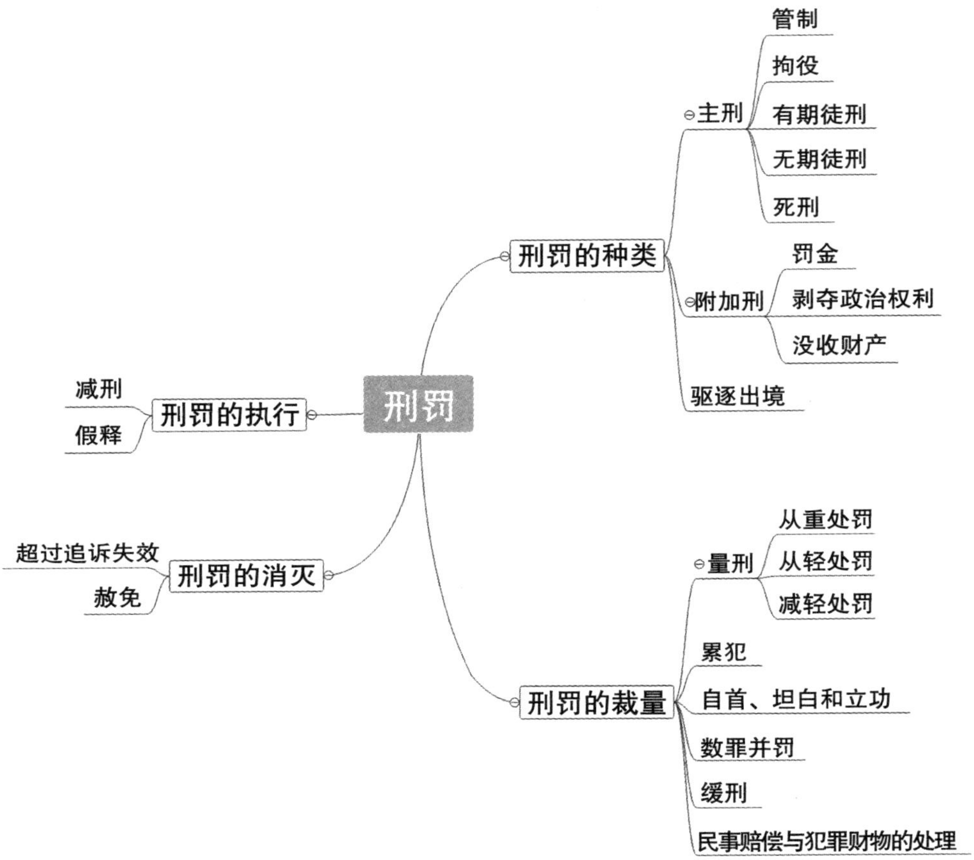
刑罚
刑罚的种类
主刑
管制
拘役
有期徒刑
无期徒刑
死刑
附加刑
罚金
剥夺政治权利
没收财产
驱逐出境
刑罚的执行
减刑
假释
刑罚的消灭
超过追诉失效
赦免
刑罚的裁量
量刑
从重处罚
从轻处罚
减轻处罚
累犯
自首、坦白和立功
数罪并罚
缓刑
民事赔偿与犯罪财物的处理

第一节　刑罚的种类

【主刑和附加刑】① 刑罚分为主刑和附加刑。
【主刑种类】② 主刑的种类如下：
（一）管制；
（二）拘役；
（三）有期徒刑；
（四）无期徒刑；
（五）死刑。
【附加刑种类】③ 附加刑的种类如下：
（一）罚金；
（二）剥夺政治权利；
（三）没收财产。
附加刑也可以独立适用。
【驱逐出境】④ 对于犯罪的外国人，可以独立适用或者附加适用驱逐出境。

一、管制

管制，指对罪犯不予关押，但限制其一定的人身自由，实行社区矫正的刑罚方法。

【管制的期限与执行机关】⑤ 管制的期限，为三个月以上二年以下。

判处管制，可以根据犯罪情况，同时禁止犯罪分子在执行期间从事特定活动，进入特定区域、场所，接触特定的人。

对判处管制的犯罪分子，依法实行社区矫正。

违反前述规定的禁止令的，由公安机关依照《中华人民共和国治安管理处罚法》的规定⑥处罚。

---

① 《刑法》第32条。
② 《刑法》第33条。
③ 《刑法》第34条。
④ 《刑法》第35条。
⑤ 《刑法》第38条。
⑥ 《治安管理处罚法》第60条规定，管制期间违反有关监督管理规定的，处五日以上十日以下拘留，并处二百元以上五百元以下罚款。

管制的期限为三个月以上两年以下，数罪并罚不得超过三年。

【被管制罪犯的义务与权利】⑦ 被判处管制的犯罪分子，在执行期间，应当遵守下列规定： （一）遵守法律、行政法规，服从监督； （二）未经执行机关批准，不得行使言论、出版、集会、结社、游行、示威自由的权利； （三）按照执行机关规定报告自己的活动情况； （四）遵守执行机关关于会客的规定； （五）离开所居住的市、县或者迁居，应当报经执行机关批准。 对于被判处管制的犯罪分子，在劳动中应当同工同酬。
【管制期满解除】⑧ 被判处管制的犯罪分子，管制期满，执行机关应即向本人和其所在单位或者居住地的群众宣布解除管制。
【管制刑期的计算和折抵】⑨ 管制的刑期，从判决执行之日起计算；判决执行以前先行羁押的，羁押一日折抵刑期二日。

被留置人员涉嫌犯罪移送司法机关后，被依法判处管制的，留置一日折抵管制两日。⑩

二、拘役

拘役，指剥夺罪犯短期人身自由，让其就近实行劳动改造的刑罚方法。

【拘役的期限】⑪ 拘役的期限，为一个月以上六个月以下。

拘役的期限为一个月以上六个月以下，数罪并罚不超过一年。

【拘役的执行】⑫ 被判处拘役的犯罪分子，由公安机关就近执行。 在执行期间，被判处拘役的犯罪分子每月可以回家一天至两天；参加劳动的，可以酌量发给报酬。

---

⑦《刑法》第 39 条。
⑧《刑法》第 40 条。
⑨《刑法》第 41 条。
⑩ 参考《监察法》第 44 条第 3 款。
⑪《刑法》第 42 条。
⑫《刑法》第 43 条。

被判处拘役的成年和未成年罪犯，由看守所执行刑罚。[13]

【拘役刑期的计算和折抵】[14] 拘役的刑期，从判决执行之日起计算；判决执行以前先行羁押的，羁押一日折抵刑期一日。

被留置人员涉嫌犯罪移送司法机关后，被依法判处拘役的，留置一日折抵拘役一日。[15]

三、有期徒刑、无期徒刑

有期徒刑，指剥夺罪犯一定期限的人身自由，对其实行强制劳动改造的刑罚方法。

无期徒刑，指剥夺罪犯终身自由，对其实行强制劳动改造的刑罚方法。

【有期徒刑的期限】[16] 有期徒刑的期限，为六个月以上十五年以下。

有期徒刑的期限为六个月以上十五年以下。犯有数罪时，有期徒刑总和刑期不满三十五年的，并罚最高不能超过二十年；总和刑期在三十五年以上的，并罚最高不能超过二十五年。

无期徒刑理论上是剥夺终身自由，但存在减刑等制度，实践中很少有终身服刑的。

【有期徒刑与无期徒刑的执行】[17] 被判处有期徒刑、无期徒刑的犯罪分子，在监狱或者其他执行场所执行；凡有劳动能力的，都应当参加劳动，接受教育和改造。

对被判处无期徒刑、有期徒刑的罪犯，由公安机关依法将该罪犯送交监狱执行刑罚。对被判处有期徒刑的罪犯，在被交付执行刑罚前，剩余刑期在三个

---

⑬ 公安部《看守所留所执行刑罚罪犯管理办法》第2条第2款。

⑭ 《刑法》第44条。

⑮ 参考《监察法》第44条第3款。

⑯ 参考《刑法》第45条。

⑰ 《刑法》第46条。

月以下的，由看守所代为执行。对被判处拘役的罪犯，由公安机关执行。[18]

> **【有期徒刑刑期的计算与折抵】**[19] 有期徒刑的刑期，从判决执行之日起计算；判决执行以前先行羁押的，羁押一日折抵刑期一日。

被留置人员涉嫌犯罪移送司法机关后，被依法判处有期徒刑的，留置一日折抵有期徒刑一日。[20]

无期徒刑不存在判决前羁押期限折抵刑期的问题。

四、死刑

死刑，指剥夺罪犯生命的刑罚方法，是我国最严厉的刑罚方法，包括死刑立即执行和死刑缓期二年执行。

> **【死刑、死缓的适用对象及核准程序】**[21] 死刑只适用于罪行极其严重的犯罪分子。对于应当判处死刑的犯罪分子，如果不是必须立即执行的，可以判处死刑同时宣告缓期二年执行。
>
> 死刑除依法由最高人民法院判决的以外，都应当报请最高人民法院核准。死刑缓期执行的，可以由高级人民法院判决或者核准。

死刑只适用于罪行极其严重的犯罪分子，对那些罪行极其严重，性质极其恶劣，社会危害极大，罪证确实充分，必须依法判处死刑立即执行的，坚决依法判处死刑立即执行。对具有法定从轻、减轻情节的，依法从轻或者减轻处罚，一般不判处死刑立即执行。具有酌定从轻情节的，应慎用死刑立即执行。凡是判处死刑可不立即执行的，一律判处死刑缓期二年执行。[22]

> **【死刑适用对象的限制】**[23] 犯罪的时候不满十八周岁的人和审判的时候怀孕的妇女，不适用死刑。
>
> 审判的时候已满七十五周岁的人，不适用死刑，但以特别残忍手段致人死亡的除外。

---

⑱ 参考《刑事诉讼法》第264条第2款。

⑲ 《刑法》第47条。

⑳ 参考《监察法》第44条第3款。

㉑ 《刑法》第48条。

㉒ 参考最高法《关于进一步加强刑事审判工作的决定》。

㉓ 《刑法》第49条。

犯罪的时候不满十八周岁的人、审判的时候怀孕的妇女和审判的时候已满七十五周岁的人，既不适用死刑立即执行，也不适用死刑缓期二年执行。

> **【死缓变更】**㉔ 判处死刑缓期执行的，在死刑缓期执行期间，如果没有故意犯罪，二年期满以后，减为无期徒刑；如果确有重大立功表现，二年期满以后，减为二十五年有期徒刑；如果故意犯罪，情节恶劣的，报请最高人民法院核准后执行死刑；对于故意犯罪未执行死刑的，死刑缓期执行的期间重新计算，并报最高人民法院备案。
>
> 对被判处死刑缓期执行的累犯，人民法院根据犯罪情节等情况可以同时决定对其限制减刑。

在职务犯罪案件中，被限制减刑的死刑缓期执行的累犯，缓期执行期满后依法减为无期徒刑的，实际执行刑期不能少于二十五年，缓期执行期满后依法减为二十五年有期徒刑的，实际执行刑期将不能少于二十年。㉕

非职务犯罪限制减刑的规定不再赘述。

> **【死缓期间及减为有期徒刑的刑期计算】**㉖ 死刑缓期执行的期间，从判决确定之日起计算。死刑缓期执行减为有期徒刑的刑期，从死刑缓期执行期满之日起计算。

对被判处死刑缓期二年执行的罪犯，由公安机关依法将该罪犯送交监狱执行刑罚。㉗

五、罚金

罚金，指罪犯被判处向国家缴纳一定数额金钱的刑罚方法。

> **【罚金数额的裁量】**㉘ 判处罚金，应当根据犯罪情节决定罚金数额。

刑法没有明确规定罚金数额标准的，罚金的最低金额不能少于一千元。对未成年人犯罪应当从轻或者减轻判处罚金，但罚金的最低数额不能少于五百元。㉙

㉔ 参考《刑法》第50条。

㉕ 参考《刑法》第78条第2款第3项。

㉖ 《刑法》第51条。

㉗ 参考《刑事诉讼法》第264条第2款。

㉘ 《刑法》第52条。

㉙ 参考最高法《关于适用财产刑若干问题的规定》第2条。

> **【罚金的缴纳】**[30] 罚金在判决指定的期限内一次或者分期缴纳。期满不缴纳的，强制缴纳。对于不能全部缴纳罚金的，人民法院在任何时候发现被执行人有可以执行的财产，应当随时追缴。
>
> 由于遭遇不能抗拒的灾祸等原因缴纳确实有困难的，经人民法院裁定，可以延期缴纳、酌情减少或者免除。

罚金的缴纳方式包括一次缴纳、分期缴纳、强制缴纳、随时追缴。

“判决指定的期限”应当在判决书中予以明确，应为判决发生法律效力第二日起最长不超过三个月。自判决指定的期限届满第二日起，人民法院对于没有法定减免事由不缴纳罚金的，应当强制其缴纳。[31]

“由于遭遇不能抗拒的灾祸等原因缴纳确实有困难的”，主要是指因遭受火灾、水灾、地震等灾祸而丧失财产，以及罪犯因重病、伤残等而丧失劳动能力，或者需要罪犯抚养的近亲属患有重病，需支付巨额医药费等，确实没有财产可供执行的情形。具备上述事由的，由罪犯本人、亲属或者犯罪单位向负责执行的人民法院提出书面申请，并提供相应的证明材料。[32]

六、剥夺政治权利

剥夺政治权利，指剥夺罪犯参加政治活动和担任公职的权利的刑罚方法。

> **【剥夺政治权利的含义】**[33] 剥夺政治权利是剥夺下列权利：
>
> （一）选举权和被选举权；
>
> （二）言论、出版、集会、结社、游行、示威自由的权利；
>
> （三）担任国家机关职务的权利；
>
> （四）担任国有公司、企业、事业单位和人民团体领导职务的权利。

在职务犯罪案件中，剥夺政治权利的期限分为以下三种[34]：

1. 判处管制附加剥夺政治权利的，剥夺政治权利的期限与管制的期限相等，同时执行。管制期满解除管制，政治权利也同时恢复。

---

[30] 《刑法》第 53 条。

[31] 参考最高法《关于适用财产刑若干问题的规定》第 5 条、第 11 条。

[32] 参考最高法《关于适用财产刑若干问题的规定》第 6 条。

[33] 《刑法》第 54 条。

[34] 参考《刑法》第 55 条、第 57 条。

2. 对于被判处死刑、无期徒刑的犯罪分子，应当剥夺政治权利终身。在死刑缓期执行减为有期徒刑或者无期徒刑减为有期徒刑的时候，应当把附加剥夺政治权利的期限改为三年以上十年以下。

3. 除上述两种情形外，剥夺政治权利的期限为一年以上五年以下。

> **【剥夺政治权利的刑期计算、效力与执行】**[35] 附加剥夺政治权利的刑期，从徒刑、拘役执行完毕之日或者从假释之日起计算；剥夺政治权利的效力当然施用于主刑执行期间。
>
> 被剥夺政治权利的犯罪分子，在执行期间，应当遵守法律、行政法规和国务院公安部门有关监督管理的规定，服从监督；不得行使被剥夺的各项权利。

剥夺政治权利的刑期计算与执行，需注意以下三个方面：

1. 独立适用剥夺政治权利的，其刑期从判决确定之日起计算并执行。

2. 附加剥夺政治权利的刑期，从徒刑、拘役执行完毕之日或者从假释之日起计算，主刑的执行期间虽然不计入剥夺政治权利的刑期，但犯罪分子不享有政治权利。

3. 对被判处剥夺政治权利的罪犯，由公安机关执行。执行期满，应当由执行机关书面通知本人及其所在单位、居住地基层组织。[36]

七、没收财产

没收财产，指将罪犯的全部或部分财产强制无偿地收归国有的刑罚方法。

> **【没收财产的范围】**[37] 没收财产是没收犯罪分子个人所有财产的一部或者全部。没收全部财产的，应当对犯罪分子个人及其扶养的家属保留必需的生活费用。
>
> 在判处没收财产的时候，不得没收属于犯罪分子家属所有或者应有的财产。

没收财产，没收的是犯罪分子个人所有的合法财产，不得没收属于犯罪分子家属所有或者应有的财产。

---

[35] 参考《刑法》第58条。

[36] 《刑事诉讼法》第270条。

[37] 《刑法》第59条。

【以没收的财产偿还债务】[38] 没收财产以前犯罪分子所负的正当债务，需要以没收的财产偿还的，经债权人请求，应当偿还。

没收财产以前犯罪分子所负的正当债务，是指犯罪分子在判决生效前所负他人的合法债务。[39]

八、驱逐出境

驱逐出境，指强迫犯罪的外国人离开中国国（边）境的刑罚方法。

独立适用驱逐出境的，从判决确定之日起执行；附加适用驱逐出境的，从主刑执行完毕之日起执行。

第二节　刑罚的裁量

一、量刑

量刑，指法院在查明犯罪事实的基础上，依法对罪犯裁量刑罚的审判活动。

【量刑的一般原则】[40] 对于犯罪分子决定刑罚的时候，应当根据犯罪的事实、犯罪的性质、情节和对于社会的危害程度，依照刑法的有关规定判处。
【从重处罚与从轻处罚】[41] 犯罪分子具有刑法规定的从重处罚、从轻处罚情节的，应当在法定刑的限度以内判处刑罚。
【减轻处罚】[42] 犯罪分子具有刑法规定的减轻处罚情节的，应当在法定刑以下判处刑罚；刑法规定有数个量刑幅度的，应当在法定量刑幅度的下一个量刑幅度内判处刑罚。 犯罪分子虽然不具有刑法规定的减轻处罚情节，但是根据案件的特殊情况，经最高人民法院核准，也可以在法定刑以下判处刑罚。

---

[38] 《刑法》第60条。

[39] 最高法《关于适用财产刑若干问题的规定》第7条。

[40] 《刑法》第61条。

[41] 参考《刑法》第62条。

[42] 《刑法》第63条。

在法定刑以下判处刑罚，是指在法定量刑幅度的最低刑以下判处刑罚。刑法分则中规定的“处十年以上有期徒刑、无期徒刑或者死刑”是一个量刑幅度，而不是“十年以上有期徒刑”“无期徒刑”和“死刑”三个量刑幅度。[43]

二、累犯

累犯，指被判处一定刑罚的犯罪人，在刑罚执行完毕或者被赦免以后，在法定期限内又犯罪的情况。

> **【一般累犯】**[44] 被判处有期徒刑以上刑罚的犯罪分子，刑罚执行完毕或者赦免以后，在五年以内再犯应当判处有期徒刑以上刑罚之罪的，是累犯，应当从重处罚，但是过失犯罪和不满十八周岁的人犯罪的除外。
>
> 上述规定的期限，对于被假释的犯罪分子，从假释期满之日起计算。

一般累犯的成立，应具备以下四个条件：

1. 主体上，行为人实施前后两罪时都必须年满十八周岁。前后两罪或其中一罪犯罪时不满十八周岁的，不成立累犯。

2. 主观上，前后两罪必须都是故意犯罪。前后两罪或其中之一为过失犯罪的不成立累犯。

3. 刑罚上，前后两罪都必须是有期徒刑以上刑罚，前罪的宣告刑为有期徒刑，后罪也应当被判处有期徒刑。

4. 时间上，后罪必须发生在前罪刑罚执行完毕或者赦免以后的五年以内。

对于累犯，应当综合考虑前后罪的性质、刑罚执行完毕或赦免以后至再犯罪时间的长短以及前后罪罪行轻重等情况，应当增加基准刑的10%～40%，一般不少于三个月。[45]

《刑法》第六十六条[46]是对特别累犯的规定，因与职务犯罪无关，不作论述。

---

[43] 最高法研究室《关于如何理解“在法定刑以下判处刑罚”问题的答复》。

[44] 《刑法》第65条。

[45] 最高法、最高检《关于常见犯罪的量刑指导意见（试行）》三、（十五）。

[46] 【特别累犯】危害国家安全犯罪、恐怖活动犯罪、黑社会性质的组织犯罪的犯罪分子，在刑罚执行完毕或者赦免以后，在任何时候再犯上述任一类罪的，都以累犯论处。

三、自首、坦白和立功

（一）自首

自首，指行为人犯罪以后自动投案，如实供述自己罪行的行为。对于具有自首情节的犯罪分子，监察机关移送案件时应当出具到案经过文件并移交相关证据材料，说明被调查人到案时间、地点、方式、态度、有无反抗等。

【自首】[47] 犯罪以后自动投案，如实供述自己的罪行的，是自首。

1. 成立自首需同时具备自动投案和如实供述自己的罪行两个要件。

自动投案包括以下情形[48]：（1）犯罪事实或者犯罪分子未被办案机关掌握，或者虽被掌握，但犯罪分子尚未受到调查谈话、讯问，或者未被宣布采取调查措施或者强制措施时，向办案机关投案的，是自动投案。（2）犯罪分子向所在单位等办案机关以外的单位、组织或者有关负责人员投案的，应当视为自动投案。例如：被调查人向其所在单位、城乡基层组织或者其他有关负责人员投案的；被调查人因病、伤或者为了减轻犯罪后果，委托他人先代为投案，或者先以信件、电话投案的等。

如实供述自己的罪行，指被调查人自动投案后如实交代自己的主要犯罪事实。

需要注意的是，被调查人对行为性质的辩解不影响自首的成立。

2. 没有自动投案，但具有以下情形之一的，以自首论[49]：（1）犯罪分子如实交代办案机关未掌握的罪行，与办案机关已掌握的罪行属不同种罪行的；（2）办案机关所掌握线索针对的犯罪事实不成立，在此范围外犯罪分子交代同种罪行的。

需要注意的是，没有自动投案，在办案机关调查谈话、讯问、采取调查

---

[47] 《刑法》第67条第1款。

[48] 参考最高法、最高检《关于办理职务犯罪案件认定自首、立功等量刑情节若干问题的意见》一。

[49] 参考最高法、最高检《关于办理职务犯罪案件认定自首、立功等量刑情节若干问题的意见》一。

措施或者强制措施期间，犯罪分子如实交代办案机关掌握的线索所针对的事实的，不能认定为自首。

3. 单位犯罪案件中，单位集体决定或者单位负责人决定而自动投案，如实交代单位犯罪事实的，或者单位直接负责的主管人员自动投案，如实交代单位犯罪事实的，应当认定为单位自首。单位自首的，直接负责的主管人员和直接责任人员未自动投案，但如实交代自己知道的犯罪事实的，可以视为自首；拒不交代自己知道的犯罪事实或者逃避法律追究的，不应当认定为自首。单位没有自首，直接责任人员自动投案并如实交代自己知道的犯罪事实的，对该直接责任人员应当认定为自首。[50]

> **【自首的量刑】**[51] 对于自首的犯罪分子，可以从轻或者减轻处罚。其中，犯罪较轻的，可以免除处罚。

对于自首情节，综合考虑自首的动机、时间、方式、罪行轻重、如实供述罪行的程度以及悔罪表现等情况，可以减少基准刑的40%以下；犯罪较轻的，可以减少基准刑的40%以上或者依法免除刑罚。恶意利用自首规避法律制裁等不足以从宽处理的除外。[52]

（二）坦白

坦白，指行为人犯罪后被动归案，如实供述自己罪行的行为。

> **【坦白】**[53] 犯罪嫌疑人虽不具有自首情节，但是如实供述自己罪行的，可以从轻处罚；因其如实供述自己罪行，避免特别严重后果发生的，可以减轻处罚。

具有坦白情节的，有以下两种从轻处罚情形：

1. 犯罪分子依法不成立自首，但如实交代犯罪事实，有下列情形之一的，可以酌情从轻处罚：（1）办案机关掌握部分犯罪事实，犯罪分子交代了同种其他犯罪事实的；（2）办案机关掌握的证据不充分，犯罪分子如实交代有助

---

[50] 参考最高法、最高检《关于办理职务犯罪案件认定自首、立功等量刑情节若干问题的意见》一。

[51] 参考《刑法》第67条第1款。

[52] 最高法、最高检《关于常见犯罪的量刑指导意见（试行）》三、（六）。

[53] 参考《刑法》第67条第3款。

于收集定案证据的。[54]

2. 犯罪分子如实交代犯罪事实，有下列情形之一的，一般应当从轻处罚：（1）办案机关仅掌握小部分犯罪事实，犯罪分子交代了大部分未被掌握的同种犯罪事实的；（2）如实交代对于定案证据的收集有重要作用的。[55]

对于坦白情节，综合考虑如实供述罪行的阶段、程度、罪行轻重以及悔罪表现等情况，确定从宽的幅度。（1）如实供述自己罪行的，可以减少基准刑的20%以下；（2）如实供述司法机关尚未掌握的同种较重罪行的，可以减少基准刑的10%～30%；（3）因如实供述自己罪行，避免特别严重后果发生的，可以减少基准刑的30%～50%。[56]

（三）立功

立功，指行为人犯罪后揭发他人罪行，查证属实，或者提供重要线索，从而得以侦破其他案件的行为。

> **【立功】**[57] 犯罪分子有揭发他人犯罪行为，查证属实的，或者提供重要线索，从而得以侦破其他案件等表现的，是立功。

1. 立功必须是犯罪分子本人实施的行为。

2. 据以立功的他人罪行材料应当指明具体犯罪事实；据以立功的线索或者协助行为对于侦破案件或者抓捕犯罪嫌疑人要有实际作用，且上述材料或线索必须经查证属实，才能认定为立功。

3. 据以立功的线索、材料来源有下列情形之一的，不能认定为立功：（1）本人通过非法手段或者非法途径获取的；（2）本人因原担任的查禁犯罪等职务获取的；（3）他人违反监管规定向犯罪分子提供的；（4）负有查禁犯罪活动职责的国家机关工作人员或者其他国家工作人员利用职务便利提供的。[58]

---

[54] 参考最高法、最高检《关于办理职务犯罪案件认定自首、立功等量刑情节若干问题的意见》三。

[55] 参考最高法、最高检《关于办理职务犯罪案件认定自首、立功等量刑情节若干问题的意见》三。

[56] 最高法、最高检《关于常见犯罪的量刑指导意见（试行）》三、（七）。

[57] 参考《刑法》第68条。

[58] 参考最高法、最高检《关于办理职务犯罪案件认定自首、立功等量刑情节若干问题的意见》二。

【立功的量刑】[59] 对于立功的犯罪分子，可以从轻或者减轻处罚；有重大立功表现的，可以减轻或者免除处罚。

重大立功表现，指犯罪分子检举、揭发的他人犯罪，提供侦破其他案件的重要线索，阻止他人的犯罪活动，或者协助司法机关抓捕的其他犯罪嫌疑人，犯罪嫌疑人、被告人依法可能被判处无期徒刑以上刑罚的情形。其中，可能被判处无期徒刑以上刑罚，是指根据犯罪行为的事实、情节可能判处无期徒刑以上刑罚。案件已经判决的，以实际判处的刑罚为准。但是，根据犯罪行为的事实、情节应当判处无期徒刑以上刑罚，因被判刑人有法定情节经依法从轻、减轻处罚后判处有期徒刑的，应当认定为重大立功。

对于立功情节，综合考虑立功的大小、次数、内容、来源、效果以及罪行轻重等情况，确定从宽的幅度。（1）一般立功的，可以减少基准刑的20%以下。（2）重大立功的，可以减少基准刑的20%～50%；犯罪较轻的，减少基准刑的50%以上或者依法免除处罚。[60]

四、数罪并罚

数罪并罚，指当一人犯数罪时，法院首先对数罪分别量刑，再根据一定的处罚原则确定对犯罪人应当执行的宣告刑罚。

（一）一般原则

【数罪并罚一般原则】[61] 判决宣告以前一人犯数罪的，除判处死刑和无期徒刑的以外，应当在总和刑期以下、数刑中最高刑期以上，酌情决定执行的刑期，但是管制最高不能超过三年，拘役最高不能超过一年，有期徒刑总和刑期不满三十五年的，最高不能超过二十年，总和刑期在三十五年以上的，最高不能超过二十五年。

数罪中有判处有期徒刑和拘役的，执行有期徒刑。数罪中有判处有期徒刑和管制，或者拘役和管制的，有期徒刑、拘役执行完毕后，管制仍须执行。

数罪中有判处附加刑的，附加刑仍须执行，其中附加刑种类相同的，合并执行，种类不同的，分别执行。

---

[59] 参考《刑法》第68条。

[60] 最高法、最高检《关于常见犯罪的量刑指导意见（试行）》三、（九）。

[61] 《刑法》第69条。

依法对犯罪分子所犯数罪分别判处罚金的，应当实行并罚，将所判处的罚金数额相加，执行总和数额。一人犯数罪依法同时并处罚金和没收财产的，应当合并执行；但并处没收全部财产的，只执行没收财产刑。[62]

（二）漏罪的并罚

> **【漏罪的并罚】**[63] 判决宣告以后，刑罚执行完毕以前，发现被判刑的犯罪分子在判决宣告以前还有其他罪没有判决的，应当对新发现的罪作出判决，把前后两个判决所判处的刑罚，依照数罪并罚一般原则的规定，决定执行的刑罚。已经执行的刑期，应当计算在新判决决定的刑期以内。

漏罪的并罚方法是“先并后减”，即先将原判刑罚与漏罪刑罚按数罪并罚一般原则实行并罚确定新刑期，再从新刑期中减去已经执行的刑期，得到最终的并罚刑期。

（三）新罪的并罚

> **【新罪的并罚】**[64] 判决宣告以后，刑罚执行完毕以前，被判刑的犯罪分子又犯罪的，应当对新犯的罪作出判决，把前罪没有执行的刑罚和后罪所判处的刑罚，依照数罪并罚一般原则的规定，决定执行的刑罚。

新罪的并罚方法是“先减后并”，即先用前罪原判刑期减去已执行刑期得到剩余刑期，再将新罪所判刑期与前罪剩余刑期按照数罪并罚一般原则实行并罚，确定最终并罚刑期。

五、缓刑

缓刑，指有条件地不执行所判处刑罚的裁量制度。

---

[62] 最高法《关于适用财产刑若干问题的规定》第3条。

[63] 参考《刑法》第70条。

[64] 参考《刑法》第71条。

【适用条件】[65] 对于被判处拘役、三年以下有期徒刑的犯罪分子，同时符合下列条件的，可以宣告缓刑，对其中不满十八周岁的人、怀孕的妇女和已满七十五周岁的人，应当宣告缓刑： （一）犯罪情节较轻； （二）有悔罪表现； （三）没有再犯罪的危险； （四）宣告缓刑对所居住社区没有重大不良影响。 宣告缓刑，可以根据犯罪情况，同时禁止犯罪分子在缓刑考验期限内从事特定活动，进入特定区域、场所，接触特定的人。 被宣告缓刑的犯罪分子，如果被判处附加刑，附加刑仍须执行。
【累犯不适用缓刑】[66] 对于累犯和犯罪集团的首要分子，不适用缓刑。

1. 具备以下条件的，可以宣告缓刑，其中不满十八周岁的人、怀孕的妇女和已满七十五周岁的人，应当宣告缓刑：

（1）刑罚上，被判处拘役、三年以下有期徒刑的犯罪分子。

（2）社会危害性上，同时具备下列情形：犯罪情节较轻；有悔罪表现；没有再犯罪的危险；宣告缓刑对所居住社区没有重大不良影响。

（3）主体上，不是累犯和犯罪集团的首要分子。

2. 具有下列情形之一的职务犯罪分子，一般不适用缓刑或者免予刑事处罚：[67]

（1）不如实供述罪行的；

（2）不予退缴赃款赃物或者将赃款赃物用于非法活动的；

（3）属于共同犯罪中情节严重的主犯的；

（4）犯有数个职务犯罪依法实行并罚或者以一罪处理的；

（5）曾因职务违纪违法行为受过行政处分的；

（6）犯罪涉及的财物属于救灾、抢险、防汛、优抚、扶贫、移民、救济、防疫等特定款物的；

（7）受贿犯罪中具有索贿情节的；

（8）渎职犯罪中徇私舞弊情节或者滥用职权情节恶劣的；

---

[65] 《刑法》第72条。

[66] 《刑法》第74条。

[67] 最高法、最高检《关于办理职务犯罪案件严格适用缓刑、免予刑事处罚若干问题的意见》二。

（9）其他不应适用缓刑、免予刑事处罚的情形。

3. 不具有不予适用缓刑或者免予刑事处罚的情形，全部退缴赃款赃物，依法判处三年有期徒刑以下刑罚，符合刑法规定的缓刑适用条件的贪污、受贿犯罪分子，可以适用缓刑。不具有不予适用缓刑或者免予刑事处罚的情形，挪用公款进行营利活动或者超过三个月未还构成犯罪，一审宣判前已将公款归还，依法判处三年有期徒刑以下刑罚，符合刑法规定的缓刑适用条件的，可以适用缓刑；在案发前已归还，情节轻微，不需要判处刑罚的，可以免予刑事处罚。[68]

4. 对于情节恶劣、社会反映强烈的职务犯罪案件，不得适用缓刑、免予刑事处罚。[69]

【考验期限】[70] 拘役的缓刑考验期限为原判刑期以上一年以下，但是不能少于二个月。 有期徒刑的缓刑考验期限为原判刑期以上五年以下，但是不能少于一年。 缓刑考验期限，从判决确定之日起计算。
【缓刑犯应遵守的规定】[71] 被宣告缓刑的犯罪分子，应当遵守下列规定： （一）遵守法律、行政法规，服从监督； （二）按照考察机关的规定报告自己的活动情况； （三）遵守考察机关关于会客的规定； （四）离开所居住的市、县或者迁居，应当报经考察机关批准。
【缓刑的考验及其积极后果】[72] 对宣告缓刑的犯罪分子，在缓刑考验期限内，依法实行社区矫正，如果没有撤销缓刑的情形，缓刑考验期满，原判的刑罚就不再执行，并公开予以宣告。
【缓刑的撤销】[73] 被宣告缓刑的犯罪分子，在缓刑考验期限内犯新罪或者发现判决宣告以前还有其他罪没有判决的，应当撤销缓刑，对新犯的罪或者新发现的罪作出判决，把前罪和后罪所判处的刑罚，依照数罪并罚一般原则的规定，决定执行的刑罚。 被宣告缓刑的犯罪分子，在缓刑考验期限内，违反法律、行政法规或者国务院有关部门关于缓刑的监督管理规定，或者违反人民法院判决中的禁止令，情节严重的，应当撤销缓刑，执行原判刑罚。

对被宣告缓刑的犯罪分子撤销缓刑执行原判刑罚的，对其在宣告缓刑前

[68] 最高法、最高检《关于办理职务犯罪案件严格适用缓刑、免予刑事处罚若干问题的意见》三。
[69] 最高法、最高检《关于办理职务犯罪案件严格适用缓刑、免予刑事处罚若干问题的意见》四。
[70] 《刑法》第73条。
[71] 《刑法》第75条。
[72] 参考《刑法》第76条。
[73] 参考《刑法》第77条。

羁押的时间应当折抵刑期。[74]

六、民事赔偿与犯罪财物的处理

（一）民事赔偿

【赔偿经济损失与民事优先原则】[75] 由于犯罪行为而使被害人遭受经济损失的，对犯罪分子除依法给予刑事处罚外，并应根据情况判处赔偿经济损失。

承担民事赔偿责任的犯罪分子，同时被判处罚金，其财产不足以全部支付的，或者被判处没收财产的，应当先承担对被害人的民事赔偿责任。

被害人因人身权利受到犯罪侵犯或者财物被犯罪分子毁坏而遭受物质损失的，有权在刑事诉讼过程中提起附带民事诉讼；被害人死亡或者丧失行为能力的，其法定代理人、近亲属有权提起附带民事诉讼。因受到犯罪侵犯，提起附带民事诉讼或者单独提起民事诉讼要求赔偿精神损失的，人民法院不予受理。[76]

对于被害人的损失，应当按照刑事裁判认定的实际损失予以发还或者赔偿。[77]

对于积极赔偿被害人经济损失并取得谅解的，综合考虑犯罪性质、赔偿数额、赔偿能力以及认罪、悔罪表现等情况，可以减少基准刑的40%以下；积极赔偿但没有取得谅解的，可以减少基准刑的30%以下；尽管没有赔偿，但取得谅解的，可以减少基准刑的20%以下。[78]

---

[74] 最高法《关于撤销缓刑时罪犯在宣告缓刑前羁押的时间能否折抵刑期问题的批复》。

[75] 《刑法》第36条。

[76] 最高法《关于适用〈中华人民共和国刑事诉讼法〉的解释》第138条。

[77] 最高法《关于刑事裁判涉财产部分执行的若干规定》第10条第4款。

[78] 最高法、最高检《关于常见犯罪的量刑指导意见（试行）》三、（十一）。

（二）犯罪财物的处理

> **【犯罪财物的处理】**[79] 犯罪分子违法所得的一切财物，应当予以追缴或者责令退赔；对被害人的合法财产，应当及时返还；违禁品和供犯罪所用的本人财物，应当予以没收。没收的财物和罚金，一律上缴国库，不得挪用和自行处理。

1. 对赃款赃物及其收益，人民法院应当一并追缴。被执行人将赃款赃物投资或者置业，对因此形成的财产及其收益，人民法院应予追缴。被执行人将赃款赃物与其他合法财产共同投资或者置业，对因此形成的财产中与赃款赃物对应的份额及其收益，人民法院应予追缴。[80]

2. 犯罪分子及其亲友主动退赃或者在办案机关追缴赃款赃物过程中积极配合的，在量刑时应当与办案机关查办案件过程中依职权追缴赃款赃物的有所区别。[81]

3. 职务犯罪案件立案后，犯罪分子及其亲友自行挽回的经济损失，司法机关或者犯罪分子所在单位及其上级主管部门挽回的经济损失，或者因客观原因减少的经济损失，不予扣减，但可以作为酌情从轻处罚的情节。[82]

4. 对于退赃、退赔的，综合考虑犯罪性质，退赃、退赔行为对损害结果所能弥补的程度，退赃、退赔的数额及主动程度等情况，可以减少基准刑的30%以下。[83]

第三节　刑罚的执行

一、减刑

减刑，指被判处管制、拘役、有期徒刑、无期徒刑的犯罪分子，在刑罚执行期间，具有法定情节时，适当减轻原判刑罚的制度。

---

[79] 《刑法》第64条。

[80] 最高法《关于刑事裁判涉财产部分执行的若干规定》第10条第1款至第3款。

[81] 最高法、最高检《关于办理职务犯罪案件认定自首、立功等量刑情节若干问题的意见》四。

[82] 最高法、最高检《关于办理职务犯罪案件认定自首、立功等量刑情节若干问题的意见》四。

[83] 最高法、最高检《关于常见犯罪的量刑指导意见（试行）》三、（十）。

【减刑条件与限度】⑭ 被判处管制、拘役、有期徒刑、无期徒刑的犯罪分子，在执行期间，如果认真遵守监规，接受教育改造，确有悔改表现的，或者有立功表现的，可以减刑；有下列重大立功表现之一的，应当减刑： （一）阻止他人重大犯罪活动的； （二）检举监狱内外重大犯罪活动，经查证属实的； （三）有发明创造或者重大技术革新的； （四）在日常生产、生活中舍己救人的； （五）在抗御自然灾害或者排除重大事故中，有突出表现的； （六）对国家和社会有其他重大贡献的。
【减刑程序】⑮ 对于犯罪分子的减刑，由执行机关向中级以上人民法院提出减刑建议书。人民法院应当组成合议庭进行审理，对确有悔改或者立功事实的，裁定予以减刑。非经法定程序不得减刑。
【减刑后的刑期】⑯ 减刑以后实际执行的刑期不能少于下列期限： （一）判处管制、拘役、有期徒刑的，不能少于原判刑期的二分之一； （二）判处无期徒刑的，不能少于十三年； （三）人民法院根据《刑法》第五十条第二款规定限制减刑的死刑缓期执行的累犯，缓期执行期满后依法减为无期徒刑的，不能少于二十五年，缓期执行期满后依法减为二十五年有期徒刑的，不能少于二十年。
【无期徒刑减刑的刑期计算】⑰ 无期徒刑减为有期徒刑的刑期，从裁定减刑之日起计算。

原判刑罚为管制、拘役、有期徒刑的，减刑后的刑期应从原判决执行之日起计算，原判决已经执行的部分，应计算在减刑后的刑期中。

原判决无期徒刑减为有期徒刑的，有期徒刑的刑期从裁定减刑之日起计算，已经执行的刑期以及判决宣告前羁押的刑期，不得计算在减刑后的有期徒刑刑期内。

二、假释

假释，指被判处有期徒刑、无期徒刑的犯罪分子，符合法定条件时，附条件地予以提前释放，视为原判刑罚已经执行完毕。

⑭ 《刑法》第78条第1款。
⑮ 《刑法》第79条。
⑯ 参考《刑法》第78条第2款。
⑰ 《刑法》第80条。

【假释的适用条件】[88] 被判处有期徒刑的犯罪分子，执行原判刑期二分之一以上，被判处无期徒刑的犯罪分子，实际执行十三年以上，如果认真遵守监规，接受教育改造，确有悔改表现，没有再犯罪的危险的，可以假释。如果有特殊情况，经最高人民法院核准，可以不受上述执行刑期的限制。 对累犯不得假释。 对犯罪分子决定假释时，应当考虑其假释后对所居住社区的影响。
【假释的程序】[89] 对于犯罪分子的假释，依照减刑程序进行。非经法定程序不得假释。
【假释的考验期限】[90] 有期徒刑的假释考验期限，为没有执行完毕的刑期；无期徒刑的假释考验期限为十年。 假释考验期限，从假释之日起计算。
【假释犯应遵守的规定】[91] 被宣告假释的犯罪分子，应当遵守下列规定： （一）遵守法律、行政法规，服从监督； （二）按照监督机关的规定报告自己的活动情况； （三）遵守监督机关关于会客的规定； （四）离开所居住的市、县或者迁居，应当报经监督机关批准。
【假释考验及其积极后果】[92] 对假释的犯罪分子，在假释考验期限内，依法实行社区矫正，如果没有撤销假释的情形，假释考验期满，就认为原判刑罚已经执行完毕，并公开予以宣告。
【假释的撤销】[93] 被假释的犯罪分子，在假释考验期限内犯新罪，应当撤销假释，依照新罪的并罚规定实行数罪并罚。 在假释考验期限内，发现被假释的犯罪分子在判决宣告以前还有其他罪没有判决的，应当撤销假释，依照漏罪的并罚规定实行数罪并罚。 被假释的犯罪分子，在假释考验期限内，有违反法律、行政法规或者国务院有关部门关于假释的监督管理规定的行为，尚未构成新的犯罪的，应当依照法定程序撤销假释，收监执行未执行完毕的刑罚。

第四节　刑罚的消灭

刑罚的消灭，指由于法定的或事实上的原因，致使国家对犯罪人的刑罚

---

[88] 参考《刑法》第 81 条。
[89] 参考《刑法》第 82 条。
[90] 《刑法》第 83 条。
[91] 《刑法》第 84 条。
[92] 参考《刑法》第 85 条。
[93] 参考《刑法》第 86 条。

权归于消灭。

职务犯罪刑罚消灭的原因包括犯罪人死亡、刑罚执行完毕、超过追诉时效及赦免。本节重点介绍追诉时效及赦免。

一、追诉时效[94]

追诉时效是指依照法律规定对犯罪分子追究刑事责任的有效期限。在追诉时效期限内，监察机关应当依法调查职务犯罪分子的犯罪行为。

【追诉时效期限】[95] 犯罪经过下列期限不再追诉： （一）法定最高刑为不满五年有期徒刑的，经过五年； （二）法定最高刑为五年以上不满十年有期徒刑的，经过十年； （三）法定最高刑为十年以上有期徒刑的，经过十五年； （四）法定最高刑为无期徒刑、死刑的，经过二十年。如果二十年以后认为必须追诉的，须报请最高人民检察院核准。
【不受追诉期限限制的情形】[96] 在人民检察院、公安机关、国家安全机关立案侦查或者在人民法院受理案件以后，逃避侦查或者审判的，不受追诉期限的限制。 被害人在追诉期限内提出控告，人民法院、人民检察院、公安机关应当立案而不予立案的，不受追诉期限的限制。
【追诉期限的计算】[97] 追诉期限从犯罪之日起计算；犯罪行为有连续或者继续状态的，从犯罪行为终了之日起计算。 在追诉期限以内又犯罪的，前罪追诉的期限从犯后罪之日起计算。

二、赦免

赦免，包括大赦和特赦。

大赦，指国家对某一时期内犯有一定罪行的不特定犯罪人免予追诉和免除刑罚执行的制度。特赦，指国家对特定犯罪人免除执行全部或者部分刑罚的制度。现行《宪法》取消了大赦的规定，仅保留了特赦。

---

[94] 此处部分内容与上编第一章第三节“追诉时效”相同，不再赘述。
[95] 《刑法》第87条。
[96] 《刑法》第88条。
[97] 《刑法》第89条。

特赦的对象一般是战争犯，一类或几类犯罪人，而非个别犯罪人。

特赦的内容是免除执行全部或者部分刑罚。

特赦由全国人民代表大会常务委员会决定，国家主席发布特赦令，最高人民法院执行。2015 年 8 月 29 日，根据第十二届全国人大常委会第十六次会议通过的全国人大常委会关于特赦部分服刑罪犯的决定，国家主席习近平签署特赦令，对参加过抗日战争、解放战争等四类服刑罪犯实行特赦；2019 年 6 月 29 日，根据第十三届全国人民代表大会常务委员会第十一次会议的决定，国家主席习近平签署特赦令，对参加过抗日战争、解放战争及中华人民共和国成立以后，参加过保卫国家主权、安全和领土完整对外作战等九类服刑罪犯实行特赦。

下　编

第一章　贪污贿赂犯罪

本章共包括19个罪名：贪污罪；挪用公款罪；受贿罪；单位受贿罪；利用影响力受贿罪；行贿罪；对有影响力的人行贿罪；对单位行贿罪；介绍贿赂罪；单位行贿罪；巨额财产来源不明罪；隐瞒境外存款罪；私分国有资产罪；私分罚没财物罪；职务侵占罪；挪用资金罪；对外国公职人员、国际公共组织官员行贿罪；非国家工作人员受贿罪；对非国家工作人员行贿罪。

第一节 贪污罪

一、刑法规定

【贪污罪】[①] 国家工作人员利用职务上的便利，侵吞、窃取、骗取或者以其他手段非法占有公共财物的，是贪污罪。

受国家机关、国有公司、企业、事业单位、人民团体委托管理、经营国有财产的人员，利用职务上的便利，侵吞、窃取、骗取或者以其他手段非法占有国有财物的，以贪污论。

与上述所列人员勾结，伙同贪污的，以共犯论处。

【公务活动中接受礼物】[②] 国家工作人员在国内公务活动或者对外交往中接受礼物，依照国家规定应当交公而不交公，数额较大的，依照贪污罪的规定定罪处罚。

【国有保险公司工作人员贪污】[③] 国有保险公司工作人员和国有保险公司委派到非国有保险公司从事公务的人员，利用职务上的便利，故意编造未曾发生的保险事故进行虚假理赔，骗取保险金归自己所有的，依照贪污罪的规定定罪处罚。

【国有公司、企业或其他国有单位中从事公务的人员贪污】[④] 国有公司、企业或者其他国有单位中从事公务的人员和国有公司、企业或者其他国有单位委派到非国有公司、企业以及其他单位从事公务的人员，利用职务上的便利，将本单位财物非法占为己有，依照贪污罪的规定定罪处罚。

【贪污罪的处罚】[⑤] 对犯贪污罪的，根据情节轻重，分别依照下列规定处罚：

（一）贪污数额较大或者有其他较重情节的，处三年以下有期徒刑或者拘

---

① 《刑法》第 382 条。
② 参考《刑法》第 394 条。
③ 参考《刑法》第 183 条第 2 款。
④ 参考《刑法》第 271 条第 2 款。
⑤ 《刑法》第 383 条。

役，并处罚金。

（二）贪污数额巨大或者有其他严重情节的，处三年以上十年以下有期徒刑，并处罚金或者没收财产。

（三）贪污数额特别巨大或者有其他特别严重情节的，处十年以上有期徒刑或者无期徒刑，并处罚金或者没收财产；数额特别巨大，并使国家和人民利益遭受特别重大损失的，处无期徒刑或者死刑，并处没收财产。

对多次贪污未经处理的，按照累计贪污数额处罚。

犯贪污罪，在提起公诉前如实供述自己罪行、真诚悔罪、积极退赃，避免、减少损害结果的发生，有上述第一项规定情形的，可以从轻、减轻或者免除处罚；有第二项、第三项规定情形的，可以从轻处罚。

犯贪污罪，有上述第三项规定情形被判处死刑缓期执行的，人民法院根据犯罪情节等情况可以同时决定在其死刑缓期执行两年期满依法减为无期徒刑后，终身监禁，不得减刑、假释。

二、犯罪构成

主体	1. 国家工作人员； 2. 受国家机关、国有公司、企业、事业单位、人民团体委托（承包、租赁、临时聘用等⑥）管理、经营国有财产的人。
主观方面	直接故意，并具有非法占有公共财物的目的，表现为行为人明知自己利用职务之便所实施的行为会发生非法占有公共财物的结果，并希望这种结果的发生。
客体	国家工作人员职务行为的廉洁性和公共财产的所有权。
客观方面	利用职务上的便利（主管、经手、管理），侵吞（隐匿、扣留、非法转让、擅自赠送、据为己有等）、窃取（监守自盗）、骗取（虚构事实或隐瞒真相）或者以其他手段非法占有公共财物。

⑥ 最高法《全国法院审理经济犯罪案件工作座谈会纪要》二、（二）。

三、定罪量刑标准

<table>
<tr><td rowspan="4">定罪标准（数额或情节）</td><td colspan="5">对多次贪污未经处理的，按照累计贪污数额处罚。</td></tr>
<tr><td>数额</td><td>数额较大
三万元≤贪污＜二十万元</td><td>数额巨大
二十万元≤贪污＜三百万元</td><td>数额特别巨大
贪污≥三百万元</td><td rowspan="3">数额特别巨大：贪污≥三百万元，并使国家和人民利益遭受特别重大损失</td></tr>
<tr><td rowspan="2">情节</td><td>或有其他较重情节：一万元≤贪污＜三万元；且有下列情形之一</td><td>或有其他严重情节：十万元≤贪污＜二十万元；且有下列情形之一</td><td>或有其他特别严重情节：一百五十万元≤贪污＜三百万元；且有下列情形之一</td></tr>
<tr><td colspan="3">情形：1. 贪污救灾、抢险、防汛、优抚、扶贫、移民、救济、防疫、社会捐助等特定款物的（养老、医疗、工伤、失业、生育等社会保险基金可以认定为特定款物⑦）；2. 曾因贪污、受贿、挪用公款受过党纪、行政处分的；3. 曾因故意犯罪受过刑事追究的；4. 赃款赃物用于非法活动的；5. 拒不交待赃款赃物去向或者拒不配合追缴工作，致使无法追缴的；6. 造成恶劣影响或者其他严重后果的。</td></tr>
<tr><td rowspan="5">量刑标准</td><td>处罚</td><td>三年以下有期徒刑或者拘役，并处罚金（十万元≤罚金≤五十万元）</td><td>三年以上十年以下有期徒刑，并处罚金（二十万元≤罚金≤犯罪数额二倍）或者没收财产</td><td>十年以上有期徒刑或者无期徒刑、死刑，并处罚金（五十万元≤罚金≤犯罪数额二倍）或者没收财产</td><td>无期徒刑或者死刑，并处没收财产⑧</td></tr>
<tr><td rowspan="4">量刑</td><td colspan="4">提起公诉前如实供述自己罪行、真诚悔罪、积极退赃，或者避免、减少损害结果发生。</td></tr>
<tr><td>可以从轻、减轻或者免除处罚</td><td colspan="3">可以从轻处罚</td></tr>
<tr><td colspan="4">赃款赃物全部或者大部分追缴的，一般应当考虑从轻处罚。⑨</td></tr>
<tr><td colspan="4">国家工作人员出于贪污的故意，非法占有公共财物之后，将赃款赃物用于单位公务支出或者社会捐赠的，不影响贪污罪的认定，但量刑时可以酌情考虑。⑩</td></tr>
</table>

⑦ 最高检《关于贪污养老、医疗等社会保险基金能否适用〈最高人民法院、最高人民检察院关于办理贪污贿赂刑事案件适用法律若干问题的解释〉第一条第二款第一项规定的批复》。

⑧ 参考《刑法》第 383 条。

⑨ 最高法、最高检《关于办理职务犯罪案件认定自首、立功等量刑情节若干问题的意见》四。

⑩ 最高法、最高检《关于办理贪污贿赂刑事案件适用法律若干问题的解释》第 16 条第 1 款。

续表

	死刑	贪污数额特别巨大，犯罪情节特别严重、社会影响特别恶劣、给国家和人民利益造成特别重大损失的，可以判处死刑。 符合前述规定的情形，但具有自首、立功，如实供述自己罪行、真诚悔罪、积极退赃，或者避免、减少损害结果的发生等情节，不是必须立即执行的，可以判处死刑缓期二年执行。 判处死刑的，根据犯罪情节等情况可以判处死刑缓期二年执行，同时裁判决定在其死刑缓期执行两年期满依法减为无期徒刑后，终身监禁，不得减刑、假释。

四、司法认定

公共财产[11]		刑法所称公共财产，是指下列财产： 1. 国有财产；2. 劳动群众集体所有的财产；3. 用于扶贫和其他公益事业的社会捐助或者专项基金的财产。 国家机关、国有公司、企业、集体企业和人民团体管理、使用或者运输中的私人财产，以公共财产论。
完成形态[12]		以行为人是否实际控制财物作为区分贪污罪既遂与未遂的标准。
		行为人利用职务上的便利，实施了虚假平账等贪污行为，但公共财物尚未实际转移，或者尚未被行为人控制就被查获的，应当认定为贪污未遂。
		行为人控制公共财物后，是否将财物据为己有，不影响贪污既遂的认定。
共同犯罪[13]	认定	在公司、企业或其他单位中，非国家工作人员与国家工作人员勾结，分别利用各自的职务便利，共同将本单位财物非法占有的，应当尽量区分主从犯，按照主犯的犯罪性质定罪。司法实践中，如果根据案件的实际情况，各共同犯罪人在共同犯罪中的地位、作用相当，难以区分主从犯的，可以贪污罪定罪处罚。
	数额	在共同贪污犯罪案件中应理解为个人所参与或者组织、指挥共同贪污的数额，不能只按个人实际分得的赃款数额来认定。
	处罚	对共同贪污犯罪中的从犯，应当按照其所参与的共同贪污的数额确定量刑幅度，应当从轻、减轻处罚或者免除处罚。

[11] 《刑法》第 91 条。

[12] 最高法《全国法院审理经济犯罪案件工作座谈会纪要》二、(一)。

[13] 最高法《全国法院审理经济犯罪案件工作座谈会纪要》二、(三)(四)。

续表

数罪并罚⑭	行为人通过伪造国家机关公文、证件担任国家工作人员职务以后，又利用职务上的便利实施侵占本单位财物、收受贿赂、挪用本单位资金等行为，构成犯罪的，应当分别以伪造国家机关公文、证件罪和相应的贪污罪、受贿罪、挪用公款罪等追究刑事责任，实行数罪并罚。
国企改制中的贪污⑮	国家工作人员或者受国家机关、国有公司、企业、事业单位、人民团体委托管理、经营国有财产的人员利用职务上的便利，在国家出资企业改制过程中故意通过低估资产、隐瞒债权、虚设债务、虚构产权交易等方式隐匿公司、企业财产，转为本人持有股份的改制后公司、企业所有，应当依法追究刑事责任的，以贪污罪定罪处罚。贪污数额一般应当以所隐匿财产全额计算；改制后公司、企业仍有国有股份的，按股份比例扣除归于国有的部分。 所隐匿财产在改制过程中已为行为人实际控制，或者国家出资企业改制已经完成的，以犯罪既遂处理。 前述规定以外的人员实施该行为的，以职务侵占罪定罪处罚；前述规定以外的人员与前述规定的人员共同实施该行为的，以贪污罪的共犯论处。
	国有公司、企业违反国家规定，在改制过程中隐匿公司、企业财产，转为职工集体持股的改制后公司、企业所有，但改制后的公司、企业中只有改制前公司、企业的管理人员或者少数职工持股，改制前公司、企业的多数职工未持股的，以贪污罪定罪处罚。
	国家出资企业中的国家工作人员在公司、企业改制或者国有资产处置过程中徇私舞弊，将国有资产低价折股或者低价出售给特定关系人持有股份或者本人实际控制的公司、企业，致使国家利益遭受重大损失的，以贪污罪定罪处罚。贪污数额以国有资产的损失数额计算。
	国家工作人员利用职务上的便利，在国家出资企业改制过程中隐匿公司、企业财产，在其不再具有国家工作人员身份后将所隐匿财产据为己有的，以贪污罪定罪处罚。
违法所得⑯	贪污贿赂犯罪分子违法所得的一切财物，应当依照《刑法》第六十四条的规定予以追缴或者责令退赔，对被害人的合法财产应当及时返还。对尚未追缴到案或者尚未足额退赔的违法所得，应当继续追缴或者责令退赔。
从重处罚	贪污、侵占用于预防、控制突发传染病疫情等灾害的款物或者挪用归个人使用，构成犯罪的，分别以贪污罪、职务侵占罪、挪用公款罪、挪用资金罪定罪，依法从重处罚。⑰ 对于在重大自然灾害、预防、控制突发传染病疫情等灾害期间故意犯罪的，根据案件的具体情况，可以增加基准刑的20%以下。⑱

⑭ 最高法研究室《关于对行为人通过伪造国家机关公文、证件担任国家工作人员职务并利用职务上的便利侵占本单位财物、收受贿赂、挪用本单位资金等行为如何适用法律问题的答复》。

⑮ 最高法、最高检《关于办理国家出资企业中职务犯罪案件具体应用法律若干问题的意见》。

⑯ 最高法、最高检《关于办理贪污贿赂刑事案件适用法律若干问题的解释》第18条。

⑰ 最高法、最高检《关于办理妨害预防、控制突发传染病疫情等灾害的刑事案件具体应用法律若干问题的解释》第14条第1款。

⑱ 最高法、最高检《关于常见犯罪的量刑指导意见（试行）》三、（十八）。

续表

传染病等灾害	贪污、侵占用于预防、控制突发传染病疫情等灾害的款物或者挪用归个人使用，构成犯罪的，分别以贪污罪、职务侵占罪、挪用公款罪、挪用资金罪定罪，依法从重处罚。[19] 国家工作人员，受委托管理国有财产的人员，公司、企业或者其他单位的人员，利用职务便利，侵吞、截留或者以其他手段非法占有用于防控新型冠状病毒感染肺炎的款物，或者挪用上述款物归个人使用，符合刑法规定的，以贪污罪、职务侵占罪、挪用公款罪、挪用资金罪定罪处罚。挪用用于防控新型冠状病毒感染肺炎的救灾、优抚、救济等款物，符合刑法规定的，对直接责任人员，以挪用特定款物罪定罪处罚。[20] 对于在重大自然灾害、预防、控制突发传染病疫情等灾害期间故意犯罪的，根据案件的具体情况，可以增加基准刑的20%以下。[21]
退耕还林[22]	国家工作人员在退耕还林活动中违反规定，有下列行为之一的，依照刑法关于贪污罪、受贿罪、挪用公款罪或者其他罪的规定，依法追究刑事责任；尚不够刑事处罚的，依法给予行政处分：1. 挤占、截留、挪用退耕还林资金或者克扣补助粮食的；2. 弄虚作假、虚报冒领补助资金和粮食的；3. 利用职务上的便利收受他人财物或者其他好处的。

五、易混罪名比较

（一）盗窃罪、招摇撞骗罪的特殊情形认定

【盗窃罪】[23] 盗窃公私财物，数额较大的，或者多次盗窃、入户盗窃、携带凶器盗窃、扒窃的，处三年以下有期徒刑、拘役或者管制，并处或者单处罚金；数额巨大或者有其他严重情节的，处三年以上十年以下有期徒刑，并处罚金；数额特别巨大或者有其他特别严重情节的，处十年以上有期徒刑或者无期徒刑，并处罚金或者没收财产。

【招摇撞骗罪】[24] 冒充国家机关工作人员招摇撞骗的，处三年以下有期徒

---

⑲ 最高法、最高检《关于办理妨害预防、控制突发传染病疫情等灾害的刑事案件具体应用法律若干问题的解释》第14条第1款。

⑳ 最高法、最高检、公安部、司法部《关于依法惩治妨害新型冠状病毒感染肺炎疫情防控违法犯罪的意见》二、（七）。

㉑ 最高法、最高检《关于常见犯罪的量刑指导意见（试行）》三、（十八）。

㉒ 《退耕还林条例》第57条第1款。

㉓ 《刑法》第264条。

㉔ 《刑法》第279条。

刑、拘役、管制或者剥夺政治权利；情节严重的，处三年以上十年以下有期徒刑。

冒充人民警察招摇撞骗的，依照前述规定从重处罚。

罪名	特殊情形
盗窃罪	国家工作人员或受委托管理、经营国有财产的人利用自己在单位工作，且能够提供一些作案环境、信息方面的便利，该便利与其特定职务所具有的主管、管理和经手权力无关，以盗窃的方式非法占有公共财产的，依照盗窃罪处罚。
招摇撞骗罪	行为人冒充国家工作人员从事“贪污”活动，因不具备实质上的职务便利，不能成为刑法上的国家工作人员，其行为构成犯罪的，依照招摇撞骗罪处罚。

（二）贪污罪与职务侵占罪、侵占罪

【职务侵占罪】㉕ 公司、企业或者其他单位的工作人员，利用职务上的便利，将本单位财物非法占为己有，数额较大的，处三年以下有期徒刑或者拘役，并处罚金；数额巨大的，处三年以上十年以下有期徒刑，并处罚金；数额特别巨大的，处十年以上有期徒刑或者无期徒刑，并处罚金。

【侵占罪】㉖ 将代为保管的他人财物非法占为己有，数额较大，拒不退还的，处二年以下有期徒刑、拘役或者罚金；数额巨大或者有其他严重情节的，处二年以上五年以下有期徒刑，并处罚金。

将他人的遗忘物或者埋藏物非法占为己有，数额较大，拒不交出的，依照前述的规定处罚。

侵占罪，告诉的才处理。

㉕ 《刑法》第271条第1款。

㉖ 《刑法》第270条。

比较	贪污罪	职务侵占罪	侵占罪
主体	国家工作人员或受委托管理、经营国有财产的人	除上述人员以外的，具有一定职务的人员，包括国有公司、企业、事业单位中不属于从事公务的人员	一般主体
客体	职务行为廉洁性；公共财产所有权	公司、企业或其他单位的财物所有权	财物所有权
客观方面	利用（公权力）职务便利，侵吞、窃取、骗取或以其他手段非法占有公共财物	利用（本单位）职务便利，将本单位财产非法占为己有	将代为保管的他人财物或他人的遗忘物、埋藏物非法占有
诉讼性质	公诉案件	公诉案件	告诉才处理

（三）共同贪污犯罪与私分国有资产罪（见本章第十三节“五、易混罪名比较”）

六、指导案例

最高人民法院指导案例11号——杨某虎等贪污案

【关键词】

贪污罪　职务便利　骗取土地使用权

【裁判要点】

1. 贪污罪中的“利用职务上的便利”，是指利用职务上主管、管理、经手公共财物的权力及方便条件，既包括利用本人职务上主管、管理公共财物的职务便利，也包括利用职务上有隶属关系的其他国家工作人员的职务便利。

2. 土地使用权具有财产性利益，属于《刑法》第三百八十二条第一款规定中的“公共财物”，可以成为贪污的对象。

第二节　挪用公款罪

一、刑法规定

【挪用公款罪】㉗ 国家工作人员利用职务上的便利，挪用公款归个人使用，进行非法活动的，或者挪用公款数额较大、进行营利活动的，或者挪用公款数额较大、超过三个月未还的，是挪用公款罪，处五年以下有期徒刑或者拘役；情节严重的，处五年以上有期徒刑。挪用公款数额巨大不退还的，处十年以上有期徒刑或者无期徒刑。

挪用用于救灾、抢险、防汛、优抚、扶贫、移民、救济款物归个人使用的，从重处罚。

【国有金融机构工作人员挪用公款】㉘ 国有商业银行、证券交易所、期货交易所、证券公司、期货经纪公司、保险公司或者其他国有金融机构的工作人员和国有商业银行、证券交易所、期货交易所、证券公司、期货经纪公司、保险公司或者其他国有金融机构委派到非国有金融机构从事公务的人员，利用职务上的便利，挪用本单位或者客户资金的，依照挪用公款罪的规定定罪处罚。

【国有公司、企业或者其他国有单位中从事公务的人员挪用资金】㉙ 国有公司、企业或者其他国有单位中从事公务的人员和国有公司、企业或者其他国有单位委派到非国有公司、企业以及其他单位从事公务的人员，利用职务上的便利，挪用本单位资金归个人使用或者借贷给他人，数额较大、超过三个月未还的，或者虽未超过三个月，但数额较大、进行营利活动的，或者进行非法活动的，依照挪用公款罪的规定定罪处罚。

㉗ 《刑法》第384条。

㉘ 参考《刑法》第185条第2款。

㉙ 参考《刑法》第272条第2款。

二、犯罪构成

主体	国家工作人员
主观方面	直接故意，目的是非法取得公款的使用权，表现为行为人明知是公款而故意挪作他用。
客体	犯罪客体主要是公款的使用权，同时在一定程度上也侵犯了国家的财经管理制度以及国家工作人员的职务廉洁性。犯罪对象为公款以及特定款物（救灾、抢险、防汛、优抚、扶贫、移民、救济款物）。
客观方面	利用职务上的便利，挪用公款归个人使用：1. 进行非法活动的（违法、犯罪）；2. 进行营利活动，并且数额较大的；3. 数额较大，超过三个月未还的。

三、定罪量刑标准[30]

定罪 处罚	利用职务上的便利，挪用公款归个人使用		
	进行非法活动	数额较大、进行营利活动	数额较大、超过三个月未还
五年以下有期徒刑或拘役	数额≥三万元	数额≥五万元	
五年以上有期徒刑	情节严重： 1. 挪用公款数额≥一百万元； 2. 挪用救灾、抢险、防汛、优抚、扶贫、移民、救济特定款物，五十万元≤数额＜一百万元； 3. 挪用公款不退还，五十万元≤数额＜一百万元； 4. 其他严重情节。	情节严重： 1. 挪用公款数额≥二百万元； 2. 挪用救灾、抢险、防汛、优抚、扶贫、移民、救济特定款物，一百万元≤数额＜二百万元； 3. 挪用公款不退还，一百万元≤数额＜二百万元； 4. 其他严重情节。	
十年以上有期徒刑或无期徒刑	挪用公款数额巨大不退还： 挪用≥三百万元，因客观原因在一审宣判前不能退还。	挪用公款数额巨大不退还： 挪用≥五百万元，因客观原因在一审宣判前不能退还。	

㉚ 最高法、最高检《关于办理贪污贿赂刑事案件适用法律若干问题的解释》第5条、第6条。

续表

量刑[31]	1. 挪用正在生息或者需要支付利息的公款归个人使用，数额较大，超过三个月但在案发前全部归还本金的，可以从轻处罚或者免除处罚。给国家、集体造成的利息损失应予追缴。 2. 挪用公款数额巨大，超过三个月，案发前全部归还的，可以酌情从轻处罚。 3. 挪用公款数额较大，归个人进行营利活动的，在案发前部分或者全部归还本息的，可以从轻处罚；情节轻微的，可以免除处罚。 4. 挪用公款后尚未投入实际使用的，只要同时具备“数额较大”和“超过三个月未还”的构成要件，应当认定为挪用公款罪，但可以酌情从轻处罚。

四、司法认定

个人使用[32]	有以下情形之一的，无论使用公款的是个人还是单位以及单位的性质如何，均应认定为挪用公款归个人使用：1. 将公款供本人、亲友或者其他自然人使用的；2. 以个人名义将公款供其他单位使用的；3. 个人决定以单位名义将公款供其他单位使用，谋取个人利益的。 “以个人名义”不能只看形式，要从实质上把握，对于行为人逃避财务监管，或者与使用人约定以个人名义进行，或者借款、还款都以个人名义进行，将公款给其他单位使用的，应认定为“以个人名义”。 “个人决定”既包括行为人在职权范围内决定，也包括超越职权范围决定。
谋取个人利益[33]	谋取个人利益，既包括行为人与使用人事先约定谋取个人利益实际尚未获取的情况，也包括虽未事先约定但实际已获取了个人利益的情况。其中的“个人利益”，既包括不正当利益，也包括正当利益，既包括财产性利益，也包括非财产性利益，但这种非财产性利益应当是具体的实际利益，如升学、就业等。

[31] 最高法《关于审理挪用公款案件具体应用法律若干问题的解释》第2条，最高法《全国法院审理经济犯罪案件工作座谈会纪要》四、(七)。

[32] 参考全国人大常委会《关于〈中华人民共和国刑法〉第三百八十四条第一款的解释》、最高检《关于认真贯彻执行全国人大常委会〈关于刑法第二百九十四条第一款的解释〉和〈关于刑法第三百八十四条第一款的解释〉的通知》。

[33] 最高法《全国法院审理经济犯罪案件工作座谈会纪要》四、(二)。

续表

意识因素㉞	挪用公款给他人使用，不知道使用人挪用公款进行营利活动或者用于非法活动，数额较大、超过三个月未还的，构成挪用公款罪；明知使用人用于营利活动或者非法活动的，应当认定为挪用人挪用公款进行营利活动或者非法活动。
特殊款物㉟	国家工作人员利用职务上的便利，挪用失业保险基金、下岗职工基本生活保障资金、公有或本单位的国库券归个人使用，构成犯罪的，以挪用公款罪追究刑事责任。
国企改制中的挪用㊱	国家出资企业的国家工作人员在公司、企业改制过程中为购买公司、企业股份，利用职务上的便利，将公司、企业的资金或者金融凭证、有价证券等用于个人贷款担保的，以挪用公款罪定罪处罚。 行为人在改制前的国家出资企业持有股份的，不影响挪用数额的认定，但量刑时应当酌情考虑。 经有关主管部门批准或者按照有关政策规定，国家出资企业的国家工作人员为购买改制公司、企业股份实施前款行为的，可以视具体情况不作为犯罪处理。
单位决定挪用㊲	经单位领导集体研究决定将公款给个人使用，或者单位负责人为了单位的利益，决定将公款给个人使用的，不以挪用公款罪定罪处罚。上述行为致使单位遭受重大损失，构成其他犯罪的，依照刑法的有关规定对责任人员定罪处罚。
领导指令㊳	国有单位领导利用职务上的便利指令具有法人资格的下级单位将公款供个人使用的，属于挪用公款行为，构成犯罪的，应以挪用公款罪定罪处罚。
金融凭证有价证券㊴	挪用金融凭证、有价证券用于质押，使公款处于风险之中，与挪用公款为他人提供担保没有实质的区别，符合刑法关于挪用公款罪规定的，以挪用公款罪定罪处罚，挪用公款数额以实际或者可能承担的风险数额认定。
归还个人欠款㊵	挪用公款归还个人欠款的，应当根据产生欠款的原因分别认定属于挪用公款的何种情形。归还个人进行非法活动或者进行营利活动产生的欠款，应当认定为挪用公款进行非法活动或者进行营利活动。

㉞ 参考最高法《关于审理挪用公款案件具体应用法律若干问题的解释》第2条第3项。

㉟ 最高检《关于挪用失业保险基金和下岗职工基本生活保障资金的行为适用法律问题的批复》《关于挪用国库券如何定性问题的批复》。

㊱ 参考最高法、最高检《关于办理国家出资企业中职务犯罪案件具体应用法律若干问题的意见》三。

㊲ 最高法《全国法院审理经济犯罪案件工作座谈会纪要》四、(一)。

㊳ 最高法《全国法院审理经济犯罪案件工作座谈会纪要》四、(三)。

㊴ 最高法《全国法院审理经济犯罪案件工作座谈会纪要》四、(四)。

㊵ 最高法《全国法院审理经济犯罪案件工作座谈会纪要》四、(五)。

续表

用于注册公司[41]	申报注册资本是为进行生产经营活动作准备，属于成立公司、企业进行营利活动的组成部分。因此，挪用公款归个人用于公司、企业注册资本验资证明的，应当认定为挪用公款进行营利活动。
挪用公款罪转化贪污罪[42]	携带挪用的公款潜逃的，对其携带挪用的公款部分，以贪污罪定罪处罚。
	行为人挪用公款后采取虚假发票平账、销毁有关账目等手段，使所挪用的公款已难以在单位财务账目上反映出来，且没有归还行为的，以贪污罪定罪处罚。
	行为人截取单位收入不入账，非法占有，使所占有的公款难以在单位财务账目上反映出来，且没有归还行为的，应当以贪污罪定罪处罚。
	有证据证明行为人有能力归还所挪用的公款而拒不归还，并隐瞒挪用的公款去向的，应当以贪污罪定罪处罚。
利息收益[43]	挪用公款存入银行、用于集资、购买股票、国债等，属于挪用公款进行营利活动。所获取的利息、收益等违法所得，应当追缴，但不计入挪用公款的数额。
多次挪用[44]	多次挪用公款不还，挪用公款数额累计计算；多次挪用公款，并以后次挪用的公款归还前次挪用的公款，挪用公款数额以案发时未还的实际数额认定。
数罪并罚[45]	因挪用公款索取、收受贿赂构成犯罪的，依照数罪并罚的规定处罚。 挪用公款进行非法活动构成其他犯罪的，依照数罪并罚的规定处罚。
共同犯罪[46]	挪用公款给他人使用，使用人与挪用人共谋，指使或者参与策划取得挪用款的，以挪用公款罪的共犯定罪处罚。
追诉时效[47]	1. 挪用公款归个人使用，进行非法活动的，或者挪用公款数额较大、进行营利活动的，犯罪的追诉期限从挪用行为实施完毕之日起计算。 2. 挪用公款数额较大、超过三个月未还的，犯罪的追诉期限从挪用公款罪成立之日起计算。 3. 挪用公款行为有连续状态的，犯罪的追诉期限应当从最后一次挪用行为实施完毕之日或者犯罪成立之日起计算。

[41] 最高法《全国法院审理经济犯罪案件工作座谈会纪要》四、(六)。
[42] 最高法《全国法院审理经济犯罪案件工作座谈会纪要》四、(八)。
[43] 最高法《关于审理挪用公款案件具体应用法律若干问题的解释》第2条第2项。
[44] 最高法《关于审理挪用公款案件具体应用法律若干问题的解释》第4条。
[45] 最高法《关于审理挪用公款案件具体应用法律若干问题的解释》第7条。
[46] 最高法《关于审理挪用公款案件具体应用法律若干问题的解释》第8条。
[47] 最高法《关于挪用公款犯罪如何计算追诉期限问题的批复》。

五、易混罪名比较

【挪用资金罪】[48] 公司、企业或者其他单位的工作人员，利用职务上的便利，挪用本单位资金归个人使用或者借贷给他人，数额较大、超过三个月未还的，或者虽未超过三个月，但数额较大、进行营利活动的，或者进行非法活动的，处三年以下有期徒刑或者拘役；挪用本单位资金数额巨大的，处三年以上七年以下有期徒刑；数额特别巨大的，处七年以上有期徒期。

【挪用特定款物罪】[49] 挪用用于救灾、抢险、防汛、优抚、扶贫、移民、救济款物，情节严重，致使国家和人民群众利益遭受重大损害的，对直接责任人员，处三年以下有期徒刑或者拘役；情节特别严重的，处三年以上七年以下有期徒刑。

比较	挪用公款罪	挪用资金罪	挪用特定款物罪
主体	国家工作人员	公司、企业或其他单位的工作人员	单位，仅对直接责任人员处罚
目的	非法取得公款的使用权	非法取得资金使用权	挪作单位另用
客体	公共财产的所有权及国家的财经管理制度	公司、企业或其他单位的财产所有权及财务管理制度	特定款物的专用制度
客观方面	利用职务上的便利，挪用公款归个人使用：1. 进行非法活动的；2. 挪用公款数额较大、进行营利活动的；3. 挪用公款数额较大、超过三个月未还的	利用职务上的便利，挪用本单位资金归个人使用或者借贷给他人：1. 数额较大、超过三个月未还的；2. 数额较大、进行营利活动的；3. 进行非法活动的	把特定款物挪作其他公用事项，并且情节严重，致使国家和人民群众利益遭受重大损害的
对象	公款及特定款物	公司、企业或其他单位的资金	特定款物

---

[48] 《刑法》第 272 条第 1 款。

[49] 《刑法》第 273 条。

第三节　受贿罪

一、刑法规定

【受贿罪】[50] 国家工作人员利用职务上的便利，索取他人财物的，或者非法收受他人财物，为他人谋取利益的，是受贿罪。

国家工作人员在经济往来中，违反国家规定，收受各种名义的回扣、手续费，归个人所有的，以受贿论处。

【斡旋受贿】[51]国家工作人员利用本人职权或者地位形成的便利条件，通过其他国家工作人员职务上的行为，为请托人谋取不正当利益，索取请托人财物或者收受请托人财物的，以受贿论处。

【非国家工作人员受贿】[52] 国有公司、企业或者其他国有单位中从事公务的人员和国有公司、企业或者其他国有单位委派到非国有公司、企业以及其他单位从事公务的人员，利用职务上的便利，索取他人财物或者非法收受他人财物，为他人谋取利益的；或者在经济往来中，利用职务上的便利，违反国家规定，收受各种名义的回扣、手续费，归个人所有的，依照受贿罪的规定定罪处罚。

【国有金融机构人员受贿】[53] 国有金融机构工作人员和国有金融机构委派到非国有金融机构从事公务的人员，在金融业务活动中索取他人财物或者非法收受他人财物，为他人谋取利益的，或者违反国家规定，收受各种名义的回扣、手续费，归个人所有的，依照受贿罪的规定定罪处罚。

【受贿罪的处罚】[54] 对犯受贿罪的，根据受贿所得数额及情节，依照贪污罪的规定处罚。索贿的从重处罚。

---

[50] 《刑法》第 385 条。

[51] 《刑法》第 388 条。

[52] 参考《刑法》第 163 条第 3 款。

[53] 参考《刑法》第 184 条第 2 款。

[54] 参考《刑法》第 386 条。

二、犯罪构成

<table>
<tr><td>主体</td><td colspan="2">国家工作人员</td></tr>
<tr><td>主观方面</td><td colspan="2">直接故意，行为人主观上具有索取或者接受贿赂的意思。
特定关系人索取、收受他人财物，国家工作人员知道后未退还或者上交的，应当认定国家工作人员具有受贿故意。[55]</td></tr>
<tr><td>客体</td><td colspan="2">国家工作人员职务行为的廉洁性和正常的国家管理秩序。</td></tr>
<tr><td rowspan="3">客观方面</td><td>受贿罪</td><td>斡旋受贿</td></tr>
<tr><td>行为人利用职务上的便利并实施了以下行为：1. 向他人索取财物；2. 非法收受他人财物并为他人谋取利益。</td><td>行为人利用本人职权或者地位形成的便利条件，通过其他国家工作人员职务上的行为，为请托人谋取不正当利益，索取请托人财物或者收受请托人财物。</td></tr>
<tr><td>“利用职务上的便利”[56]，既包括利用本人职务上主管、负责、承办某项公共事务的职权，也包括利用职务上有隶属、制约关系的其他国家工作人员的职权。担任单位领导职务的国家工作人员通过不属自己主管的下级部门的国家工作人员的职务为他人谋取利益的，应当认定为“利用职务上的便利”为他人谋取利益。</td><td>“利用本人职权或者地位形成的便利条件”[57]，指行为人与被其利用的国家工作人员之间在职务上虽然没有隶属、制约关系，但是行为人利用了本人职权或者地位产生的影响和一定的工作联系，如单位内不同部门的国家工作人员之间、上下级单位没有职务上隶属、制约关系的国家工作人员之间、有工作联系的不同单位的国家工作人员之间等。</td></tr>
</table>

[55] 最高法、最高检《关于办理贪污贿赂刑事案件适用法律若干问题的解释》第16条第2款。

[56] 最高法《全国法院审理经济犯罪案件工作座谈会纪要》三、(一)。

[57] 最高法《全国法院审理经济犯罪案件工作座谈会纪要》三、(三)。

续表

客观方面	"为他人谋取利益"[58]：1. 实际或者承诺为他人谋取利益的；2. 明知他人有具体请托事项的；3. 履职时未被请托，但事后基于该履职事由收受他人财物的。 国家工作人员索取、收受具有上下级关系的下属或者具有行政管理关系的被管理人员的财物价值三万元以上，可能影响职权行使的，视为承诺为他人谋取利益。 为他人谋取的利益是否正当、是否实现，不影响受贿罪的认定。[59]	"谋取不正当利益"[60]，是指谋取违反法律、法规、国家政策和国务院各部门规章规定的利益，以及谋取违反法律、法规、国家政策和国务院各部门规章规定的帮助或者方便条件。

三、定罪量刑标准[61]

<table>
<tr><td rowspan="4">定罪标准（数额或情节）</td><td colspan="5">对多次受贿未经处理的，累计计算受贿数额。
国家工作人员利用职务便利为请托人谋取利益前后多次收受请托人财物，受请托之前收受的财物数额在一万元以上的，应当一并计入受贿数额。</td></tr>
<tr><td>数额</td><td>数额较大
三万元≤受贿＜二十万元</td><td>数额巨大
二十万元≤受贿＜300 万元</td><td>数额特别巨大
受贿≥300 万元</td><td rowspan="3">数额特别巨大（受贿≥三百万元），并使国家和人民遭受特别重大损失</td></tr>
<tr><td rowspan="2">情节</td><td>其他较重情节：
一万元≤受贿＜三万元；且有下列情形之一</td><td>其他严重情节：
十万元≤受贿＜二十万元；且有下列情形之一</td><td>其他特别严重情节：
一百五十万元≤受贿＜三百万元；且有下列情形之一</td></tr>
<tr><td colspan="3">情形：1. 曾因贪污、受贿、挪用公款受过党纪、行政处分的；2. 曾因故意犯罪受过刑事追究的；3. 赃款赃物用于非法活动的；4. 拒不交待赃款赃物去向或者拒不配合追缴工作，致使无法追缴的；5. 造成恶劣影响或者其他严重后果的；6. 多次索贿的；7. 为他人谋取不正当利益，致使公共财产、国家和人民利益遭受损失的；8. 为他人谋取职务提拔、调整的。</td></tr>
</table>

[58] 最高法、最高检《关于办理贪污贿赂刑事案件适用法律若干问题的解释》第 13 条。

[59] 最高检《关于人民检察院直接受理立案侦查案件立案标准的规定（试行）》一、（三）。

[60] 最高检《关于人民检察院直接受理立案侦查案件立案标准的规定（试行）》四、（五）。

[61] 最高法、最高检《关于办理贪污贿赂刑事案件适用法律若干问题的解释》第 1 条至第 4 条、第 15 条、第 16 条第 1 款。

续表

<table>
<tr><td rowspan="6">量刑标准</td><td>处罚</td><td>三年以下有期徒刑或者拘役，并处罚金（十万元≤罚金≤五十万元）</td><td>三年以上十年以下有期徒刑，并处罚金（二十万元≤罚金≤犯罪数额二倍）或者没收财产</td><td>十年以上有期徒刑或者无期徒刑，并处罚金（五十万元≤罚金≤犯罪数额二倍）或者没收财产</td><td>无期徒刑或者死刑，并处没收财产</td></tr>
<tr><td rowspan="4">量刑</td><td colspan="4">提起公诉前如实供述自己罪行、真诚悔罪、积极退赃，避免、减少损害结果发生</td></tr>
<tr><td>可以从轻、减轻或者免除处罚</td><td colspan="3">可以从轻处罚</td></tr>
<tr><td colspan="4">赃款赃物全部或者大部分追缴的，视具体情况可以酌定从轻处罚。</td></tr>
<tr><td colspan="4">国家工作人员出于受贿的故意，非法收受他人财物之后，将赃款赃物用于单位公务支出或者社会捐赠的，不影响受贿罪的认定，但量刑时可以酌情考虑。</td></tr>
<tr><td>死刑</td><td colspan="4">受贿数额特别巨大，犯罪情节特别严重、社会影响特别恶劣、给国家和人民利益造成特别重大损失的，可以判处死刑。
符合前述规定的情形，但具有自首，立功，如实供述自己罪行、真诚悔罪、积极退赃，或者避免、减少损害结果的发生等情节，不是必须立即执行的，可以判处死刑缓期二年执行。
符合第一款规定情形的，根据犯罪情节等情况可以判处死刑缓期二年执行，同时裁判决定在其死刑缓期执行二年期满依法减为无期徒刑后，终身监禁，不得减刑、假释。</td></tr>
</table>

四、司法认定

财物[62]	贿赂犯罪中的“财物”，包括货币、物品和财产性利益。财产性利益包括可以折算为货币的物质利益如房屋装修、债务免除等，以及需要支付货币的其他利益如会员服务、旅游等。后者的犯罪数额，以实际支付或者应当支付的数额计算。
数罪并罚[63]	国家工作人员利用职务上的便利，收受他人财物，为他人谋取利益，同时构成受贿罪和刑法分则第三章第三节、第九章规定的渎职犯罪的，除刑法另有规定外，以受贿罪和渎职犯罪数罪并罚。

[62] 最高法、最高检《关于办理贪污贿赂刑事案件适用法律若干问题的解释》第 12 条。

[63] 最高法、最高检《关于办理贪污贿赂刑事案件适用法律若干问题的解释》第 17 条。

续表

国企改制中的受贿[64]	国家工作人员在国家出资企业改制过程中利用职务上的便利为请托人谋取利益，事先约定在其不再具有国家工作人员身份后收受请托人财物，或者在身份变化前后连续收受请托人财物的，以受贿罪定罪处罚。
医疗机构[65]	医疗机构中的国家工作人员，在药品、医疗器械、医用卫生材料等医药产品采购活动中，利用职务上的便利，索取销售方财物，或者非法收受销售方财物，为销售方谋取利益，构成犯罪的，以受贿罪定罪处罚。
教育机构[66]	学校及其他教育机构中的国家工作人员，在教材、教具、校服或者其他物品的采购等活动中，利用职务上的便利，索取销售方财物，或者非法收受销售方财物，为销售方谋取利益，构成犯罪的，以受贿罪定罪处罚。
招标采购[67]	依法组建的评标委员会、竞争性谈判采购中谈判小组、询价采购中询价小组中国家机关或者其他国有单位的代表，在招标、政府采购等事项的评标或者采购活动中，索取他人财物或者非法收受他人财物，为他人谋取利益，数额较大的，依照刑法第三百八十五条的规定，以受贿罪定罪处罚。
银行卡[68]	收受银行卡的，不论受贿人是否实际取出或者消费，卡内的存款数额一般应全额认定为受贿数额。使用银行卡透支的，如果由给予银行卡的一方承担还款责任，透支数额也应当认定为受贿数额。
贿赂与馈赠[69]	贿赂与馈赠的界限，主要应当结合以下因素全面分析、综合判断：1. 发生财物往来的背景，如双方是否存在亲友关系及历史上交往的情形和程度；2. 往来财物的价值；3. 财物往来的缘由、时机和方式，提供财物方对于接受方有无职务上的请托；4. 接受方是否利用职务上的便利为提供方谋取利益。
离职受贿[70]	国家工作人员利用职务上的便利为请托人谋取利益，并与请托人事先约定，在其离职后收受请托人财物，构成犯罪的，以受贿罪定罪处罚。

---

[64] 最高法、最高检《关于办理国家出资企业中职务犯罪案件具体应用法律若干问题的意见》第5条第3款。

[65] 最高法、最高检《关于办理商业贿赂刑事案件适用法律若干问题的意见》四。

[66] 最高法、最高检《关于办理商业贿赂刑事案件适用法律若干问题的意见》五。

[67] 最高法、最高检《关于办理商业贿赂刑事案件适用法律若干问题的意见》六。

[68] 最高法、最高检《关于办理商业贿赂刑事案件适用法律若干问题的意见》八。

[69] 最高法、最高检《关于办理商业贿赂刑事案件适用法律若干问题的意见》十。

[70] 最高法《全国法院审理经济犯罪案件工作座谈会纪要》三、(四)。

续表

共同犯罪	1. 非国家工作人员与国家工作人员通谋，共同收受他人财物，构成共同犯罪的，根据双方利用职务便利的具体情形分别定罪追究刑事责任：利用国家工作人员的职务便利为他人谋取利益的，以受贿罪追究刑事责任；利用非国家工作人员的职务便利为他人谋取利益的，以非国家工作人员受贿罪追究刑事责任；分别利用各自的职务便利为他人谋取利益的，按照主犯的犯罪性质追究刑事责任，不能分清主从犯的，可以受贿罪追究刑事责任。[71] 2. 国家工作人员的近亲属向国家工作人员代为转达请托事项，收受请托人财物并告知该国家工作人员，或者国家工作人员明知其近亲属收受了他人财物，仍按照近亲属的要求利用职权为他人谋取利益的，对该国家工作人员应认定为受贿罪，其近亲属以受贿罪共犯论处。[72] 3. 近亲属以外的其他人与国家工作人员通谋，由国家工作人员利用职务上的便利为请托人谋取利益，收受请托人财物后双方共同占有的，构成受贿罪共犯。[73]
以借为名受贿[74]	国家工作人员利用职务上的便利，以借为名向他人索取财物，或者非法收受财物为他人谋取利益的，应当认定为受贿。具体认定时，不能仅仅看是否有书面借款手续，应当根据以下因素综合判定：1. 有无正当、合理的借款事由；2. 款项的去向；3. 双方平时关系如何、有无经济往来；4. 出借方是否要求国家工作人员利用职务上的便利为其谋取利益；5. 借款后是否有归还的意思表示及行为；6. 是否有归还的能力；7. 未归还的原因；等等。
股票受贿[75]	在办理涉及股票的受贿案件时，应当注意：1. 国家工作人员利用职务上的便利，索取或非法收受股票，没有支付股本金，为他人谋取利益，构成受贿罪的，其受贿数额按照收受股票时的实际价格计算。2. 行为人支付股本金而购买较有可能升值的股票，由于不是无偿收受请托人财物，不以受贿罪论处。3. 股票已上市且已升值，行为人仅支付股本金，其“购买”股票时的实际价格与股本金的差价部分应认定为受贿。
交易形式受贿[76]	国家工作人员利用职务上的便利为请托人谋取利益，以下列交易形式收受请托人财物的，以受贿论处：1. 以明显低于市场的价格向请托人购买房屋、汽车等物品的；2. 以明显高于市场的价格向请托人出售房屋、汽车等物品的；3. 以其他交易形式非法收受请托人财物的。 受贿数额按照交易时当地市场价格与实际支付价格的差额计算。 前款所列市场价格包括商品经营者事先设定的不针对特定人的最低优惠价格。根据商品经营者事先设定的各种优惠交易条件，以优惠价格购买商品的，不属于受贿。

[71] 最高法、最高检《关于办理商业贿赂刑事案件适用法律若干问题的意见》十一。

[72] 最高法《全国法院审理经济犯罪案件工作座谈会纪要》三、(五)。

[73] 最高法《全国法院审理经济犯罪案件工作座谈会纪要》三、(五)。

[74] 最高法《全国法院审理经济犯罪案件工作座谈会纪要》三、(六)。

[75] 最高法《全国法院审理经济犯罪案件工作座谈会纪要》三、(七)。

[76] 最高法、最高检《关于办理受贿刑事案件适用法律若干问题的意见》一。

续表

干股受贿[77]	干股是指未出资而获得的股份。国家工作人员利用职务上的便利为请托人谋取利益，收受请托人提供的干股的，以受贿论处。进行了股权转让登记，或者相关证据证明股份发生了实际转让的，受贿数额按转让行为时股份价值计算，所分红利按受贿孳息处理。股份未实际转让，以股份分红名义获取利益的，实际获利数额应当认定为受贿数额。
投资名义受贿[78]	国家工作人员利用职务上的便利为请托人谋取利益，由请托人出资，“合作”开办公司或者进行其他“合作”投资的，以受贿论处。受贿数额为请托人给国家工作人员的出资额。 国家工作人员利用职务上的便利为请托人谋取利益，以合作开办公司或者其他合作投资的名义获取“利润”，没有实际出资和参与管理、经营的，以受贿论处。
理财名义受贿[79]	国家工作人员利用职务上的便利为请托人谋取利益，以委托请托人投资证券、期货或者其他委托理财的名义，未实际出资而获取“收益”，或者虽然实际出资，但获取“收益”明显高于出资应得收益的，以受贿论处。受贿数额，前一情形，以“收益”额计算；后一情形，以“收益”额与出资应得收益额的差额计算。
赌博受贿[80]	国家工作人员利用职务上的便利为请托人谋取利益，通过赌博方式收受请托人财物的，构成受贿。 实践中应注意区分贿赂与赌博活动、娱乐活动的界限。具体认定时，主要应当结合以下因素进行判断：1. 赌博的背景、场合、时间、次数；2. 赌资来源；3. 其他赌博参与者有无事先通谋；4. 输赢钱物的具体情况和金额大小。
挂名取薪受贿[81]	国家工作人员利用职务上的便利为请托人谋取利益，要求或者接受请托人以给特定关系人安排工作为名，使特定关系人不实际工作却获取所谓薪酬的，以受贿论处。
特定关系人[82]	国家工作人员利用职务上的便利为请托人谋取利益，授意请托人以本意见所列形式，将有关财物给予特定关系人的，以受贿论处。 “特定关系人”，指与国家工作人员有近亲属、情妇（夫）及其他共同利益关系的人。

[77] 最高法、最高检《关于办理受贿刑事案件适用法律若干问题的意见》二。
[78] 最高法、最高检《关于办理受贿刑事案件适用法律若干问题的意见》三。
[79] 最高法、最高检《关于办理受贿刑事案件适用法律若干问题的意见》四。
[80] 最高法、最高检《关于办理受贿刑事案件适用法律若干问题的意见》五。
[81] 最高法、最高检《关于办理受贿刑事案件适用法律若干问题的意见》六。
[82] 最高法、最高检《关于办理受贿刑事案件适用法律若干问题的意见》七。

续表

受贿物品权属变更问题[83]	国家工作人员利用职务上的便利为请托人谋取利益，收受请托人房屋、汽车等物品，未变更权属登记或者借用他人名义办理权属变更登记的，不影响受贿的认定。认定以房屋、汽车等物品为对象的受贿，应注意与借用的区分。具体认定时，除双方交代或者书面协议之外，主要应当结合以下因素进行判断：1. 有无借用的合理事由；2. 是否实际使用；3. 借用时间的长短；4. 有无归还的条件；5. 有无归还的意思表示及行为。
财物退还上交[84]	国家工作人员收受请托人财物后及时退还或者上交的，不是受贿。 国家工作人员受贿后，因自身或者与其受贿有关联的人、事被查处，为掩饰犯罪而退还或者上交的，不影响认定受贿罪。
违法所得[85]	贪污贿赂犯罪分子违法所得的一切财物，应当依照刑法第六十四条的规定予以追缴或者责令退赔，对被害人的合法财产应当及时返还。对尚未追缴到案或者尚未足额退赔的违法所得，应当继续追缴或者责令退赔。

五、易混罪名比较

（一）索取型受贿罪与敲诈勒索罪

【敲诈勒索罪】[86] 敲诈勒索公私财物，数额较大或者多次敲诈勒索的，处三年以下有期徒刑、拘役或者管制，并处或者单处罚金；数额巨大或者有其他严重情节的，处三年以上十年以下有期徒刑，并处罚金；数额特别巨大或者有其他特别严重情节的，处十年以上有期徒刑，并处罚金。

比较	索取型受贿罪	敲诈勒索罪
主体	国家工作人员	一般主体
客观方面	利用职务之便，提出索取财物的意向或要求，有时也可能出现一些刁难、要挟的情形，但并不采取暴力、威胁等强行勒索手段。	采用暴力、威胁或其他加害行为或者以其他要挟的方法，强行迫使他人不得不交出公私财物。
转化	如果行贿人有求于国家工作人员的事项与其职务行为没有关系，该国家工作人员利用对方的困境，以此要挟索取财物的，构成敲诈勒索罪。	

[83] 最高法、最高检《关于办理受贿刑事案件适用法律若干问题的意见》八。
[84] 最高法、最高检《关于办理受贿刑事案件适用法律若干问题的意见》九。
[85] 最高法、最高检《关于办理贪污贿赂刑事案件适用法律若干问题的解释》第18条。
[86] 《刑法》第274条。

（二）受贿罪与诈骗罪

【诈骗罪】[87] 诈骗公私财物，数额较大的，处三年以下有期徒刑、拘役或者管制，并处或者单处罚金；数额巨大或者有其他严重情节的，处三年以上十年以下有期徒刑，并处罚金；数额特别巨大或者有其他特别严重情节的，处十年以上有期徒刑或者无期徒刑，并处罚金或者没收财产。刑法另有规定的，依照规定。

比较	受贿罪	诈骗罪
主体	国家工作人员	一般主体
转化	1. 如果国家工作人员的目的是骗取财物，并无为他人谋取利益的意图，其答应为他人谋取利益也只是虚假的谎言，则属于诈骗。 2. 如果国家工作人员索取或收受他人财物而答应他人提出的自己根本不可能也不打算实现的要求，则属于诈骗。 3. 如果国家工作人员的家属，以通过国家工作人员的职务行为为他人谋取利益之名欺诈对方，则属于诈骗。	

六、指导案例

最高人民法院指导案例3号——潘某梅、陈某受贿案

【关键词】

刑事受贿罪　“合办”公司受贿　低价购房受贿　承诺牟利　受贿数额计算　掩饰受贿退赃

【裁判要点】

1. 国家工作人员利用职务上的便利为请托人谋取利益，并与请托人以“合办”公司的名义获取“利润”，没有实际出资和参与经营管理的，以受贿论处。

2. 国家工作人员明知他人有请托事项而收受其财物，视为承诺“为他人谋取利益”，是否已实际为他人谋取利益或谋取到利益，不影响受贿的认定。

3. 国家工作人员利用职务上的便利为请托人谋取利益，以明显低于市场

---

[87] 《刑法》第266条。

的价格向请托人购买房屋等物品的，以受贿论处，受贿数额按照交易时当地市场价格与实际支付价格的差额计算。

4. 国家工作人员收受财物后，因与其受贿有关联的人、事被查处，为掩饰犯罪而退还的，不影响认定受贿罪。

第四节　单位受贿罪

一、刑法规定

【单位受贿罪】[88] 国家机关、国有公司、企业、事业单位、人民团体，索取、非法收受他人财物，为他人谋取利益，情节严重的，对单位判处罚金，并对其直接负责的主管人员和其他直接责任人员，处五年以下有期徒刑或者拘役。

前款所列单位，在经济往来中，在账外暗中收受各种名义的回扣、手续费的，以受贿论，依照前款的规定处罚。

二、犯罪构成

主体	单位犯罪，包括国家机关、国有公司、企业、事业单位、人民团体。
主观方面	直接故意，目的是为单位谋取非法利益。表现为明知单位行为违背国有单位的职务廉洁性要求，而故意违反有关规定索取或者非法收受他人财物、回扣、手续费为单位所有，并为他人谋取利益。
客体	主要是国有单位职务行为的廉洁性或正常管理活动。
客观方面	根据单位决策机构的授权或同意，直接负责的主管人员和其他直接责任人员索取、非法收受他人财物，为他人谋取利益，情节严重的行为。

[88] 《刑法》第387条。

三、定罪量刑标准

定罪标准	索取、非法收受他人财物，为他人谋取利益，情节严重的： 1. 单位受贿数额在十万元以上的； 2. 单位受贿数额不满十万元，但具有下列情形之一的：（1）故意刁难、要挟有关单位、个人，造成恶劣影响的；（2）强行索取财物的；（3）致使国家或者社会利益遭受重大损失的。
量刑标准	对单位判处罚金（十万元≤罚金≤犯罪数额二倍），并对直接负责的主管人员和其他直接责任人员，处五年以下有期徒刑或拘役。

四、司法认定

国有单位内设机构[89]	国有单位的内设机构利用其行使职权的便利，索取、非法收受他人财物并归该内设机构所有或者支配，为他人谋取利益，情节严重的，以单位受贿罪追究刑事责任。 上述内设机构在经济往来中，在账外暗中收受各种名义的回扣、手续费的，以受贿论。

五、指导案例

最高人民检察院指导案例 73 号——浙江省某县图书馆及赵某、徐某某单位受贿、私分国有资产、贪污案

【关键词】

单位犯罪　追加起诉　移送线索

【要旨】

1. 对于单位犯罪案件，监察机关只对直接负责的主管人员和其他直接责任人员移送起诉，未移送起诉涉嫌犯罪单位的，如果犯罪事实清楚，证据确实充分，经与监察机关沟通，检察机关对犯罪单位可以依法直接提起公诉。

---

[89] 最高检法律政策研究室《关于国有单位的内设机构能否构成单位受贿罪主体问题的答复》。

2. 检察机关在审查起诉中发现遗漏同案犯或犯罪事实的，应当及时与监察机关沟通，依法处理。如果监察机关在本案审查起诉期限内调查终结移送起诉，且犯罪事实清楚，证据确实充分的，可以并案起诉；如果监察机关不能在本案审查起诉期限内调查终结移送起诉，或者虽然移送起诉，但因案情重大复杂等原因不能及时审结的，也可分案起诉。

第五节　利用影响力受贿罪

一、刑法规定

【利用影响力受贿罪】[90] 国家工作人员的近亲属或者其他与该国家工作人员关系密切的人，通过该国家工作人员职务上的行为，或者利用该国家工作人员职权或者地位形成的便利条件，通过其他国家工作人员职务上的行为，为请托人谋取不正当利益，索取请托人财物或者收受请托人财物，数额较大或者有其他较重情节的，处三年以下有期徒刑或者拘役，并处罚金；数额巨大或者有其他严重情节的，处三年以上七年以下有期徒刑，并处罚金；数额特别巨大或者有其他特别严重情节的，处七年以上有期徒刑，并处罚金或者没收财产。

离职的国家工作人员或者其近亲属以及其他与其关系密切的人，利用该离职的国家工作人员原职权或者地位形成的便利条件实施前款行为的，依照前款的规定定罪处罚。

二、犯罪构成

主体	国家工作人员的近亲属或者其他与该国家工作人员关系密切的人，以及离职的国家工作人员或者其近亲属及其他与其关系密切的人。 近亲属包括：夫、妻、父、母、子、女、同胞兄弟姐妹。

---

[90] 《刑法》第388条之一。

续表

主观方面	直接故意，认识到是在以某种方式利用该国家工作人员的职务便利，为请托人谋取不正当利益，并且希望请托人能够给付财物或自己会主动向请托人索贿。
客体	国家工作人员职务廉洁性和国家正常的管理秩序。
客观方面	1. 通过国家工作人员职务上的行为，为请托人谋取不正当利益，索取、收受请托人财物。 2. 利用国家工作人员职权或者地位形成的便利条件，通过其他国家工作人员职务上的行为，为请托人谋取不正当利益，索取、收受请托人财物。

三、定罪量刑标准[91]

<table>
<tr><td rowspan="4">定罪标准（数额或情节）</td><td colspan="4">对多次受贿未经处理的，累计计算受贿数额。</td></tr>
<tr><td>数额</td><td>数额较大
三万元≤受贿＜二十万元</td><td>数额巨大
二十万元≤受贿＜三百万元</td><td>数额特别巨大
受贿≥三百万元</td></tr>
<tr><td rowspan="2">情节</td><td>其他较重情节：
一万元≤受贿＜三万元；且有下列情形之一</td><td>其他严重情节：
十万元≤受贿＜二十万元；且有下列情形之一</td><td>其他特别严重情节：
一百五十万元≤受贿＜三百万元；且有下列情形之一</td></tr>
<tr><td colspan="3">情形：1. 曾因贪污、受贿、挪用公款受过党纪、行政处分的；2. 曾因故意犯罪受过刑事追究的；3. 赃款赃物用于非法活动的；4. 拒不交待赃款赃物去向或者拒不配合追缴工作，致使无法追缴的；5. 造成恶劣影响或者其他严重后果的；6. 多次索贿的；7. 为他人谋取不正当利益，致使公共财产、国家和人民利益遭受损失的；8. 为他人谋取职务提拔、调整的。</td></tr>
<tr><td rowspan="2">量刑标准</td><td rowspan="2">处罚</td><td>三年以下有期徒刑或者拘役，并处罚金</td><td>三年以上七年以下有期徒刑，并处罚金</td><td>七年以上有期徒刑，并处罚金或者没收财产</td></tr>
<tr><td colspan="3">十万元≤罚金≤犯罪数额二倍</td></tr>
</table>

[91] 最高法、最高检《关于办理贪污贿赂刑事案件适用法律若干问题的解释》第10条第1款：利用影响力受贿罪的定罪量刑适用标准，参照本解释关于受贿罪的规定执行。

四、易混罪名比较

（一）利用影响力受贿罪与斡旋受贿

比较	利用影响力受贿罪	斡旋受贿
主体	国家工作人员的近亲属、关系密切的人，离职的国家工作人员及其近亲属、关系密切的人。	国家工作人员
客观方面	1. 近亲属或关系亲密的人先是利用国家工作人员职务上的行为、职权或地位形成的便利条件，再通过其他国家工作人员职务上的行为去受贿。 2. 离职的国家工作人员利用原职权或者地位形成的便利条件，通过其他国家工作人员职务上的行为去受贿。	在职的国家工作人员直接利用自己的职权或地位形成的便利条件，再通过其他国家工作人员职务上的行为去受贿。

（二）利用影响力受贿罪与诈骗罪

【诈骗罪】[92] 诈骗公私财物，数额较大的，处三年以下有期徒刑、拘役或者管制，并处或者单处罚金；数额巨大或者有其他严重情节的，处三年以上十年以下有期徒刑，并处罚金；数额特别巨大或者有其他特别严重情节的，处十年以上有期徒刑或者无期徒刑，并处罚金或者没收财产。刑法另有规定的，依照规定。

比较	利用影响力受贿罪	诈骗罪
主体	国家工作人员的近亲属、关系密切的人，离职的国家工作人员及其近亲属、关系密切的人。	一般主体
客观方面	除非嫌疑人与国家工作人员确实不存在任何关系，否则，不能以“请托事项未办成”的结果来推定其属于“虚构事实、隐瞒真相”的诈骗罪。	

[92] 《刑法》第266条。

第六节 行 贿 罪

一、刑法规定

【行贿罪】[93] 为谋取不正当利益，给予国家工作人员以财物的，是行贿罪。

在经济往来中，违反国家规定，给予国家工作人员以财物，数额较大的，或者违反国家规定，给予国家工作人员以各种名义的回扣、手续费的，以行贿论处。

因被勒索给予国家工作人员以财物，没有获得不正当利益的，不是行贿。

【行贿罪的处罚】[94] 对犯行贿罪的，处五年以下有期徒刑或者拘役，并处罚金；因行贿谋取不正当利益，情节严重的，或者使国家利益遭受重大损失的，处五年以上十年以下有期徒刑，并处罚金；情节特别严重的，或者使国家利益遭受特别重大损失的，处十年以上有期徒刑或者无期徒刑，并处罚金或者没收财产。

行贿人在被追诉前主动交待行贿行为的，可以从轻或者减轻处罚。其中，犯罪较轻的，对侦破重大案件起关键作用的，或者有重大立功表现的，可以减轻或者免除处罚。

---

[93] 《刑法》第389条。

[94] 《刑法》第390条。

二、犯罪构成

主体	一般主体，年满十八周岁、具有刑事责任能力的自然人。
主观方面	直接故意，并且具有谋取不正当利益的目的。 “谋取不正当利益”，指行贿人谋取的利益违反法律、法规、规章、政策规定，或者要求国家工作人员违反法律、法规、规章、政策、行业规范的规定，为自己提供帮助或者方便条件。违背公平、公正原则，在经济、组织人事管理等活动中，谋取竞争优势的，应当认定为“谋取不正当利益”。[95]
客体	国家机关的正常管理和国家工作人员的职务廉洁性。
客观方面	1. 为谋取不正当利益，给予国家工作人员财物：一是行贿人主动给予受贿人财物，无论行贿人意图谋取的正当利益是否实现，均不影响行贿罪的成立；二是行贿人因受贿人索要而被动给予财物，只有在行贿人获得不正当利益的情况下，才能构成行贿罪。 2. 经济往来中，违反国家规定，给予国家工作人员财物；或者违反国家规定，给予国家工作人员各种名义的回扣、手续费。

三、定罪量刑标准[96]

<table>
<tr><td rowspan="4">定罪标准（情节或损失）</td><td colspan="4">多次行贿未经处理的，按照累计行贿数额处罚。[97]</td></tr>
<tr><td rowspan="2">情节</td><td>追诉标准：
（一）行贿≥三万元；
（二）一万元≤行贿<三万元，且有下列情形之一</td><td>情节严重：
（一）一百万元≤行贿<五百万元；
（二）五十万元≤行贿<一百万元，且有下列情形之一；
（三）其他严重的情节</td><td>情节特别严重：
（一）行贿≥五百万元；
（二）二百五十万元≤受贿<五百万元，且有下列情形之一；
（三）其他特别严重的情节</td></tr>
<tr><td colspan="3">1. 向三人以上行贿的；2. 将违法所得用于行贿的；3. 通过行贿谋取职务提拔、调整的；4. 向负有食品、药品、安全生产、环境保护等监督管理职责的国家工作人员行贿，实施非法活动的；5. 向司法工作人员行贿，影响司法公正的。</td></tr>
<tr><td>损失</td><td>一万元≤行贿<三万元，且造成经济损失：五十万元≤损失<一百万元</td><td>使国家利益遭受重大损失：一百万元≤损失<五百万元</td><td>使国家利益遭受特别重大损失：损失≥五百万元</td></tr>
</table>

[95] 最高法、最高检《关于办理行贿刑事案件具体应用法律若干问题的解释》第12条。

[96] 最高法、最高检《关于办理贪污贿赂刑事案件适用法律若干问题的解释》第7条至第9条、第14条。

[97] 最高法、最高检《关于办理行贿刑事案件具体应用法律若干问题的解释》第5条。

续表

<table>
<tr><td rowspan="3">量刑标准</td><td rowspan="2">处罚</td><td>五年以下有期徒刑或者拘役，并处罚金</td><td>五年以上十年以下有期徒刑，并处罚金</td><td>十年以上有期徒刑或无期徒刑，并处罚金或没收财产</td></tr>
<tr><td colspan="3">十万元≤罚金≤犯罪数额二倍</td></tr>
<tr><td>量刑[98]</td><td colspan="3">行贿人在被追诉前主动交待行贿行为的，可以从轻或者减轻处罚。其中，犯罪较轻的，对侦破重大案件起关键作用的，或者有重大立功表现的，可以减轻或者免除处罚。
主动交待：因行贿人在被追诉前主动交待行贿行为而破获相关受贿案件的，对行贿人不适用刑法关于立功的规定，依照《刑法》第三百九十条第二款规定，可以减轻或者免除处罚。单位行贿的，在被追诉前，单位集体决定或者单位负责人决定主动交待单位行贿行为的，依照《刑法》第三百九十条第二款规定，对单位及相关责任人员可以减轻处罚或者免除处罚；受委托直接办理单位行贿事项的直接责任人员在被追诉前主动交待自己知道的单位行贿行为的，对该直接责任人员可以依照《刑法》第三百九十条第二款规定，减轻处罚或者免除处罚。
犯罪较轻：根据行贿犯罪的事实、情节，可能被判处三年有期徒刑以下刑罚。
重大案件：根据犯罪的事实、情节，已经或者可能被判处十年有期徒刑以上刑罚的，或者案件在本省、自治区、直辖市或者全国范围内有较大影响。
“对侦破重大案件起关键作用”：1. 主动交待办案机关未掌握的重大案件线索的；2. 主动交待的犯罪线索不属于重大案件的线索，但该线索对于重大案件侦破有重要作用的；3. 主动交待行贿事实，对于重大案件的证据收集有重要作用的；4. 主动交待行贿事实，对于重大案件的追逃、追赃有重要作用的。</td></tr>
</table>

四、司法认定

数罪并罚[99]	行贿人谋取不正当利益的行为构成犯罪的，应当与行贿犯罪实行数罪并罚。
坦白[100]	行贿人被追诉后如实供述自己罪行的，依照刑法第六十七条第三款坦白的规定，可以从轻处罚；因其如实供述自己罪行，避免特别严重后果发生的，可以减轻处罚。

---

[98] 《刑法》第 390 条第 2 款，最高法、最高检《关于办理行贿刑事案件具体应用法律若干问题的解释》第 7 条。

[99] 最高法、最高检《关于办理行贿刑事案件具体应用法律若干问题的解释》第 6 条。

[100] 最高法、最高检《关于办理行贿刑事案件具体应用法律若干问题的解释》第 8 条。

续表

立功[101]	行贿人揭发受贿人与其行贿无关的其他犯罪行为，查证属实的，依照刑法第六十八条关于立功的规定，可以从轻、减轻或者免除处罚。
缓刑和免予刑事处罚	实施行贿犯罪，具有下列情形之一的，一般不适用缓刑和免予刑事处罚：1. 向三人以上行贿的；2. 因行贿受过行政处罚或者刑事处罚的；3. 为实施违法犯罪活动而行贿的；4. 造成严重危害后果的；5. 其他不适用缓刑和免予刑事处罚的情形。 具有刑法第三百九十条行贿罪的处罚第二款规定的情形的，不受前款规定的限制。
犯罪所得[102]	行贿犯罪取得的不正当财产性利益应当予以追缴、责令退赔或者返还被害人。 因行贿犯罪取得财产性利益以外的经营资格、资质或者职务晋升等其他不正当利益，建议有关部门依照相关规定予以处理。

五、典型案例[103]

为深入贯彻党的十九大关于受贿行贿一起查的重要决策部署，认真落实《关于进一步推进受贿行贿一起查的意见》，在保持惩治受贿高压态势的同时，严肃查处行贿，多措并举提高打击行贿的精准性、有效性，推动实现对腐败问题的标本兼治，国家监察委员会、最高人民检察院选编了五起行贿犯罪典型案例，供参考借鉴。

（一）山东薛某某行贿、串通投标案

【关键词】

行贿　串通投标　数罪并罚　监检配合　社会治理

【要旨】

推进受贿行贿一起查，监察机关、检察机关应当切实履行职责，加强协作配合，加大对招标投标等重点领域行贿犯罪查处力度，服务保障优化营商环境。要准确适用法律，根据最高人民法院、最高人民检察院《关于办理行贿刑事案件具体应用法律若干问题的解释》第六条关于“行贿人谋取不正当利益的行为构成犯罪的，应当与行贿犯罪实行数罪并罚”的规定，对以行贿

[101] 最高法、最高检《关于办理行贿刑事案件具体应用法律若干问题的解释》第9条。
[102] 最高法、最高检《关于办理行贿刑事案件具体应用法律若干问题的解释》第11条。
[103] 国家监察委员会、最高检《关于印发行贿犯罪典型案例的通知》。

犯罪手段开路进行串通投标犯罪的，应实行数罪并罚。对案件暴露出的普遍性、典型性问题，检察机关可以依法提出检察建议，促进专项整治，提高社会治理能力。

（二）浙江贵某贵金属有限公司、李某某单位行贿案

【关键词】

单位行贿　监检衔接　准确定性　一体化监督　生态修复

【要旨】

1. 办理行贿案件要落实中央受贿行贿一起查的精神，准确把握单位犯罪和自然人犯罪的区别和联系。本案中，一是从案件事实看，李某某作为公司法定代表人，行贿出发点是为单位谋取不正当利益，使公司在办理危废许可证、经营生产、逃避环保执法检查等方面得到照顾，其行贿资金绝大多数来源于公司经营所得，应当认定其行贿体现的是单位意志，且最终受益对象系单位，对该行为认定为单位行贿更符合案件事实，更能体现罪责刑相适应原则。二是从办案效果看，以单位行贿罪认定，既有利于对贵某公司进行刑事惩处，保护各类市场主体公平竞争，优化法治化营商环境，又有利于促进涉案企业规范经营活动，保护民营经济持续健康发展，激发市场活力。

2. 被告单位和被告人认罪认罚的，要依法贯彻宽严相济刑事政策，增强行贿犯罪案件办理的示范性，助力营造健康经济生态，提高行贿犯罪案件办理质效。

3. 强化一体化监督，积极推进挽损工作，对行贿人因行贿获得的不正当利益，最大限度追缴，不让行贿人因行贿获利，遏制犯罪利益驱动。同时，加大行贿犯罪损害修复，尽可能降低、减少行贿犯罪的危害后果。对于生态环保等重要领域的行贿犯罪，检察机关应坚持零容忍态度，严格依法办案，整合刑事检察、公益诉讼检察等力量，在办理行贿犯罪案件的同时，配套公益诉讼检察措施，有效跟进生态环境修复和保护工作，达到政治生态治理和生态环境修复“双推动”办案效果，实现办理行贿罪案件“三个效果”的有机统一。

（三）江西王某某行贿案

【关键词】

监检协作配合　零口供　证据体系　追赃挽损

【要旨】

监察机关、检察机关在办理国企领域贿赂或者关联案件过程中，应当密切协作配合，在监察机关统筹下推进行贿受贿案件的查处。对于“零口供”的行贿案件，应根据证据标准，注重运用受贿人有罪供述、特定关系人或者经手贿赂款的证人证言，特别是转账的书证等证据，证明行贿受贿犯罪事实，形成完整的证据链条。检察机关在办理行贿案件过程中应积极履行追赃挽损职责，准确认定行贿犯罪违法所得数额，与监察机关加强协作，依法查封、扣押、冻结行贿人涉案资产，配合监察机关查明行贿人违法所得相关证据，为人民法院准确认定行贿犯罪违法所得，判决追缴行贿人违法所得、返还被害单位提供重要支撑。

（四）河南高某某行贿案

【关键词】

医药领域　多次行贿　巨额行贿　认罪认罚　财产刑

【要旨】

监察机关与检察机关要加强衔接配合，对医疗药品等涉及民生的重点领域多次行贿、巨额行贿违法犯罪行为，依法惩处，形成联合惩戒行贿犯罪的工作合力。要贯彻宽严相济刑事政策，准确认定从宽情节，积极适用认罪认罚从宽制度办理。要注重综合运用多种措施及适用刑罚，在依法维护被告人合法权益的基础上，高度重视依法适用财产刑，从提高违法犯罪经济成本上进一步遏制行贿犯罪，提高打击行贿的精准性、有效性。

（五）四川刘某富行贿、非法采矿案

【关键词】

移送问题线索　重点领域行贿　同步查处　并案审查起诉　追赃挽损

【要旨】

检察机关在案件办理和履行法律监督职能过程中，发现行为人可能涉嫌监察机关管辖的职务犯罪的，应当依法严格落实线索移送、职能管辖等规定，向监察机关移送问题线索，或建议有关部门向监察机关移送线索。监察机关为主调查互涉案件时，应当统筹协调调查、侦查、审查起诉进度，并就事实认定、法律适用等重要事项进行充分论证，确保关联的受贿行贿案件均衡适用法律。检察机关对监察机关、公安机关分别移送起诉的互涉案件，可以依职权并案处理，需要退回补充调查、退回补充侦查的，检察机关应同时将案件分别退回监察机关、公安机关，并统筹做好程序衔接。在办案中应当注重追赃挽损，依法处理行贿犯罪违法所得及有关不正当利益，不让行贿人从中获利。

第七节　对有影响力的人行贿罪

一、刑法规定

【对有影响力的人行贿罪】[104] 为谋取不正当利益，向国家工作人员的近亲属或者其他与该国家工作人员关系密切的人，或者向离职的国家工作人员或者其近亲属以及其他与其关系密切的人行贿的，处三年以下有期徒刑或者拘役，并处罚金；情节严重的，或者使国家利益遭受重大损失的，处三年以上七年以下有期徒刑，并处罚金；情节特别严重的，或者使国家利益遭受特别重大损失的，处七年以上十年以下有期徒刑，并处罚金。

单位犯前款罪的，对单位判处罚金，并对其直接负责的主管人员和其他直接责任人员，处三年以下有期徒刑或者拘役，并处罚金。

二、犯罪构成

主体	一般主体，包括自然人和单位。
主观方面	故意，并有谋求不正当利益的目的。
客体	本质是国家工作人员的廉洁性。
客观方面	向国家工作人员的近亲属或者其他与该国家工作人员关系密切的人行贿，或者向离职的国家工作人员或者其近亲属以及其他与其关系密切的人行贿的行为。

[104] 《刑法》第390条之一。

三、定罪量刑标准[105]

<table>
<tr><td rowspan="4">自然人</td><td rowspan="3">定罪标准（情节或损失）</td><td rowspan="2">情节</td><td>追诉标准：
（一）行贿≥三万元；
（二）一万元≤行贿<三万元，且有下列情形之一</td><td>情节严重：
（一）一百万元≤行贿<五百万元；
（二）五十万元≤行贿<一百万元，且有下列情形之一；
（三）其他严重的情节</td><td>情节特别严重：
（一）行贿≥五百万元；
（二）二百五十万元≤行贿<五百万元；且有下列情形之一；
（三）其他特别严重的情节</td></tr>
<tr><td colspan="3">1. 向三人以上行贿的；2. 将违法所得用于行贿的；3. 通过行贿谋取职务提拔、调整的；4. 向负有食品、药品、安全生产、环境保护等监督管理职责的国家工作人员行贿，实施非法活动的；5. 向司法工作人员行贿，影响司法公正的。</td></tr>
<tr><td>损失</td><td>一万元≤行贿<三万元，且造成经济损失：五十万元≤损失<一百万元</td><td>使国家利益遭受重大损失：一百万元≤损失<五百万元</td><td>使国家利益遭受特别重大损失：损失≥五百万元</td></tr>
<tr><td colspan="2">量刑标准</td><td>三年以下有期徒刑或者拘役，并处罚金</td><td>三年以上七年以下有期徒刑，并处罚金</td><td>七年以上十年以下有期徒刑，并处罚金</td></tr>
<tr><td colspan="3">单位</td><td colspan="3">对有影响力的人行贿数额在二十万元以上的，对单位判处罚金，并对其直接负责的主管人员和其他直接责任人员，处三年以下有期徒刑或拘役，并处罚金。</td></tr>
<tr><td colspan="3">罚金</td><td colspan="3">十万元≤罚金≤犯罪数额二倍</td></tr>
</table>

---

[105] 最高法、最高检《关于办理贪污贿赂刑事案件适用法律若干问题的解释》第10条第2款、第3款。

第八节　对单位行贿罪

一、刑法规定

【对单位行贿罪】[106] 为谋取不正当利益，给予国家机关、国有公司、企业、事业单位、人民团体以财物的，或者在经济往来中，违反国家规定，给予各种名义的回扣、手续费的，处三年以下有期徒刑或者拘役，并处罚金。

单位犯前款罪的，对单位判处罚金，并对其直接负责的主管人员和其他直接责任人员，依照前款的规定处罚。

二、犯罪构成

主体	一般主体，包括自然人和单位。
主观方面	故意，并有谋求不正当利益的目的。
客体	国家机关、国有公司、企业、事业单位、人民团体等国有单位的正常管理活动。
客观方面	1. 给予国家机关、国有公司、企业、事业单位、人民团体以财物。 2. 在经济往来中，违反国家规定，给予国家机关、国有公司、企业、事业单位、人民团体各种名义的回扣、手续费。

三、定罪量刑标准[107]

定罪标准	数额	个人行贿数额≥十万元；单位行贿数额≥二十万元
	情节	个人行贿数额＜十万元、十万元≤单位行贿数额＜二十万元，但有下列情节之一的：1. 为谋取非法利益而行贿的；2. 向三个以上单位行贿的；3. 向党政机关、司法机关、行政执法机关行贿的；4. 致使国家或者社会利益遭受重大损失的。

[106] 《刑法》第391条。

[107] 最高检《关于行贿罪立案标准的规定》二。

续表

量刑标准	自然人：处三年以下有期徒刑或者拘役，并处罚金
	单位：单位犯前款罪的，对单位判处罚金，并对其直接负责的主管人员和其他直接责任人员，处三年以下有期徒刑或者拘役，并处罚金。
	罚金：十万元≤罚金≤犯罪数额二倍

第九节　介绍贿赂罪

一、刑法规定

【介绍贿赂罪】[108] 向国家工作人员介绍贿赂，情节严重的，处三年以下有期徒刑或者拘役，并处罚金。

介绍贿赂人在被追诉前主动交待介绍贿赂行为的，可以减轻处罚或者免除处罚。

二、犯罪构成

主体	一般主体，年满十八周岁、具有刑事责任能力的自然人。
主观方面	直接故意，明知自己的居间中介行为是促成双方贿赂的行为，并希望且积极撮合这种结果发生的心态。
客体	国家工作人员的职务廉洁性。
客观方面	介绍贿赂：在行贿人与受贿人之间沟通关系、撮合条件，使贿赂行为得以实现，情节严重的行为。

[108] 《刑法》第392条。

三、定罪量刑标准[109]

<table>
<tr><td rowspan="2">定罪标准</td><td>数额</td><td>介绍个人向国家工作人员行贿：数额≥二万元
介绍单位向国家工作人员行贿：数额≥二十万元</td></tr>
<tr><td>情节</td><td>介绍贿赂数额不满上述标准（已达该数额80%以上），但具有下列情形之一的：1. 为使行贿人获取非法利益而介绍贿赂的；2. 三次以上或者为三人以上介绍贿赂的；3. 向党政领导、司法工作人员、行政执法人员介绍贿赂的；4. 致使国家或者社会利益遭受重大损失的。</td></tr>
<tr><td colspan="2" rowspan="2">量刑标准</td><td>处三年以下有期徒刑或者拘役，并处罚金（十万元≤罚金≤犯罪数额二倍）。</td></tr>
<tr><td>介绍贿赂人在被追诉前主动交待介绍贿赂行为的，可以减轻处罚或免除处罚。</td></tr>
</table>

四、易混罪名比较

介绍贿赂罪与行贿罪共犯、受贿罪共犯的比较如下：

主观方面	1. 介绍贿赂人知道自己是处于介绍的地位，其目的是通过自己和双方的联系、撮合而促成贿赂结果的实现。而行贿罪或受贿罪的共犯明确知道自己是在帮助行贿一方或者受贿一方。 2. 介绍贿赂罪中行贿、受贿双方本就有贿赂意图，介绍贿赂人只是为行贿、受贿双方进行沟通、撮合。如果行贿、受贿双方或一方没有贿赂的意图，而因行为人的行为诱发了行贿、受贿的意图，那么行为人构成行贿或受贿的共犯。
客观方面	如果贿赂双方自己就已经商谈好贿赂钱物，而行为人只是代为传递钱财或物品，或是代为传达双方的意图，则认定行为人构成介绍贿赂罪。如果贿赂双方原本并不认识，通过行为人的怂恿或帮助而完成贿赂行为，则认定行为人构成行贿或受贿共犯。

[109] 最高检《关于人民检察院直接受理立案侦查案件立案标准的规定（试行）》一、（七）。

第十节　单位行贿罪

一、刑法规定

【单位行贿罪】[110] 单位为谋取不正当利益而行贿，或者违反国家规定，给予国家工作人员以回扣、手续费，情节严重的，对单位判处罚金，并对其直接负责的主管人员和其他直接责任人员，处五年以下有期徒刑或者拘役，并处罚金。因行贿取得的违法所得归个人所有的，依照行贿罪的规定定罪处罚。

二、犯罪构成

主体	单位犯罪，包括国有或非国有公司、企业、事业单位、机关、团体等。
主观方面	故意，具有为单位谋求不正当利益的目的。
客体	国家机关、公司、企业、事业单位和团体的正常管理活动和职能活动及声誉。行贿对象为国家工作人员。
客观方面	为谋取不正当利益而行贿，或者违反国家规定，给予国家工作人员以回扣、手续费，情节严重的。 因行贿取得的违法所得归个人所有的，依照行贿罪的规定定罪处罚。

三、定罪量刑标准[111]

定罪标准	数额	单位行贿数额≥二十万元
	情节	单位为谋求不正当利益而行贿，十万元≤数额＜二十万元，但有下列情节之一的：1. 为谋取非法利益而行贿的；2. 向三人以上行贿的；3. 向党政机关、司法工作人员、行政执法人员行贿的；4. 致使国家或者社会利益遭受重大损失的。

---

[110] 参考《刑法》第393条。

[111] 最高检《关于行贿罪立案标准的规定》三。

续表

量刑标准	对单位判处罚金，并对其直接负责的主管人员和其他直接责任人员，处五年以下有期徒刑或者拘役，并处罚金。 罚金：十万元≤罚金≤犯罪数额二倍

第十一节　巨额财产来源不明罪

一、刑法规定

【巨额财产来源不明罪】[112] 国家工作人员的财产、支出明显超过合法收入，差额巨大的，可以责令该国家工作人员说明来源，不能说明来源的，差额部分以非法所得论，处五年以下有期徒刑或者拘役；差额特别巨大的，处五年以上十年以下有期徒刑。财产的差额部分予以追缴。

二、犯罪构成

主体	国家工作人员
主观方面	直接故意，即行为人明知自己的财产或者支出明显超过合法收入，差额巨大，案发后又故意拒不说明财产的真正来源，或者有意编造财产来源的合法途径。
客体	国家工作人员职务行为的廉洁性和公私财物的所有权。
客观方面	国家工作人员的财产或支出明显超过合法收入，差额巨大，本人不能说明其合法来源的行为。 不能说明，包括以下情况：1. 行为人拒不说明财产来源；2. 行为人无法说明财产的具体来源；3. 行为人所说的财产来源经司法机关查证并不属实；4. 行为人所说的财产来源因线索不具体等原因，司法机关无法查实，但能排除存在来源合法的可能性和合理性的。[113]

[112] 《刑法》第395条第1款。

[113] 最高法《全国法院审理经济犯罪案件工作座谈会纪要》五、(一)。

三、定罪量刑标准[114]

定罪标准	差额≥三十万元	差额特别巨大[115]
量刑标准	处五年以下有期徒刑或者拘役	处五年以上十年以下有期徒刑
	财产的差额部分予以追缴	

四、司法认定

非法所得[116]	非法所得：一般是指行为人的全部财产与能够认定的所有支出的总和减去能够证实的有真实来源的所得。 在具体计算时，应注意以下问题：1. 应把国家工作人员个人财产和与其共同生活的家庭成员的财产、支出等一并计算，而且一并减去他们所有的合法收入以及确属与其共同生活的家庭成员个人的非法收入。2. 行为人所有的财产包括房产、家具、生活用品、学习用品及股票、债券、存款等动产和不动产；行为人的支出包括合法支出和不合法的支出，包括日常生活、工作、学习费用、罚款及向他人行贿的财物等；行为人的合法收入包括工资、奖金、稿酬、继承等法律和政策允许的各种收入。3. 为了便于计算犯罪数额，对于行为人的财产和合法收入，一般可以从行为人有比较确定的收入和财产时开始计算。

第十二节　隐瞒境外存款罪

一、刑法规定

【隐瞒境外存款罪】[117] 国家工作人员在境外的存款，应当依照国家规定申报。数额较大、隐瞒不报的，处二年以下有期徒刑或者拘役；情节较轻的，

---

[114] 最高检《关于人民检察院直接受理立案侦查案件立案标准的规定（试行）》一、（九）。
[115] “差额特别巨大”无统一规定。
[116] 最高法《全国法院审理经济犯罪案件工作座谈会纪要》五、（二）。
[117] 《刑法》第395条第2款。

由其所在单位或者上级主管机关酌情给予行政处分。

二、犯罪构成

主体	国家工作人员
主观方面	故意，即行为人明知自己的境外存款应当申报而故意隐瞒不报。
客体	国家的廉政制度和国家的外汇管理制度。
客观方面	国家工作人员在境外的存款，依照国家规定应当申报，但数额较大、隐瞒不报的行为。

三、定罪量刑标准[118]

定罪标准	涉嫌隐瞒境外存款，折合人民币数额在三十万元以上的，应予立案。
量刑标准	处二年以下有期徒刑或者拘役；情节较轻的，由其所在单位或者上级主管机关酌情给予行政处分。

第十三节 私分国有资产罪

一、刑法规定

【私分国有资产罪】[119] 国家机关、国有公司、企业、事业单位、人民团体，违反国家规定，以单位名义将国有资产集体私分给个人，数额较大的，对其直接负责的主管人员和其他直接责任人员，处三年以下有期徒刑或者拘役，并处或者单处罚金；数额巨大的，处三年以上七年以下有期徒刑，并处罚金。

---

[118] 最高检《关于人民检察院直接受理立案侦查案件立案标准的规定（试行）》一、（十）。
[119] 《刑法》第396条第1款。

二、犯罪构成

主体	单位犯罪，包括国家机关、国有公司、企业、事业单位、人民团体，只处罚直接负责的主管人员和其他直接责任人员。
主观方面	直接故意，明知是国有资产而故意违反国家规定，将其以单位名义集体私分给个人的心态。
客体	国有资产的管理制度及其所有权，不限于钱款。
客观方面	违反国家规定，以单位名义将国有资产集体私分给个人，数额较大的行为。 国有资产[120]，是指国家依法取得和认定的，或者国家以各种形式对企业投资和投资收益、国家向行政事业单位拨款等形成的资产。

三、定罪量刑标准[121]

定罪标准	数额较大：累计数额≥十万元	数额巨大[122]
量刑标准	对其直接负责的主管人员和其他直接责任人员，处三年以下有期徒刑或者拘役，并处或者单处罚金	对其直接负责的主管人员和其他直接责任人员，处三年以上七年以下有期徒刑，并处罚金
	罚金：十万元≤罚金≤犯罪数额二倍	

四、司法认定

国企改制过程中私分与贪污[123]	国有公司、企业违反国家规定，在改制过程中隐匿公司、企业财产，转为职工集体持股的改制后公司、企业所有的，对其直接负责的主管人员和其他直接责任人员，依照私分国有资产罪定罪处罚。

---

[120] 最高检《关于人民检察院直接受理立案侦查案件立案标准的规定（试行）》四、（六）。
[121] 最高检《关于人民检察院直接受理立案侦查案件立案标准的规定（试行）》一、（十一）。
[122] “数额巨大”无统一规定。
[123] 最高法、最高检《关于办理国家出资企业中职务犯罪案件具体应用法律若干问题的意见》二。

五、易混罪名比较

比较	私分国有资产罪	共同贪污
主体	单位，即国家机关、国有公司、企业、事业单位、人民团体。	自然人：国家工作人员以及受委托从事公务的人员。
主观方面	单位集体的犯罪意志，一般具有为大家谋利的目的。	自然人的个人犯罪意志，具有非法占有公共财物的目的。
客观方面	以单位名义将国有资产私分给个人，一般是通过集体讨论、研究、决策，在单位内部有一定的公开性、形式的合法性。	单位内个人或少数人决定，通过侵吞、窃取、骗取或其他方式，小范围的秘密进行。
责任主体	直接负责的主管人员和其他直接责任人员，其他参与者或被动人员只承担返还财产的民事责任。	符合贪污罪构成要件的所有参与者。

第十四节　私分罚没财物罪

一、刑法规定

【私分罚没财物罪】[124] 司法机关、行政执法机关违反国家规定，将应当上缴国家的罚没财物，以单位名义集体私分给个人的，数额较大的，对其直接负责的主管人员和其他直接责任人员，处三年以下有期徒刑或者拘役，并处或者单处罚金；数额巨大的，处三年以上七年以下有期徒刑，并处罚金。

二、犯罪构成

主体	特殊单位犯罪，限于司法机关和行政执法机关。
主观方面	故意，明知是罚没财物而故意违反国家规定，将其集体私分给个人的心态。

---

[124] 参考《刑法》第396条第2款。

续表

客体	职责的廉洁性和国家财产所有权。
客观方面	违反国家规定，将应当上缴国家的罚没财物以单位名义集体私分的行为。

三、定罪量刑标准[125]

定罪标准	数额较大：累计数额≥十万元	数额巨大[126]
量刑标准	对其直接负责的主管人员和其他直接责任人员，处三年以下有期徒刑或者拘役，并处或者单处罚金	对其直接负责的主管人员和其他直接责任人员，处三年以上七年以下有期徒刑，并处罚金
	罚金：十万元≤罚金≤犯罪数额二倍	

第十五节　职务侵占罪

一、刑法规定

【职务侵占罪】[127] 公司、企业或者其他单位的工作人员，利用职务上的便利，将本单位财物非法占为己有，数额较大的，处三年以下有期徒刑或者拘役，并处罚金；数额巨大的，处三年以上十年以下有期徒刑，并处罚金；数额特别巨大的，处十年以上有期徒刑或者无期徒刑，并处罚金。

【保险公司工作人员职务侵占】[128] 保险公司的工作人员利用职务上的便利，故意编造未曾发生的保险事故进行虚假理赔，骗取保险金归自己所有的，依照职务侵占罪的规定定罪处罚。

---

[125] 最高检《关于人民检察院直接受理立案侦查案件立案标准的规定（试行）》一、（十二）。
[126] “数额巨大”无统一规定。
[127] 《刑法》第271条第1款。
[128] 《刑法》第183条第1款。

二、犯罪构成

主体	公司、企业或者其他单位的人员。其中，公职人员触犯本罪由监察机关管辖，非公职人员触犯本罪由公安机关管辖。
主观方面	故意，且具有非法占有公司、企业或其他单位财物的目的。
客体	公司、企业或者其他单位的财产所有权。
客观方面	利用职务上的便利，将本单位财物非法占为己有，数额较大的行为。

三、定罪量刑标准

<table>
<tr><td>定罪标准[129]</td><td>数额较大：
职务侵占≥六万元</td><td>数额巨大：
职务侵占≥一百万元</td><td>数额特别巨大[130]</td></tr>
<tr><td rowspan="4">量刑标准[131]</td><td>三年以下有期徒刑或者拘役，并处罚金。</td><td>三年以上十年以下有期徒刑，并处罚金。</td><td>十年以上有期徒刑或者无期徒刑，并处罚金。</td></tr>
<tr><td colspan="3">罚金：十万元≤罚金≤犯罪数额二倍</td></tr>
<tr><td>达到数额较大起点的，在一年以下有期徒刑、拘役幅度内确定量刑起点。</td><td>达到数额巨大起点的，在三年至四年有期徒刑幅度内确定量刑起点。</td><td>达到数额特别巨大起点的，在十年至十一年有期徒刑幅度内确定量刑起点。依法应当判处无期徒刑的除外。</td></tr>
<tr><td colspan="3">1. 在量刑起点的基础上，根据职务侵占数额等其他影响犯罪构成的犯罪事实增加刑罚量，确定基准刑。
2. 构成职务侵占罪的，根据职务侵占的数额、危害后果等犯罪情节，综合考虑被调查人缴纳罚金的能力，决定罚金数额。
3. 构成职务侵占罪的，综合考虑职务侵占的数额、手段、危害后果、退赃退赔等犯罪事实、量刑情节，以及被调查人的主观恶性、人身危险性、认罪悔罪表现等因素，决定缓刑的适用。</td></tr>
</table>

[129] 最高法、最高检《关于办理贪污贿赂刑事案件适用法律若干问题的解释》第11条第1款、第19条第2款。

[130] “数额特别巨大”无统一规定。

[131] 最高法、最高检《关于常见犯罪的量刑指导意见（试行）》四、（十四）。

四、司法认定

村民小组组长[132]	对村民小组组长利用职务上的便利，将村民小组集体财产非法占为己有，数额较大的行为，以职务侵占罪定罪处罚。
“三无”企业[133]	行为人通过虚假验资骗取工商营业执照成立的企业，即便为“三无”企业，只要具有法人资格，并且不是为进行违法犯罪活动而设立的公司、企业、事业单位，或公司、企业、事业单位设立后，不是以实施犯罪为主要活动的，能够成为职务侵占罪中的“公司、企业或者其他单位”。这些单位中的人员，利用职务上的便利，将单位财物非法占为己有，数额较大的，构成职务侵占罪。
个人独资企业[134]	职务侵占罪中的“单位”，包括“个人独资企业”。主要理由是： 单位犯罪的“单位”与职务侵占罪的单位概念不尽一致，前者是指作为犯罪主体应当追究刑事责任的“单位”，后者是指财产被侵害需要刑法保护的“单位”，责任追究针对的是该“单位”中的个人。职务侵占罪立法的目的基于保护单位的财产，惩处单位内工作人员利用职务便利，侵占单位财产的行为，因此该款规定的“单位”应当也包括独资企业。
国有资本控股参股[135]	在国有资本控股、参股的股份有限公司中从事管理工作的人员，除受国家机关、国有公司、企业、事业单位委派从事公务的以外，不属于国家工作人员。对其利用职务上的便利，将本单位财物非法占为己有，数额较大的，以职务侵占罪定罪处罚。
国企改制[136]	国家工作人员或者受国家机关、国有公司、企业、事业单位、人民团体委托管理、经营国有财产的人员利用职务上的便利，在国家出资企业改制过程中故意通过低估资产、隐瞒债权、虚设债务、虚构产权交易等方式隐匿公司、企业财产，转为本人持有股份的改制后公司、企业所有，应当依法追究刑事责任的，以贪污罪定罪处罚。贪污数额一般应当以所隐匿财产全额计算；改制后公司、企业仍有国有股份的，按股份比例扣除归于国有的部分。

[132] 最高法《关于村民小组组长利用职务便利非法占有公共财物行为如何定性问题的批复》。

[133] 最高法研究室《关于对通过虚假验资骗取工商营业执照的“三无”企业能否成为职务侵占罪客体问题征求意见的复函》。

[134] 最高法研究室《关于个人独资企业员工能否成为职务侵占罪主体问题的复函》。

[135] 最高法《关于在国有资本控股、参股的股份有限公司中从事管理工作的人员利用职务便利非法占有本公司财物如何定罪问题的批复》。

[136] 最高法、最高检《关于办理国家出资企业中职务犯罪案件具体应用法律若干问题的意见》一。

续表

	所隐匿财产在改制过程中已为行为人实际控制，或者国家出资企业改制已经完成的，以犯罪既遂处理。 上述规定以外的人员实施该行为的，以职务侵占罪定罪处罚；上述规定以外的人员与上述规定的人员共同实施该行为的，以贪污罪的共犯论处。
共犯[137]	行为人与公司、企业或者其他单位的人员勾结，利用公司、企业或者其他单位人员的职务便利，共同将该单位财物非法占为己有，数额较大的，以职务侵占罪共犯论处。 公司、企业或者其他单位中，不具有国家工作人员身份的人与国家工作人员勾结，分别利用各自的职务便利，共同将本单位财物非法占为己有的，按照主犯的犯罪性质定罪。

五、易混罪名比较

职务侵占罪与贪污罪、侵占罪的比较见下编第一章第一节“五、易混罪名比较”。

第十六节　挪用资金罪

一、刑法规定

【挪用资金罪】[138] 公司、企业或者其他单位的工作人员，利用职务上的便利，挪用本单位资金归个人使用或者借贷给他人，数额较大、超过三个月未还的，或者虽未超过三个月，但数额较大、进行营利活动的，或者进行非法活动的，处三年以下有期徒刑或者拘役；挪用本单位资金数额巨大的，处三年以上七年以下有期徒刑；数额特别巨大的，处七年以上有期徒刑。

有前述行为，在提起公诉前将挪用的资金退还的，可以从轻或者减轻处

---

[137] 最高法《关于审理贪污、职务侵占案件如何认定共同犯罪几个问题的解释》第2条、第3条。

[138] 《刑法》第272条第1款、第3款。

罚。其中，犯罪较轻的，可以减轻或者免除处罚。

【金融机构工作人员挪用资金】[139] 商业银行、证券交易所、期货交易所、证券公司、期货经纪公司、保险公司或者其他金融机构的工作人员利用职务上的便利，挪用本单位或者客户资金的，依照挪用资金罪的规定定罪处罚。

二、犯罪构成

主体	公司、企业或者其他单位的人员。其中，公职人员触犯本罪由监察机关管辖，非公职人员触犯本罪由公安机关管辖。
主观方面	故意，明知自己是在利用职务上的便利挪用本单位资金归个人使用或者借贷给他人，并且故意为之。
客体	公司、企业或者其他单位的财产所有权。
客观方面	利用职务上的便利，挪用本单位资金归个人使用或者借贷给他人： 1. 数额较大、超过三个月未还的；2. 虽未超过三个月，但数额较大、进行营利活动的；3. 进行非法活动的。

三、定罪量刑标准[140]

定罪 处罚	利用职务上的便利，挪用本单位资金归个人使用或者借贷给他人		
	数额较大、超过三个月未还	虽未超过三个月，但数额较大、进行营利活动	进行非法活动
三年以下有期徒刑或拘役	数额较大≥十万元		数额≥六万元
三年以上七年以下有期徒刑	数额巨大≥四百万元		数额巨大≥二百万元
七年以上有期徒刑	数额特别巨大[141]		

---

[139] 《刑法》第185条第1款。

[140] 最高法、最高检《关于办理贪污贿赂刑事案件适用法律若干问题的解释》第11条第2款。

[141] "数额特别巨大"无统一规定。

四、司法认定

从宽处罚	在提起公诉前将挪用的资金退还的，可以从轻或者减轻处罚。其中，犯罪较轻的，可以减轻或者免除处罚。
归个人使用[142]	挪用资金罪中的“归个人使用”与挪用公款罪中的“归个人使用”的含义基本相同。 有以下情形之一的，无论使用公款的是个人还是单位以及单位的性质如何，均应认定为挪用公款归个人使用：1. 将公款供本人、亲友或者其他自然人使用的；2. 以个人名义将公款供其他单位使用的；3. 个人决定以单位名义将公款供其他单位使用，谋取个人利益的。 “以个人名义”不能只看形式，要从实质上把握，对于行为人逃避财务监管，或者与使用人约定以个人名义进行，或者借款、还款都以个人名义进行，将公款给其他单位使用的，应认定为“以个人名义”。 “个人决定”既包括行为人在职权范围内决定，也包括超越职权范围决定。
国企改制中的挪用[143]	国家出资企业的国家工作人员在公司、企业改制过程中为购买公司、企业股份，利用职务上的便利，将公司、企业的资金或者金融凭证、有价证券等用于个人贷款担保的，以挪用资金罪或者挪用公款罪定罪处罚。 行为人在改制前的国家出资企业持有股份的，不影响挪用数额的认定，但量刑时应当酌情考虑。 经有关主管部门批准或者按照有关政策规定，国家出资企业的工作人员为购买改制公司、企业股份实施前款行为的，可以视具体情况不作为犯罪处理。
受委托管理、经营国有财产的人员[144]	对于受国家机关、国有公司、企业、事业单位、人民团体委托，管理、经营国有财产的非国家工作人员，利用职务上的便利，挪用国有资金归个人使用构成犯罪的，应当依照挪用资金罪的规定定罪处罚。

[142] 全国人大常委会法工委刑法室《关于挪用资金罪有关问题的答复》。

[143] 参考最高法、最高检《关于办理国家出资企业中职务犯罪案件具体应用法律若干问题的意见》三。

[144] 最高法《关于对受委托管理、经营国有财产人员挪用国有资金行为如何定罪问题的批复》。

续表

挪用本单位资金归个人使用或借贷给他人[145]	公司、企业或者其他单位的非国家工作人员，利用职务上的便利，挪用本单位资金归本人或者其他自然人使用，或者挪用人以个人名义将所挪用的资金借给其他自然人和单位，构成犯罪的，应当依照挪用资金罪的规定定罪处罚。
挪用尚未注册成立公司资金[146]	筹建公司的工作人员在公司登记注册前，利用职务上的便利，挪用准备设立的公司在银行开设的临时账户上的资金，归个人使用或者借贷给他人，数额较大、超过三个月未还的，或者虽未超过三个月，但数额较大、进行营利活动的，或者进行非法活动的，应当依照挪用资金罪的规定，追究刑事责任。
集体财产担保[147]	村民小组组长利用职务上的便利，擅自将村民小组的集体财产为他人担保贷款，并以集体财产承担担保责任的，属于挪用本单位资金归个人使用的行为。构成犯罪的，应当依照挪用资金罪的规定定罪处罚。

五、易混罪名比较

挪用资金罪与挪用公款罪、挪用特定款物罪的比较见本章第二节“五、易混罪名比较”。

第十七节　对外国公职人员、国际公共组织官员行贿罪

一、刑法规定

【对外国公职人员、国际公共组织官员行贿罪】[148] 为谋取不正当商业利

[145] 最高法《关于如何理解刑法第二百七十二条规定的“挪用本单位资金归个人使用或者借贷给他人”问题的批复》。

[146] 最高检《关于挪用尚未注册成立公司资金的行为适用法律问题的批复》。

[147] 公安部《关于村民小组组长以本组资金为他人担保贷款如何定性处理问题的批复》。

[148] 参考《刑法》第164条第2款、第3款、第4款。

益，给予外国公职人员或者国际公共组织官员以财物，数额较大的，处三年以下有期徒刑或者拘役，并处罚金；数额巨大的，处三年以上十年以下有期徒刑，并处罚金。

单位犯此罪的，对单位判处罚金，并对其直接负责的主管人员和其他直接责任人员，依照上述规定处罚。

行贿人在被追诉前主动交待行贿行为的，可以减轻处罚或者免除处罚。

二、犯罪构成

主体	一般主体，包括自然人和单位。其中，公职人员触犯本罪由监察机关管辖，非公职人员触犯本罪由公安机关管辖。
主观方面	故意，具有谋取不正当商业利益的目的。
客体	国家对公司、企业的管理秩序，以及社会主义市场经济的公平竞争秩序。
客观方面	给予外国公职人员或者国际公共组织官员以财物的行为。

三、定罪量刑标准[149]

<table>
<tr><td rowspan="3">自然人</td><td>定罪标准</td><td>数额较大：行贿≥三万元</td><td>数额巨大[150]</td></tr>
<tr><td rowspan="2">量刑标准</td><td>三年以下有期徒刑或拘役，并处罚金</td><td>三年以上十年以下有期徒刑，并处罚金</td></tr>
<tr><td colspan="2">行贿人在被追诉前主动交待行贿行为的，可以减轻处罚或免除处罚。</td></tr>
<tr><td>单位</td><td colspan="3">单位行贿数额在二十万元以上的，对单位判处罚金，并对其直接负责的主管人员和其他直接责任人员，依照前款的规定处罚。</td></tr>
<tr><td>罚金</td><td colspan="3">十万元≤罚金≤犯罪数额二倍</td></tr>
</table>

[149] 最高法、最高检《关于办理贪污贿赂刑事案件适用法律若干问题的解释》第19条第2款；最高检、公安部《关于公安机关管辖的刑事案件立案追诉标准的规定（二）》第12条。

[150] “数额巨大”无统一规定。

四、司法认定[151]

外国公职人员	外国无论是经任命还是经选举而担任立法、行政、行政管理或者司法职务的任何人员；以及为外国，包括为公共机构或者公营企业行使公共职能的任何人员。
国际公共组织官员	国际公务员或者经此种组织授权代表该组织行事的任何人员。

第十八节　非国家工作人员受贿罪

一、刑法规定

【非国家工作人员受贿罪】[152] 公司、企业或者其他单位的工作人员，利用职务上的便利，索取他人财物或者非法收受他人财物，为他人谋取利益，数额较大的，处三年以下有期徒刑或者拘役，并处罚金；数额巨大或者有其他严重情节的，处三年以上十年以下有期徒刑，并处罚金；数额特别巨大或者有其他特别严重情节的，处十年以上有期徒刑或者无期徒刑，并处罚金。

公司、企业或者其他单位的工作人员在经济往来中，利用职务上的便利，违反国家规定，收受各种名义的回扣、手续费，归个人所有的，依照前述的规定处罚。

【银行或者其他金融机构工作人员受贿】[153] 银行或者其他金融机构的工作人员在金融业务活动中索取他人财物或者非法收受他人财物，为他人谋取利益的，或者违反国家规定，收受各种名义的回扣、手续费，归个人所有的，依照非国家工作人员受贿罪的规定定罪处罚。

---

[151] 参考《联合国反腐败公约》第二条（二）、（三）。

[152] 《刑法》第163条第1款、第2款。

[153] 《刑法》第184条第1款。

二、犯罪构成

主体	犯罪主体为特殊主体，即公司、企业或者其他单位的工作人员。其中，国家工作人员之外的公职人员触犯本罪由监察机关管辖，非公职人员触犯本罪由公安机关管辖。 其他单位[154]，既包括事业单位、社会团体、村民委员会、居民委员会、村民小组等常设性的组织，也包括为组织体育赛事、文艺演出或者其他正当活动而成立的组委会、筹委会、工程承包队等非常设性的组织。 公司、企业或者其他单位的工作人员[155]，包括国有公司、企业以及其他国有单位中的非国家工作人员。
主观方面	故意，即公司、企业、其他单位人员故意利用其职务之便接受或索取贿赂，为他人谋取利益。
客体	国家对公司、企业及非国有事业单位、其他组织的工作人员职务活动的管理制度。
客观方面	利用职务上的便利，索取他人财物或非法收受他人财物，为他人谋取利益，数额较大的行为。 “利用职务上的便利”“为他人谋取利益”的内容参考本章第三节“受贿罪”。

三、定罪量刑标准[156]

定罪标准	数额较大：受贿≥六万元	数额巨大：受贿≥一百万元，或者有其他严重情节[157]	数额特别巨大或者有其他特别严重情节[158]
量刑标准	三年以下有期徒刑或者拘役，并处罚金	三年以上十年以下有期徒刑，并处罚金	十年以上有期徒刑或者无期徒刑，并处罚金
	罚金：十万元≤罚金≤犯罪数额二倍		

---

[154] 最高法、最高检《关于办理商业贿赂刑事案件适用法律若干问题的意见》二。

[155] 最高法、最高检《关于办理商业贿赂刑事案件适用法律若干问题的意见》三。

[156] 最高法、最高检《关于办理贪污贿赂刑事案件适用法律若干问题的解释》第 11 条第 1 款、第 19 条第 2 款。

[157] “其他严重情节”无统一规定。

[158] “数额特别巨大”“其他特别严重情节”无统一规定。

四、司法认定

财物⑮	贿赂犯罪中的“财物”，包括货币、物品和财产性利益。财产性利益包括可以折算为货币的物质利益如房屋装修、债务免除等，以及需要支付货币的其他利益如会员服务、旅游等。后者的犯罪数额，以实际支付或者应当支付的数额计算。
银行卡⑯	收受银行卡的，不论受贿人是否实际取出或者消费，卡内的存款数额一般应全额认定为受贿数额。使用银行卡透支的，如果由给予银行卡的一方承担还款责任，透支数额也应当认定为受贿数额。
贿赂与馈赠⑯	贿赂与馈赠的界限，主要应当结合以下因素全面分析、综合判断：1. 发生财物往来的背景，如双方是否存在亲友关系及历史上交往的情形和程度；2. 往来财物的价值；3. 财物往来的缘由、时机和方式，提供财物方对于接受方有无职务上的请托；4. 接受方是否利用职务上的便利为提供方谋取利益。
共同犯罪⑯	非国家工作人员与国家工作人员通谋，共同收受他人财物，构成共同犯罪的，根据双方利用职务便利的具体情形分别定罪追究刑事责任：1. 利用国家工作人员的职务便利为他人谋取利益的，以受贿罪追究刑事责任。2. 利用非国家工作人员的职务便利为他人谋取利益的，以非国家工作人员受贿罪追究刑事责任。3. 分别利用各自的职务便利为他人谋取利益的，按照主犯的犯罪性质追究刑事责任，不能分清主从犯的，可以受贿罪追究刑事责任。
医疗结构中非国家工作人员⑯	医疗机构中的非国家工作人员，在药品、医疗器械、医用卫生材料等医药产品采购活动中，利用职务上的便利，索取销售方财物，或者非法收受销售方财物，为销售方谋取利益，数额较大的，以非国家工作人员受贿罪定罪处罚。 医疗机构中的医务人员，利用开处方的职务便利，以各种名义非法收受药品、医疗器械、医用卫生材料等医药产品销售方财物，为医药产品销售方谋取利益，数额较大的，以非国家工作人员受贿罪定罪处罚。

⑮ 最高法、最高检《关于办理贪污贿赂刑事案件适用法律若干问题的解释》第12条。
⑯ 最高法、最高检《关于办理商业贿赂刑事案件适用法律若干问题的意见》八。
⑯ 最高法、最高检《关于办理商业贿赂刑事案件适用法律若干问题的意见》十。
⑯ 最高法、最高检《关于办理商业贿赂刑事案件适用法律若干问题的意见》十一。
⑯ 最高法、最高检《关于办理商业贿赂刑事案件适用法律若干问题的意见》四。

续表

教育机构中非国家工作人员[164]	学校及其他教育机构中的非国家工作人员，在教材、教具、校服或者其他物品的采购等活动中，利用职务上的便利，索取销售方财物，或者非法收受销售方财物，为销售方谋取利益，数额较大的，以非国家工作人员受贿罪定罪处罚。 学校及其他教育机构中的教师，利用教学活动的职务便利，以各种名义非法收受教材、教具、校服或者其他物品销售方财物，为教材、教具、校服或者其他物品销售方谋取利益，数额较大的，以非国家工作人员受贿罪定罪处罚。
评标采购中非国家工作人员[165]	依法组建的评标委员会、竞争性谈判采购中谈判小组、询价采购中询价小组的组成人员，在招标、政府采购等事项的评标或者采购活动中，索取他人财物或者非法收受他人财物，为他人谋取利益，数额较大的，以非国家工作人员受贿罪定罪处罚。

第十九节　对非国家工作人员行贿罪

一、刑法规定

【对非国家工作人员行贿罪】[166] 为谋取不正当利益，给予公司、企业或者其他单位的工作人员以财物，数额较大的，处三年以下有期徒刑或者拘役，并处罚金；数额巨大的，处三年以上十年以下有期徒刑，并处罚金。

单位犯此罪的，对单位判处罚金，并对其直接负责的主管人员和其他直接责任人员，依照上述的规定处罚。

行贿人在被追诉前主动交待行贿行为的，可以减轻处罚或者免除处罚。

---

[164] 最高法、最高检《关于办理商业贿赂刑事案件适用法律若干问题的意见》五。

[165] 最高法、最高检《关于办理商业贿赂刑事案件适用法律若干问题的意见》六。

[166] 参考《刑法》第164条第1款、第3款、第4款。

二、犯罪构成

主体	一般主体，包括自然人和单位。其中，公职人员触犯本罪由监察机关管辖，非公职人员触犯本罪由公安机关管辖。
主观方面	故意，具有谋取不正当利益的目的。
客体	公司、企业或者其他单位工作人员职务行为的廉洁性，公司、企业或者其他单位的正常业务、管理活动，以及社会主义市场经济的公平竞争秩序。
客观方面	给予公司、企业或者其他单位的工作人员财物，并且数额较大的行为。

三、定罪量刑标准[167]

<table>
<tr><td rowspan="3">自然人</td><td>定罪标准</td><td>数额较大：行贿≥三万元</td><td>数额巨大：行贿≥二百万元</td></tr>
<tr><td rowspan="2">量刑标准</td><td>三年以下有期徒刑或拘役，并处罚金</td><td>三年以上十年以下有期徒刑，并处罚金</td></tr>
<tr><td colspan="2">行贿人在被追诉前主动交待行贿行为的，可以减轻处罚或免除处罚。</td></tr>
<tr><td>单位</td><td colspan="3">单位行贿数额在二十万元以上的，对单位判处罚金，并对其直接负责的主管人员和其他直接责任人员，依照自然人犯罪的规定处罚。</td></tr>
<tr><td>罚金</td><td colspan="3">十万元≤罚金≤犯罪数额二倍</td></tr>
</table>

[167] 最高法、最高检《关于办理贪污贿赂刑事案件适用法律若干问题的解释》第11条第3款、第19条第2款；最高检、公安部《关于公安机关管辖的刑事案件立案追诉标准的规定（二）》第11条。

本章附表一：受贿犯罪比较

罪名	主体	客观方面
受贿罪	国家工作人员	1. 索取他人财物 2. 非法收受他人财物，为他人谋取利益 3. 斡旋受贿：通过其他国家工作人员职务上的行为，索取或收受请托人财物，为请托人谋取不正当利益
单位受贿罪	国家机关、国有公司、企业、事业单位、人民团体	索取、非法收受他人财物，为他人谋取利益
利用影响力受贿罪	1. 国家工作人员的近亲属或与该国家工作人员关系密切的人 2. 离职的国家工作人员或其近亲属以及与其关系密切的人	通过其他国家工作人员职务上的行为，或者离职的国家工作人员原职权，索取或收受请托人财物，为请托人谋取不正当利益
非国家工作人员受贿罪	公司、企业或其他单位中，除国家工作人员之外的公职人员	索取、非法收受他人财物，为他人谋取利益

※公职人员以外的人涉嫌非国家工作人员受贿罪的，由公安机关管辖。

本章附表二：行贿犯罪比较

罪名	主体	行贿对象	犯罪目的
行贿罪	一般主体：自然人	国家工作人员	谋取不正当利益
单位行贿罪	一般主体：单位	国家工作人员	
对单位行贿罪	一般主体： 自然人、单位	国家机关、国有公司、企业、事业单位、人民团体	
对有影响力的人行贿罪	一般主体： 自然人、单位	1. 国家工作人员的近亲属或与其关系密切的人 2. 离职的国家工作人员或其近亲属及与其关系密切的人	
对非国家工作人员行贿罪	一般主体： 自然人、单位	公司、企业或者其他单位的工作人员	
对外国公职人员、国际公共组织官员行贿罪	一般主体： 自然人、单位	外国公职人员、国际公共组织官员	谋取不正当商业利益

※公职人员以外的人涉嫌对非国家工作人员行贿罪，对外国公职人员、国际公共组织官员行贿罪的，由公安机关管辖。

第二章　滥用职权犯罪

本章共包含18个罪名：滥用职权罪※；国有公司、企业、事业单位人员滥用职权罪；滥用管理公司、证券职权罪※；食品、药品监管渎职罪※；故意泄露国家秘密罪※；报复陷害罪；阻碍解救被拐卖、绑架妇女、儿童罪※；帮助犯罪分子逃避处罚罪※；违法发放林木采伐许可证罪※；办理偷越国（边）境人员出入境证件罪※；放行偷越国（边）境人员罪※；挪用特定款物罪；非法剥夺公民宗教信仰自由罪；侵犯少数民族风俗习惯罪；打击报复会计、统计人员罪；非法拘禁罪；虐待被监管人罪；非法搜查罪。①

① 标记※的9个罪名规定于《刑法》第二编第九章渎职罪，适用“渎职罪统一规定”（见本章）。

【渎职罪统一规定】	
渎职主体②	以下人员在代表国家机关行使职权时，有渎职行为，构成犯罪的，依照刑法关于渎职罪的规定追究刑事责任： 1. 依照法律、法规规定行使国家行政管理职权的组织中从事公务的人员； 2. 在受国家机关委托代表国家机关行使职权的组织中从事公务的人员； 3. 虽未列入国家机关人员编制但在国家机关中从事公务的人员。
企事业单位改革中的公安机构③	企业事业单位的公安机构在机构改革过程中尚未列入公安机关建制，其工作人员在行使侦查职责时，实施渎职侵权行为的，可以成为渎职侵权犯罪的主体。
安全监管④	公司、企业、事业单位的工作人员在依法或者受委托行使安全监督管理职责时滥用职权或者玩忽职守，构成犯罪的，应当依照《全国人民代表大会常务委员会关于〈中华人民共和国刑法〉第九章渎职罪主体适用问题的解释》的规定，适用渎职罪的规定追究刑事责任。
特别法优于普通法⑤	国家机关工作人员实施滥用职权或者玩忽职守犯罪行为，触犯刑法分则第九章其他渎职罪规定的，依照相关规定定罪处罚。 国家机关工作人员滥用职权或者玩忽职守，因不具备徇私舞弊等情形，不符合刑法分则第九章其他渎职罪规定，但依法构成《刑法》第三百九十七条规定的，以滥用职权罪或者玩忽职守罪定罪处罚。
数罪并罚⑥	国家工作人员利用职务上的便利，收受他人财物，为他人谋取利益，同时构成受贿罪和刑法分则第三章第三节、第九章规定的渎职犯罪的，除刑法另有规定外，以受贿罪和渎职犯罪数罪并罚。
	国家机关工作人员实施渎职行为，放纵他人犯罪或者帮助他人逃避刑事处罚，构成犯罪的，依照渎职罪的规定定罪处罚。 国家机关工作人员与他人共谋，利用其职务行为帮助他人实施其他犯罪行为，同时构成渎职犯罪和共谋实施的其他犯罪共犯的，依照处罚较重的规定定罪处罚。 国家机关工作人员与他人共谋，既利用其职务行为帮助他人实施其他犯罪，又以非职务行为与他人共同实施该其他犯罪行为，同时构成渎职犯罪和其他犯罪的共犯的，依照数罪并罚的规定定罪处罚。

② 参考全国人大常委会《关于〈中华人民共和国刑法〉第九章渎职罪主体适用问题的解释》。

③ 最高检《关于企业事业单位的公安机构在机构改革过程中其工作人员能否构成渎职侵权犯罪主体问题的批复》。

④ 参考最高法、最高检《关于办理危害生产安全刑事案件适用法律若干问题的解释》第15条第2款。

⑤ 最高法、最高检《关于办理渎职刑事案件适用法律若干问题的解释（一）》第2条。

⑥ 最高法、最高检《关于办理贪污贿赂刑事案件适用法律若干问题的解释》第17条，最高法、最高检《关于办理渎职刑事案件适用法律若干问题的解释（一）》第4条。

续表

领导指令或集体研究实施的渎职犯罪⑦	国家机关负责人员违法决定，或者指使、授意、强令其他国家机关工作人员违法履行职务或者不履行职务，构成刑法分则第九章规定的渎职犯罪的，应当依法追究刑事责任。 以“集体研究”形式实施的渎职犯罪，应当依照刑法分则第九章的规定追究国家机关负有责任的人员的刑事责任。对于具体执行人员，应当在综合认定其行为性质、是否提出反对意见、危害结果大小等情节的基础上决定是否追究刑事责任和应当判处的刑罚。
追诉期限⑧	以危害结果为条件的渎职犯罪的追诉期限，从危害结果发生之日起计算；有数个危害结果的，从最后一个危害结果发生之日起计算。
经济损失⑨	经济损失，指渎职犯罪或者与渎职犯罪相关联的犯罪立案时已经实际造成的财产损失，包括为挽回渎职犯罪所造成损失而支付的各种开支、费用等。立案后至提起公诉前持续发生的经济损失，应一并计入渎职犯罪造成的经济损失。 债务人经法定程序被宣告破产，债务人潜逃、去向不明，或者因行为人的责任超过诉讼时效等，致使债权已经无法实现的，无法实现的债权部分应当认定为渎职犯罪的经济损失。 渎职犯罪或者与渎职犯罪相关联的犯罪立案后，犯罪分子及其亲友自行挽回的经济损失，司法机关或者犯罪分子所在单位及其上级主管部门挽回的经济损失，或者因客观原因减少的经济损失，不予扣减，但可以作为酌定从轻处罚的情节。

第一节　滥用职权罪※

一、刑法规定

【滥用职权罪】⑩ 国家机关工作人员滥用职权，致使公共财产、国家和人民利益遭受重大损失的，处三年以下有期徒刑或者拘役；情节特别严重的，处三年以上七年以下有期徒刑。刑法另有规定的，依照规定。

⑦ 最高法、最高检《关于办理渎职刑事案件适用法律若干问题的解释（一）》第5条。
⑧ 最高法、最高检《关于办理渎职刑事案件适用法律若干问题的解释（一）》第6条。
⑨ 最高法、最高检《关于办理渎职刑事案件适用法律若干问题的解释（一）》第8条。
⑩ 参考《刑法》第397条。

国家机关工作人员徇私舞弊，犯前款罪的，处五年以下有期徒刑或者拘役；情节特别严重的，处五年以上十年以下有期徒刑。刑法另有规定的，依照规定。

二、犯罪构成

主体	国家机关工作人员，其中非司法工作人员触犯本罪由监察机关管辖，司法工作人员触犯本罪可以由检察机关管辖。
主观方面	一般是故意，行为人明知自己滥用职权的行为会发生致使公共财产、国家和人民利益遭受重大损失的结果，并且希望或者放任这种结果发生。
客体	国家机关的正常活动和公民、法人或其他组织的合法权益。
客观方面	国家机关工作人员超越职权，违法决定、处理其无权决定、处理的事项，或者违反规定处理公务，致使公共财产、国家和人民利益遭受重大损失的行为。

三、定罪量刑标准[11]

定罪标准	致使公共财产、国家和人民利益遭受重大损失： 1. 造成死亡一人以上，或者重伤三人以上，或者轻伤九人以上，或者重伤二人、轻伤三人以上，或者重伤一人、轻伤六人以上的；2. 造成经济损失三十万元以上的；3. 造成恶劣社会影响的；4. 其他致使公共财产、国家和人民利益遭受重大损失的情形。	情节特别严重： 1. 造成死亡三人以上，或者重伤九人以上，或者轻伤二十七人以上，或者重伤六人、轻伤九人以上，或者重伤三人、轻伤十八人以上的；2. 造成经济损失一百五十万元以上的；3. 造成经济损失三十万元以上，不报、迟报、谎报或者授意、指使、强令他人不报、迟报、谎报事故情况，致使损失后果持续、扩大或者抢救工作延误的；4. 造成特别恶劣社会影响的；5. 其他特别严重的情节。
量刑标准	处三年以下有期徒刑或拘役；徇私舞弊，犯前款罪的，处五年以下有期徒刑或拘役。	处三年以上七年以下有期徒刑；徇私舞弊，犯前款罪的，处五年以上十年以下有期徒刑。

---

⑪ 最高法、最高检《关于办理渎职刑事案件适用法律若干问题的解释（一）》第1条。

四、司法认定

徇私⑫	应理解为询个人私情、私利。
重伤⑬	刑法所称重伤，是指有下列情形之一的伤害： 1. 使人肢体残废或者毁人容貌的；2. 使人丧失听觉、视觉或者其他器官机能的；3. 其他对于人身健康有重大伤害的。
买卖空白边境证⑭	对买卖尚未加盖发证机关的行政印章或者通行专用章印鉴的空白《中华人民共和国边境管理区通行证》的行为，不宜以买卖国家机关证件罪追究刑事责任。国家机关工作人员实施上述行为，构成犯罪的，可以按滥用职权等相关犯罪依法追究刑事责任。
油气监管⑮	国家机关工作人员滥用职权，实施下列行为之一，致使公共财产、国家和人民利益遭受重大损失的，以滥用职权罪定罪处罚： 1. 超越职权范围，批准发放石油、天然气勘查、开采、加工、经营等许可证的；2. 违反国家规定，给不符合法定条件的单位、个人发放石油、天然气勘查、开采、加工、经营等许可证的；3. 违反《石油天然气管道保护条例》等国家规定，在油气设备安全保护范围内批准建设项目的；4. 对发现或者经举报查实的未经依法批准、许可擅自从事石油、天然气勘查、开采、加工、经营等违法活动不予查封、取缔的。
赃车⑯	国家机关工作人员滥用职权，有下列情形之一，致使盗窃、抢劫、诈骗、抢夺的机动车被办理登记手续，数量达到三辆以上或者价值总额达到三十万元以上的，依照滥用职权罪第一款的规定，处三年以下有期徒刑或者拘役： 1. 明知是登记手续不全或者不符合规定的机动车而办理登记手续的；2. 指使他人为明知是登记手续不全或者不符合规定的机动车办理登记手续的；3. 违规或者指使他人违规更改、调换车辆档案的；4. 其他滥用职权的行为。 国家机关工作人员实施上述行为，致使盗窃、抢劫、诈骗、抢夺的机动车被办理登记手续，分别达到上述数量、数额标准五倍以上的，或者明知是盗窃、抢劫、诈骗、抢夺的机动车而办理登记手续的，属于滥用职权罪第一款规定的“情节特别严重”，处三年以上七年以下有期徒刑。

⑫ 最高法《全国法院审理经济犯罪案件工作座谈会纪要》六、(四)。

⑬ 《刑法》第95条。

⑭ 最高检法律政策研究室《关于买卖尚未加盖印章的空白〈边境证〉行为如何适用法律问题的答复》。

⑮ 最高法、最高检《关于办理盗窃油气、破坏油气设备等刑事案件具体应用法律若干问题的解释》第7条。

⑯ 最高法、最高检《关于办理与盗窃、抢劫、诈骗、抢夺机动车相关刑事案件具体应用法律若干问题的解释》第3条。

续表

	国家机关工作人员徇私舞弊，实施上述行为，构成犯罪的，依照滥用职权罪第二款的规定定罪处罚。
安全监管⑰	国家机关工作人员在履行安全监督管理职责时滥用职权，致使公共财产、国家和人民利益遭受重大损失的，以滥用职权罪定罪处罚。
兴奋剂⑱	国家机关工作人员在行使反兴奋剂管理职权时滥用职权，造成严重兴奋剂违规事件，严重损害国家声誉或者造成恶劣社会影响，符合《刑法》第三百九十七条规定的，以滥用职权罪定罪处罚。 依法或者受委托行使反兴奋剂管理职权的单位的工作人员，在行使反兴奋剂管理职权时滥用职权的，依照前述规定定罪处罚。
疫情防控⑲	在疫情防控工作中，负有组织、协调、指挥、灾害调查、控制、医疗救治、信息传递、交通运输、物资保障等职责的国家机关工作人员，滥用职权，致使公共财产、国家和人民利益遭受重大损失的，以滥用职权罪定罪处罚。
非法捕捞⑳	对长江流域重点水域水生生物资源保护负有监督管理、行政执法职责的国家机关工作人员，滥用职权，致使公共财产、国家和人民利益遭受重大损失的，以滥用职权罪定罪处罚。

五、指导案例

（一）最高人民检察院指导案例5号——陈某明、林某娟、李某权滥用职权案

【关键词】

渎职罪主体　村基层组织人员　滥用职权罪

【要旨】

随着我国城镇建设和社会主义新农村建设逐步深入推进，村民委员会、居民委员会等基层组织协助人民政府管理社会发挥越来越重要的作用。实践中，对村民委员会、居民委员会等基层组织人员协助人民政府从事行政管理

---

⑰ 参考最高法、最高检《关于办理危害生产安全刑事案件适用法律若干问题的解释》第15条。

⑱ 最高法《关于审理走私、非法经营、非法使用兴奋剂刑事案件适用法律若干问题的解释》第6条。

⑲ 最高法、最高检、公安部、司法部《关于依法惩治妨害新型冠状病毒感染肺炎疫情防控违法犯罪的意见》二、（七）。

⑳ 最高法、最高检、公安部、农业农村部《依法惩治长江流域非法捕捞等违法犯罪的意见》二、（五）。

工作时，滥用职权、玩忽职守构成犯罪的，应当依照刑法关于渎职罪的规定追究刑事责任。

（二）最高人民检察院指导案例6号——罗某华、罗某添、朱某灿、罗某游滥用职权案

【关键词】

滥用职权罪　重大损失　恶劣社会影响

【要旨】

根据刑法规定，滥用职权罪是指国家机关工作人员滥用职权，致使“公共财产、国家和人民利益遭受重大损失”的行为。实践中，对滥用职权“造成恶劣社会影响的”，应当依法认定为“致使公共财产、国家和人民利益遭受重大损失”。

第二节　国有公司、企业、事业单位人员滥用职权罪

一、刑法规定

【国有公司、企业、事业单位人员滥用职权罪】[21] 国有公司、企业的工作人员，由于滥用职权，造成国有公司、企业破产或者严重损失，致使国家利益遭受重大损失的，处三年以下有期徒刑或者拘役；致使国家利益遭受特别重大损失的，处三年以上七年以下有期徒刑。

国有事业单位的工作人员有前款行为，致使国家利益遭受重大损失的，依照前款的规定处罚。

国有公司、企业、事业单位的工作人员，徇私舞弊，犯前两款罪的，依照第一款的规定从重处罚。

---

[21] 《刑法》第168条。

二、犯罪构成

主体	国有公司、企业、事业单位的工作人员
主观方面	一般是故意，明知自己滥用职权的行为会发生致使公司、企业破产或者严重损失，致使国家利益遭受重大损失的结果，并且希望或者放任这种结果发生。
客体	国有公司、企业、事业单位财产权益和社会主义市场经济秩序。
客观方面	1. 国有公司、企业的工作人员滥用职权，造成国有公司、企业破产或严重亏损，致使国家利益遭受重大损失、特别重大损失的行为； 2. 国有事业单位的工作人员滥用职权，致使国家利益遭受重大损失的行为。

三、定罪量刑标准

定罪标准	致使国家利益遭受重大损失的。㉒	致使国家利益遭受特别重大损失的。㉓
量刑标准	三年以下有期徒刑或者拘役；徇私舞弊从重处罚。	三年以上七年以下有期徒刑；徇私舞弊从重处罚。

四、司法认定

国企改制滥用职权㉔	国家出资企业中的国家工作人员在公司、企业改制或者国有资产处置过程中滥用职权，致使国家利益遭受重大损失的，以国有公司、企业人员滥用职权罪定罪处罚。
数罪并罚㉕	国有公司、企业、事业单位人员利用职务上的便利，收受他人财物，为他人谋取利益，同时构成受贿罪和国有公司、企业、事业单位人员滥用职权罪的，以受贿罪和国有公司、企业、事业单位人员滥用职权罪数罪并罚。
追诉期限㉖	国有公司人员滥用职权罪的追诉期限应从损失结果发生之日起计算。

㉒ "致使国家利益遭受重大损失"无统一规定。

㉓ "致使国家利益遭受特别重大损失"无统一规定。

㉔ 最高法、最高检《关于办理国家出资企业中职务犯罪案件具体应用法律若干问题的意见》四。

㉕ 参考最高法、最高检《关于办理贪污贿赂刑事案件适用法律若干问题的解释》第17条。

㉖ 最高法刑二庭《关于国有公司人员滥用职权犯罪追溯期限等问题的答复》。

第三节　滥用管理公司、证券职权罪※

一、刑法规定

【滥用管理公司、证券职权罪】[27] 国家有关主管部门的国家机关工作人员，徇私舞弊，滥用职权，对不符合法律规定条件的公司设立、登记申请或者股票、债券发行、上市申请，予以批准或者登记，致使公共财产、国家和人民利益遭受重大损失的，处五年以下有期徒刑或者拘役。

上级部门强令登记机关及其工作人员实施前款行为的，对其直接负责的主管人员，依照前款的规定处罚。

二、犯罪构成

主体	1. 国家有关主管部门的国家机关工作人员，主要是工商行政管理、证券管理等国家有关主管部门的工作人员；2. 国家有关主管部门上级部门的相关工作人员。
主观方面	故意，且出于徇私的动机。行为人对公司的设立、登记申请或者股票、债券发行、上市申请不符合法定条件是明知的，对非法批准、登记可能会造成公共财产、国家和人民利益遭受重大损失的结果持放任态度。
客体	公司设立审批、登记机关和股票、债券发行、上市审批机关的正常活动。
客观方面	1. 工商行政管理、证券管理等国家有关主管部门的工作人员徇私舞弊，滥用职权，对不符合法律规定条件的公司设立、登记申请或者股票、债券发行、上市申请，予以批准或者登记的行为，致使公共财产、国家和人民利益遭受重大损失的行为；2. 上级部门、当地政府强令登记机关及其工作人员实施上述行为的行为。

[27] 《刑法》第403条。

三、定罪量刑标准[28]

定罪标准	涉嫌下列情形之一的，应予立案： 1. 造成直接经济损失五十万元以上的；2. 工商行政管理部门的工作人员对不符合法律规定条件的公司设立、登记申请，违法予以批准、登记，严重扰乱市场秩序的；3. 金融证券管理机构工作人员对不符合法律规定条件的股票、债券发行、上市申请，违法予以批准，严重损害公众利益，或者严重扰乱金融秩序的；4. 工商行政管理部门、金融证券管理机构的工作人员对不符合法律规定条件的公司设立、登记申请或者股票、债券发行、上市申请违法予以批准或者登记，致使犯罪行为得逞的；5. 上级部门、当地政府直接负责的主管人员强令登记机关及其工作人员，对不符合法律规定条件的公司设立、登记申请或者股票、债券发行、上市申请予以批准或者登记，致使公共财产、国家或者人民利益遭受重大损失的；6. 其他致使公共财产、国家和人民利益遭受重大损失的情形。
量刑标准	处五年以下有期徒刑或者拘役。
	上级部门强令登记机关及其工作人员实施上述行为的，对其直接负责的主管人员，依照上述的规定处罚。

第四节　食品、药品监管渎职罪※

一、刑法规定

【食品、药品监管渎职罪】[29] 负有食品药品安全监督管理职责的国家机关工作人员，滥用职权或者玩忽职守，有下列情形之一，造成严重后果或者有其他严重情节的，处五年以下有期徒刑或者拘役；造成特别严重后果或者有其他特别严重情节的，处五年以上十年以下有期徒刑：

（一）瞒报、谎报食品安全事故、药品安全事件的；

（二）对发现的严重食品药品安全违法行为未按规定查处的；

---

[28] 最高检《关于渎职侵权犯罪案件立案标准的规定》一、（十三）。

[29] 《刑法》第408条之一。

（三）在药品和特殊食品审批审评过程中，对不符合条件的申请准予许可的；

（四）依法应当移交司法机关追究刑事责任不移交的；

（五）有其他滥用职权或者玩忽职守行为的。

徇私舞弊犯前款罪的，从重处罚。

二、犯罪构成

主体	负有食品药品安全监督管理职责的国家机关工作人员。
主观方面	滥用职权或者玩忽职守，既可以是故意，也可以是过失。
客体	食品药品安全监督管理机关的正常监管活动。
客观方面	玩忽职守或滥用职权，造成严重后果或者有其他严重情节的行为。

三、定罪量刑标准

定罪标准	造成严重后果或者有其他严重情节的。㉚	造成特别严重后果或者有其他特别严重情节的。㉛
量刑标准	五年以下有期徒刑或者拘役；徇私舞弊从重处罚。	五年以上十年以下有期徒刑；徇私舞弊从重处罚。

㉚ “严重后果或者有其他严重情节”无统一规定。

㉛ “特别严重后果或者有其他特别严重情节”无统一规定。

四、司法认定

特别法优于普通法㉜	负有监督管理职责的国家机关工作人员滥用职权或者玩忽职守，致使不符合安全标准的食品、有毒有害食品、假药、劣药等流入社会，对人民群众生命、健康造成严重危害后果的，依照渎职罪的规定从严惩处。
	负有食品安全监督管理职责的国家机关工作人员滥用职权或者玩忽职守，构成食品监管渎职罪和徇私舞弊不移交刑事案件罪、商检徇私舞弊罪、动植物检疫徇私舞弊罪、放纵制售伪劣商品犯罪行为罪等其他渎职犯罪的，依照处罚较重的规定定罪处罚。 负有食品安全监督管理职责的国家机关工作人员滥用职权或者玩忽职守，不构成食品监管渎职罪，但构成上述规定的其他渎职犯罪的，依照该其他犯罪定罪处罚。 负有食品安全监督管理职责的国家机关工作人员与他人共谋，利用其职务行为帮助他人实施危害食品安全犯罪行为，同时构成渎职犯罪和危害食品安全犯罪共犯的，依照处罚较重的规定定罪处罚。

五、指导案例

（一）最高人民检察院指导案例第15号——黎某文等人受贿、食品监管渎职案

【关键词】

食品监管渎职罪　受贿罪　行贿罪

【要旨】

实施生产、销售有毒、有害食品犯罪，为逃避查处向负有食品安全监管职责的国家工作人员行贿的，应当以生产、销售有毒、有害食品罪和行贿罪实行数罪并罚。

负有食品安全监督管理职责的国家机关工作人员，滥用职权，向生产、销售有毒、有害食品的犯罪分子通风报信，帮助逃避处罚的，应当认定为食

㉜ 最高法、最高检《关于办理渎职刑事案件适用法律若干问题的解释（一）》第9条，最高法、最高检《关于办理危害食品安全刑事案件适用法律若干问题的解释》第20条。

品监管渎职罪；在渎职过程中受贿的，应当以食品监管渎职罪和受贿罪实行数罪并罚。

（二）最高人民检察院指导案例第16号——赛某、韩某武受贿、食品监管渎职案

【关键词】

受贿罪　食品监管渎职罪

【要旨】

负有食品安全监督管理职责的国家机关工作人员，滥用职权或玩忽职守，导致发生重大食品安全事故或者造成其他严重后果的，应当认定为食品监管渎职罪。在渎职过程中受贿的，应当以食品监管渎职罪和受贿罪实行数罪并罚。

第五节　故意泄露国家秘密罪※

一、刑法规定

【故意泄露国家秘密罪】[33] 国家机关工作人员违反保守国家秘密法的规定，故意泄露国家秘密，情节严重的，处三年以下有期徒刑或者拘役；情节特别严重的，处三年以上七年以下有期徒刑。

非国家机关工作人员犯前款罪的，依照前款的规定酌情处罚。

二、犯罪构成

主体[34]	主要是国家机关工作人员，也包括非国家机关工作人员。
主观方面	故意，明知自己的行为会泄露国家秘密，而希望或放任结果的发生。
客体	国家的保密制度。
客观方面	违反保守国家秘密法，故意使国家秘密被不应知悉者知悉，或者故意使国家秘密超出了限定的接触范围，情节严重的行为。

[33] 参考《刑法》第398条。

[34] 根据《监察法》立法精神，非公职人员犯本罪的，应由公安机关管辖。

三、定罪量刑标准[35]

定罪标准	涉嫌下列情形之一的，应予立案： 1. 泄露绝密级国家秘密一项（件）以上的；2. 泄露机密级国家秘密二项（件）以上的；3. 泄露秘密级国家秘密三项（件）以上的；4. 向非境外机构、组织、人员泄露国家秘密，造成或者可能造成危害社会稳定、经济发展、国防安全或者其他严重危害后果的；5. 通过口头、书面或者网络等方式向公众散布、传播国家秘密的；6. 利用职权指使或者强迫他人违反国家保守秘密法的规定泄露国家秘密的；7. 以牟取私利为目的泄露国家秘密的；8. 其他情节严重的情形。	
量刑标准	三年以下有期徒刑或者拘役。	
	情节特别严重的[36]，处三年以上七年以下有期徒刑。	

四、司法认定

国家秘密[37]	国家秘密是关系国家安全和利益，依照法定程序确定，在一定时间内只限一定范围的人员知悉的事项。 下列涉及国家安全和利益的事项，泄露后可能损害国家在政治、经济、国防、外交等领域的安全和利益的，应当确定为国家秘密： 1. 国家事务重大决策中的秘密事项；2. 国防建设和武装力量活动中的秘密事项；3. 外交和外事活动中的秘密事项以及对外承担保密义务的秘密事项；4. 国民经济和社会发展中的秘密事项；5. 科学技术中的秘密事项；6. 维护国家安全活动和追查刑事犯罪中的秘密事项；7. 经国家保密行政管理部门确定的其他秘密事项。 政党的秘密事项中符合上述规定的，属于国家秘密。
密级[38]	国家秘密的密级分为绝密、机密、秘密三级。 绝密级国家秘密是最重要的国家秘密，泄露会使国家安全和利益遭受特别严重的损害；机密级国家秘密是重要的国家秘密，泄露会使国家安全和利益遭受严重的损害；秘密级国家秘密是一般的国家秘密，泄露会使国家安全和利益遭受损害。

---

[35] 最高检《关于渎职侵权犯罪案件立案标准的规定》一、(三)。

[36] “情节特别严重”无统一规定。

[37] 《保守国家秘密法》第2条、第9条。

[38] 《保守国家秘密法》第10条。

续表

密期[39]	国家秘密的保密期限，除另有规定外，绝密级不超过三十年，机密级不超过二十年，秘密级不超过十年。
网络发布[40]	将国家秘密通过互联网予以发布，如果行为人的主观方面为故意，情节严重的，以故意泄露国家秘密罪定罪处罚。

五、易混罪名比较

（一）故意泄露国家秘密罪与为境外窃取、刺探、收买、非法提供国家秘密、情报罪

【为境外窃取、刺探、收买、非法提供国家秘密、情报罪】[41] 为境外的机构、组织、人员窃取、刺探、收买、非法提供国家秘密或者情报的，处五年以上十年以下有期徒刑；情节特别严重的，处十年以上有期徒刑或者无期徒刑；情节较轻的，处五年以下有期徒刑、拘役、管制或者剥夺政治权利。

比较	故意泄露国家秘密罪	为境外窃取、刺探、收买、非法提供国家秘密、情报罪
主体	主要是国家机关工作人员	一般主体
客观方面	有泄露秘密的行为就成立	窃取、刺探、收买、非法提供的方法
对象	涉及国家安全和利益的国家秘密	国家秘密及影响国家安全的情报
情节	情节严重	无要求
转化	如果行为人不知道对方是境外的机构、组织、人员而故意泄露的，应认定为故意泄露国家秘密罪。	

㊴ 《保守国家秘密法》第15条第2款。

㊵ 参考最高法《关于审理为境外窃取、刺探、收买、非法提供国家秘密、情报案件具体应用法律若干问题的解释》第6条。

㊶ 《刑法》第111条。

（二）故意泄露国家秘密罪与非法获取国家秘密罪

比较	故意泄露国家秘密罪	非法获取国家秘密罪
主体	主要是国家机关工作人员	一般主体
客观方面	有泄露秘密的行为就成立	窃取、刺探、收买的方法
转化	行为人出于泄露国家秘密的故意，先非法获取国家秘密后又实施泄露国家秘密行为的，成立吸收犯，从一重罪处断。	

第六节　报复陷害罪

一、刑法规定

【报复陷害罪】[42] 国家机关工作人员滥用职权、假公济私，对控告人、申诉人、批评人、举报人实行报复陷害的，处二年以下有期徒刑或者拘役；情节严重的，处二年以上七年以下有期徒刑。

二、犯罪构成

主体	国家机关工作人员。
主观方面	故意，并且具有报复陷害他人的目的。
客体	公民的控告、申诉、批评、检举等民主权利和国家机关的正常活动。
客观方面	滥用职权、假公济私，对控告人、申诉人、批评人、举报人实行打击报复、陷害的行为。

---

[42] 《刑法》第254条。

三、定罪量刑标准[43]

定罪标准	涉嫌下列情形之一的，应予立案： 1. 报复陷害，情节严重，导致控告人、申诉人、批评人、举报人或者其近亲属自杀、自残造成重伤、死亡，或者精神失常的；2. 致使控告人、申诉人、批评人、举报人或者其近亲属的其他合法权利受到严重损害的；3. 其他报复陷害应予追究刑事责任的情形。
量刑标准	二年以下有期徒刑或者拘役。
	情节严重的[44]，处二年以上七年以下有期徒刑。

四、易混罪名比较

【诬告陷害罪】[45] 捏造事实诬告陷害他人，意图使他人受刑事追究，情节严重的，处三年以下有期徒刑、拘役或者管制；造成严重后果的，处三年以上十年以下有期徒刑。

国家机关工作人员犯前款罪的，从重处罚。

不是有意诬陷，而是错告，或者检举失实的，不适用前两款的规定。

比较	报复陷害罪	诬告陷害罪
主体	国家机关工作人员	一般主体
目的	意图报复陷害他人	意图使他人枉受刑事追究
对象	控告人、申诉人、批评人、举报人	任何人
手段	滥用职权、假公济私	无要求

---

[43] 最高检《关于渎职侵权犯罪案件立案标准的规定》二、(六)。

[44] “情节严重”无统一规定。

[45] 《刑法》第243条。

第七节　阻碍解救被拐卖、绑架妇女、儿童罪※

一、刑法规定

【阻碍解救被拐卖、绑架妇女、儿童罪】[46] 对被拐卖、绑架的妇女、儿童负有解救职责的国家机关工作人员利用职务阻碍解救的，处二年以上七年以下有期徒刑；情节较轻的，处二年以下有期徒刑或者拘役。

二、犯罪构成

主体	负有解救职责的公安、司法等国家机关工作人员。
主观方面	故意，认识到自己的行为是在阻碍解救被拐卖、绑架的妇女、儿童，并希望发生被拐卖、绑架的妇女、儿童未获解救的结果，不须明知解救性质是公务解救还是私力解救。
客体	国家机关及其工作人员的信誉，以及被拐卖、绑架妇女、儿童的人身权利。
客观方面	利用职务阻碍解救被拐卖、绑架的妇女、儿童的行为。

三、定罪量刑标准[47]

定罪标准	涉嫌下列情形之一的，应予立案： 1. 利用职权，禁止、阻止或者妨碍有关部门、人员解救被拐卖、绑架的妇女、儿童的；2. 利用职务上的便利，向拐卖、绑架者或者收买者通风报信，妨碍解救工作正常进行的；3. 其他利用职务阻碍解救被拐卖、绑架的妇女、儿童应予追究刑事责任的情形。
量刑标准	二年以上七年以下有期徒刑。
	情节较轻[48]的，处二年以下有期徒刑或者拘役。

㊻ 参考《刑法》第416条第2款。

㊼ 最高检《关于渎职侵权犯罪案件立案标准的规定》一、（三十二）。

㊽ “情节较轻”无统一规定。

四、易混罪名比较

【妨害公务罪】[49] 以暴力、威胁方法阻碍国家机关工作人员依法执行职务的，处三年以下有期徒刑、拘役、管制或者罚金。

【阻碍解救被收买的妇女、儿童】[50] 以暴力、威胁方法阻碍国家机关工作人员解救被收买的妇女、儿童的，依照妨害公务罪定罪处罚。

比较	阻碍解救被拐卖、绑架妇女、儿童罪	妨害公务罪	妨害公务罪中阻碍解救被收买的妇女、儿童行为
主体	负有解救职责的国家机关工作人员	一般主体	一般主体
主观方面	明知自己的行为是在阻碍解救被拐卖、绑架的妇女、儿童，不须明知是公务解救还是私力解救。	明知自己的行为是在阻碍公务活动，不须明知何种公务、何类国家工作人员执行公务。	明知自己的行为是在阻碍解救被收买的妇女、儿童的公务活动。
客观方面	利用职务阻碍解救被拐卖、绑架的妇女、儿童。	以暴力、威胁方法阻碍国家机关工作人员依法执行公务。	以暴力、威胁方法阻碍国家机关工作人员解救被收买的妇女、儿童。

第八节　帮助犯罪分子逃避处罚罪※

一、刑法规定

【帮助犯罪分子逃避处罚罪】[51] 有查禁犯罪活动职责的国家机关工作人员，向犯罪分子通风报信、提供便利，帮助犯罪分子逃避处罚的，处三年以下有期徒刑或者拘役；情节严重的，处三年以上十年以下有期徒刑。

㊾ 《刑法》第277条第1款。

㊿ 参考《刑法》第242条第1款。

51 《刑法》第417条。

二、犯罪构成

主体	有查禁犯罪活动职责的司法及公安、国家安全、海关、税务等国家机关工作人员。
主观方面	故意，明知犯罪分子处于查禁之列，仍然向其通风报信、提供便利，希望或放任犯罪分子逃避处罚。
客体	国家机关正常的工作秩序和管理活动。
客观方面	向犯罪分子通风报信、提供便利，帮助犯罪分子逃避处罚的行为。

三、定罪量刑标准[52]

定罪标准	涉嫌下列情形之一的，应予立案： 1. 向犯罪分子泄露有关部门查禁犯罪活动的部署、人员、措施、时间、地点等情况的；2. 向犯罪分子提供钱物、交通工具、通信设备、隐藏处所等便利条件的；3. 向犯罪分子泄露案情的；4. 帮助、示意犯罪分子隐匿、毁灭、伪造证据，或者串供、翻供的；5. 其他帮助犯罪分子逃避处罚应予追究刑事责任的情形。
量刑标准	三年以下有期徒刑或者拘役。
	情节严重的[53]，处三年以上十年以下有期徒刑。

四、司法认定

赃车[54]	公安人员对盗窃、抢劫的机动车辆，非法提供机动车牌证或者为其取得机动车牌证提供便利，帮助犯罪分子逃避处罚的，以帮助犯罪分子逃避处罚罪追究刑事责任。

---

[52] 最高检《关于渎职侵权犯罪案件立案标准的规定》一、(三十三)。

[53] “情节严重”无统一规定。

[54] 最高法、最高检、公安部、国家工商行政管理局（现为国家市场监督管理总局）《关于依法查处盗窃、抢劫机动车案件的规定》第10条。

续表

非法捕捞[55]	负有查禁破坏水生生物资源犯罪活动职责的国家机关工作人员，向犯罪分子通风报信、提供便利，帮助犯罪分子逃避处罚的，以帮助犯罪分子逃避处罚罪定罪处罚。

第九节　违法发放林木采伐许可证罪※

一、刑法规定

【违法发放林木采伐许可证罪】[56] 林业主管部门的工作人员违反森林法的规定，超过批准的年采伐限额发放林木采伐许可证或者违反规定滥发林木采伐许可证，情节严重，致使森林遭受严重破坏的，处三年以下有期徒刑或者拘役。

二、犯罪构成

主体	林业主管部门的工作人员
主观方面	故意，明知违反森林法规定，仍然超发、滥发林木采伐许可证，放任危害后果的发生。
客体	国家审核发放林木采伐许可证部门对许可证的正常管理活动。
客观方面	违反森林法的规定，超过批准的年采伐限额发放林木采伐许可证，或者违反规定滥发林木采伐许可证，情节严重，致使森林遭受严重破坏的行为。

---

[55] 最高法、最高检、公安部、农业农村部《依法惩治长江流域非法捕捞等违法犯罪的意见》二、(五)。

[56] 《刑法》第407条。

三、定罪量刑标准[57]

定罪标准	涉嫌下列情形之一的，应予立案： 1. 发放林木采伐许可证允许采伐数量累计超过批准的年采伐限额，导致林木被超限额采伐十立方米以上的；2. 滥发林木采伐许可证，导致林木被滥伐二十立方米以上，或者导致幼树被滥伐一千株以上的；3. 滥发林木采伐许可证，导致防护林、特种用途林被滥伐五立方米以上，或者幼树被滥伐二百株以上的；4. 滥发林木采伐许可证，导致珍贵树木或者国家重点保护的其他树木被滥伐的；5. 滥发林木采伐许可证，导致国家禁止采伐的林木被采伐的；6. 其他情节严重，致使森林遭受严重破坏的情形。
量刑标准	三年以下有期徒刑或者拘役。

四、司法认定[58]

林业主管部门工作人员外的国家机关工作人员	林业主管部门工作人员之外的国家机关工作人员，违反森林法的规定，滥用职权或者玩忽职守，致使林木被滥伐四十立方米以上或者幼树被滥伐二千株以上，或者致使防护林、特种用途林被滥伐十立方米以上或者幼树被滥伐四百株以上，或者致使珍贵树木被采伐、毁坏四立方米或者四株以上，或者致使国家重点保护的其他植物被采伐、毁坏后果严重的，或者致使国家严禁采伐的林木被采伐、毁坏情节恶劣的，以滥用职权罪或者玩忽职守罪追究刑事责任。

第十节 办理偷越国（边）境人员出入境证件罪※

一、刑法规定

【办理偷越国（边）境人员出入境证件罪】[59] 负责办理护照、签证以及其

[57] 最高检《关于渎职侵权犯罪案件立案标准的规定》一、(十八)。
[58] 最高检《关于渎职侵权犯罪案件立案标准的规定》一、(十八)。
[59] 《刑法》第415条。

他出入境证件的国家机关工作人员，对明知是企图偷越国（边）境的人员，予以办理出入境证件的，处三年以下有期徒刑或者拘役；情节严重的，处三年以上七年以下有期徒刑。

二、犯罪构成

主体	负责办理护照、签证以及其他出入境证件的国家机关工作人员
主观方面	故意，明知他人是企图偷越国（边）境的人员而故意给其办理出入境证件。
客体	国家的出入境管理制度。
客观方面	对明知是企图偷越国（边）境的人员，予以办理出入境证件的行为。

三、定罪量刑标准[60]

定罪标准	负责办理护照、签证以及其他出入境证件的国家机关工作人员涉嫌在办理护照、签证以及其他出入境证件的过程中，对明知是企图偷越国（边）境的人员而予以办理出入境证件的，应予立案。
量刑标准	三年以下有期徒刑或者拘役。
	情节严重的[61]，处三年以上七年以下有期徒刑。

第十一节　放行偷越国（边）境人员罪※

一、刑法规定

【放行偷越国（边）境人员罪】[62] 边防、海关等国家机关工作人员，对明知是偷越国（边）境的人员，予以放行的，处三年以下有期徒刑或者拘役；

---

[60] 最高检《关于渎职侵权犯罪案件立案标准的规定》一、(二十九)。

[61] “情节严重”无统一规定。

[62] 参考《刑法》第415条。

情节严重的，处三年以上七年以下有期徒刑。

二、犯罪构成

主体	边防、海关等国家机关工作人员
主观方面	故意，明知是偷越国（边）境的人员，而故意予以放行。
客体	国家边防或海关的正常活动。
客观方面	对明知是偷越国（边）境的人员予以放行的行为。

三、定罪量刑标准[63]

定罪标准	边防、海关等国家机关工作人员涉嫌在履行职务过程中，对明知是偷越国（边）境的人员而予以放行的，应予立案。
量刑标准	三年以下有期徒刑或者拘役。
	情节严重的[64]，处三年以上七年以下有期徒刑。

第十二节 挪用特定款物罪

一、刑法规定

【挪用特定款物罪】[65] 挪用用于救灾、抢险、防汛、优抚、扶贫、移民、救济款物，情节严重，致使国家和人民群众利益遭受重大损害的，对直接责任人员，处三年以下有期徒刑或者拘役；情节特别严重的，处三年以上七年以下有期徒刑。

---

[63] 最高检《关于渎职侵权犯罪案件立案标准的规定》一、（三十）。

[64] “情节严重”无统一规定。

[65] 《刑法》第273条。

二、犯罪构成

主体	单位犯罪，只处罚直接责任人员。
主观方面	故意，明知是特定款物而故意挪用。
客体	国家关于特定款物专门使用的财经管理制度。
客观方面	挪用特定款物，情节严重，致使国家和人民群众利益遭受重大损害的行为。

三、定罪量刑标准

定罪标准	情节严重，致使国家和人民群众利益遭受重大损害的。[66]	情节特别严重的。[67]
量刑标准	对直接责任人员，处三年以下有期徒刑或者拘役。	三年以上七年以下有期徒刑。

四、司法认定

挪用失业保险基金和下岗职工生活保障资金[68]	挪用失业保险基金和下岗职工基本生活保障资金属于挪用救济款物。挪用失业保险基金和下岗职工基本生活保障资金，情节严重，致使国家和人民群众利益遭受重大损害的，对直接责任人员，以挪用特定款物罪追究刑事责任。
挪用传染病救济款物[69]	挪用用于预防、控制突发传染病疫情等灾害的救灾、优抚、救济等款物，构成犯罪的，对直接责任人员，以挪用特定款物罪定罪处罚。
挪用养老保险金[70]	养老保险金不属于特定款物，挪用退休职工养老保险金构成犯罪的，应按照行为人身份的不同，分别以挪用资金罪或者挪用公款罪追究刑事责任。

---

[66] “情节严重，致使国家和人民群众利益遭受重大损害”无统一规定。

[67] “情节特别严重”无统一规定。

[68] 最高检《关于挪用失业保险基金和下岗职工基本生活保障资金的行为适用法律问题的批复》。

[69] 最高法、最高检《关于办理妨害预防、控制突发传染病疫情等灾害的刑事案件具体应用法律若干问题的解释》第14条第2款。

[70] 最高法研究室《关于挪用退休职工社会养老金行为如何适用法律问题的复函》。

五、易混罪名比较

挪用特定款物罪与挪用公款罪、挪用资金罪的区别见下编第一章第二节“五、易混罪名比较”。

第十三节　非法剥夺公民宗教信仰自由罪

一、刑法规定

【非法剥夺公民宗教信仰自由罪】[71] 国家机关工作人员非法剥夺公民的宗教信仰自由，情节严重的，处二年以下有期徒刑或者拘役。

二、犯罪构成

主体	国家机关工作人员
主观方面	故意，明知他人有宗教信仰自由权利而故意非法予以剥夺。
客体	公民的宗教信仰自由权利。 《宪法》第三十六条规定：“中华人民共和国公民有宗教信仰自由。任何国家机关、社会团体和个人不得强制公民信仰宗教或者不信仰宗教，不得歧视信仰宗教的公民和不信仰宗教的公民。国家保护正常的宗教活动。任何人不得利用宗教进行破坏社会秩序、损害公民身体健康、妨碍国家教育制度的活动。宗教团体和宗教事务不受外国势力的支配。”
客观方面	非法剥夺公民的宗教信仰自由，情节严重的行为。

---

[71] 《刑法》第251条。

三、定罪量刑标准

定罪标准	情节严重的[72]
量刑标准	二年以下有期徒刑或者拘役

第十四节　侵犯少数民族风俗习惯罪

一、刑法规定

【侵犯少数民族风俗习惯罪】[73] 国家机关工作人员侵犯少数民族风俗习惯，情节严重的，处二年以下有期徒刑或者拘役。

二、犯罪构成

主体	国家机关工作人员
主观方面	故意，明知自己的行为会发生侵犯少数民族风俗习惯的危害结果，并且希望或者放任这种结果的发生。
客体	少数民族风俗习惯。 《宪法》第四条第四款规定："各民族都有使用和发展自己的语言文字的自由，都有保持或者改革自己的风俗习惯的自由。"
客观方面	侵犯少数民族风俗习惯，情节严重的行为。

[72] "情节严重"无统一规定。

[73] 参考《刑法》第251条。

三、定罪量刑标准

定罪标准	情节严重的[74]
量刑标准	二年以下有期徒刑或者拘役

第十五节 打击报复会计、统计人员罪

一、刑法规定

【打击报复会计、统计人员罪】[75] 公司、企业、事业单位、机关、团体的领导人，对依法履行职责、抵制违反会计法、统计法行为的会计、统计人员实行打击报复，情节恶劣的，处三年以下有期徒刑或者拘役。

二、犯罪构成

主体[76]	公司、企业、事业单位、机关、团体的领导人
主观方面	故意，并且具有打击报复的目的。
客体	会计、统计人员的人身权利及国家会计、统计管理制度。
客观方面	对依法履行职责，抵制违反会计法、统计法行为的会计、统计人员实行打击报复，情节恶劣的行为。包括调动工作，撤换职务，强行辞退，克扣工资、奖金或者其他福利等行为。

---

[74] “情节严重”无统一规定。

[75] 《刑法》第255条。

[76] 根据《监察法》立法精神，非公职人员犯本罪的，应由公安机关管辖。

三、定罪量刑标准

定罪标准	情节恶劣的[77]
量刑标准	三年以下有期徒刑或者拘役

四、易混罪名比较

【报复陷害罪】[78] 国家机关工作人员滥用职权、假公济私，对控告人、申诉人、批评人、举报人实行报复陷害的，处二年以下有期徒刑或者拘役；情节严重的，处二年以上七年以下有期徒刑。

比较	打击报复会计、统计人员罪	报复陷害罪
主体	公司、企业、事业单位、机关、团体的领导人	国家机关工作人员
对象	会计、统计人员	控告人、申诉人、批评人、举报人
客观方面	不要求利用职权	滥用职权、假公济私

第十六节　非法拘禁罪

一、刑法规定

【非法拘禁罪】[79] 非法拘禁他人或者以其他方法非法剥夺他人人身自由的，处三年以下有期徒刑、拘役、管制或者剥夺政治权利。具有殴打、侮辱情节的，从重处罚。

犯前款罪，致人重伤的，处三年以上十年以下有期徒刑；致人死亡的，

[77] “情节恶劣”无统一规定。

[78] 《刑法》第254条。

[79] 《刑法》第238条。

处十年以上有期徒刑。使用暴力致人伤残、死亡的，依照故意伤害罪、故意杀人罪的规定定罪处罚。

为索取债务非法扣押、拘禁他人的，依照前两款的规定处罚。

国家机关工作人员利用职权犯前三款罪的，依照前三款的规定从重处罚。

二、犯罪构成

主体	一般主体。其中，司法工作人员以外的公职人员触犯本罪由监察机关管辖；司法工作人员触犯本罪可以由检察机关管辖，必要时由监察机关管辖；非公职人员触犯本罪由公安机关管辖。
主观方面	故意实施限制他人人身自由的行为。
客体	公民的人身自由权利。
客观方面	以拘禁或者其他方法非法剥夺他人人身自由的行为。

三、定罪量刑标准

<table>
<tr><td>定罪标准[80]</td><td colspan="3">国家机关工作人员利用职权非法拘禁，涉嫌下列情形之一的，应予立案：
1. 非法剥夺他人人身自由二十四小时以上的；2. 非法剥夺他人人身自由，并使用械具或者捆绑等恶劣手段，或者实施殴打、侮辱、虐待行为的；3. 非法拘禁，造成被拘禁人轻伤、重伤、死亡的；4. 非法拘禁，情节严重，导致被拘禁人自杀、自残造成重伤、死亡，或者精神失常的；5. 非法拘禁三人次以上的；6. 司法工作人员对明知是没有违法犯罪事实的人而非法拘禁的；7. 其他非法拘禁应予追究刑事责任的情形。</td></tr>
<tr><td rowspan="2">量刑标准[81]</td><td>三年以下有期徒刑、拘役、管制或者剥夺政治权利。具有殴打、侮辱情节的，从重处罚。</td><td>致人重伤的，处三年以上十年以下有期徒刑。</td><td>致人死亡的，处十年以上有期徒刑。</td></tr>
<tr><td>犯罪情节一般的，在一年以下有期徒刑、拘役幅度内确定量刑起点。</td><td>致一人重伤的，在三年至五年有期徒刑幅度内确定量刑起点。</td><td>致一人死亡的，在十年至十三年有期徒刑幅度内确定量刑起点。</td></tr>
</table>

[80] 最高检《关于渎职侵权犯罪案件立案标准的规定》二、(一)。

[81] 最高法、最高检《关于常见犯罪的量刑指导意见（试行)》四、(九)。

续表

量刑标准	1. 在量刑起点的基础上，根据非法拘禁人数、拘禁时间、致人伤亡后果等其他影响犯罪构成的犯罪事实增加刑罚量，确定基准刑。 非法拘禁多人多次的，以非法拘禁人数作为增加刑罚量的事实，非法拘禁次数作为调节基准刑的量刑情节。 2. 有下列情节之一的，增加基准刑的10%～20%：（1）具有殴打、侮辱情节的；（2）国家机关工作人员利用职权非法扣押、拘禁他人的。 3. 构成非法拘禁罪的，综合考虑非法拘禁的起因、时间、危害后果等犯罪事实、量刑情节，以及被调查人的主观恶性、人身危险性、认罪悔罪表现等因素，决定缓刑的适用。

四、司法认定

从重处罚	国家机关工作人员利用职权犯非法拘禁罪的从重处罚。
转化	使用暴力致人伤残、死亡的，依照故意伤害罪、故意杀人罪的规定定罪处罚。
高利贷赌债[82]	行为人为索取高利贷、赌债等法律不予保护的债务，非法扣押、拘禁他人的，依照非法拘禁罪的规定定罪处罚。
黑恶势力[83]	黑恶势力有组织地多次短时间非法拘禁他人的，应当认定为《刑法》第二百三十八条规定的“以其他方法非法剥夺他人人身自由”。非法拘禁他人三次以上、每次持续时间在四小时以上，或者非法拘禁他人累计时间在十二小时以上的，应以非法拘禁罪定罪处罚。
碰瓷[84]	实施“碰瓷”，为索取财物，采取非法拘禁等方法非法剥夺他人人身自由，符合《刑法》第二百三十八条规定的，以非法拘禁罪定罪处罚。
涉医[85]	以不准离开工作场所等方式非法限制医务人员人身自由的，符合非法拘禁罪规定的，以非法拘禁罪定罪处罚。

---

[82] 最高法《关于对索取法律不予保护的债务非法拘禁他人行为如何定罪问题的解释》。

[83] 最高法、最高检、公安部、司法部《关于办理黑恶势力犯罪案件若干问题的指导意见》四、18。

[84] 最高法、最高检、公安部《关于依法办理“碰瓷”违法犯罪案件的指导意见》八。

[85] 最高法、最高检、公安部、司法部、国家卫生和计划生育委员会《关于依法惩处涉医违法犯罪维护正常医疗秩序的意见》二、(三)，最高法、最高检、公安部、司法部《关于依法惩治妨害新型冠状病毒感染肺炎疫情防控违法犯罪的意见》二、(二)。

第十七节　虐待被监管人罪

一、刑法规定

【虐待被监管人罪】[86] 监狱、拘留所、看守所等监管机构的监管人员对被监管人进行殴打或者体罚虐待，情节严重的，处三年以下有期徒刑或者拘役；情节特别严重的，处三年以上十年以下有期徒刑。致人伤残、死亡的，依照故意伤害罪、故意杀人罪的规定定罪从重处罚。

监管人员指使被监管人殴打或者体罚虐待其他被监管人的，依照前款的规定处罚。

二、犯罪构成

主体	监狱、拘留所、看守所、强制隔离戒毒所[87]等监管机构的监管人员。
主观方面	故意对被监管人员进行殴打或者实施体罚虐待。
客体	既侵犯了被监管人员的人身权利，也侵犯了监管机构的正常管理秩序。
客观方面	亲自或者指使他人对被监管人进行殴打或者体罚虐待，情节严重的行为。

[86] 《刑法》第248条。

[87] 最高检《关于强制隔离戒毒所工作人员能否成为虐待被监管人罪主体问题的批复》。

三、定罪量刑标准

定罪标准[88]	涉嫌下列情形之一的，应予立案： 1. 以殴打、捆绑、违法使用械具等恶劣手段虐待被监管人的；2. 以较长时间冻、饿、晒、烤等手段虐待被监管人，严重损害其身体健康的；3. 虐待造成被监管人轻伤、重伤、死亡的；4. 虐待被监管人，情节严重，导致被监管人自杀、自残造成重伤、死亡，或者精神失常的；5. 殴打或者体罚虐待三人次以上的；6. 指使被监管人殴打、体罚虐待其他被监管人，具有上述情形之一的；7. 其他情节严重的情形。
量刑标准	三年以下有期徒刑或者拘役。
	情节特别严重的，处三年以上十年以下有期徒刑。

四、司法认定

转化	致人伤残、死亡的，依照故意伤害罪、故意杀人罪的规定定罪从重处罚。
戒毒所[89]	对于强制隔离戒毒所监管人员殴打或者体罚虐待戒毒人员，或者指使戒毒人员殴打、体罚虐待其他戒毒人员，情节严重的，以虐待被监管人罪追究刑事责任；造成戒毒人员伤残、死亡后果的，以故意伤害罪、故意杀人罪从重处罚。

第十八节　非法搜查罪

一、刑法规定

【非法搜查罪】[90] 非法搜查他人身体、住宅的，处三年以下有期徒刑或者

---

[88] 最高检《关于渎职侵权犯罪案件立案标准的规定》二、(五)。

[89] 最高检《关于强制隔离戒毒所工作人员能否成为虐待被监管人罪主体问题的批复》。

[90] 《刑法》第245条。

拘役。

司法工作人员滥用职权，犯非法搜查罪的，从重处罚。

二、犯罪构成

主体	一般主体。其中，司法工作人员以外的公职人员触犯本罪由监察机关管辖；司法工作人员触犯本罪可以由检察机关管辖，必要时由监察机关管辖；非公职人员触犯本罪由公安机关管辖。
主观方面	明知自己的行为非法而故意实施。
客体	他人的人身权利和住宅不受侵犯的权利。
客观方面	非法搜查他人身体、住宅的行为。

三、定罪量刑标准

定罪标准[91]	国家机关工作人员利用职权非法搜查，涉嫌下列情形之一的，应予立案：1. 非法搜查他人身体、住宅，并实施殴打、侮辱等行为的；2. 非法搜查，情节严重，导致被搜查人或者其近亲属自杀、自残造成重伤、死亡，或者精神失常的；3. 非法搜查，造成财物严重损坏的；4. 非法搜查三人（户）次以上的；5. 司法工作人员对明知是与涉嫌犯罪无关的人身、住宅非法搜查的；6. 其他非法搜查应予追究刑事责任的情形。
量刑标准	三年以下有期徒刑或者拘役。

四、司法认定

从重处罚	司法工作人员滥用职权，犯非法搜查罪的，从重处罚。
碰瓷[92]	实施“碰瓷”，为索取财物，采取非法搜查他人身体，符合非法搜查罪规定的，以非法搜查罪定罪处罚。

---

[91] 最高检《关于渎职侵权犯罪案件立案标准的规定》二、（二）。

[92] 最高法、最高检、公安部《关于依法办理“碰瓷”违法犯罪案件的指导意见》八。

第三章　玩忽职守犯罪

本章共包括11个罪名：玩忽职守罪※；国有公司、企业、事业单位人员失职罪；签订、履行合同失职被骗罪；国家机关工作人员签订、履行合同失职被骗罪※；环境监管失职罪※；传染病防治失职罪※；商检失职罪※；动植物检疫失职罪※；不解救被拐卖、绑架妇女、儿童罪※；失职造成珍贵文物损毁、流失罪※；过失泄露国家秘密罪※。①

① 标记※的9个罪名规定于《刑法》第二编第九章渎职罪，适用“渎职罪统一规定”（见下编第二章）。

第一节 玩忽职守罪※

一、刑法规定

【玩忽职守罪】② 国家机关工作人员玩忽职守，致使公共财产、国家和人民利益遭受重大损失的，处三年以下有期徒刑或者拘役；情节特别严重的，处三年以上七年以下有期徒刑。刑法另有规定的，依照规定。

国家机关工作人员徇私舞弊，犯前款罪的，处五年以下有期徒刑或者拘役；情节特别严重的，处五年以上十年以下有期徒刑。刑法另有规定的，依照规定。

二、犯罪构成

主体	国家机关工作人员，其中非司法工作人员触犯本罪由监察机关管辖，司法工作人员触犯本罪可以由检察机关管辖。
主观方面	一般是过失，应预见玩忽职守的行为会发生危害结果，因疏忽大意没有预见，或已经预见而轻信能够避免，以致发生了危害结果。
客体	国家机关的正常活动。
客观方面	严重不负责任，不履行职责或者不正确履行职责，致使公共财产、国家和人民利益遭受重大损失的行为。

② 《刑法》第397条。

三、定罪量刑标准③

定罪标准	致使公共财产、国家和人民利益遭受重大损失： 1. 造成死亡一人以上，或者重伤三人以上，或者轻伤九人以上，或者重伤二人、轻伤三人以上，或者重伤一人、轻伤六人以上的；2. 造成经济损失三十万元以上的；3. 造成恶劣社会影响的；4. 其他致使公共财产、国家和人民利益遭受重大损失的情形。	情节特别严重： 1. 造成死亡三人以上，或者重伤九人以上，或者轻伤二十七人以上，或者重伤六人、轻伤九人以上，或者重伤三人、轻伤十八人以上的；2. 造成经济损失一百五十万元以上的；3. 造成经济损失三十万元以上，不报、迟报、谎报或者授意、指使、强令他人不报、迟报、谎报事故情况，致使损失后果持续、扩大或者抢救工作延误的；4. 造成特别恶劣社会影响的；5. 其他特别严重的情节。
量刑标准	三年以下有期徒刑或拘役；徇私舞弊，犯上述罪的，处五年以下有期徒刑或拘役。	三年以上七年以下有期徒刑；徇私舞弊，犯上述罪的，处五年以上十年以下有期徒刑。

四、司法认定

徇私④	应理解为徇个人私情、私利。
油气监管⑤	国家机关工作人员玩忽职守，实施下列行为之一，致使公共财产、国家和人民利益遭受重大损失的，以玩忽职守罪定罪处罚： 1. 超越职权范围，批准发放石油、天然气勘查、开采、加工、经营等许可证的；2. 违反国家规定，给不符合法定条件的单位、个人发放石油、天然气勘查、开采、加工、经营等许可证的；3. 违反《石油天然气管道保护条例》等国家规定，在油气设备安全保护范围内批准建设项目的；4. 对发现或者经举报查实的未经依法批准、许可擅自从事石油、天然气勘查、开采、加工、经营等违法活动不予查封、取缔的。

③ 最高法、最高检《关于办理渎职刑事案件适用法律若干问题的解释（一）》第1条。

④ 最高法《全国法院审理经济犯罪案件工作座谈会纪要》六、（四）。

⑤ 最高法、最高检《关于办理盗窃油气、破坏油气设备等刑事案件具体应用法律若干问题的解释》第7条。

续表

赃车⑥	国家机关工作人员疏于审查或者审查不严，致使盗窃、抢劫、诈骗、抢夺的机动车被办理登记手续，数量达到五辆以上或者价值总额达到五十万元以上的，以玩忽职守罪定罪，处三年以下有期徒刑或者拘役。 国家机关工作人员实施上述行为，致使盗窃、抢劫、诈骗、抢夺的机动车被办理登记手续，分别达到上述规定数量、数额标准五倍以上的，或者明知是盗窃、抢劫、诈骗、抢夺的机动车而办理登记手续的，属于玩忽职守罪第一款规定的“情节特别严重”，处三年以上七年以下有期徒刑。 国家机关工作人员徇私舞弊，实施上述行为，构成犯罪的，依照玩忽职守罪第二款的规定定罪处罚。
安全监管⑦	国家机关工作人员在履行安全监督管理职责时玩忽职守，致使公共财产、国家和人民利益遭受重大损失的，以玩忽职守罪定罪处罚。
兴奋剂⑧	国家机关工作人员在行使反兴奋剂管理职权时玩忽职守，造成严重兴奋剂违规事件，严重损害国家声誉或者造成恶劣社会影响，符合刑法第三百九十七条规定的，以玩忽职守罪定罪处罚。 依法或者受委托行使反兴奋剂管理职权的单位的工作人员，在行使反兴奋剂管理职权时玩忽职守的，依照前款规定定罪处罚。
疫情防控⑨	在疫情防控工作中，负有组织、协调、指挥、灾害调查、控制、医疗救治、信息传递、交通运输、物资保障等职责的国家机关工作人员，玩忽职守，致使公共财产、国家和人民利益遭受重大损失的，以玩忽职守罪定罪处罚。
非法捕捞⑩	对长江流域重点水域水生生物资源保护负有监督管理、行政执法职责的国家机关工作人员，玩忽职守，致使公共财产、国家和人民利益遭受重大损失的，以玩忽职守罪定罪处罚。

⑥ 最高法、最高检《关于办理与盗窃、抢劫、诈骗、抢夺机动车相关刑事案件具体应用法律若干问题的解释》第3条第2款、第3款、第4款。

⑦ 参考最高法、最高检《关于办理危害生产安全刑事案件适用法律若干问题的解释》第15条。

⑧ 最高法《关于审理走私、非法经营、非法使用兴奋剂刑事案件适用法律若干问题的解释》第6条。

⑨ 最高法、最高检、公安部、司法部《关于依法惩治妨害新型冠状病毒感染肺炎疫情防控违法犯罪的意见》二、(七)。

⑩ 最高法、最高检、公安部、农业农村部《依法惩治长江流域非法捕捞等违法犯罪的意见》二、(五)。

五、指导案例

最高人民检察院指导案例8号——杨某武玩忽职守、徇私枉法、受贿案

【关键词】

玩忽职守罪　徇私枉法罪　受贿罪　因果关系　数罪并罚

【要旨】

1. 渎职犯罪因果关系的认定。如果负有监管职责的国家机关工作人员没有认真履行其监管职责，从而未能有效防止危害结果发生，那么，这些对危害结果具有“原因力”的渎职行为，应认定与危害结果之间具有刑法意义上的因果关系。

2. 渎职犯罪同时受贿的处罚原则。对于国家机关工作人员实施渎职犯罪并收受贿赂，同时构成受贿罪的，除《刑法》第三百九十九条有特别规定的外，以渎职犯罪和受贿罪数罪并罚。

第二节　国有公司、企业、事业单位人员失职罪

一、刑法规定

【国有公司、企业、事业单位人员失职罪】[11] 国有公司、企业的工作人员，由于严重不负责任，造成国有公司、企业破产或者严重损失，致使国家利益遭受重大损失的，处三年以下有期徒刑或者拘役；致使国家利益遭受特别重大损失的，处三年以上七年以下有期徒刑。

国有事业单位的工作人员有前款行为，致使国家利益遭受重大损失的，依照前款的规定处罚。

国有公司、企业、事业单位的工作人员，徇私舞弊，犯前两款罪的，依照第一款的规定从重处罚。

---

⑪ 《刑法》第168条。

二、犯罪构成

主体	国有公司、企业、事业单位的工作人员
主观方面	一般是过失，应预见严重不负责任的行为会致使国家利益遭受重大损失，因疏忽大意没有预见，或已经预见而轻信能够避免，以致发生了危害结果。
客体	国有公司、企业、事业单位财产权益和社会主义市场经济秩序。
客观方面	1. 国有公司、企业的工作人员严重不负责任，造成国有公司、企业破产或严重亏损，致使国家利益遭受重大损失、特别重大损失的行为； 2. 国有公司、事业单位工作人员严重不负责任，致使国家利益遭受重大损失的行为。

三、定罪量刑标准

定罪标准	致使国家利益遭受重大损失的⑫	致使国家利益遭受特别重大损失的⑬
量刑标准	三年以下有期徒刑或者拘役；徇私舞弊从重处罚。	三年以上七年以下有期徒刑；徇私舞弊从重处罚。

四、司法认定

国企改制失职⑭	国家出资企业中的国家工作人员在公司、企业改制或者国有资产处置过程中严重不负责任，致使国家利益遭受重大损失的，以国有公司、企业人员滥用职权罪定罪处罚。
数罪并罚⑮	国有公司、企业、事业单位人员利用职务上的便利，收受他人财物，为他人谋取利益，同时构成受贿罪和国有公司、企业、事业单位人员失职罪的，以受贿罪和国有公司、企业、事业单位人员失职罪数罪并罚。

⑫ “致使国家利益遭受重大损失”无统一规定。

⑬ “致使国家利益遭受特别重大损失”无统一规定。

⑭ 最高法、最高检《关于办理国家出资企业中职务犯罪案件具体应用法律若干问题的意见》四。

⑮ 参考最高法、最高检《关于办理贪污贿赂刑事案件适用法律若干问题的解释》第17条。

续表

追诉期限[16]	国有公司人员失职罪的追诉期限应从损失结果发生之日起计算。

第三节　签订、履行合同失职被骗罪

一、刑法规定

【签订、履行合同失职被骗罪】[17] 国有公司、企业、事业单位直接负责的主管人员，在签订、履行合同过程中，因严重不负责任被诈骗，致使国家利益遭受重大损失的，处三年以下有期徒刑或者拘役；致使国家利益遭受特别重大损失的，处三年以上七年以下有期徒刑。

【金融机构、外贸公司、企业人员失职被骗】[18] 金融机构、从事对外贸易经营活动的公司、企业的工作人员严重不负责任，造成大量外汇被骗购或者逃汇，致使国家利益遭受重大损失的，依照签订、履行合同失职被骗罪定罪处罚。

二、犯罪构成

主体	1. 国有公司、企业、事业单位直接负责的主管人员；2. 金融机构、从事对外贸易经营活动的公司、企业的工作人员。
主观方面	过失，应当预见在签订、履行合同过程中严重不负责任的行为会致使国家利益遭受重大损失，因疏忽大意而没有预见，或者是虽然已经预见但轻信可以避免，以致发生了危害后果。
客体	国有公司、企业、事业单位的正常活动秩序和经济利益。
客观方面	1. 因严重不负责任被诈骗，致使国家利益遭受重大损失的行为；2. 严重不负责任，造成大量外汇被骗购或者逃汇，致使国家利益遭受重大损失的行为。

---

⑯ 最高法刑二庭《关于国有公司人员滥用职权犯罪追溯期限等问题的答复》。

⑰ 《刑法》第167条。

⑱ 全国人大常委会《关于惩治骗购外汇、逃汇和非法买卖外汇犯罪的决定》第7条。

三、定罪量刑标准

定罪标准	致使国家利益遭受重大损失的[19]	致使国家利益遭受特别重大损失的[20]
量刑标准	三年以下有期徒刑或者拘役	三年以上七年以下有期徒刑

四、司法认定

诈骗[21]	认定签订、履行合同失职被骗罪和国家机关工作人员签订、履行合同失职被骗罪应当以对方当事人涉嫌诈骗，行为构成犯罪为前提。 但司法机关在办理或者审判行为人被指控犯有上述两罪的案件过程中，不能以对方当事人已经被人民法院判决构成诈骗犯罪作为认定本案当事人构成签订、履行合同失职被骗罪或者国家机关工作人员签订、履行合同失职被骗罪的前提。也就是说，司法机关在办理案件过程中，只要认定对方当事人的行为已经涉嫌构成诈骗犯罪，就可依法认定认为人构成构成签订、履行合同失职被骗罪或者国家机关工作人员签订、履行合同失职被骗罪，而不需要搁置或者中止审理，直至对方当事人被人民法院审理并判决构成诈骗犯罪。

五、易混罪名比较

签订、履行合同失职被骗罪与国家机关工作人员签订、履行合同失职被骗罪的比较见本章第四节“五、易混罪名比较”。

---

⑲ “致使国家利益遭受重大损失”无统一规定。

⑳ “致使国家利益遭受特别重大损失”无统一规定。

㉑ 最高法刑二庭《关于签订、履行合同失职被骗犯罪是否以对方当事人的行为构成诈骗犯罪为要件的意见》。

第四节　国家机关工作人员签订、履行合同失职被骗罪※

一、刑法规定

【国家机关工作人员签订、履行合同失职被骗罪】[22] 国家机关工作人员在签订、履行合同过程中，因严重不负责任被诈骗，致使国家利益遭受重大损失的，处三年以下有期徒刑或者拘役；致使国家利益遭受特别重大损失的，处三年以上七年以下有期徒刑。

二、犯罪构成

主体	国家机关工作人员
主观方面	过失，应当知道在签订、履行合同过程中严重不负责任的行为会致使国家利益遭受重大损失，因疏忽大意而没有预见，或者是虽然已经预见但轻信可以避免，以致发生危害后果。
客体	国家机关的正常活动。
客观方面	在签订、履行合同过程中，因严重不负责任，不履行或者不认真履行职责被诈骗，致使国家利益遭受重大损失的行为。

三、定罪量刑标准[23]

定罪标准	涉嫌下列情形之一的，应予立案： 1. 造成直接经济损失三十万元以上，或者直接经济损失不满三十万元，但间接经济损失一百五十万元以上的；2. 其他致使国家利益遭受重大损失的情形。

㉒ 《刑法》第406条。

㉓ 最高检《关于渎职侵权犯罪案件立案标准的规定》一、（十七）。

续表

量刑标准	三年以下有期徒刑或者拘役。
	致使国家利益遭受特别重大损失的㉔，处三年以上七年以下有期徒刑。

四、司法认定

诈骗㉕	认定签订、履行合同失职被骗罪和国家机关工作人员签订、履行合同失职被骗罪应当以对方当事人涉嫌诈骗，行为构成犯罪为前提。 但司法机关在办理或者审判行为人被指控犯有上述两罪的案件过程中，不能以对方当事人已经被人民法院判决构成诈骗犯罪作为认定本案当事人构成签订、履行合同失职被骗罪或者国家机关工作人员签订、履行合同失职被骗罪的前提。 也就是说，司法机关在办理案件过程中，只要认定对方当事人的行为已经涉嫌构成诈骗犯罪，就可依法认定为构成签订、履行合同失职被骗罪或者国家机关工作人员签订、履行合同失职被骗罪，而不需要搁置或者中止审理，直至对方当事人被人民法院审理并判决构成诈骗犯罪。

五、易混罪名比较

比较	国家机关工作人员签订、履行合同失职被骗罪	签订、履行合同失职被骗罪
主体	国家机关工作人员	1. 国有公司、企业、事业单位直接负责的主管人员；2. 金融机构及从事对外贸易经营活动的公司、企业的工作人员

㉔ “特别重大损失”无统一规定。

㉕ 最高法刑二庭《关于签订、履行合同失职被骗犯罪是否以对方当事人的行为构成诈骗犯罪为要件的意见》。

第五节　环境监管失职罪※

一、刑法规定

【环境监管失职罪】[26] 负有环境保护监督管理职责的国家机关工作人员严重不负责任，导致发生重大环境污染事故，致使公私财产遭受重大损失或者造成人身伤亡的严重后果的，处三年以下有期徒刑或者拘役。

二、犯罪构成

主体	负有环境保护监督管理职责的国家机关工作人员
主观方面	过失，应预见严重不负责任的行为会发生重大环境污染事故，因疏忽大意没有预见，或已经预见而轻信能够避免，以致发生了危害结果。
客体	国家环保监管机关的监督管理活动和国家对保护环境防治污染的管理制度。
客观方面	严重不负责任，不履行或者不认真履行环境保护监管职责导致发生重大环境污染事故，致使公私财产遭受重大损失或者造成人身伤亡的严重后果的行为。

三、定罪量刑标准[27]

定罪标准	具有下列情形之一的，应当认定为“致使公私财产遭受重大损失或者造成人身伤亡的严重后果”： 1. 致使公私财产损失三十万元以上；2. 造成生态环境严重损害的；3. 致使乡镇以上集中式饮用水水源取水中断十二小时以上的；4. 致使基本农田、防护林地、特种用途林地五亩以上，其他农用地十亩以上，其他土地二十亩以上基本功能丧失或者遭受永久性破坏的；5. 致使森林或者其他林木死亡五十立方米以上，或者幼树死亡两千五百株以上的；6. 致使疏散、转移群众五千人以上的；7. 致使三十人以上中毒的；8. 致使三人以上轻伤、轻度残疾或者器

㉖ 《刑法》第 408 条。

㉗ 参考最高法、最高检《关于办理环境污染刑事案件适用法律若干问题的解释》第 2 条。

续表

定罪标准	官组织损伤导致一般功能障碍的；9. 致使一人以上重伤、中度残疾或者器官组织损伤导致严重功能障碍的。
量刑标准	三年以下有期徒刑或者拘役。

四、易混罪名比较

【重大责任事故罪】[28] 在生产、作业中违反有关安全管理的规定，因而发生重大伤亡事故或者造成其他严重后果的，处三年以下有期徒刑或者拘役；情节特别恶劣的，处三年以上七年以下有期徒刑。

比较	环境监管失职罪	重大责任事故罪
主体	负有环境保护监督管理职责的国家机关工作人员。	一般主体，包括生产、作业的组织、指挥、管理、投资人员，以及直接从事生产、作业的人员等。
客观方面	严重不负责任，不履行或者不认真履行环境保护监管职责导致发生重大环境污染事故，致使公私财产遭受重大损失或者造成人身伤亡的严重后果的行为。	生产、作业中违反有关安全管理的规定，因而发生重大伤亡事故或者造成其他严重后果的行为。

五、指导案例

最高人民检察院指导案例4号——崔某国环境监管失职案

【关键词】

渎职罪主体　国有事业单位工作人员　环境监管失职罪

【要旨】

实践中，一些国有公司、企业和事业单位经合法授权从事具体的管理市场经济和社会生活的工作，拥有一定管理公共事务和社会事务的职权，这些

---

[28] 《刑法》第134条第1款。

实际行使国家行政管理职权的公司、企业和事业单位工作人员，符合渎职罪主体要求；对其实施渎职行为构成犯罪的，应当依照刑法关于渎职罪的规定追究刑事责任。

第六节　传染病防治失职罪※

一、刑法规定

【传染病防治失职罪】[29] 从事传染病防治的政府卫生行政部门的工作人员严重不负责任，导致传染病传播或者流行，情节严重的，处三年以下有期徒刑或者拘役。

二、犯罪构成

主体	从事传染病防治的政府卫生行政部门的工作人员
主观方面	过失，应预见严重不负责任的行为会导致传染病传播或者流行，因疏忽大意没有预见，或已经预见而轻信能够避免，以致发生了危害结果。
客体	国家对传染病防治的管理制度。
客观方面	严重不负责任，不履行或者不认真履行传染病防治监管职责，导致传染病传播或者流行，情节严重的行为。

㉙ 《刑法》第409条。

三、定罪量刑标准[30]

定罪标准	涉嫌下列情形之一的，应予立案： 1. 导致甲类传染病传播的；2. 导致乙类、丙类传染病流行的；3. 因传染病传播或者流行，造成人员重伤或者死亡的；4. 因传染病传播或者流行，严重影响正常的生产、生活秩序的；5. 在国家对突发传染病疫情等灾害采取预防、控制措施后，对发生突发传染病疫情等灾害的地区或者突发传染病病人、病原携带者、疑似突发传染病病人，未按照预防、控制突发传染病疫情等灾害工作规范的要求做好防疫、检疫、隔离、防护、救治等工作，或者采取的预防、控制措施不当，造成传染范围扩大或者疫情、灾情加重的；6. 在国家对突发传染病疫情等灾害采取预防、控制措施后，隐瞒、缓报、谎报或者授意、指使、强令他人隐瞒、缓报、谎报疫情、灾情，造成传染范围扩大或者疫情、灾情加重的；7. 在国家对突发传染病疫情等灾害采取预防、控制措施后，拒不执行突发传染病疫情等灾害应急处理指挥机构的决定、命令，造成传染范围扩大或者疫情、灾情加重的；8. 其他情节严重的情形。
量刑标准	三年以下有期徒刑或者拘役。

四、司法认定

传染病[31]	传染病分为甲类、乙类和丙类。 甲类传染病是指：鼠疫、霍乱。 乙类传染病是指：传染性非典型肺炎、艾滋病、病毒性肝炎、脊髓灰质炎、人感染高致病性禽流感、麻疹、流行性出血热、狂犬病、流行性乙型脑炎、登革热、炭疽、细菌性和阿米巴性痢疾、肺结核、伤寒和副伤寒、流行性脑脊髓膜炎、百日咳、白喉、新生儿破伤风、猩红热、布鲁氏菌病、淋病、梅毒、钩端螺旋体病、血吸虫病、疟疾。 丙类传染病是指：流行性感冒、流行性腮腺炎、风疹、急性出血性结膜炎、麻风病、流行性和地方性斑疹伤寒、黑热病、包虫病、丝虫病，除霍乱、细菌性和阿米巴性痢疾、伤寒和副伤寒以外的感染性腹泻病。 国务院卫生行政部门根据传染病暴发、流行情况和危害程度，可以决定增加、减少或者调整乙类、丙类传染病病种并予以公布。

[30] 最高检《关于渎职侵权犯罪案件立案标准的规定》一、(二十)。
[31] 《传染病防治法》第3条。

续表

情节严重[32]	在国家对突发传染病疫情等灾害采取预防、控制措施后，具有下列情形之一的，属于“情节严重”： 1. 对发生突发传染病疫情等灾害的地区或者突发传染病病人、病原携带者、疑似突发传染病病人，未按照预防、控制突发传染病疫情等灾害工作规范的要求做好防疫、检疫、隔离、防护、救治等工作，或者采取的预防、控制措施不当，造成传染范围扩大或者疫情、灾情加重的；2. 隐瞒、缓报、谎报或者授意、指使、强令他人隐瞒、缓报、谎报疫情、灾情，造成传染范围扩大或者疫情、灾情加重的；3. 拒不执行突发传染病疫情等灾害应急处理指挥机构的决定、命令，造成传染范围扩大或者疫情、灾情加重的；4. 具有其他严重情节的。
防控主体[33]	在预防、控制突发传染病疫情等灾害期间，从事传染病防治的政府卫生行政部门的工作人员，或者在受政府卫生行政部门委托代表政府卫生行政部门行使职权的组织中从事公务的人员，或者虽未列入政府卫生行政部门人员编制但在政府卫生行政部门从事公务的人员，在代表政府卫生行政部门行使职权时，严重不负责任，导致传染病传播或者流行，情节严重的，以传染病防治失职罪定罪处罚。
疫情防控[34]	卫生行政部门的工作人员严重不负责任，不履行或者不认真履行防治监管职责，导致新型冠状病毒感染肺炎传播或者流行，情节严重的，以传染病防治失职罪定罪处罚。

第七节 商检失职罪※

一、刑法规定

【商检失职罪】[35] 国家商检部门、商检机构的工作人员严重不负责任，对

[32] 最高法、最高检《关于办理妨害预防、控制突发传染病疫情等灾害的刑事案件具体应用法律若干问题的解释》第16条第2款。

[33] 最高法、最高检《关于办理妨害预防、控制突发传染病疫情等灾害的刑事案件具体应用法律若干问题的解释》第16条第1款。

[34] 最高法、最高检、公安部、司法部《关于依法惩治妨害新型冠状病毒感染肺炎疫情防控违法犯罪的意见》二、（七）。

[35] 《刑法》第412条第2款。

应当检验的物品不检验，或者延误检验出证、错误出证，致使国家利益遭受重大损失的，处三年以下有期徒刑或者拘役。

二、犯罪构成

主体	国家商检部门、机构（出入境检验检疫机关、机构）工作人员
主观方面	过失，应预见严重不负责任的行为会致使国家利益遭受重大损失，因疏忽大意没有预见，或已经预见而轻信能够避免，以致发生了危害结果。
客体	国家商检部门、机构的正常活动。
客观方面	严重不负责任，对应当检验的物品不检验，或者延误检验出证、错误出证，致使国家利益遭受重大损失的行为。

三、定罪量刑标准[36]

定罪标准	涉嫌下列情形之一的，应予立案： 1. 致使不合格的食品、药品、医疗器械等商品出入境，严重危害生命健康的；2. 造成个人财产直接经济损失十五万元以上，或者直接经济损失不满十五万元，但间接经济损失七十五万元以上的；3. 造成公共财产、法人或者其他组织财产直接经济损失三十万元以上，或者直接经济损失不满三十万元，但间接经济损失一百五十万元以上的；4. 未经检验，出具合格检验结果，致使国家禁止进口的固体废物、液态废物和气态废物等进入境内的；5. 不检验或者延误检验出证、错误出证，引起国际经济贸易纠纷，严重影响国家对外经贸关系，或者严重损害国家声誉的；6. 其他致使国家利益遭受重大损失的情形。
量刑标准	三年以下有期徒刑或者拘役。

---

[36] 最高检《关于渎职侵权犯罪案件立案标准的规定》一、（二十五）。

第八节　动植物检疫失职罪※

一、刑法规定

【动植物检疫失职罪】[37] 动植物检疫机关的检疫人员严重不负责任，对应当检疫的检疫物不检疫，或者延误检疫出证、错误出证，致使国家利益遭受重大损失的，处三年以下有期徒刑或者拘役。

二、犯罪构成

主体	动植物检疫机关（出入境检验检疫机关、机构）的检疫人员
主观方面	过失，应预见严重不负责任的行为会致使国家利益遭受重大损失，因疏忽大意没有预见，或已经预见而轻信能够避免，以致发生了危害结果。
客体	国家动植物检疫机关的正常活动。
客观方面	严重不负责任，对应当检疫的检疫物不检疫，或者延误检疫出证、错误出证，致使国家利益遭受重大损失的行为。

三、定罪量刑标准[38]

定罪标准	涉嫌下列情形之一的，应予立案： 1. 导致疫情发生，造成人员重伤或者死亡的；2. 导致重大疫情发生、传播或者流行的；3. 造成个人财产直接经济损失十五万元以上，或者直接经济损失不满十五万元，但间接经济损失七十五万元以上的；4. 造成公共财产或者法人、其他组织财产直接经济损失三十万元以上，或者直接经济损失不满三十万元，但间接经济损失一百五十万元以上的；5. 不检疫或者延误检疫出证、错误出证，引起国际经济贸易纠纷，严重影响国家对外经贸关系，或者严重损害国家声誉的；6. 其他致使国家利益遭受重大损失的情形。
量刑标准	三年以下有期徒刑或者拘役。

---

[37] 《刑法》第413条第2款。

[38] 最高检《关于渎职侵权犯罪案件立案标准的规定》一、(二十七)。

第九节 不解救被拐卖、绑架妇女、儿童罪※

一、刑法规定

【不解救被拐卖、绑架妇女、儿童罪】[39] 对被拐卖、绑架的妇女、儿童负有解救职责的国家机关工作人员，接到被拐卖、绑架的妇女、儿童及其家属的解救要求或者接到其他人的举报，而对被拐卖、绑架的妇女、儿童不进行解救，造成严重后果的，处五年以下有期徒刑或者拘役。

二、犯罪构成

主体	对被拐卖、绑架的妇女、儿童负有解救职责的公安、司法等国家机关工作人员。
主观方面	故意，明知是被拐卖、绑架的妇女、儿童需要进行解救而不解救。
客体	国家机关及其工作人员的信誉，以及被拐卖、绑架妇女、儿童的人身权利。
客观方面	接到被拐卖、绑架的妇女、儿童及其家属的解救要求或者接到其他人的举报，而对被拐卖、绑架的妇女、儿童不进行解救，造成严重后果的行为。

三、定罪量刑标准[40]

定罪标准	涉嫌下列情形之一的，应予立案： 1. 导致被拐卖、绑架的妇女、儿童或者其家属重伤、死亡或者精神失常的；2. 导致被拐卖、绑架的妇女、儿童被转移、隐匿、转卖，不能及时进行解救的；3. 对被拐卖、绑架的妇女、儿童不进行解救三人次以上的；4. 对被拐卖、绑架的妇女、儿童不进行解救，造成恶劣社会影响的；5. 其他造成严重后果的情形。
量刑标准	五年以下有期徒刑或者拘役。

㊴ 《刑法》第416条第1款。

㊵ 最高检《关于渎职侵权犯罪案件立案标准的规定》一、（三十一）。

第十节 失职造成珍贵文物损毁、流失罪※

一、刑法规定

【失职造成珍贵文物损毁、流失罪】[41] 国家机关工作人员严重不负责任，造成珍贵文物损毁或者流失，后果严重的，处三年以下有期徒刑或者拘役。

二、犯罪构成

主体	文物行政部门、公安机关、工商行政管理部门、海关、城乡建设规划部门等国家机关工作人员。
主观方面	过失，应预见严重不负责任的行为会造成珍贵文物损毁或者流失，因疏忽大意没有预见，或已经预见而轻信能够避免，以致发生了危害结果。
客体	国家机关的正常活动。
客观方面	严重不负责任，造成珍贵文物损毁或者流失，后果严重的行为。

三、定罪量刑标准[42]

定罪标准	后果严重：1. 导致二级以上文物或者五件以上三级文物损毁或者流失的；2. 导致全国重点文物保护单位、省级文物保护单位的本体严重损毁或者灭失的；3. 其他后果严重的情形。
量刑标准	三年以下有期徒刑或者拘役。

[41] 《刑法》第419条。

[42] 最高法、最高检《关于办理妨害文物管理等刑事案件适用法律若干问题的解释》第10条。

第十一节　过失泄露国家秘密罪※

一、刑法规定

【过失泄露国家秘密罪】[43] 国家机关工作人员违反保守国家秘密法的规定，过失泄露国家秘密，情节严重的，处三年以下有期徒刑或者拘役；情节特别严重的，处三年以上七年以下有期徒刑。

非国家机关工作人员犯前款罪的，依照前款的规定酌情处罚。

二、犯罪构成

主体[44]	主要是国家机关工作人员，也包括非国家机关工作人员。
主观方面	过失，行为人应预见国家秘密泄露的结果因疏忽大意没有预见，或已经预见而轻信能够避免，以致发生了国家秘密泄露的后果。
客体	国家的保密制度。
客观方面	违反保守国家秘密法，过失泄露国家秘密，或者遗失国家秘密载体，致使国家秘密被不应知悉者知悉或超出了限定的接触范围，情节严重的行为。

三、定罪量刑标准[45]

定罪标准	涉嫌下列情形之一的，应予立案： 1. 泄露绝密级国家秘密一项（件）以上的；2. 泄露机密级国家秘密三项（件）以上的；3. 泄露秘密级国家秘密四项（件）以上的；4. 违反保密规定，将涉及国家秘密的计算机或者计算机信息系统与互联网相连接，泄露国家秘密的；5. 泄露国家秘密或者遗失国家秘密载体，隐瞒不报、不如实提供有关情况或者不采取补救措施的；6. 其他情节严重的情形。

---

[43] 《刑法》第 398 条。

[44] 根据《监察法》立法精神，非公职人员犯本罪的，应由公安机关管辖。

[45] 最高检《关于渎职侵权犯罪案件立案标准的规定》一、(四)。

续表

量刑标准	三年以下有期徒刑或者拘役。
	情节特别严重的[46]，处三年以上七年以下有期徒刑。

四、司法认定

国家秘密[47]	见下编第二章第五节故意泄露国家秘密罪“四、司法认定”。
密级[48]	见下编第二章第五节故意泄露国家秘密罪“四、司法认定”。
网络发布[49]	将国家秘密通过互联网予以发布，如果行为人的主观方面为过失，情节严重的，以过失泄露国家秘密罪定罪处罚。

㊻ “情节特别严重”无统一规定。

㊼ 《保守国家秘密法》第2条、第9条。

㊽ 《保守国家秘密法》第10条。

㊾ 参考最高法《关于审理为境外窃取、刺探、收买、非法提供国家秘密、情报案件具体应用法律若干问题的解释》第6条。

第四章　徇私舞弊犯罪

本章共包括15个罪名：徇私舞弊低价折股、出售国有资产罪；非法批准征收、征用、占用土地罪※；非法低价出让国有土地使用权罪※；非法经营同类营业罪；为亲友非法牟利罪；枉法仲裁罪※；徇私舞弊发售发票、抵扣税款、出口退税罪※；商检徇私舞弊罪※；动植物检疫徇私舞弊罪※；放纵走私罪※；放纵制售伪劣商品犯罪行为罪※；招收公务员、学生徇私舞弊罪※；徇私舞弊不移交刑事案件罪※；违法提供出口退税凭证罪※；徇私舞弊不征、少征税款罪※。[①]

① 标记※的12个罪名规定于《刑法》第二编第九章渎职罪，适用“渎职罪统一规定”（见下编第二章）。

第一节　徇私舞弊低价折股、出售国有资产罪

一、刑法规定

【徇私舞弊低价折股、出售国有资产罪】② 国有公司、企业或者其上级主管部门直接负责的主管人员，徇私舞弊，将国有资产低价折股或者低价出售，致使国家利益遭受重大损失的，处三年以下有期徒刑或者拘役；致使国家利益遭受特别重大损失的，处三年以上七年以下有期徒刑。

二、犯罪构成

主体	国有公司、企业或者其上级主管部门直接负责的主管人员。
主观方面	故意，明知是国有资产而予以低价折股或低价出售。
客体	国有公司、企业财产的国有所有权和国有资产管理制度。
客观方面	徇私舞弊，将国有资产低价折股或者低价出售，致使国家利益遭受重大损失的行为。

三、定罪量刑标准

定罪标准	致使国家利益遭受重大损失的③	致使国家利益遭受特别重大损失的④
量刑标准	三年以下有期徒刑或者拘役	三年以上七年以下有期徒刑

② 《刑法》第169条。

③ “致使国家利益遭受重大损失”无统一规定。

④ “致使国家利益遭受特别重大损失”无统一规定。

四、司法认定

国家出资企业[5]	国家出资企业中的国家工作人员在公司、企业改制或者国有资产处置过程中徇私舞弊，将国有资产低价折股或者低价出售给其本人未持有股份的公司、企业或者其他个人，致使国家利益遭受重大损失的，以徇私舞弊低价折股、出售国有资产罪定罪处罚。
数罪并罚[6]	国有公司、企业或者其上级主管部门直接负责的主管人员利用职务上的便利，收受他人财物，为他人谋取利益，同时构成受贿罪和徇私舞弊低价折股、出售国有资产罪的，以受贿罪和徇私舞弊低价折股、出售国有资产罪数罪并罚。

第二节　非法批准征收、征用、占用土地罪※

一、刑法规定

【非法批准征收、征用、占用土地罪】[7] 国家机关工作人员徇私舞弊，违反土地管理法规，滥用职权，非法批准征收、征用、占用土地，情节严重的，处三年以下有期徒刑或者拘役；致使国家或者集体利益遭受特别重大损失的，处三年以上七年以下有期徒刑。

二、犯罪构成

主体	国家机关工作人员
主观方面	故意，明知是滥用职权非法批准征收、征用、占用土地的行为而故意为之。
客体	国家土地管理制度及土地管理机关的正常秩序。

---

⑤ 最高法、最高检《关于办理国家出资企业中职务犯罪案件具体应用法律若干问题的意见》四。

⑥ 参考最高法、最高检《关于办理贪污贿赂刑事案件适用法律若干问题的解释》第 17 条。

⑦ 《刑法》第 410 条。

续表

客观方面⑧	徇私舞弊，违反土地管理法、森林法、草原法等法律以及有关行政法规中关于土地管理的规定，滥用职权，非法批准征收、征用、占用耕地、林地等农用地以及其他土地，情节严重的行为。

三、定罪量刑标准⑨

		情节严重	国家或者集体利益遭受特别重大损失
定罪标准	土地	1. 非法批准征收、征用、占用基本农田十亩以上的；2. 非法批准征收、征用、占用基本农田以外的耕地三十亩以上的；3. 非法批准征收、征用、占用其他土地五十亩以上的；4. 虽未达到上述数量标准，但造成有关单位、个人直接经济损失三十万元以上，或者造成耕地大量毁坏或者植被遭到严重破坏的；5. 非法批准征收、征用、占用土地，影响群众生产、生活，引起纠纷，造成恶劣影响或者其他严重后果的；	1. 非法批准征收、征用、占用基本农田二十亩以上的；2. 非法批准征收、征用、占用基本农田以外的耕地六十亩以上的；3. 非法批准征收、征用、占用其他土地一百亩以上的；4. 非法批准征收、征用、占用土地，造成基本农田五亩以上，其他耕地十亩以上严重毁坏的；5. 非法批准征收、征用、占用土地造成直接经济损失五十万元以上等恶劣情节的；
	林地	6. 非法批准征收、征用、占用防护林地、特种用途林地分别或者合计十亩以上的；7. 非法批准征收、征用、占用其他林地二十亩以上的；8. 非法批准征收、征用、占用林地造成直接经济损失三十万元以上，或者造成防护林地、特种用途林地分别或者合计五亩以上或者其他林地十亩以上毁坏的；	6. 非法批准征收、征用、占用防护林地、特种用途林地分别或者合计达到二十亩以上；7. 非法批准征收、征用、占用其他林地数量达到四十亩以上；8. 非法批准征收、征用、占用林地造成直接经济损失数额达到六十万元以上，或造成防护林地、特种用途林地分别或者合计十亩以上或者其他林地二十亩以上毁坏的；

⑧ 全国人大常委会《关于〈中华人民共和国刑法〉第二百二十八条、第三百四十二条、第四百一十条的解释》。

⑨ 参考最高法《关于审理破坏土地资源刑事案件具体应用法律若干问题的解释》第4条、第5条，《关于审理破坏林地资源刑事案件具体应用法律若干问题的解释》第2条、第3条，《关于审理破坏草原资源刑事案件应用法律若干问题的解释》第3条；最高检《关于渎职侵权犯罪案件立案标准的规定》一、（二十一）。

续表

定罪标准	草原	9. 非法批准征收、征用、占用草原四十亩以上的；10. 非法批准征收、征用、占用草原，造成二十亩以上草原被毁坏的；11. 非法批准征收、征用、占用草原，造成直接经济损失三十万元以上，或者具有其他恶劣情节的；	9. 非法批准征收、征用、占用草原八十亩以上的；10. 非法批准征收、征用、占用草原，造成四十亩以上草原被毁坏的；11. 非法批准征收、征用、占用草原，造成直接经济损失六十万元以上，或者具有其他恶劣情节的。
		12. 其他情节严重的情形。	
量刑标准		三年以下有期徒刑或者拘役。	三年以上七年以下有期徒刑。

四、司法认定[10]

多次实施	多次实施非法批准征收、征用、占用土地的行为依法应当追诉的，或者一年内多次实施上述行为未经处理的，按照累计的数量、数额处罚。
	多次实施非法批准征收、征用、占用林地使用权的行为依法应当追诉且未经处理的，应当按照累计的数量、数额处罚。
	多次实施破坏草原资源的违法犯罪行为，未经处理，应当依法追究刑事责任的，按照累计的数量、数额定罪处罚。

第三节　非法低价出让国有土地使用权罪※

一、刑法规定

【非法低价出让国有土地使用权罪】[11] 国家机关工作人员徇私舞弊，违反土地管理法规，滥用职权，非法低价出让国有土地使用权，情节严重的，处三年以下有期徒刑或者拘役；致使国家或者集体利益遭受特别重大损失的，

---

[10] 参考最高法《关于审理破坏土地资源刑事案件具体应用法律若干问题的解释》第 9 条，《关于审理破坏林地资源刑事案件具体应用法律若干问题的解释》第 7 条，《关于审理破坏草原资源刑事案件应用法律若干问题的解释》第 6 条。

[11] 《刑法》第 410 条。

处三年以上七年以下有期徒刑。

二、犯罪构成

主体	国家机关工作人员
主观方面	故意，明知是违反土地管理法规非法低价出让国有土地使用权的行为而故意为之。
客体	国家对国有土地使用管理的正常活动。
客观方面⑫	徇私舞弊，违反土地管理法、森林法、草原法等法律以及有关行政法规中关于土地管理的规定，滥用职权，非法低价出让国有土地使用权，情节严重的行为。

三、定罪量刑标准⑬

定罪标准		情节严重	国家或者集体利益遭受特别重大损失
	土地	1. 非法低价出让国有土地使用权面积在三十亩以上，并且出让价额低于国家规定的最低价额标准的60%的；2. 造成国有土地资产流失价额三十万元以上的；3. 非法低价出让国有土地使用权，影响群众生产、生活，引起纠纷，造成恶劣影响或者其他严重后果的；	1. 非法低价出让国有土地使用权面积在六十亩以上，并且出让价额低于国家规定的最低价额标准的40%的；2. 造成国有土地资产流失价额在五十万元以上的；
	林地	4. 非法低价出让林地合计三十亩以上，并且出让价额低于国家规定的最低价额标准的60%的；5. 造成国有资产流失价额三十万元以上的；	3. 造成国有资产流失价额达到六十万元以上的。
		6. 其他情节严重的情形。	
量刑标准		三年以下有期徒刑或者拘役。	三年以上七年以下有期徒刑。

---

⑫　参考全国人大常委会《关于〈中华人民共和国刑法〉第二百二十八条、第三百四十二条、第四百一十条的解释》。

⑬　参考最高法《关于审理破坏土地资源刑事案件具体应用法律若干问题的解释》第6条、第7条，《关于审理破坏林地资源刑事案件具体应用法律若干问题的解释》第4条、第5条；最高检《关于渎职侵权犯罪案件立案标准的规定》一、（二十一）。

四、司法认定[14]

多次实施	多次实施非法低价出让国有土地的行为依法应当追诉的，或者一年内多次实施上述行为未经处理的，按照累计的数量、数额处罚。
	多次实施非法低价出让林地使用权的行为依法应当追诉且未经处理的，应当按照累计的数量、数额处罚。

第四节　非法经营同类营业罪

一、刑法规定

【非法经营同类营业罪】[15] 国有公司、企业的董事、经理利用职务便利，自己经营或者为他人经营与其所任职公司、企业同类的营业，获取非法利益，数额巨大的，处三年以下有期徒刑或者拘役，并处或者单处罚金；数额特别巨大的，处三年以上七年以下有期徒刑，并处罚金。

二、犯罪构成

主体	国有公司、企业的董事、经理
主观方面	故意，并具有获取非法利益的目的。即明知自己或为他人所经营的业务与自己所任职公司、企业经营的业务属于同类，为获取非法利益仍进行经营。
客体	国有公司、企业的财产权益以及国家对公司的管理制度。
客观方面	利用职务便利，自己经营或者为他人经营与其所任职公司、企业同类的营业，获取非法利益，数额巨大的行为。

⑭ 参考最高法《关于审理破坏土地资源刑事案件具体应用法律若干问题的解释》第9条，《关于审理破坏林地资源刑事案件具体应用法律若干问题的解释》第7条。

⑮ 《刑法》第165条。

三、定罪量刑标准

定罪标准	数额巨大的[16]	数额特别巨大的[17]
量刑标准	三年以下有期徒刑或者拘役，并处或者单处罚金	三年以上七年以下有期徒刑，并处罚金

第五节　为亲友非法牟利罪

一、刑法规定

【为亲友非法牟利罪】[18] 国有公司、企业、事业单位的工作人员，利用职务便利，有下列情形之一，使国家利益遭受重大损失的，处三年以下有期徒刑或者拘役，并处或者单处罚金；致使国家利益遭受特别重大损失的，处三年以上七年以下有期徒刑，并处罚金：

（一）将本单位的盈利业务交由自己的亲友进行经营的；

（二）以明显高于市场的价格向自己的亲友经营管理的单位采购商品或者以明显低于市场的价格向自己的亲友经营管理的单位销售商品的；

（三）向自己的亲友经营管理的单位采购不合格商品的。

二、犯罪构成

主体	国有公司、企业、事业单位的工作人员
主观方面	故意，明知自己为亲友的经营活动提供便利会使国家利益遭受重大损失，但为获取非法利益仍故意实施这种行为。

⑯ “数额巨大”无统一规定。

⑰ “数额特别巨大”无统一规定。

⑱ 《刑法》第166条。

续表

客体	国有公司、企业、事业单位的财产权益。
客观方面	利用职务便利实施的使国家利益遭受重大损失的下列行为： 1. 将本单位的盈利业务交由自己的亲友进行经营； 2. 从亲友经营管理的单位高进低出； 3. 向自己的亲友经营管理的单位采购不合格商品，使国家利益遭受重大损失的行为。

三、定罪量刑标准

定罪标准	使国家利益遭受重大损失的⑲	致使国家利益遭受特别重大损失的⑳
量刑标准	三年以下有期徒刑或者拘役，并处或者单处罚金	三年以上七年以下有期徒刑，并处罚金

第六节　枉法仲裁罪※

一、刑法规定

【枉法仲裁罪】㉑ 依法承担仲裁职责的人员，在仲裁活动中故意违背事实和法律作枉法裁决，情节严重的，处三年以下有期徒刑或者拘役；情节特别严重的，处三年以上七年以下有期徒刑。

⑲ “使国家利益遭受重大损失”无统一规定。
⑳ “致使国家利益遭受特别重大损失”无统一规定。
㉑ 《刑法》第399条之一。

二、犯罪构成

主体	承担仲裁职责的人员
主观方面	故意，明知违背事实和法律而枉法裁决。
客体	正常的仲裁活动和仲裁当事人的合法权益。
客观方面	违背事实和法律作枉法裁决，情节严重的行为。

三、定罪量刑标准

定罪标准	情节严重的[22]	情节特别严重的[23]
量刑标准	三年以下有期徒刑或者拘役	三年以上七年以下有期徒刑

第七节　徇私舞弊发售发票、抵扣税款、出口退税罪※

一、刑法规定

【徇私舞弊发售发票、抵扣税款、出口退税罪】[24] 税务机关的工作人员违反法律、行政法规的规定，在办理发售发票、抵扣税款、出口退税工作中，徇私舞弊，致使国家利益遭受重大损失的，处五年以下有期徒刑或者拘役；致使国家利益遭受特别重大损失的，处五年以上有期徒刑。

㉒ “情节严重”无统一规定。

㉓ “情节特别严重”无统一规定。

㉔ 《刑法》第405条第1款。

二、犯罪构成

主体	税务机关的工作人员。
主观方面	故意，且出于徇私的动机。明知在办理发售发票、抵扣税款、出口退税工作中的徇私舞弊行为违反有关法律法规，会致使国家利益遭受重大损失，并持希望或放任发生的态度。
客体	税务机关的正常工作秩序。
客观方面	违反法律、行政法规的规定，在办理发售发票、抵扣税款、出口退税工作中徇私舞弊，致使国家利益遭受重大损失的行为。

三、定罪量刑标准[25]

定罪标准	涉嫌下列情形之一的，应予立案： 1. 徇私舞弊，致使国家税收损失累计达十万元以上的；2. 徇私舞弊，致使国家税收损失累计不满十万元，但发售增值税专用发票二十五份以上或者其他发票五十份以上或者增值税专用发票与其他发票合计五十份以上，或者具有索取、收受贿赂或者其他恶劣情节的；3. 其他致使国家利益遭受重大损失的情形。
量刑标准	五年以下有期徒刑或者拘役。
	致使国家利益遭受特别重大损失的[26]，处五年以上有期徒刑。

㉕ 最高检《关于渎职侵权犯罪案件立案标准的规定》一、(十五)。

㉖ “特别重大损失”无统一规定。

四、司法认定[27]

一般纳税人资格的认定	国家税务总局《关于加强新办商贸企业增值税征收管理有关问题的紧急通知》（国税发明电〔2004〕37号）和《关于加强新办商贸企业增值税征收管理有关问题的补充通知》（国税发明电〔2004〕62号），是根据1993年制定的《中华人民共和国增值税暂行条例》的规定对一般纳税人资格认定的细化，且2008年修订后的《中华人民共和国增值税暂行条例》第十三条明确规定：“小规模纳税人以外的纳税人应当向主管税务机关申请资格认定。具体认定办法由国务院主管部门制定。”因此，违反上述两个通知关于一般纳税人资格的认定标准及相关规定，授予不合格单位一般纳税人资格的，相应违反了《中华人民共和国增值税暂行条例》的有关规定，应当认定为徇私舞弊发售发票、抵扣税款、出口退税罪中的“违反法律、行政法规的规定”。

五、易混罪名比较

徇私舞弊发售发票、抵扣税款、出口退税罪与徇私舞弊不征、少征税款罪的比较见本章第十五节“四、易混罪名比较”。

第八节 商检徇私舞弊罪※

一、刑法规定

【商检徇私舞弊罪】[28] 国家商检部门、商检机构的工作人员徇私舞弊，伪造检验结果的，处五年以下有期徒刑或者拘役；造成严重后果的，处五年以上十年以下有期徒刑。

---

[27] 最高法研究室《关于违反经行政法规授权制定的规范一般纳税人资格的文件应否认定为“违反法律、行政法规的规定”问题的答复》。

[28] 《刑法》第412条第1款。

二、犯罪构成

主体	国家商检部门、机构（出入境检验检疫机关、机构）工作人员
主观方面	直接故意，明知商检结果不符合要求，而故意伪造检验结果的态度
客体	国家商检部门、机构对进出口商品检验的正常管理活动
客观方面	徇私舞弊，伪造检验结果的行为

三、定罪量刑标准[29]

定罪标准	涉嫌下列情形之一的，应予立案： 1. 采取伪造、变造的手段对报检的商品的单证、印章、标志、封识、质量认证标志等作虚假的证明或者出具不真实的证明结论的；2. 将送检的合格商品检验为不合格，或者将不合格商品检验为合格的；3. 对明知是不合格的商品，不检验而出具合格检验结果的；4. 其他伪造检验结果应予追究刑事责任的情形。
量刑标准	五年以下有期徒刑或者拘役。
	造成严重后果的[30]，处五年以上十年以下有期徒刑。

第九节　动植物检疫徇私舞弊罪※

一、刑法规定

【动植物检疫徇私舞弊罪】[31] 动植物检疫机关的检疫人员徇私舞弊，伪造检疫结果的，处五年以下有期徒刑或者拘役；造成严重后果的，处五年以上十年以下有期徒刑。

---

[29] 最高检《关于渎职侵权犯罪案件立案标准的规定》一、(二十四)。

[30] “严重后果”无统一规定。

[31] 《刑法》第413条第1款。

二、犯罪构成

主体	动植物检疫机关（出入境检验检疫机关、机构）的检疫人员
主观方面	持故意伪造检疫结果的态度
客体	国家动植物检疫机关的正常活动
客观方面	徇私舞弊，伪造检疫结果的行为

三、定罪量刑标准[32]

定罪标准	涉嫌下列情形之一的，应予立案： 1. 采取伪造、变造的手段对检疫的单证、印章、标志、封识等作虚假的证明或者出具不真实的结论的；2. 将送检的合格动植物检疫为不合格，或者将不合格动植物检疫为合格的；3. 对明知是不合格的动植物，不检疫而出具合格检疫结果的；4. 其他伪造检疫结果应予追究刑事责任的情形。
量刑标准	五年以下有期徒刑或者拘役。
	造成严重后果的[33]，处五年以上十年以下有期徒刑。

第十节　放纵走私罪※

一、刑法规定

【放纵走私罪】[34] 海关工作人员徇私舞弊，放纵走私，情节严重的，处五年以下有期徒刑或者拘役；情节特别严重的，处五年以上有期徒刑。

㉜ 最高检《关于渎职侵权犯罪案件立案标准的规定》一、(二十六)。

㉝ “严重后果”无统一规定。

㉞ 《刑法》第411条。

二、犯罪构成

主体	负有特定监管义务的海关工作人员。
主观方面	故意，明知自己徇私舞弊、放纵走私会给国家造成严重损失，并持希望或放任这种结果发生的态度。
客体	国家的海关监管制度。
客观方面㉟	徇私舞弊，利用职权，放任、纵容走私犯罪，情节严重的行为。放纵走私行为，一般是消极的不作为。

三、定罪量刑标准㊱

定罪标准	涉嫌下列情形之一的，应予立案： 1. 放纵走私犯罪的；2. 因放纵走私致使国家应收税额损失累计达十万元以上的；3. 放纵走私行为三起次以上的；4. 放纵走私行为，具有索取或者收受贿赂情节的；5. 其他情节严重的情形。
量刑标准	五年以下有期徒刑或者拘役。
	情节特别严重的㊲，处五年以上有期徒刑。

四、司法认定㊳

共犯	如果海关工作人员与走私分子通谋，在放纵走私过程中以积极的行为配合走私分子逃避海关监管或者在放纵走私之后分得赃款的，应以共同走私犯罪追究刑事责任。
数罪并罚	海关工作人员收受贿赂又放纵走私的，应以受贿罪和放纵走私罪数罪并罚。

㉟ 最高法、最高检、海关总署《关于办理走私刑事案件适用法律若干问题的意见》第16条。
㊱ 最高检《关于渎职侵权犯罪案件立案标准的规定》一、(二十三)。
㊲ “情节特别严重”无统一规定。
㊳ 最高法、最高检、海关总署《关于办理走私刑事案件适用法律若干问题的意见》第16条。

五、易混罪名比较

放纵走私罪与（海关工作人员）徇私舞弊不移交刑事案件罪的比较见本章第十三节“五、易混罪名比较”。

第十一节　放纵制售伪劣商品犯罪行为罪※

一、刑法规定

【放纵制售伪劣商品犯罪行为罪】[39] 对生产、销售伪劣商品犯罪行为负有追究责任的国家机关工作人员，徇私舞弊，不履行法律规定的追究职责，情节严重的，处五年以下有期徒刑或者拘役。

二、犯罪构成

主体	对生产、销售伪劣商品犯罪行为负有追究责任的国家机关工作人员。
主观方面	故意，明知有生产、销售伪劣商品的犯罪行为而故意不履行追究职责。
客体	国家对产品质量的监督管理制度。
客观方面	徇私舞弊，对生产、销售伪劣商品犯罪的行为不履行法律规定的追究职责，情节严重的行为。

㊴ 《刑法》第414条。

三、定罪量刑标准[40]

定罪标准	涉嫌下列情形之一的，应予立案： 1. 放纵生产、销售假药或者有毒、有害食品犯罪行为的；2. 放纵生产、销售伪劣农药、兽药、化肥、种子犯罪行为的；3. 放纵依法可能判处三年有期徒刑以上刑罚的生产、销售伪劣商品犯罪行为的；4. 对生产、销售伪劣商品犯罪行为不履行追究职责，致使生产、销售伪劣商品犯罪行为得以继续的；5. 三次以上不履行追究职责，或者对三个以上有生产、销售伪劣商品犯罪行为的单位或者个人不履行追究职责的；6. 其他情节严重的情形。
量刑标准	五年以下有期徒刑或者拘役。

四、易混罪名比较

放纵制售伪劣商品犯罪行为罪与徇私舞弊不移交刑事案件罪的比较见本章第十三节“五、易混罪名比较”。

第十二节　招收公务员、学生徇私舞弊罪※

一、刑法规定

【招收公务员、学生徇私舞弊罪】[41] 国家机关工作人员在招收公务员、学生工作中徇私舞弊，情节严重的，处三年以下有期徒刑或者拘役。

---

[40] 最高检《关于渎职侵权犯罪案件立案标准的规定》一、(二十八)。

[41] 《刑法》第418条。

二、犯罪构成

主体	国家机关工作人员。
主观方面	故意，明知是招收公务员、学生徇私舞弊行为而持故意实施的态度。
客体	国家机关的正常活动和招收工作制度。
客观方面	在招收公务员、省级以上教育行政部门组织招收学生的工作中徇私舞弊，情节严重的行为。

三、定罪量刑标准㊷

定罪标准	涉嫌下列情形之一的，应予立案： 1. 徇私舞弊，利用职务便利，伪造、变造人事、户口档案、考试成绩或者其他影响招收工作的有关资料，或者明知是伪造、变造的上述材料而予以认可的；2. 徇私舞弊，利用职务便利，帮助五名以上考生作弊的；3. 徇私舞弊招收不合格的公务员、学生三人次以上的；4. 因徇私舞弊招收不合格的公务员、学生，导致被排挤的合格人员或者其近亲属自杀、自残造成重伤、死亡，或者精神失常的；5. 因徇私舞弊招收公务员、学生，导致该项招收工作重新进行的；6. 其他情节严重的情形。
量刑标准	三年以下有期徒刑或者拘役。

四、司法认定

学校教师㊸	招收公务员、学生徇私舞弊罪所规定的招收学生徇私舞弊的主体是国家机关工作人员，学校的教师属于文教事业单位人员，不属于国家机关工作人员，因此不能成为招收学生徇私舞弊的构成主体；教师接受委托或者聘请临时担任考试监考员等与招收学生相关职务的，并不具有国家机关工作人员身份，同样不能成为招收学生徇私舞弊罪的犯罪主体。

㊷ 最高检《关于渎职侵权犯罪案件立案标准的规定》一、(三十四)。

㊸ 最高法刑二庭审判长会议《关于教师能否成为招收学生徇私舞弊罪主体问题》。

第十三节　徇私舞弊不移交刑事案件罪※

一、刑法规定

【徇私舞弊不移交刑事案件罪】[44] 行政执法人员徇私舞弊，对依法应当移交司法机关追究刑事责任的不移交，情节严重的，处三年以下有期徒刑或者拘役；造成严重后果的，处三年以上七年以下有期徒刑。

二、犯罪构成

主体	工商行政管理、税务、监察等行政执法人员。
主观方面	故意，出于徇私的动机。明知不移交刑事案件的行为会发生放纵刑事犯罪的危害后果，而希望或者放任这种结果的发生。
客体	行政执法机关的正常执法活动。
客观方面	徇私舞弊，对依法应当移交司法机关追究刑事责任的案件不移交，情节严重的行为。

三、定罪量刑标准[45]

定罪标准	涉嫌下列情形之一的，应予立案： 1. 对依法可能判处三年以上有期徒刑、无期徒刑、死刑的犯罪案件不移交的；2. 不移交刑事案件涉及三人次以上的；3. 司法机关提出意见后，无正当理由仍然不予移交的；4. 以罚代刑，放纵犯罪嫌疑人，致使犯罪嫌疑人继续进行违法犯罪活动的；5. 行政执法部门主管领导阻止移交的；6. 隐瞒、毁灭证据，伪造材料，改变刑事案件性质的；7. 直接负责的主管人员和其他直接责任人员为牟取本单位私利而不移交刑事案件，情节严重的；8. 其他情节严重的情形。

---

[44] 《刑法》第402条。

[45] 最高检《关于渎职侵权犯罪案件立案标准的规定》一、(十二)。

续表

量刑标准	三年以下有期徒刑或者拘役。
	造成严重后果的㊻，处三年以上七年以下有期徒刑。

四、司法认定

行政执法机关㊼	行政执法机关，是指依照法律、法规或者规章的规定，对破坏社会主义市场经济秩序、妨害社会管理秩序以及其他违法行为具有行政处罚权的行政机关，以及法律、法规授权的具有管理公共事务职能、在法定授权范围内实施行政处罚的组织。
移送犯罪案件㊽	行政执法机关在依法查处违法行为过程中，发现违法事实涉及的金额、违法事实的情节、违法事实造成的后果等，根据刑法关于破坏社会主义市场经济秩序罪、妨害社会管理秩序罪等罪的规定和最高人民法院、最高人民检察院关于破坏社会主义市场经济秩序罪、妨害社会管理秩序罪等罪的司法解释以及最高人民检察院、公安部关于经济犯罪案件的追诉标准等规定，涉嫌构成犯罪，依法需要追究刑事责任的，必须依照本规定向公安机关移送。
安全监管㊾	国家机关工作人员在履行安全监督管理职责时徇私舞弊，对发现的刑事案件依法应当移交司法机关追究刑事责任而不移交，情节严重的，以徇私舞弊不移交刑事案件罪定罪处罚。
拐卖妇女儿童㊿	行政执法人员徇私情、私利，伪造材料，隐瞒情况，弄虚作假，对依法应当移交司法机关追究刑事责任的拐卖妇女、儿童犯罪案件不移交司法机关处理，构成犯罪的，以徇私舞弊不移交刑事案件罪移送人民检察院追究刑事责任。

㊻ “严重后果”无统一规定。

㊼ 《行政执法机关移送涉嫌犯罪案件的规定》第2条。

㊽ 《行政执法机关移送涉嫌犯罪案件的规定》第3条第1款。

㊾ 参考最高法、最高检《关于办理危害生产安全刑事案件适用法律若干问题的解释》第15条第1款。

㊿ 公安部《关于打击拐卖妇女儿童犯罪适用法律和政策有关问题的意见》六、(三)。

五、易混罪名比较

（一）徇私舞弊不移交刑事案件罪与徇私枉法罪

比较	（海关工作人员）徇私舞弊不移交刑事案件罪	徇私枉法罪
主体	行政执法人员	司法工作人员
客观方面	徇私舞弊，对依法应当移交司法机关追究刑事责任的案件不移交	1. 对明知是无罪的人而使他受追诉；2. 对明知是有罪的人故意包庇不使他受追诉；3. 在刑事审判活动中故意违背事实和法律作枉法裁判的
情节	情节严重	无情节要求
阶段	行政执法过程中	侦查、检察、审判等司法过程中

（二）（海关工作人员）徇私舞弊不移交刑事案件罪与放纵走私罪

比较	徇私舞弊不移交刑事案件罪	放纵走私罪
主观方面	不移交的故意	放纵的故意
对象	不移交的是走私犯罪行为	放纵的可以是走私违法行为，也可以是走私犯罪行为
客观方面	以罚代刑、领导阻止移交、改变刑事案件性质等行为	放纵走私，不做任何处理
阶段	已经介入刑事案件的查处中	未启动追究程序

（三）徇私舞弊不移交刑事案件罪与放纵制售伪劣商品犯罪行为罪

比较	徇私舞弊不移交刑事案件罪	放纵制售伪劣商品犯罪行为罪
主体	工商行政管理、税务、监察等行政执法人员	对生产、销售伪劣商品犯罪行为负有追究责任的国家机关工作人员
主观方面	不移交的故意	放纵的故意
客观方面	以罚代刑、领导阻止移交、改变刑事案件性质等行为	放纵制售伪劣商品犯罪，不做任何处理
阶段	已经介入刑事案件的查处中	未启动追究程序

六、典型案例

最高人民检察院指导案例7号——胡某刚、郑某徇私舞弊不移交刑事案件案

【关键词】

诉讼监督 徇私舞弊不移交刑事案件罪

【要旨】

诉讼监督，是人民检察院依法履行法律监督的重要内容。实践中，检察机关和办案人员应当坚持办案与监督并重，建立健全行政执法与刑事司法有效衔接的工作机制，善于在办案中发现各种职务犯罪线索；对于行政执法人员徇私舞弊，不移送有关刑事案件构成犯罪的，应当依法追究刑事责任。

第十四节 违法提供出口退税凭证罪※

一、刑法规定

【违法提供出口退税凭证罪】[51] 税务机关以外的其他国家机关工作人员违反国家规定，在提供出口货物报关单、出口收汇核销单等出口退税凭证的工作中，徇私舞弊，致使国家利益遭受重大损失的，处五年以下有期徒刑或者拘役；致使国家利益遭受特别重大损失的，处五年以上有期徒刑。

二、犯罪构成

主体	海关、外汇管理等税务机关以外的国家机关工作人员。
主观方面	故意，明知徇私舞弊提供出口退税凭证的行为会致使国家利益遭受重大损失，并持希望或放任发生的态度。

---

[51] 《刑法》第405条第2款。

续表

客体	国家的税收管理制度和国家机关的正常管理活动。
客观方面	违反国家规定，在提供出口货物报关单、出口收汇核销单等出口退税凭证的工作中徇私舞弊，致使国家利益遭受重大损失的行为。

三、定罪量刑标准[52]

定罪标准	涉嫌下列情形之一的，应予立案： 1. 徇私舞弊，致使国家税收损失累计达十万元以上的；2. 徇私舞弊，致使国家税收损失累计不满十万元，但具有索取、收受贿赂或者其他恶劣情节的；3. 其他致使国家利益遭受重大损失的情形。
量刑标准	五年以下有期徒刑或者拘役。
	致使国家利益遭受特别重大损失的[53]，处五年以上有期徒刑。

第十五节　徇私舞弊不征、少征税款罪※

一、刑法规定

【徇私舞弊不征、少征税款罪】[54] 税务机关的工作人员徇私舞弊，不征或者少征应征税款，致使国家税收遭受重大损失的，处五年以下有期徒刑或者拘役；造成特别重大损失的，处五年以上有期徒刑。

---

[52] 最高检《关于渎职侵权犯罪案件立案标准的规定》一、(十六)。

[53] "特别重大损失"无统一规定。

[54] 《刑法》第 404 条。

二、犯罪构成

主体	税务机关工作人员
主观方面	故意，且出于徇私的动机。明知徇私舞弊不征或者少征应征税款的行为会致使国家利益遭受重大损失，并持希望或放任发生的态度。
客体	国家的税收管理制度和国家机关的正常管理活动。
客观方面	徇私舞弊，不征或者少征应征税款，致使国家税收遭受重大损失的行为。

三、定罪量刑标准[55]

定罪标准	涉嫌下列情形之一的，应予立案： 1. 徇私舞弊不征、少征应征税款，致使国家税收损失累计达十万元以上的； 2. 上级主管部门工作人员指使税务机关工作人员徇私舞弊不征、少征应征税款，致使国家税收损失累计达十万元以上的；3. 徇私舞弊不征、少征应征税款不满十万元，但具有索取或者收受贿赂或者其他恶劣情节的；4. 其他致使国家税收遭受重大损失的情形。
量刑标准	五年以下有期徒刑或者拘役。
	造成特别重大损失的[56]，处五年以上有期徒刑。

四、易混罪名比较

比较	徇私舞弊不征、少征税款罪	徇私舞弊发售发票、抵扣税款、出口退税罪
阶段	不征、少征税款往往发生在征税过程中。	发售发票往往发生在征税之前；抵扣税款往往发生在征税过程中；出口退税往往发生在征税之后。
行为	不征或者少征应征税款。	违法发售发票、抵扣税款或办理出口退税。

---

[55] 最高检《关于渎职侵权犯罪案件立案标准的规定》一、（十四）。

[56] “特别重大损失”无统一规定。

第五章　重大责任事故犯罪

本章共包括12个罪名：重大责任事故罪；教育设施重大安全事故罪；消防责任事故罪；重大劳动安全事故罪；强令、组织他人违章冒险作业罪；危险作业罪；不报、谎报安全事故罪；铁路运营安全事故罪；重大飞行事故罪；大型群众性活动重大安全事故罪；危险物品肇事罪；工程重大安全事故罪。[①]

公职人员以外的其他人员涉嫌本章所列犯罪的，由公安机关管辖，本章各节所列犯罪主体不再赘述。

① 除重大飞行事故罪外，其余11个罪名适用“危害生产安全犯罪统一规定”（见本章）。

【危害生产安全犯罪统一规定】	
阻挠抢救②	在安全事故发生后，直接负责的主管人员和其他直接责任人员故意阻挠开展抢救，导致人员死亡或者重伤，或者为了逃避法律追究，对被害人进行隐藏、遗弃，致使被害人因无法得到救助而死亡或者重度残疾的，以故意杀人罪或者故意伤害罪定罪处罚。
从重处罚③	具有下列情形之一的，从重处罚：1. 未依法取得安全许可证件或者安全许可证件过期、被暂扣、吊销、注销后从事生产经营活动的；2. 关闭、破坏必要的安全监控和报警设备的；3. 已经发现事故隐患，经有关部门或者个人提出后，仍不采取措施的；4. 一年内曾因危害生产安全违法犯罪活动受过行政处罚或者刑事处罚的；5. 采取弄虚作假、行贿等手段，故意逃避、阻挠负有安全监督管理职责的部门实施监督检查的；6. 安全事故发生后转移财产意图逃避承担责任的；7. 其他从重处罚的情形。 国家工作人员违反规定投资入股生产经营，构成危害生产安全犯罪的，或者国家工作人员的贪污、受贿犯罪行为与安全事故发生存在关联性的，从重处罚。
酌情从轻④	在安全事故发生后积极组织、参与事故抢救，或者积极配合调查、主动赔偿损失的，可以酌情从轻处罚。
数罪并罚⑤	1. 采取弄虚作假、行贿等手段，故意逃避、阻挠负有安全监督管理职责的部门实施监督检查，同时构成危害生产安全犯罪和行贿罪的，依照数罪并罚的规定处罚。2. 以行贿方式逃避安全生产监督管理，或者非法、违法生产、作业，导致发生重大生产安全事故，构成数罪的，依照数罪并罚的规定处罚。3. 国家工作人员同时构成贪污、受贿犯罪和危害生产安全犯罪的，依照数罪并罚的规定处罚。4. 违反安全生产管理规定，非法采矿、破坏性采矿或排放、倾倒、处置有害物质严重污染环境，造成重大伤亡事故或者其他严重后果，同时构成危害生产安全犯罪和破坏环境资源保护犯罪的，依照数罪并罚的规定处罚。
禁止令与从业禁止⑥	对于实施危害生产安全犯罪适用缓刑的犯罪分子，可以根据犯罪情况，禁止其在缓刑考验期限内从事与安全生产相关联的特定活动。对于被判处刑罚的犯罪分子，可以根据犯罪情况和预防再犯罪的需要，禁止其自刑罚执行完毕之日或者假释之日起三年至五年内从事与安全生产相关的职业。
赔偿责任⑦	被告人因重大责任事故既承担刑事、行政责任，又承担民事责任的，其财产应当优先承担民事责任。

② 最高法、最高检《关于办理危害生产安全刑事案件适用法律若干问题的解释》第10条。

③ 最高法、最高检《关于办理危害生产安全刑事案件适用法律若干问题的解释》第12条、第14条。

④ 最高法、最高检《关于办理危害生产安全刑事案件适用法律若干问题的解释》第13条。

⑤ 最高法、最高检《关于办理危害生产安全刑事案件适用法律若干问题的解释》第12条、第14条，最高法《关于进一步加强危害生产安全刑事案件审判工作的意见》四、10。

⑥ 最高法、最高检《关于办理危害生产安全刑事案件适用法律若干问题的解释》第16条。

⑦ 最高法《关于充分发挥审判职能作用切实维护公共安全的若干意见》第8条。

第一节 重大责任事故罪

一、刑法规定

【重大责任事故罪】[8] 在生产、作业中违反有关安全管理的规定，因而发生重大伤亡事故或者造成其他严重后果的，处三年以下有期徒刑或者拘役；情节特别恶劣的，处三年以上七年以下有期徒刑。

二、犯罪构成

主体[9]	对生产、作业负有组织、指挥或者管理职责的负责人、管理人员、实际控制人、投资人等人员，以及直接从事生产、作业的人员。
主观方面	过失，对其行为所引起的重大事故存在疏忽大意或盲目自信的过失心态。
客体	生产、作业安全，即从事生产、作业的不特定或者多数人的生命、健康的安全和重大公私财产的安全。
客观方面	在生产、作业中违反有关安全管理的规定，发生重大伤亡事故或者造成其他严重后果的行为。

三、定罪量刑标准[10]

定罪标准	重大伤亡事故或其他严重后果： 1. 造成死亡一人以上，或者重伤三人以上的；2. 造成直接经济损失一百万元以上的；3. 其他造成严重后果或者重大安全事故的情形。	情节特别恶劣： 1. 造成死亡三人以上或者重伤十人以上，负事故主要责任的；2. 造成直接经济损失五百万元以上，负事故主要责任的；3. 其他造成特别严重后果、情节特别恶劣或者后果特别严重的情形。
量刑标准	三年以下有期徒刑或者拘役。	三年以上七年以下有期徒刑。

---

⑧ 《刑法》第134条第1款。

⑨ 最高法、最高检《关于办理危害生产安全刑事案件适用法律若干问题的解释》第1条。

⑩ 最高法、最高检《关于办理危害生产安全刑事案件适用法律若干问题的解释》第6条、第7条。

四、司法认定

窨井盖⑪	在生产、作业中违反有关安全管理的规定，擅自移动窨井盖或者未做好安全防护措施等，发生重大伤亡事故或者造成其他严重后果的，以重大责任事故罪定罪处罚。

五、易混罪名比较

重大责任事故罪与重大劳动安全事故罪的比较见本章第四节“五、易混罪名比较”。

六、典型案例

（一）最高人民法院有关危害生产安全犯罪典型案例——印某四、印某二、陆某、张某学、孔某能、封某华重大责任事故案

【关键词】

重大责任事故罪　投资人　管理责任

【典型意义】

被告人明知金银煤矿已被当地政府作出严禁开展生产的行政决定，且矿井口已被依法查封的情况下，拒不执行停产监管决定，擅自组织生产，对事故隐患未采取任何措施，导致发生特大责任事故，应当从重处罚。被告人印某四、印某二作为金银煤矿投资人，虽然已将煤矿承包给他人，但二人仍负有管理职责，且安排人员担任煤矿安全管理人和技术人员，依法应当认定为重大责任事故罪的犯罪主体。

---

⑪ 最高法、最高检、公安部《关于办理涉窨井盖相关刑事案件的指导意见》五。

（二）最高人民法院有关危害生产安全犯罪典型案例—— 泸县某煤业公司、罗某、李某元、胡某友、徐某成非法储存爆炸物，罗某、李某元等人重大责任事故案

【关键词】

重大责任事故罪　隐名股东　实际控制人　逃避阻挠检查

【典型意义】

被告人李某元作为某煤业公司隐名股东和实际控制人之一，负责煤矿安全生产管理，应认定为重大责任事故罪的犯罪主体。被告人在煤矿技改扩建期间违规组织生产，不安装瓦斯监控系统及传感器等必要的安全监控和报警设备，采取不发放作业人员定位识别卡、检查前封闭巷道等弄虚作假手段故意逃避、阻挠负有安全监督管理职责的部门实施监督检查，应当从重处罚。

（三）最高人民检察院指导案例97号—— 夏某某等人重大责任事故案

【关键词】

重大责任事故罪　交通肇事罪　捕后引导侦查　审判监督

【要旨】

1. 具有营运性质的交通运输活动中，行为人既违反交通运输法规，又违反其他安全管理规定（如未取得安全许可证、经营资质、不配备安全设施等），发生重大事故的，由于该类运输活动主要是一种生产经营活动，并非单纯的交通运输行为，为全面准确评价行为人的行为，一般可按照重大责任事故罪认定。

2. 交通运输活动的负责人、投资人等负有安全监管职责的人员违反有关安全管理规定，造成重大事故发生，应认定为重大责任事故罪；驾驶人员等一线运输人员违反交通运输法规造成事故发生的，应认定为交通肇事罪。

3. 如果投资人、实际控制人等实施了未取得经营资质和安全生产许可证、未制定安全生产管理规定或规章制度、不提供安全生产条件和必要设施等不履行安全监管职责的行为，在此情况下进行生产、作业，导致发生重大伤亡事故或者造成其他严重后果的，不论事故发生是否介入第三人违规行为或者其他因素，均不影响认定其行为与事故后果之间存在刑法上的因果关系，应当依法追究其刑事责任。

4. 对发案单位的生产、作业负有安全监管、查处等职责的国家工作人员，不履行或者不正确履行工作职责，致使发案单位违规生产、作业或者危险状

态下生产、作业，发生重大安全事故的，其行为也是造成危害结果发生的重要原因，应以渎职犯罪追究其刑事责任。

第二节　教育设施重大安全事故罪

一、刑法规定

【教育设施重大安全事故罪】[12] 明知校舍或者教育教学设施有危险，而不采取措施或者不及时报告，致使发生重大伤亡事故的，对直接责任人员，处三年以下有期徒刑或者拘役；后果特别严重的，处三年以上七年以下有期徒刑。

二、犯罪构成

主体	对校舍或者教育教学设施负有维护义务的直接责任人员。
主观方面	过失，明知校舍或者教育教学设施存在的危险，应当预见该危险会导致重大伤亡事故，而由于疏忽大意或盲目自信，导致事故的发生。
客体	学校及其他教育机构的正常活动和师生、员工的人身安全。
客观方面	对校舍或者教育教学设施存在的危险不采取措施或者不及时报告，致使发生重大伤亡事故的行为。

⑫《刑法》第138条。

三、定罪量刑标准[13]

定罪标准	重大伤亡事故： 造成死亡一人以上，或者重伤三人以上的。	后果特别严重： 1. 造成死亡三人以上或者重伤十人以上，负事故主要责任的；2. 造成死亡一人以上，或者重伤三人以上，同时造成直接经济损失五百万元以上并负事故主要责任的；3. 造成死亡一人以上，或者重伤三人以上，同时造成恶劣社会影响的。
量刑标准	三年以下有期徒刑或者拘役。	三年以上七年以下有期徒刑。

四、易混罪名比较

教育设施重大安全事故罪与工程重大安全事故罪的比较见本章第十二节“四、易混罪名比较”。

第三节　消防责任事故罪

一、刑法规定

【消防责任事故罪】[14] 违反消防管理法规，经消防监督机构通知采取改正措施而拒绝执行，造成严重后果的，对直接责任人员，处三年以下有期徒刑或者拘役；后果特别严重的，处三年以上七年以下有期徒刑。

---

⑬ 最高法、最高检《关于办理危害生产安全刑事案件适用法律若干问题的解释》第 6 条、第 7 条。

⑭ 《刑法》第 139 条。

二、犯罪构成

主体	对消防责任事故负有直接责任的人员
主观方面	过失，应当预见拒绝执行消防监督机构通知会造成严重后果，但疏忽大意没有预见或者盲目自信轻信能够避免，以致发生了严重后果。
客体	国家的消防监督制度和公共安全。
客观方面	违反消防管理法规，经消防监督机构通知采取改正措施而拒绝执行，造成严重后果的行为。

三、定罪量刑标准[15]

定罪标准	造成严重后果： 1. 造成死亡一人以上，或者重伤三人以上的；2. 造成直接经济损失一百万元以上的；3. 其他造成严重后果或者重大安全事故的情形。	后果特别严重： 1. 造成死亡三人以上或者重伤十人以上，负事故主要责任的；2. 造成直接经济损失五百万元以上，负事故主要责任的；3. 其他造成特别严重后果、情节特别恶劣或者后果特别严重的情形。
量刑标准	三年以下有期徒刑或者拘役。	三年以上七年以下有期徒刑。

四、易混罪名比较

【失火罪】[16] 因过失引起火灾，致人重伤、死亡或者使公私财产遭受重大损失的，处三年以上七年以下有期徒刑；情节较轻的，处三年以下有期徒刑或者拘役。

---

⑮ 最高法、最高检《关于办理危害生产安全刑事案件适用法律若干问题的解释》第 6 条、第 7 条。

⑯ 参考《刑法》第 115 条第 2 款。

比较	消防责任事故罪	失火罪
主体	对消防责任事故负有直接责任的人员	一般主体
客观方面	违反消防管理法规，经消防监督机构通知采取改正措施而拒绝执行，造成严重后果的行为。	一般是生活、生产中因用火不慎，引起火灾危害公共安全的行为。

第四节 重大劳动安全事故罪

一、刑法规定

【重大劳动安全事故罪】[17] 安全生产设施或者安全生产条件不符合国家规定，因而发生重大伤亡事故或者造成其他严重后果的，对直接负责的主管人员和其他直接责任人员，处三年以下有期徒刑或者拘役；情节特别恶劣的，处三年以上七年以下有期徒刑。

二、犯罪构成

主体[18]	对安全生产设施或者安全生产条件不符合国家规定负有直接责任的生产经营单位负责人、管理人员、实际控制人、投资人，以及其他对安全生产设施或者安全生产条件负有管理、维护职责的人员。
主观方面	过失，明知安全生产设施或者安全生产条件不符合国家规定，应当预见会造成重大伤亡事故或者造成其他严重后果，但疏忽大意没有预见或者盲目自信轻信能够避免，以致发生了严重后果。
客体	劳动安全，即劳动者的生命、健康和重大公私财产的安全。
客观方面	生产经营单位的安全生产设施或者安全生产条件不符合国家规定，不采取措施消除安全隐患，因而发生重大伤亡事故或造成其他严重后果的行为。

⑰ 《刑法》第135条。

⑱ 最高法、最高检《关于办理危害生产安全刑事案件适用法律若干问题的解释》第3条。

三、定罪量刑标准[19]

定罪标准	重大伤亡事故或其他严重后果： 1. 造成死亡一人以上，或者重伤三人以上的；2. 造成直接经济损失一百万元以上的；3. 其他造成严重后果或者重大安全事故的情形。	情节特别恶劣： 1. 造成死亡三人以上或者重伤十人以上，负事故主要责任的；2. 造成直接经济损失五百万元以上，负事故主要责任的；3. 其他造成特别严重后果、情节特别恶劣或者后果特别严重的情形。
量刑标准	三年以下有期徒刑或者拘役。	三年以上七年以下有期徒刑。

四、司法认定[20]

职业病危害预防	用人单位违反职业病防治法的规定，职业病危害预防设施不符合国家规定，因而发生重大伤亡事故或者造成其他严重后果的，对直接负责的主管人员和其他直接责任人员，可以重大劳动安全事故罪定罪处罚。

五、易混罪名比较

比较	重大劳动安全事故罪	重大责任事故罪
主体	对安全生产设施或者安全生产条件不符合国家规定负有直接责任的生产经营单位负责人、管理人员、实际控制人、投资人，以及其他对安全生产设施或者安全生产条件负有管理、维护职责的人员。	对生产、作业负有组织、指挥或者管理职责的负责人、管理人员、实际控制人、投资人等人员，以及直接从事生产、作业的人员。
客观方面	不采取措施消除安全隐患。	违反有关安全管理的规定从事生产、作业。

---

⑲ 最高法、最高检《关于办理危害生产安全刑事案件适用法律若干问题的解释》第 6 条、第 7 条。

⑳ 最高法研究室《关于被告人阮某重大劳动安全事故案有关法律适用问题的答复》。

六、典型案例

（一）最高人民检察院指导案例94号——余某某等人重大劳动安全事故重大责任事故案

【关键词】

重大劳动安全事故罪　重大责任事故罪　关联案件办理　追诉漏罪漏犯　检察建议

【要旨】

1. 对企业安全生产负有责任的人员，在生产、作业过程中违反安全管理规定的，应认定为重大责任事故罪；对企业安全生产设施或者安全生产条件不符合国家规定负有责任的人员，应认定为重大劳动安全事故罪；如果行为人的行为同时包括在生产、作业中违反有关安全管理的规定和提供安全生产设施或条件不符合国家规定，为全面评价其行为，应认定为重大责任事故罪。

2. 安全生产刑事案件，有的涉案人员较多，既有一线的直接责任人员，也有管理层的实际控制人，还有负责审批监管的国家工作人员；有的涉及罪名较广，包括生产、销售不符合安全标准的产品罪、玩忽职守罪、受贿罪、帮助毁灭证据罪等；除了自然人犯罪，有的还包括单位犯罪。办案中，要注重深挖线索，准确界定相关人员责任，发现漏罪漏犯要及时追诉。

3. 在依法严厉打击危害企业安全生产犯罪的同时，针对办案中发现的安全生产方面的监管漏洞或怠于履行职责等问题，要积极主动作为，在充分了解有关部门职能范围的基础上，有针对性地制发纪检监察建议，并持续跟踪落实情况，引导企业树牢安全发展理念，督促政府相关部门加强安全生产监管，实现以办案促进治理，为安全生产保驾护航。

（二）最高人民法院有关危害生产安全犯罪典型案例——刘某平、刘某杰、楚某葵重大劳动安全事故、非法采矿、单位行贿案

【关键词】

重大劳动安全事故罪　单位行贿罪　逃避阻挠检查

【典型意义】

安全生产许可证过期后从事生产经营活动，或者采用封闭矿井口、临时遣散工人等弄虚作假手段和行贿方法故意逃避、阻挠负有安全监督管理职责

的部门实施监督检查的，均应当从重处罚。

第五节　强令、组织他人违章冒险作业罪

一、刑法规定

【强令、组织他人违章冒险作业罪】㉑ 强令他人违章冒险作业，或者明知存在重大事故隐患而不排除，仍冒险组织作业，因而发生重大伤亡事故或者造成其他严重后果的，处五年以下有期徒刑或者拘役；情节特别恶劣的，处五年以上有期徒刑。

二、犯罪构成

主体㉒	对生产、作业负有组织、指挥或者管理职责的负责人、管理人员、实际控制人、投资人等人员。
主观方面	过失，应当预见强令、组织他人违章冒险作业会发生重大伤亡事故或者造成其他严重后果，但疏忽大意没有预见或者盲目自信轻信能够避免，以致发生了严重后果。
客体	生产、作业安全，即生产、作业者的生命、健康和重大公私财产的安全。
客观方面	强令他人违章冒险作业或者明知存在重大事故隐患而不排除，仍冒险组织作业的行为。 强令他人违章冒险作业㉓，指明知存在事故隐患、继续作业存在危险，仍然违反有关安全管理的规定，实施下列行为：1. 利用组织、指挥、管理职权，强制他人违章作业的；2. 采取威逼、胁迫、恐吓等手段，强制他人违章作业的；3. 故意掩盖事故隐患，组织他人违章作业的；4. 其他强令他人违章作业的行为。

㉑ 《刑法》第 134 条第 2 款。

㉒ 最高法、最高检《关于办理危害生产安全刑事案件适用法律若干问题的解释》第 2 条。

㉓ 最高法、最高检《关于办理危害生产安全刑事案件适用法律若干问题的解释》第 5 条。

三、定罪量刑标准[24]

定罪标准	重大伤亡事故或其他严重后果： 1. 造成死亡一人以上，或者重伤三人以上的；2. 造成直接经济损失一百万元以上的；3. 其他造成严重后果或者重大安全事故的情形。	情节特别恶劣： 1. 造成死亡三人以上或者重伤十人以上，负事故主要责任的；2. 造成直接经济损失五百万元以上，负事故主要责任的；3. 其他造成特别严重后果、情节特别恶劣或者后果特别严重的情形。
量刑标准	五年以下有期徒刑或者拘役。	五年以上有期徒刑。

第六节　危险作业罪

一、刑法规定

【危险作业罪】[25] 在生产、作业中违反有关安全管理的规定，有下列情形之一，具有发生重大伤亡事故或者其他严重后果的现实危险的，处一年以下有期徒刑、拘役或者管制：

（一）关闭、破坏直接关系生产安全的监控、报警、防护、救生设备、设施，或者篡改、隐瞒、销毁其相关数据、信息的；

（二）因存在重大事故隐患被依法责令停产停业、停止施工、停止使用有关设备、设施、场所或者立即采取排除危险的整改措施，而拒不执行的；

（三）涉及安全生产的事项未经依法批准或者许可，擅自从事矿山开采、金属冶炼、建筑施工，以及危险物品生产、经营、储存等高度危险的生产作业活动的。

㉔ 最高法、最高检《关于办理危害生产安全刑事案件适用法律若干问题的解释》第6条、第7条。

㉕ 《刑法》第134条之一。

二、犯罪构成

主体	安全生产从业人员
主观方面	故意，明知自己的行为可能引发现实危险，仍然违反有关安全管理的规定。
客体	生产安全，即劳动者的生命、健康和重大公私财产安全。
客观方面	1. 破坏安全生产系统或数据作假行为；2. 拒不整改重大事故隐患行为；3. 擅自、非法生产行为。

三、定罪量刑标准

定罪标准	具有发生重大伤亡事故或者其他严重后果的现实危险的下列情形： 1. 关闭、破坏直接关系生产安全的监控、报警、防护、救生设备、设施，或者篡改、隐瞒、销毁其相关数据、信息的；2. 因存在重大事故隐患被依法责令停产停业、停止施工、停止使用有关设备、设施、场所或者立即采取排除危险的整改措施，而拒不执行的；3. 涉及安全生产的事项未经依法批准或者许可，擅自从事矿山开采、金属冶炼、建筑施工，以及危险物品生产、经营、储存等高度危险的生产作业活动的。
量刑标准	一年以下有期徒刑、拘役或者管制。

第七节　不报、谎报安全事故罪

一、刑法规定

【不报、谎报安全事故罪】[26] 在安全事故发生后，负有报告职责的人员不报或者谎报事故情况，贻误事故抢救，情节严重的，处三年以下有期徒刑或者拘役；情节特别严重的，处三年以上七年以下有期徒刑。

㉖ 《刑法》第139条之一。

二、犯罪构成

主体[27]	负有报告职责的人员，指负有组织、指挥或者管理职责的负责人、管理人员、实际控制人、投资人，以及其他负有报告职责的人员。
主观方面	故意，明知在安全事故发生后应及时向有关机关或部门报告事故的真实情况，而有意不报或者谎报事故情况。
客体	安全事故监管制度。
客观方面	在安全事故发生后，负有报告职责的人员不报或者谎报事故情况，贻误事故抢救，情节严重的行为。

三、定罪量刑标准[28]

定罪标准	情节严重： 1. 导致事故后果扩大，增加死亡一人以上，或者增加重伤三人以上，或者增加直接经济损失一百万元以上的； 2. 实施下列行为之一，致使不能及时有效开展事故抢救的：（1）决定不报、迟报、谎报事故情况或者指使、串通有关人员不报、迟报、谎报事故情况的；（2）在事故抢救期间擅离职守或者逃匿的；（3）伪造、破坏事故现场，或者转移、藏匿、毁灭遇难人员尸体，或者转移、藏匿受伤人员的；（4）毁灭、伪造、隐匿与事故有关的图纸、记录、计算机数据等资料以及其他证据的； 3. 其他情节严重的情形。	情节特别严重： 1. 导致事故后果扩大，增加死亡三人以上，或者增加重伤十人以上，或者增加直接经济损失五百万元以上的； 2. 采用暴力、胁迫、命令等方式阻止他人报告事故情况，导致事故后果扩大的； 3. 其他情节特别严重的情形。
量刑标准	三年以下有期徒刑或者拘役。	三年以上七年以下有期徒刑。

---

[27] 最高法、最高检《关于办理危害生产安全刑事案件适用法律若干问题的解释》第4条。

[28] 最高法、最高检《关于办理危害生产安全刑事案件适用法律若干问题的解释》第8条。

四、司法认定[29]

共犯	在安全事故发生后，与负有报告职责的人员串通，不报或者谎报事故情况，贻误事故抢救，情节严重的，依照不报、谎报安全事故罪的规定，以共犯论处。

五、典型案例

最高人民检察院指导案例96号——黄某某等人重大责任事故、谎报安全事故案

【关键词】

谎报安全事故罪　引导侦查取证　污染处置　化解社会矛盾

【要旨】

只有谎报事故的行为造成贻误事故抢救的后果，即造成事故后果扩大或致使不能及时有效开展事故抢救，才可能构成本罪。如果事故已经完成抢救，或者没有抢救时机（危害结果不可能加重或扩大），则不构成本罪。构成重大责任事故罪，同时又构成谎报安全事故罪的，应当数罪并罚。

第八节　铁路运营安全事故罪

一、刑法规定

【铁路运营安全事故罪】[30] 铁路职工违反规章制度，致使发生铁路运营安全事故，造成严重后果的，处三年以下有期徒刑或者拘役；造成特别严重后果的，处三年以上七年以下有期徒刑。

---

[29] 最高法、最高检《关于办理危害生产安全刑事案件适用法律若干问题的解释》第9条。

[30] 《刑法》第132条。

二、犯罪构成

主体	铁路职工
主观方面	过失，应当预见违反规章制度会发生铁路运营安全事故，但疏忽大意没有预见或者盲目自信轻信能够避免，以致发生了严重后果。至于违反规章制度，则可以表现为有意。
客体	铁路运输的正常运营秩序和铁路运输的安全。
客观方面	违反规章制度，致使发生铁路运营安全事故，造成严重后果的行为。

三、定罪量刑标准㉛

定罪标准	严重后果： 1. 造成死亡一人以上，或者重伤三人以上的；2. 造成直接经济损失一百万元以上的；3. 其他造成严重后果或者重大安全事故的情形。	特别严重后果： 1. 造成死亡三人以上或者重伤十人以上，负事故主要责任的；2. 造成直接经济损失五百万元以上，负事故主要责任的；3. 其他造成特别严重后果、情节特别恶劣或者后果特别严重的情形。
量刑标准	三年以下有期徒刑或者拘役。	三年以上七年以下有期徒刑。

第九节　重大飞行事故罪

一、刑法规定

【重大飞行事故罪】㉜ 航空人员违反规章制度，致使发生重大飞行事故，造成严重后果的，处三年以下有期徒刑或者拘役；造成飞机坠毁或者人员死亡的，处三年以上七年以下有期徒刑。

㉛ 最高法、最高检《关于办理危害生产安全刑事案件适用法律若干问题的解释》第6条、第7条。

㉜ 《刑法》第131条。

二、犯罪构成

主体[33]	航空人员，包括空勤人员和地面人员。1. 空勤人员，包括驾驶员、飞行机械人员、乘务员；2. 地面人员，包括民用航空器维修人员、空中交通管制员、飞行签派员、航空电台通信员。
主观方面	过失，应当预见违反规章制度会发生重大飞行事故，但疏忽大意没有预见或者盲目自信轻信能够避免，以致发生了严重后果。至于违反规章制度，则可以表现为有意。
客体	航空运输的正常秩序和航空运输的安全。
客观方面	违反规章制度，致使发生重大飞行事故，造成严重后果的行为。

三、定罪量刑标准

定罪标准	造成严重后果的[34]	造成飞机坠毁或者人员死亡的[35]
量刑标准	三年以下有期徒刑或者拘役	三年以上七年以下有期徒刑

第十节　大型群众性活动重大安全事故罪

一、刑法规定

【大型群众性活动重大安全事故罪】[36] 举办大型群众性活动违反安全管理规定，因而发生重大伤亡事故或者造成其他严重后果的，对直接负责的主管人员和其他直接责任人员，处三年以下有期徒刑或者拘役；情节特别恶劣的，处三年以上七年以下有期徒刑。

---

[33] 《民用航空法》第 39 条。
[34] “严重后果”无统一规定。
[35] “飞机坠毁或者人员死亡”无统一规定。
[36] 《刑法》第 135 条之一。

二、犯罪构成

主体	大型群众性活动重大安全事故直接负责的主管人员和其他直接责任人员。
主观方面	过失，应当预见违反大型活动安全管理规定的行为会发生重大伤亡事故或者造成其他严重后果，因疏忽大意或盲目自信以致发生了严重后果。
客体	公众活动场所的公共安全。
客观方面	举办大型群众性活动，违反相关安全管理规定，因而发生重大伤亡事故或者造成其他严重后果的行为。

三、定罪量刑标准[37]

定罪标准	重大伤亡事故或其他严重后果： 1. 造成死亡一人以上，或者重伤三人以上的；2. 造成直接经济损失一百万元以上的；3. 其他造成严重后果或者重大安全事故的情形。	情节特别恶劣： 1. 造成死亡三人以上或者重伤十人以上，负事故主要责任的；2. 造成直接经济损失五百万元以上，负事故主要责任的；3. 其他造成特别严重后果、情节特别恶劣或者后果特别严重的情形。
量刑标准	三年以下有期徒刑或者拘役。	三年以上七年以下有期徒刑。

第十一节　危险物品肇事罪

一、刑法规定

【危险物品肇事罪】[38] 违反爆炸性、易燃性、放射性、毒害性、腐蚀性物品的管理规定，在生产、储存、运输、使用中发生重大事故，造成严重后果

---

[37] 最高法、最高检《关于办理危害生产安全刑事案件适用法律若干问题的解释》第6条、第7条。

[38] 《刑法》第136条。

的，处三年以下有期徒刑或者拘役；后果特别严重的，处三年以上七年以下有期徒刑。

二、犯罪构成

主体	一般主体，主要是生产、储存、运输、使用危险物品的人员。
主观方面	过失，应当预见违反危险物品管理规定的行为会造成严重后果，但疏忽大意没有预见或者盲目自信轻信能够避免，以致发生了严重后果。至于违反危险物品管理规定，则可以表现为有意。
客体	公共安全，即不特定多数人的生命、健康和重大公私财产的安全。
客观方面	在生产、储存、运输、使用危险物品的过程中，违反危险物品管理规定，发生重大事故，造成严重后果的行为。

三、定罪量刑标准[39]

定罪标准	严重后果： 1. 造成死亡一人以上，或者重伤三人以上的；2. 造成直接经济损失一百万元以上的；3. 其他造成严重后果或者重大安全事故的情形。	后果特别严重： 1. 造成死亡三人以上或者重伤十人以上，负事故主要责任的；2. 造成直接经济损失五百万元以上，负事故主要责任的；3. 其他造成特别严重后果、情节特别恶劣或者后果特别严重的情形。
量刑标准	三年以下有期徒刑或者拘役。	三年以上七年以下有期徒刑。

四、易混罪名比较

【非法制造、买卖、运输、储存危险物品罪】[40] 非法制造、买卖、运输、储存毒害性、放射性、传染病病原体等物质，危害公共安全的，处三年以上十年以下有期徒刑；情节严重的，处十年以上有期徒刑、无期徒刑或者死刑。

---

[39] 最高法、最高检《关于办理危害生产安全刑事案件适用法律若干问题的解释》第6条、第7条。

[40] 参考《刑法》第125条第2款。

比较	危险物品肇事罪	非法制造、买卖、运输、储存危险物品罪
行为	生产、储存、运输、使用的行为是合法的	制造、买卖、运输、储存的行为是非法的
后果	发生重大事故，造成严重后果	危害公共安全，不要求实际发生后果

第十二节 工程重大安全事故罪

一、刑法规定

【工程重大安全事故罪】[41] 建设单位、设计单位、施工单位、工程监理单位违反国家规定，降低工程质量标准，造成重大安全事故的，对直接责任人员，处五年以下有期徒刑或者拘役，并处罚金；后果特别严重的，处五年以上十年以下有期徒刑，并处罚金。

二、犯罪构成

主体	单位犯罪，只处罚建设单位、设计单位、施工单位、工程监理单位中造成工程重大安全事故的直接责任人员。
主观方面	过失，应当预见违反国家规定，降低工程质量标准的行为会造成重大安全事故，因疏忽大意或者盲目自信以致发生重大安全事故。
客体	人民的财产和生命安全以及国家的建筑管理制度。
客观方面	违反国家规定，降低工程质量标准，造成重大安全事故的行为。

㊶ 《刑法》第137条。

三、定罪量刑标准[42]

定罪标准	重大安全事故： 1. 造成死亡一人以上，或者重伤三人以上的；2. 造成直接经济损失一百万元以上的；3. 其他造成严重后果或者重大安全事故的情形。	后果特别严重： 1. 造成死亡三人以上或者重伤十人以上，负事故主要责任的；2. 造成直接经济损失五百万元以上，负事故主要责任的；3. 其他造成特别严重后果、情节特别恶劣或者后果特别严重的情形。
量刑标准	五年以下有期徒刑或者拘役，并处罚金。	五年以上十年以下有期徒刑，并处罚金。

四、易混罪名比较

比较	工程重大安全事故罪	教育设施重大安全事故罪
主体	单位犯罪，包括建设单位、设计单位、施工单位、工程监理单位。	对校舍或者教育教学设施负有维护义务的直接责任人员。
客观方面	降低工程质量标准，造成重大安全事故的行为。	对校舍或者教育教学设施存在的危险不采取措施或者不及时报告，致使发生重大伤亡事故的行为。

㊷ 最高法、最高检《关于办理危害生产安全刑事案件适用法律若干问题的解释》第6条、第7条。

第六章　公职人员其他犯罪

本章共包括17个罪名：破坏选举罪；背信损害上市公司利益罪；金融工作人员购买假币、以假币换取货币罪；利用未公开信息交易罪；诱骗投资者买卖证券、期货合约罪；背信运用受托财产罪；违法运用资金罪；违法发放贷款罪；吸收客户资金不入账罪；违规出具金融票证罪；对违法票据承兑、付款、保证罪；非法转让、倒卖土地使用权罪；私自开拆、隐匿、毁弃邮件、电报罪；故意延误投递邮件罪；泄露不应公开的案件信息罪；披露、报道不应公开的案件信息罪；接送不合格兵员罪。

公职人员以外的其他人员涉嫌本章所列犯罪的，由公安机关管辖，本章各节所列犯罪主体不再赘述。

第一节　破坏选举罪

一、刑法规定

【**破坏选举罪**】① 在选举各级人民代表大会代表和国家机关领导人员时，以暴力、威胁、欺骗、贿赂、伪造选举文件、虚报选举票数等手段破坏选举或者妨害选民和代表自由行使选举权和被选举权，情节严重的，处三年以下有期徒刑、拘役或者剥夺政治权利。

二、犯罪构成

主体	一般主体
主观方面	故意，明知自己的行为会破坏选举或者妨害选民和代表自由行使选举权和被选举权，而希望或放任这种结果的发生。
客体	公民的选举权利和国家的选举制度。
客观方面	在选举各级人民代表大会代表和国家机关领导人员时，以暴力、威胁、欺骗、贿赂、伪造选举文件、虚报选举票数或者编造选举结果等手段破坏选举或者妨害选民和代表自由行使选举权和被选举权，情节严重的行为。

三、定罪量刑标准②

定罪标准	国家机关工作人员利用职权破坏选举，涉嫌下列情形之一的，应予立案：1. 以暴力、威胁、欺骗、贿赂等手段，妨害选民、各级人民代表大会代表自由行使选举权和被选举权，致使选举无法正常进行，或者选举无效，或者选举结果不真实的；2. 以暴力破坏选举场所或者选举设备，致使选举无法正常进行的；3. 伪造选民证、选票等选举文件，虚报选举票数，产生不真实的选举结果或者强行宣布合法选举无效、非法选举有效的；4. 聚众冲击选举场所或者故意扰乱选举场所秩序，使选举工作无法进行的；5. 其他情节严重的情形。
量刑标准	三年以下有期徒刑、拘役或者剥夺政治权利。

① 《刑法》第256条。

② 最高检《关于渎职侵权犯罪案件立案标准的规定》二、（七）。

四、易混罪名比较

【寻衅滋事罪】[3] 有下列寻衅滋事行为之一，破坏社会秩序的，处五年以下有期徒刑、拘役或者管制：

（一）随意殴打他人，情节恶劣的；

（二）追逐、拦截、辱骂、恐吓他人，情节恶劣的；

（三）强拿硬要或者任意损毁、占用公私财物，情节严重的；

（四）在公共场所起哄闹事，造成公共场所秩序严重混乱的。

纠集他人多次实施前款行为，严重破坏社会秩序的，处五年以上十年以下有期徒刑，可以并处罚金。

比较	破坏选举罪	寻衅滋事罪
主观方面	明知自己的行为会破坏选举或者妨害选民和代表自由行使选举权和被选举权，而希望或放任这种结果的发生。	明知自己的行为会发生破坏社会秩序的危害后果，而希望或者放任这种结果的发生。
客观方面	以暴力、威胁、欺骗、贿赂、伪造选举文件、虚报选举票数等手段破坏选举或者妨害选民和代表自由行使选举权和被选举权。	1. 随意殴打他人，情节恶劣的；2. 追逐、拦截、辱骂他人，情节恶劣的；3. 强拿硬要或者任意毁损、占用公私财物，情节恶劣的；4. 在公共场所起哄闹事，造成公共场所秩序严重混乱的。

第二节　背信损害上市公司利益罪

一、刑法规定

【背信损害上市公司利益罪】[4] 上市公司的董事、监事、高级管理人员违

---

③《刑法》第 293 条。

④《刑法》第 169 条之一。

背对公司的忠实义务，利用职务便利，操纵上市公司从事下列行为之一，致使上市公司利益遭受重大损失的，处三年以下有期徒刑或者拘役，并处或者单处罚金；致使上市公司利益遭受特别重大损失的，处三年以上七年以下有期徒刑，并处罚金：

（一）无偿向其他单位或者个人提供资金、商品、服务或者其他资产的；

（二）以明显不公平的条件，提供或者接受资金、商品、服务或者其他资产的；

（三）向明显不具有清偿能力的单位或者个人提供资金、商品、服务或者其他资产的；

（四）为明显不具有清偿能力的单位或者个人提供担保，或者无正当理由为其他单位或者个人提供担保的；

（五）无正当理由放弃债权、承担债务的；

（六）采用其他方式损害上市公司利益的。

上市公司的控股股东或者实际控制人，指使上市公司董事、监事、高级管理人员实施前款行为的，依照前款的规定处罚。

犯前款罪的上市公司的控股股东或者实际控制人是单位的，对单位判处罚金，并对其直接负责的主管人员和其他直接责任人员，依照第一款的规定处罚。

二、犯罪构成

主体	上市公司的控股股东、实际控制人、董事、监事、高级管理人员。
主观方面	故意，明知自己的背信行为会对上市公司利益造成重大损失，并且希望或者放任这种结果的发生。
客体	上市公司及其股东的合法权益和证券市场的管理秩序。
客观方面	上市公司的董事、监事、高级管理人员违背对公司的忠实义务，利用职务便利，操纵上市公司从事损害上市公司利益的行为，以及上市公司的控股股东或者实际控制人，指使上市公司董事、监事、高级管理人员实施损害上市公司利益的行为。

三、定罪量刑标准[⑤]

<table>
<tr><td rowspan="3">自然人</td><td>定罪标准</td><td>涉嫌下列情形之一的，应予立案追诉：
1. 无偿向其他单位或者个人提供资金、商品、服务或者其他资产，致使上市公司直接经济损失数额在一百五十万元以上的；2. 以明显不公平的条件，提供或者接受资金、商品、服务或者其他资产，致使上市公司直接经济损失数额在一百五十万元以上的；3. 向明显不具有清偿能力的单位或者个人提供资金、商品、服务或者其他资产，致使上市公司直接经济损失数额在一百五十万元以上的；4. 为明显不具有清偿能力的单位或者个人提供担保，或者无正当理由为其他单位或者个人提供担保，致使上市公司直接经济损失数额在一百五十万元以上的；5. 无正当理由放弃债权、承担债务，致使上市公司直接经济损失数额在一百五十万元以上的；6. 致使公司、企业发行的股票或者公司、企业债券、存托凭证或者国务院依法认定的其他证券被终止上市交易的；7. 其他致使上市公司利益遭受重大损失的情形。</td></tr>
<tr><td rowspan="2">量刑标准</td><td>三年以下有期徒刑或者拘役，并处或者单处罚金。</td></tr>
<tr><td>致使上市公司利益遭受特别重大损失的[⑥]，处三年以上七年以下有期徒刑，并处罚金。</td></tr>
<tr><td colspan="2">单位</td><td>上市公司的控股股东或者实际控制人是单位的，对单位判处罚金，并对其直接负责的主管人员和其他直接责任人员，依照上述规定处罚。</td></tr>
</table>

第三节　金融工作人员购买假币、以假币换取货币罪

一、刑法规定

【金融工作人员购买假币、以假币换取货币罪】[⑦] 银行或者其他金融机构的工作人员购买伪造的货币或者利用职务上的便利，以伪造的货币换取货币的，处三年以上十年以下有期徒刑，并处二万元以上二十万元以下罚金；数

⑤ 最高检、公安部《关于公安机关管辖的刑事案件立案追诉标准的规定（二）》第13条。
⑥ “特别重大损失”无统一规定。
⑦ 《刑法》第171条第2款。

额巨大或者有其他严重情节的，处十年以上有期徒刑或者无期徒刑，并处二万元以上二十万元以下罚金或者没收财产；情节较轻的，处三年以下有期徒刑或者拘役，并处或者单处一万元以上十万元以下罚金。

二、犯罪构成

主体	银行或者其他金融机构的工作人员。
主观方面	故意，明知是伪造的货币而购买或者利用职务之便利换取货币。
客体	国家的货币管理制度以及金融机构的正常活动。
客观方面	购买伪造的货币或者利用职务上的便利，以伪造的货币换取货币的行为。

三、定罪量刑标准⑧

定罪标准	四千元≤总面额＜五万元或四百张（枚）≤币量＜五千张（枚）	总面额≥五万元或币量≥五千张（枚）或具有其他严重情节	二千元≤总面额＜四千元或二百张（枚）≤币量＜四百张（枚）或具有其他情节较轻情形
量刑标准	三年以上十年以下有期徒刑，并处二万元≤罚金≤二十万元	十年以上有期徒刑或无期徒刑，并处二万元≤罚金≤二十万元或没收财产	三年以下有期徒刑或者拘役，并处或者单处一万元≤罚金≤十万元

⑧ 最高法《关于审理伪造货币等案件具体应用法律若干问题的解释》第4条，最高检、公安部《关于公安机关管辖的刑事案件立案追诉标准的规定（二）》第16条。

四、司法认定

购买并使用[9]	行为人购买假币后使用，构成犯罪的，以金融工作人员购买假币罪定罪，从重处罚。
货币[10]	“货币”是指可在国内市场流通或者兑换的人民币和境外货币。 货币面额应当以人民币计算，其他币种以案发时国家外汇管理机关公布的外汇牌价折算成人民币。
特殊对象[11]	中国人民银行发行的普通纪念币和贵金属纪念币。
使用停止流通的货币[12]	以使用为目的，伪造停止流通的货币，或者使用伪造的停止流通的货币的，以诈骗罪定罪处罚。

第四节　利用未公开信息交易罪

一、刑法规定

【利用未公开信息交易罪】[13] 证券交易所、期货交易所、证券公司、期货经纪公司、基金管理公司、商业银行、保险公司等金融机构的从业人员以及有关监管部门或者行业协会的工作人员，利用因职务便利获取的内幕信息以外的其他未公开的信息，违反规定，从事与该信息相关的证券、期货交易活动，或者明示、暗示他人从事相关交易活动，情节严重的，处五年以下有期徒刑或者拘役，并处或者单处违法所得一倍以上五倍以下罚金；情节特别严重的，处五年以上十年以下有期徒刑，并处违法所得一倍以上五倍以下罚金。

---

⑨ 最高法《关于审理伪造货币等案件具体应用法律若干问题的解释》第2条。
⑩ 最高法《关于审理伪造货币等案件具体应用法律若干问题的解释》第7条。
⑪ 最高法《关于审理伪造货币等案件具体应用法律若干问题的解释（二）》第4条。
⑫ 最高法《关于审理伪造货币等案件具体应用法律若干问题的解释（二）》第5条。
⑬ 《刑法》第180条第4款。

二、犯罪构成

主体	证券交易所、期货交易所、证券公司、期货经纪公司、基金管理公司、商业银行、保险公司等金融机构的从业人员以及有关监管部门或者行业协会的工作人员。
主观方面	故意，即明知是未公开信息，而积极利用此信息进行证券交易或者明示、暗示他人进行相关交易。 “明示、暗示他人从事相关交易活动”，应当综合以下方面进行认定：1. 行为人具有获取未公开信息的职务便利；2. 行为人获取未公开信息的初始时间与他人从事相关交易活动的初始时间具有关联性；3. 行为人与他人之间具有亲友关系、利益关联、交易终端关联等关联关系；4. 他人从事相关交易的证券、期货品种、交易时间与未公开信息所涉证券、期货品种、交易时间等方面基本一致；5. 他人从事的相关交易活动明显不具有符合交易习惯、专业判断等正当理由；6. 行为人对明示、暗示他人从事相关交易活动没有合理解释。⑭
客体	国家对证券、期货、基金等交易管理制度和投资者的合法权益。
客观方面	利用因职务便利获取的内幕信息以外的其他未公开的信息，违反规定，从事与该信息相关的证券、期货交易活动，或者明示、暗示他人从事相关交易活动，情节严重的行为。 “违反规定”，是指违反法律、行政法规、部门规章、全国性行业规范有关证券、期货未公开信息保护的规定，以及行为人所在的金融机构有关信息保密、禁止交易、禁止利益输送等规定。⑮

⑭　最高法、最高检《关于办理利用未公开信息交易刑事案件适用法律若干问题的解释》第4条。

⑮　最高法、最高检《关于办理利用未公开信息交易刑事案件适用法律若干问题的解释》第3条。

三、定罪量刑标准[16]

<table>
<tr><td rowspan="3">定罪标准</td><td colspan="2">二次以上利用未公开信息交易，依法应予行政处理或者刑事处理而未经处理的，相关交易数额或者违法所得数额累计计算。</td></tr>
<tr><td>情节严重
1. 违法所得数额在一百万元以上的；2. 二年内三次以上利用未公开信息交易的；3. 明示、暗示三人以上从事相关交易活动的；4. 违法所得数额在五十万元以上，或者证券交易成交额在五百万元以上，或者期货交易占用保证金数额在一百万元以上，具有下列情形之一的：</td><td>情节特别严重
1. 利用未公开信息交易，违法所得数额在一千万元以上的；2. 违法所得数额在五百万元以上，或者证券交易成交额在五千万元以上，或者期货交易占用保证金数额在一千万元以上，具有下列情形之一的：</td></tr>
<tr><td colspan="2">（1）以出售或者变相出售未公开信息等方式，明示、暗示他人从事相关交易活动的；（2）因证券、期货犯罪行为受过刑事追究的；（3）二年内因证券、期货违法行为受过行政处罚的；（4）造成恶劣社会影响或者其他严重后果的。</td></tr>
<tr><td rowspan="2">量刑标准</td><td>五年以下有期徒刑或拘役，并处或者单处违法所得一倍以上五倍以下罚金。</td><td>处五年以上十年以下有期徒刑，并处违法所得一倍以上五倍以下罚金。</td></tr>
<tr><td colspan="2">行为人未实际从事与未公开信息相关的证券、期货交易活动的，其罚金数额按照被明示、暗示人员从事相关交易活动的违法所得计算。</td></tr>
</table>

四、司法认定

<table>
<tr><td>未公开信息[17]</td><td>“内幕信息以外的其他未公开的信息”包括下列信息：1. 证券、期货的投资决策、交易执行信息；2. 证券持仓数量及变化、资金数量及变化、交易动向信息；3. 其他可能影响证券、期货交易活动的信息。
内幕信息以外的其他未公开的信息难以认定的，司法机关可以在有关行政主（监）管部门的认定意见的基础上，根据案件事实和法律规定作出认定。</td></tr>
</table>

---

[16] 最高法、最高检《关于办理利用未公开信息交易刑事案件适用法律若干问题的解释》第5条至第8条，第10条。

[17] 最高法、最高检《关于办理利用未公开信息交易刑事案件适用法律若干问题的解释》第1条、第2条。

续表

违法所得⑱	“违法所得”，是指行为人利用未公开信息从事与该信息相关的证券、期货交易活动所获利益或者避免的损失。 行为人明示、暗示他人利用未公开信息从事相关交易活动，被明示、暗示人员从事相关交易活动所获利益或者避免的损失，应当认定为“违法所得”。
从宽处罚⑲	行为人如实供述犯罪事实，认罪悔罪，并积极配合调查，退缴违法所得的，可以从轻处罚；其中犯罪情节轻微的，可以依法不起诉或者免予刑事处罚。符合刑事诉讼法规定的认罪认罚从宽适用范围和条件的，依照刑事诉讼法的规定处理。

五、指导案例

最高人民法院指导案例61号——马某利用未公开信息交易案

【关键词】

刑事　利用未公开信息交易罪　援引法定刑　情节特别严重

【裁判要点】

刑法第一百八十条第四款规定的利用未公开信息交易罪援引法定刑的情形，应当是对第一款内幕交易、泄露内幕信息罪全部法定刑的引用，即利用未公开信息交易罪应有“情节严重”“情节特别严重”两种情形和两个量刑档次。

第五节　诱骗投资者买卖证券、期货合约罪

一、刑法规定

【诱骗投资者买卖证券、期货合约罪】⑳ 证券交易所、期货交易所、证券公司、期货经纪公司的从业人员，证券业协会、期货业协会或者证券期货监督管理部门的工作人员，故意提供虚假信息或者伪造、变造、销毁交易记录，

---

⑱ 最高法、最高检《关于办理利用未公开信息交易刑事案件适用法律若干问题的解释》第9条。

⑲ 最高法、最高检《关于办理利用未公开信息交易刑事案件适用法律若干问题的解释》第11条。

⑳ 《刑法》第181条第2款、第3款。

诱骗投资者买卖证券、期货合约，造成严重后果的，处五年以下有期徒刑或者拘役，并处或者单处一万元以上十万元以下罚金；情节特别恶劣的，处五年以上十年以下有期徒刑，并处二万元以上二十万元以下罚金。

单位犯前款罪的，对单位判处罚金，并对其直接负责的主管人员和其他直接责任人员，处五年以下有期徒刑或者拘役。

二、犯罪构成

主体	1. 自然人：证券交易所、期货交易所、证券公司、期货经纪公司的从业人员，证券业协会、期货业协会或者证券期货监督管理部门的工作人员；2. 单位。
主观方面	故意，明知为虚假信息而故意提供或者明知是证券、期货交易记录仍决意伪造、变造或者销毁。
客体	国家对证券、期货交易的管理制度和投资者的合法权益。
客观方面	故意提供虚假信息或者伪造、变造、销毁交易记录，诱骗投资者买卖证券、期货合约，造成严重后果的行为。

三、定罪量刑标准[21]

<table>
<tr><td rowspan="3">自然人</td><td>定罪标准</td><td>涉嫌下列情形之一的，应予立案追诉：
1. 获利或者避免损失数额在五万元以上的；2. 造成投资者直接经济损失数额在五十万元以上的；3. 虽未达到上述数额标准，但多次诱骗投资者买卖证券、期货合约的；4. 致使交易价格或者交易量异常波动的；5. 造成其他严重后果的。</td></tr>
<tr><td rowspan="2">量刑标准</td><td>五年以下有期徒刑或者拘役，并处或者单处罚金（一万元≤罚金≤十万元）。</td></tr>
<tr><td>情节特别恶劣的[22]，处五年以上十年以下有期徒刑，并处罚金（二万元≤罚金≤二十万元）。</td></tr>
<tr><td colspan="2">单位</td><td>对单位判处罚金，并对其直接负责的主管人员和其他直接责任人员，处五年以下有期徒刑或者拘役。</td></tr>
</table>

㉑ 最高检、公安部《关于公安机关管辖的刑事案件立案追诉标准的规定（二）》第33条。

㉒ “情节特别恶劣”无统一规定。

四、易混罪名比较

【编造并传播证券、期货交易虚假信息罪】[23] 编造并且传播影响证券、期货交易的虚假信息，扰乱证券、期货交易市场，造成严重后果的，处五年以下有期徒刑或者拘役，并处或者单处一万元以上十万元以下罚金。

比较	诱骗投资者买卖证券、期货合约罪	编造并传播证券、期货交易虚假信息罪
主体	特殊主体	一般主体
客观方面	故意提供虚假信息或者伪造、变造、销毁交易记录，诱骗投资者买卖证券、期货合约。	编造并传播影响证券、期货交易的虚假信息，扰乱证券、期货交易市场。

第六节 背信运用受托财产罪

一、刑法规定

【背信运用受托财产罪】[24] 商业银行、证券交易所、期货交易所、证券公司、期货经纪公司、保险公司或者其他金融机构，违背受托义务，擅自运用客户资金或者其他委托、信托的财产，情节严重的，对单位判处罚金，并对其直接负责的主管人员和其他直接责任人员，处三年以下有期徒刑或者拘役，并处三万元以上三十万元以下罚金；情节特别严重的，处三年以上十年以下有期徒刑，并处五万元以上五十万元以下罚金。

㉓ 《刑法》第181条第1款。
㉔ 《刑法》第185条之一第1款。

二、犯罪构成

主体	单位犯罪，即商业银行、证券交易所、期货交易所、证券公司、期货经纪公司、保险公司或者其他金融机构。
主观方面	故意，明知是客户资金或其他委托、信托的财产仍违背受托义务擅自运用。
客体	金融管理秩序和客户的合法权益。
客观方面	违背受托义务，擅自运用客户资金或者其他委托、信托的财产，情节严重的行为。

三、定罪量刑标准㉕

定罪标准	涉嫌下列情形之一的，应予立案追诉： 1. 擅自运用客户资金或者其他委托、信托的财产数额在三十万元以上的；2. 虽未达到上述数额标准，但多次擅自运用客户资金或者其他委托、信托的财产，或者擅自运用多个客户资金或者其他委托、信托的财产的；3. 其他情节严重的情形。
量刑标准	对单位判处罚金，并对其直接负责的主管人员和其他直接责任人员，处三年以下有期徒刑或者拘役，并处罚金（三万元≤罚金≤三十万元）。
	情节特别严重的㉖，处三年以上十年以下有期徒刑，并处罚金（五万元≤罚金≤五十万元）。

四、易混罪名比较

背信运用受托财产罪与违法运用资金罪的比较见本章第七节“四、易混罪名比较”。

㉕ 最高检、公安部《关于公安机关管辖的刑事案件立案追诉标准的规定（二）》第35条。
㉖ “情节特别严重”无统一规定。

第七节　违法运用资金罪

一、刑法规定

【违法运用资金罪】[27] 社会保障基金管理机构、住房公积金管理机构等公众资金管理机构，以及保险公司、保险资产管理公司、证券投资基金管理公司，违反国家规定运用资金的，对其直接负责的主管人员和其他直接责任人员，处三年以下有期徒刑或者拘役，并处三万元以上三十万元以下罚金；情节特别严重的，处三年以上十年以下有期徒刑，并处五万元以上五十万元以下罚金。

二、犯罪构成

主体	单位犯罪，即社会保障基金管理机构、住房公积金管理机构等公众资金管理机构，以及保险公司、保险资产管理公司、证券投资基金管理公司。
主观方面	故意，上述公司明知违反国家规定仍运用资金。
客体	他人的财产所有权。
客观方面	违反国家规定运用资金的行为。

三、定罪量刑标准[28]

定罪标准	涉嫌下列情形之一的，应予立案追诉： 1. 违反国家规定运用资金数额在三十万元以上的；2. 虽未达到上述数额标准，但多次违反国家规定运用资金的；3. 其他情节严重的情形。

㉗ 《刑法》第185条之一第2款。

㉘ 最高检、公安部《关于公安机关管辖的刑事案件立案追诉标准的规定（二）》第36条。

续表

量刑标准	三年以下有期徒刑或者拘役，并处罚金（三万元≤罚金≤三十万元）。
	情节特别严重的[29]，处三年以上十年以下有期徒刑，并处罚金（五万元≤罚金≤五十万元）。

四、易混罪名比较

比较	违法运用资金罪	背信运用受托财产罪
主体	社会保障基金管理机构、住房公积金管理机构等公众资金管理机构，以及保险公司、保险资产管理公司、证券投资基金管理公司。	商业银行、证券交易所、期货交易所、证券公司、期货经纪公司、保险公司或者其他金融机构。
客观方面	违反国家规定运用资金。	违背受托义务，擅自运用客户资金或者其他委托、信托的财产。
处罚	单罚，只处罚直接负责的主管人员和其他直接责任人员。	双罚，既处罚单位，也处罚直接负责的主管人员和其他直接责任人员。

第八节　违法发放贷款罪

一、刑法规定

【违法发放贷款罪】[30] 银行或者其他金融机构的工作人员违反国家规定发放贷款，数额巨大或者造成重大损失的，处五年以下有期徒刑或者拘役，并处一万元以上十万元以下罚金；数额特别巨大或者造成特别重大损失的，处五年以上有期徒刑，并处二万元以上二十万元以下罚金。

银行或者其他金融机构的工作人员违反国家规定，向关系人发放贷款的，依照前款的规定从重处罚。

㉙ “情节特别严重”无统一规定。

㉚ 《刑法》第186条。

单位犯前两款罪的，对单位判处罚金，并对其直接负责的主管人员和其他直接责任人员，依照前两款的规定处罚。

关系人的范围，依照《中华人民共和国商业银行法》和有关金融法规确定。

二、犯罪构成

主体	1. 自然人：银行或者其他金融机构的工作人员；2. 单位。
主观方面	故意，明知违反国家规定而发放贷款。
客体	国家对金融信贷的管理制度。
客观方面	违反国家规定发放贷款，数额巨大或者造成重大损失的行为。

三、定罪量刑标准[31]

自然人	定罪标准	涉嫌下列情形之一的，应予立案追诉： 1. 违法发放贷款，数额在二百万元以上的；2. 违法发放贷款，造成直接经济损失数额在五十万元以上的。
	量刑标准	五年以下有期徒刑或者拘役，并处罚金（一万元≤罚金≤十万元）。
		数额特别巨大或者造成特别重大损失的[32]，处五年以上有期徒刑，并处罚金（二万元≤罚金≤二十万元）。
	从重处罚	银行或者其他金融机构的工作人员违反国家规定，向关系人发放贷款的，依照上述规定从重处罚。
单位		单位犯违法发放贷款罪的，对单位判处罚金，并对其直接负责的主管人员和其他直接责任人员，依照上述规定处罚。

[31] 最高检、公安部《关于公安机关管辖的刑事案件立案追诉标准的规定（二）》第37条。

[32] “数额特别巨大或者造成特别重大损失”无统一规定。

四、司法认定[33]

关系人	商业银行不得向关系人发放信用贷款；向关系人发放担保贷款的条件不得优于其他借款人同类贷款的条件。 前款所称关系人是指： 1. 商业银行的董事、监事、管理人员、信贷业务人员及其近亲属； 2. 前项所列人员投资或者担任高级管理职务的公司、企业和其他经济组织。

第九节　吸收客户资金不入账罪

一、刑法规定

【吸收客户资金不入账罪】[34] 银行或者其他金融机构的工作人员吸收客户资金不入帐，数额巨大或者造成重大损失的，处五年以下有期徒刑或者拘役，并处二万元以上二十万元以下罚金；数额特别巨大或者造成特别重大损失的，处五年以上有期徒刑，并处五万元以上五十万元以下罚金。

单位犯前款罪的，对单位判处罚金，并对其直接负责的主管人员和其他直接责任人员，依照前款的规定处罚。

二、犯罪构成

主体	1. 自然人：银行或者其他金融机构的工作人员；2. 单位。
主观方面	故意，明知是客户资金而不入账。
客体	国家对存款的管理制度。
客观方面	吸收客户资金不入账，数额巨大或者造成重大损失的行为。

---

[33] 《商业银行法》第40条。

[34] 《刑法》第187条。

三、定罪量刑标准[35]

自然人	定罪标准	涉嫌下列情形之一的，应予立案追诉： 1. 吸收客户资金不入账，数额在二百万元以上的；2. 吸收客户资金不入账，造成直接经济损失数额在五十万元以上的。
	量刑标准	五年以下有期徒刑或者拘役，并处罚金（二万元≤罚金≤二十万元）。
		数额特别巨大或者造成特别重大损失的[36]，处五年以上有期徒刑，并处罚金（五万元≤罚金≤五十万元）。
单位		单位犯吸收客户资金不入账罪的，对单位判处罚金，并对其直接负责的主管人员和其他直接责任人员，依照上述规定处罚。

四、司法认定[37]

吸收客户资金不入账	指不记入金融机构的法定存款账目，以逃避国家金融监管，至于是否记入法定账目以外设立的账目，不影响该罪成立。

第十节　违规出具金融票证罪

一、刑法规定

【违规出具金融票证罪】[38] 银行或者其他金融机构的工作人员违反规定，为他人出具信用证或者其他保函、票据、存单、资信证明，情节严重的，处五年以下有期徒刑或者拘役；情节特别严重的，处五年以上有期徒刑。

单位犯前款罪的，对单位判处罚金，并对其直接负责的主管人员和其他直接责任人员，依照前款的规定处罚。

㉟ 最高检、公安部《关于公安机关管辖的刑事案件立案追诉标准的规定（二）》第38条。

㊱ “数额特别巨大或者造成特别重大损失”无统一规定。

㊲ 最高法《全国法院审理金融犯罪案件工作座谈会纪要》二、（二）、3。

㊳ 《刑法》第188条。

二、犯罪构成

主体	1. 自然人：银行或者其他金融机构的工作人员；2. 单位。
主观方面	故意，明知违规出具金融票证的行为会发生危害后果而放任其发生。
客体	国家的金融管理秩序及金融机构的财产所有权。
客观方面	违反规定，为他人出具信用证或者其他保函、票据、存单、资信证明，情节严重的行为。

三、定罪量刑标准[39]

自然人	定罪标准	涉嫌下列情形之一的，应予立案追诉： 1. 违反规定为他人出具信用证或者其他保函、票据、存单、资信证明，数额在二百万元以上的；2. 违反规定为他人出具信用证或者其他保函、票据、存单、资信证明，造成直接经济损失数额在五十万元以上的；3. 多次违规出具信用证或者其他保函、票据、存单、资信证明的；4. 接受贿赂违规出具信用证或者其他保函、票据、存单、资信证明的；5. 其他情节严重的情形。
	量刑标准	五年以下有期徒刑或者拘役。
		情节特别严重的[40]，处五年以上有期徒刑。
单位		单位犯违规出具金融票证罪的，对单位判处罚金，并对其直接负责的主管人员和其他直接责任人员，依照上述规定处罚。

---

[39] 最高检、公安部《关于公安机关管辖的刑事案件立案追诉标准的规定（二）》第 39 条。

[40] “情节特别严重”无统一规定。

第十一节　对违法票据承兑、付款、保证罪

一、刑法规定

【对违法票据承兑、付款、保证罪】[41] 银行或者其他金融机构的工作人员在票据业务中，对违反票据法规定的票据予以承兑、付款或者保证，造成重大损失的，处五年以下有期徒刑或者拘役；造成特别重大损失的，处五年以上有期徒刑。

单位犯前款罪的，对单位判处罚金，并对其直接负责的主管人员和其他直接责任人员，依照前款的规定处罚。

二、犯罪构成

主体	1. 自然人：银行或者其他金融机构的工作人员；2. 单位。
主观方面	故意，对违反票据法规定的票据予以承兑、付款或者保证持故意心态，但对造成的重大损失结果可能出于过失。
客体	国家的票据管理制度和金融机构的信誉。
客观方面	在票据业务中，对违反票据法规定的票据予以承兑、付款或者保证，造成重大损失的行为。

三、定罪量刑标准[42]

自然人	定罪标准	重大损失：造成直接经济损失数额在五十万元以上。
	量刑标准	五年以下有期徒刑或者拘役。
		造成特别重大损失的[43]，处五年以上有期徒刑。

㊶ 《刑法》第189条。

㊷ 最高检、公安部《关于公安机关管辖的刑事案件立案追诉标准的规定（二）》第40条。

㊸ “特别重大损失”无统一规定。

续表

单位	单位犯对违法票据承兑、付款、保证罪的，对单位判处罚金，并对其直接负责的主管人员和其他直接责任人员，依照上述规定处罚。

四、司法认定

<table>
<tr><td rowspan="4">票据</td><td colspan="2">《票据法》所称票据，是指汇票、本票和支票。</td></tr>
<tr><td>汇票㊹</td><td>汇票是出票人签发的，委托付款人在见票时或者在指定日期无条件支付确定的金额给收款人或者持票人的票据。
汇票分为银行汇票和商业汇票。</td></tr>
<tr><td>本票㊺</td><td>本票是出票人签发的，承诺自己在见票时无条件支付确定的金额给收款人或者持票人的票据。
《票据法》所称本票，是指银行本票。</td></tr>
<tr><td>支票㊻</td><td>支票是出票人签发的，委托办理支票存款业务的银行或者其他金融机构在见票时无条件支付确定的金额给收款人或者持票人的票据。</td></tr>
<tr><td>承兑㊼</td><td colspan="2">承兑是指汇票付款人承诺在汇票到期日支付汇票金额的票据行为。</td></tr>
</table>

第十二节　非法转让、倒卖土地使用权罪

一、刑法规定

【非法转让、倒卖土地使用权罪】㊽ 以牟利为目的，违反土地管理法规，非法转让、倒卖土地使用权，情节严重的，处三年以下有期徒刑或者拘役，并处或者单处非法转让、倒卖土地使用权价额百分之五以上百分之二十以下罚金；情节特别严重的，处三年以上七年以下有期徒刑，并处非法转让、倒

㊹ 《票据法》第19条。
㊺ 《票据法》第73条。
㊻ 《票据法》第81条。
㊼ 《票据法》第38条。
㊽ 《刑法》第228条、第231条。

卖土地使用权价额百分之五以上百分之二十以下罚金。

单位犯上述罪的，对单位判处罚金，并对其直接负责的主管人员和其他直接责任人员，依照上述规定处罚。

二、犯罪构成

主体	1. 自然人：一般主体；2. 单位。
主观方面	故意，并且以牟利为目的。
客体	国家的土地管理制度。
客观方面	违反土地管理法规，非法转让、倒卖土地使用权，情节严重的行为。

三、定罪量刑标准[49]

<table>
<tr><td rowspan="2">自然人</td><td>定罪标准</td><td>情节严重：
1. 非法转让、倒卖基本农田五亩以上的；2. 非法转让、倒卖基本农田以外的耕地十亩以上的；3. 非法转让、倒卖其他土地二十亩以上的；4. 非法获利五十万元以上的；5. 非法转让、倒卖土地接近上述数量标准并具有其他恶劣情节的，如曾因非法转让、倒卖土地使用权受过行政处罚或者造成严重后果等。</td><td>情节特别严重：
1. 非法转让、倒卖基本农田十亩以上的；2. 非法转让、倒卖基本农田以外的耕地二十亩以上的；3. 非法转让、倒卖其他土地四十亩以上的；4. 非法获利一百万元以上的；5. 非法转让、倒卖土地接近上述数量标准并具有其他恶劣情节，如造成严重后果等。</td></tr>
<tr><td>量刑标准</td><td>三年以下有期徒刑或者拘役，并处或单处罚金（5% ≤非法转让、倒卖土地使用权价额≤20%）。</td><td>三年以上七年以下有期徒刑，并处罚金（5% ≤非法转让、倒卖土地使用权价额≤20%）。</td></tr>
<tr><td colspan="2">单位</td><td colspan="2">单位犯非法转让、倒卖土地使用权罪的，对单位判处罚金，并对其直接负责的主管人员和其他直接责任人员，依照上述规定处罚。</td></tr>
</table>

[49] 最高法《关于审理破坏土地资源刑事案件具体应用法律若干问题的解释》第1条、第2条。

四、司法认定

违反土地管理法规[50]	违反土地管理法、森林法、草原法等法律以及有关行政法规中关于土地管理的规定。
多次实施[51]	多次实施非法转让、倒卖土地使用权的行为依法应当追诉的，或者一年内多次实施该行为未经处理的，按照累计的数量、数额处罚。

第十三节　私自开拆、隐匿、毁弃邮件、电报罪

一、刑法规定

【私自开拆、隐匿、毁弃邮件、电报罪】[52] 邮政工作人员私自开拆或者隐匿、毁弃邮件、电报的，处二年以下有期徒刑或者拘役。

犯前款罪而窃取财物的，依照盗窃罪的规定定罪从重处罚。

【盗窃罪】[53] 盗窃公私财物，数额较大的，或者多次盗窃、入户盗窃、携带凶器盗窃、扒窃的，处三年以下有期徒刑、拘役或者管制，并处或者单处罚金；数额巨大或者有其他严重情节的，处三年以上十年以下有期徒刑，并处罚金；数额特别巨大或者有其他特别严重情节的，处十年以上有期徒刑或者无期徒刑，并处罚金或者没收财产。

---

[50] 全国人大常委会《关于〈中华人民共和国刑法〉第二百二十八条、第三百四十二条、第四百一十条的解释》。

[51] 最高法《关于审理破坏土地资源刑事案件具体应用法律若干问题的解释》第9条。

[52] 《刑法》第253条。

[53] 《刑法》第264条。

二、犯罪构成

主体	邮政工作人员
主观方面	故意，明知是他人的邮件、电报而私自开拆或者隐匿、毁弃。
客体	公民的通信自由和通信秘密，以及国家邮电部门的正常活动及信誉。
客观方面	私自开拆或者隐匿、毁弃邮件、电报的行为。

三、定罪量刑标准[54]

定罪标准	私自开拆或者隐匿、毁弃邮件、电报的
量刑标准	二年以下有期徒刑或者拘役

四、易混罪名比较

【侵犯通信自由罪】[55] 隐匿、毁弃或者非法开拆他人信件，侵犯公民通信自由权利，情节严重的，处一年以下有期徒刑或者拘役。

比较	私自开拆、隐匿、毁弃邮件、电报罪	侵犯通信自由罪
主体	邮政工作人员	一般主体
客观方面	邮政工作人员（利用职务便利）私自开拆或者隐匿、毁弃。	隐匿、毁弃或者非法开拆他人信件，情节严重的行为。
对象[56]	邮件、电报。 邮件，是指邮政企业寄递的信件、包裹、汇款通知、报刊和其他印刷品等。（邮政企业，是指中国邮政集团公司及其提供邮政服务的全资企业、控股企业。）	信件。 信件，是指信函、明信片；信函是指以套封形式按照名址递送给特定个人或者单位的缄封的信息载体，不包括书籍、报纸、期刊等。

---

[54] 无统一规定。

[55] 《刑法》第252条。

[56] 《邮政法》第84条第1款、第4款、第6款。

第十四节 故意延误投递邮件罪

一、刑法规定

【故意延误投递邮件罪】[57] 邮政工作人员严重不负责任，故意延误投递邮件，致使公共财产、国家和人民利益遭受重大损失的，处二年以下有期徒刑或者拘役。

二、犯罪构成

主体	邮政工作人员
主观方面	故意，明知延误投递邮件会造成重大损失而故意为之。
客体	国家的邮政管理秩序。
客观方面	严重不负责任，故意延误投递邮件，致使公共财产、国家和人民利益遭受重大损失的行为。

三、定罪量刑标准[58]

定罪标准	涉嫌下列情形之一的，应予立案追诉： 1. 造成直接经济损失二万元以上的；2. 延误高校录取通知书或者其他重要邮件投递，致使他人失去高校录取资格或者造成其他无法挽回的重大损失的；3. 严重损害国家声誉或者造成其他恶劣社会影响的；4. 其他致使公共财产、国家和人民利益遭受重大损失的情形。
量刑标准	二年以下有期徒刑或者拘役。

---

[57] 《刑法》第304条。

[58] 最高检、公安部《关于公安机关管辖的刑事案件立案追诉标准的规定（一）》第45条。

第十五节　泄露不应公开的案件信息罪

一、刑法规定

【泄露不应公开的案件信息罪】[59] 司法工作人员、辩护人、诉讼代理人或者其他诉讼参与人，泄露依法不公开审理的案件中不应当公开的信息，造成信息公开传播或者其他严重后果的，处三年以下有期徒刑、拘役或者管制，并处或者单处罚金。

有前款行为，泄露国家秘密的，依照故意泄露国家秘密罪或者过失泄露国家秘密罪的规定定罪处罚。

二、犯罪构成

主体	司法工作人员、辩护人、诉讼代理人或者其他诉讼参与人（证人、鉴定人、勘验人员和翻译人员等）。
主观方面	故意，明知是不公开审理的案件中不应当公开的信息而故意予以泄露。
客体	司法机关正常的诉讼秩序以及诉讼当事人涉案信息的安全。
客观方面	泄露依法不公开审理的案件中不应当公开的信息（涉及国家秘密、商业秘密、个人隐私的案件；未成年人犯罪案件；离婚案件等），造成信息公开传播或者其他严重后果的行为。

三、定罪量刑标准

定罪标准	造成信息公开传播或者其他严重后果的。[60]
量刑标准	三年以下有期徒刑、拘役或者管制，并处或者单处罚金。

---

[59] 《刑法》第 308 条之一第 1 款、第 2 款。

[60] “信息公开传播或者其他严重后果”无统一规定。

第十六节　披露、报道不应公开的案件信息罪

一、刑法规定

【披露、报道不应公开的案件信息罪】[61] 公开披露、报道依法不公开审理的案件中不应当公开的信息，情节严重的，处三年以下有期徒刑、拘役或者管制，并处或者单处罚金。

单位犯前款罪的，对单位判处罚金，并对其直接负责的主管人员和其他直接责任人员，依照前款的规定处罚。

二、犯罪构成

主体	一般主体，包括自然人和单位。
主观方面	故意，明知是不公开审理的案件中不应当公开的信息而故意予以公开披露、报道。
客体	司法机关正常的诉讼秩序以及诉讼当事人涉案信息的安全。
客观方面	公开披露、报道依法不公开审理的案件中不应当公开的信息，情节严重的行为。

三、定罪量刑标准

自然人	定罪标准	情节严重的。[62]
	量刑标准	三年以下有期徒刑、拘役或者管制，并处或者单处罚金。
单位		单位犯该罪的，对单位判处罚金，并对其直接负责的主管人员和其他直接责任人员，依照上述规定处罚。

---

[61] 《刑法》第308条之一第3款、第4款。

[62] “情节严重”无统一规定。

四、司法认定

不公开审理的刑事案件⑬	1. 有关国家秘密或者个人隐私的案件，不公开审理；2. 涉及商业秘密的案件，当事人申请不公开审理的，可以不公开审理；3. 审判的时候被告人不满十八周岁的案件，不公开审理，经未成年被告人及其法定代理人同意，未成年被告人所在学校和未成年人保护组织可以派代表到场。 不公开审理的案件，应当当庭宣布不公开审理的理由。 宣告判决，一律公开进行。
不公开审理的民事案件⑭	1. 涉及国家秘密、个人隐私或者法律另有规定的案件，不公开审理；2. 离婚案件，涉及商业秘密的案件，当事人申请不公开审理的，可以不公开审理。 人民法院对公开审理或者不公开审理的案件，一律公开宣告判决。
不公开审理的行政案件⑮	1. 涉及国家秘密、个人隐私和法律另有规定的案件，不公开审理。2. 涉及商业秘密的案件，当事人申请不公开审理的，可以不公开审理。 人民法院对公开审理和不公开审理的案件，一律公开宣告判决。

第十七节　接送不合格兵员罪

一、刑法规定

【接送不合格兵员罪】⑯ 在征兵工作中徇私舞弊，接送不合格兵员，情节严重的，处三年以下有期徒刑或者拘役；造成特别严重后果的，处三年以上七年以下有期徒刑。

---

⑬ 《刑事诉讼法》第188条、第202条、第285条。

⑭ 《民事诉讼法》第137条、第151条第1款。

⑮ 《行政诉讼法》第54条、第80条。

⑯ 《刑法》第374条。

二、犯罪构成

主体	在征兵工作中负有征兵职责的工作人员。
主观方面	故意，且具有徇私的动机。
客体	国家征兵工作的正常活动。
客观方面	在征兵工作中徇私舞弊，接送不合格兵员，情节严重的行为。主要包括接送年龄、学历、健康、政审等不符合条件，或者受过刑事处罚以及其他不合格兵员的情况。

三、定罪量刑标准[67]

定罪标准	涉嫌下列情形之一的，应予立案追诉： 1. 接送不合格特种条件兵员一名以上或者普通兵员三名以上的；2. 发生在战时的；3. 造成严重后果的；4. 其他情节严重的情形。
量刑标准	三年以下有期徒刑或者拘役。
	造成特别严重后果的[68]，处三年以上七年以下有期徒刑。

[67] 最高检、公安部《关于公安机关管辖的刑事案件立案追诉标准的规定（一）》第93条。
[68] “特别严重后果”无统一规定。

第七章　司法工作人员职务犯罪

本章共包括 9 个罪名：刑讯逼供罪；暴力取证罪；徇私枉法罪※；民事、行政枉法裁判罪※；执行判决、裁定失职罪※；执行判决、裁定滥用职权罪※；私放在押人员罪※；失职致使在押人员脱逃罪※；徇私舞弊减刑、假释、暂予监外执行罪※。①

本章的犯罪主体均为司法工作人员，在利用职权实施上述侵犯公民权利、损害司法公正的犯罪案件时，可以由人民检察院立案侦查，必要时由监察机关立案调查。

① 标记※的 7 个罪名规定于《刑法》第二编第九章渎职罪，适用“渎职罪统一规定”（见下编第二章）。

第一节　刑讯逼供罪

一、刑法规定

【刑讯逼供罪】② 司法工作人员对犯罪嫌疑人、被调查人实行刑讯逼供的，处三年以下有期徒刑或者拘役。致人伤残、死亡的，依照故意伤害罪、故意杀人罪的规定定罪从重处罚。

二、犯罪构成

主体	司法工作人员
主观方面	故意，并且具有逼取口供的目的。
客体	公民的人身权利和司法机关的正常活动。
客观方面	对犯罪嫌疑人、被调查人使用肉刑或者变相肉刑逼取口供的行为。如采取暴力手段，或以较长时间冻、饿、烤等手段逼取口供，严重损害犯罪嫌疑人、被调查人身体健康的行为。

三、定罪量刑标准③

定罪标准	涉嫌下列情形之一的，应予立案： 1. 以殴打、捆绑、违法使用械具等恶劣手段逼取口供的；2. 以较长时间冻、饿、晒、烤等手段逼取口供，严重损害犯罪嫌疑人、被调查人身体健康的；3. 刑讯逼供造成犯罪嫌疑人、被调查人轻伤、重伤、死亡的；4. 刑讯逼供，情节严重，导致犯罪嫌疑人、被调查人自杀、自残造成重伤、死亡，或者精神失常的；5. 刑讯逼供，造成错案的；6. 刑讯逼供三人次以上的；7. 纵容、授意、指使、强迫他人刑讯逼供，具有上述情形之一的；8. 其他刑讯逼供应予追究刑事责任的情形。
量刑标准	三年以下有期徒刑或者拘役。

② 《刑法》第 247 条。
③ 最高检《关于渎职侵权犯罪案件立案标准的规定》二、(三)。

四、司法认定

转化	司法工作人员对犯罪嫌疑人、被调查人刑讯逼供，致人伤残、死亡的，依照故意伤害罪、故意杀人罪的规定定罪从重处罚。

第二节　暴力取证罪

一、刑法规定

【暴力取证罪】[④] 司法工作人员使用暴力逼取证人证言的，处三年以下有期徒刑或者拘役。致人伤残、死亡的，依照故意伤害罪、故意杀人罪的规定定罪从重处罚。

二、犯罪构成

主体	司法工作人员
主观方面	故意，并且具有逼取证人证言的目的
客体	公民的人身权利和司法机关的正常活动
客观方面	以暴力逼取证人证言的行为

④ 《刑法》第247条。

三、定罪量刑标准[5]

定罪标准	涉嫌下列情形之一的，应予立案： 1. 以殴打、捆绑、违法使用械具等恶劣手段逼取证人证言的；2. 暴力取证造成证人轻伤、重伤、死亡的；3. 暴力取证，情节严重，导致证人自杀、自残造成重伤、死亡，或者精神失常的；4. 暴力取证，造成错案的；5. 暴力取证三人次以上的；6. 纵容、授意、指使、强迫他人暴力取证，具有上述情形之一的；7. 其他暴力取证应予追究刑事责任的情形。
量刑标准	三年以下有期徒刑或者拘役。

四、司法认定

转化	司法工作人员暴力取证致人伤残、死亡的，依照故意伤害罪、故意杀人罪的规定定罪从重处罚。

第三节　徇私枉法罪※

一、刑法规定

【徇私枉法罪】[6] 司法工作人员徇私枉法、徇情枉法，对明知是无罪的人而使他受追诉、对明知是有罪的人而故意包庇不使他受追诉，或者在刑事审判活动中故意违背事实和法律作枉法裁判的，处五年以下有期徒刑或者拘役；情节严重的，处五年以上十年以下有期徒刑；情节特别严重的，处十年以上有期徒刑。

司法工作人员收受贿赂，有上述行为的，同时又构成受贿罪的，依照处罚较重的规定定罪处罚。

---

⑤ 最高检《关于渎职侵权犯罪案件立案标准的规定》二、(四)。

⑥ 《刑法》第399条第1款、第4款。

二、犯罪构成

主体	刑事诉讼中负责侦查、检察、审判、监管工作的司法工作人员。
主观方面	故意，出于个人私情或受特定情谊、感情左右，对相关人和事进行违背事实和法律的司法活动，并且希望枉法结果的发生。
客体	司法机关的正常活动。
客观方面	对明知是无罪的人而使他受追诉、对明知是有罪的人而故意包庇不使他受追诉，或者在刑事审判活动中故意违背事实和法律作枉法裁判的行为。

三、定罪量刑标准⑦

定罪标准	涉嫌下列情形之一的，应予立案： 1. 对明知是没有犯罪事实或者其他依法不应当追究刑事责任的人，采取伪造、隐匿、毁灭证据或者其他隐瞒事实、违反法律的手段，以追究刑事责任为目的立案、侦查、起诉、审判的；2. 对明知是有犯罪事实需要追究刑事责任的人，采取伪造、隐匿、毁灭证据或者其他隐瞒事实、违反法律的手段，故意包庇使其不受立案、侦查、起诉、审判的；3. 采取伪造、隐匿、毁灭证据或者其他隐瞒事实、违反法律的手段，故意使罪重的人受较轻的追诉，或者使罪轻的人受较重的追诉的；4. 在立案后，采取伪造、隐匿、毁灭证据或者其他隐瞒事实、违反法律的手段，应当采取强制措施而不采取强制措施，或者虽然采取强制措施，但中断侦查或者超过法定期限不采取任何措施，实际放任不管，以及违法撤销、变更强制措施，致使犯罪嫌疑人、被调查人实际脱离司法机关侦控的；5. 在刑事审判活动中故意违背事实和法律，作出枉法判决、裁定，即有罪判无罪、无罪判有罪，或者重罪轻判、轻罪重判的；6. 其他徇私枉法应予追究刑事责任的情形。
量刑标准	五年以下有期徒刑或者拘役。
	情节严重的⑧，处五年以上十年以下有期徒刑。
	情节特别严重的⑨，处十年以上有期徒刑。

⑦ 最高检《关于渎职侵权犯罪案件立案标准的规定》一、(五)。

⑧ “情节严重”无统一规定。

⑨ “情节特别严重”无统一规定。

四、司法认定

共犯[10]	非司法工作人员与司法工作人员勾结，共同实施徇私枉法行为，构成犯罪的，应当以徇私枉法罪的共犯追究刑事责任。
从重处罚	《刑法》第三百九十九条第四款规定，司法工作人员同时构成徇私枉法罪和受贿罪的，依照处罚较重的规定定罪处罚。

五、易混罪名比较

比较	徇私枉法罪	民事、行政枉法裁判罪
主体	刑事诉讼中负责侦查、检察、审判、监管工作的司法工作人员。	从事民事、行政审判活动的司法工作人员。
行为特征	在刑事诉讼活动中徇私枉法。	在民事、行政审判活动中枉法裁判。

第四节　民事、行政枉法裁判罪※

一、刑法规定

【民事、行政枉法裁判罪】[11] 司法工作人员在民事、行政审判活动中故意违背事实和法律作枉法裁判，情节严重的，处五年以下有期徒刑或者拘役；情节特别严重的，处五年以上十年以下有期徒刑。

司法工作人员收受贿赂，有上述行为的，同时又构成受贿罪的，依照处罚较重的规定定罪处罚。

---

⑩ 最高检法律政策研究室《关于非司法工作人员是否可以构成徇私枉法罪共犯问题的答复》。

⑪ 《刑法》第399条第2款、第4款。

二、犯罪构成

主体	从事民事、行政审判活动的司法工作人员。
主观方面	故意，明知自己的行为是违背事实和法律的，并且希望枉法结果的发生。
客体	人民法院正常的民事、行政审判活动。
客观方面	在民事、行政审判活动中，故意违背事实和法律作枉法裁判，情节严重的行为。

三、定罪量刑标准[12]

定罪标准	涉嫌下列情形之一的，应予立案： 1. 枉法裁判，致使当事人或者其近亲属自杀、自残造成重伤、死亡，或者精神失常的；2. 枉法裁判，造成个人财产直接经济损失十万元以上，或者直接经济损失不满十万元，但间接经济损失五十万元以上的；3. 枉法裁判，造成法人或者其他组织财产直接经济损失二十万元以上，或者直接经济损失不满二十万元，但间接经济损失一百万元以上的；4. 伪造、变造有关材料、证据，制造假案枉法裁判的；5. 串通当事人制造伪证，毁灭证据或者篡改庭审笔录而枉法裁判的；6. 徇私情、私利，明知是伪造、变造的证据予以采信，或者故意对应当采信的证据不予采信，或者故意违反法定程序，或者故意错误适用法律而枉法裁判的；7. 其他情节严重的情形。
量刑标准	情节严重的[13]，处五年以下有期徒刑或者拘役。
	情节特别严重的[14]，处五年以上十年以下有期徒刑。

⑫ 最高检《关于渎职侵权犯罪案件立案标准的规定》一、（六）。

⑬ “情节严重”无统一规定。

⑭ “情节特别严重”无统一规定。

四、司法认定

从重处罚	《刑法》第三百九十九条第四款规定，司法工作人员同时构成民事、行政枉法裁判罪和受贿罪的，依照处罚较重的规定定罪处罚。

五、易混罪名比较

民事、行政枉法裁判罪与徇私枉法罪的比较见本章第三节“五、易混罪名比较”。

第五节 执行判决、裁定失职罪※

一、刑法规定

【执行判决、裁定失职罪】[15] 在执行判决、裁定活动中，严重不负责任，不依法采取诉讼保全措施、不履行法定执行职责，或者违法采取诉讼保全措施、强制执行措施，致使当事人或者其他人的利益遭受重大损失的，处五年以下有期徒刑或者拘役；致使当事人或者其他人的利益遭受特别重大损失的，处五年以上十年以下有期徒刑。

司法工作人员收受贿赂，有上述行为的，同时又构成受贿罪的，依照处罚较重的规定定罪处罚。

---

⑮ 《刑法》第399条第3款、第4款。

二、犯罪构成

主体	法院的执行工作人员。
主观方面	过失，应当预见自己的失职行为会致使当事人或者其他人的利益遭受重大损失，因疏忽大意没有预见，或者已经预见但轻信可以避免。
客体	人民法院正常的执行活动。
客观方面	严重不负责任，不依法采取诉讼保全措施、不履行法定执行职责，或者违法采取保全措施、强制执行措施，致使当事人或者其他人的利益遭受重大损失的行为。

三、定罪量刑标准[16]

定罪标准	涉嫌下列情形之一的，应予立案： 1. 致使当事人或者其近亲属自杀、自残造成重伤、死亡，或者精神失常的；2. 造成个人财产直接经济损失十五万元以上，或者直接经济损失不满十五万元，但间接经济损失七十五万元以上的；3. 造成法人或者其他组织财产直接经济损失三十万元以上，或者直接经济损失不满三十万元，但间接经济损失一百五十万元以上的；4. 造成公司、企业等单位停业、停产一年以上，或者破产的；5. 其他致使当事人或者其他人的利益遭受重大损失的情形。
量刑标准	五年以下有期徒刑或者拘役。
	致使当事人或者其他人的利益遭受特别重大损失的[17]，处五年以上十年以下有期徒刑。

⑯ 最高检《关于渎职侵权犯罪案件立案标准的规定》一、(七)。

⑰ “特别重大损失”无统一规定。

四、司法认定

判决、裁定⑱	刑法第三百一十三条（拒不执行判决、裁定罪）规定的“人民法院的判决、裁定”，是指人民法院依法作出的具有执行内容并已发生法律效力的判决、裁定。人民法院为依法执行支付令、生效的调解书、仲裁裁决、公证债权文书等所作的裁定属于该条规定的裁定。
从重处罚	《刑法》第三百九十九条第四款规定，司法工作人员同时构成执行判决、裁定失职罪和受贿罪的，依照处罚较重的规定定罪处罚。

第六节　执行判决、裁定滥用职权罪※

一、刑法规定

【执行判决、裁定滥用职权罪】⑲ 在执行判决、裁定活动中，滥用职权，不依法采取诉讼保全措施、不履行法定执行职责，或者违法采取诉讼保全措施、强制执行措施，致使当事人或者其他人的利益遭受重大损失的，处五年以下有期徒刑或者拘役；致使当事人或者其他人的利益遭受特别重大损失的，处五年以上十年以下有期徒刑。

司法工作人员收受贿赂，有上述行为的，同时又构成受贿罪的，依照处罚较重的规定定罪处罚。

⑱ 全国人大常委会《关于〈中华人民共和国刑法〉第三百一十三条的解释》。

⑲ 《刑法》第399条第3款、第4款。

二、犯罪构成

主体	法院的执行工作人员。
主观方面	故意，明知自己滥用职权的行为会致使当事人或者其他人的利益遭受重大损失，仍然希望或放任危害结果的发生。
客体	人民法院正常的执行活动。
客观方面	滥用职权，不依法采取诉讼保全措施、不履行法定执行职责，或者违法采取保全措施、强制执行措施，致使当事人或者其他人的利益遭受重大损失的行为。

三、定罪量刑标准[20]

定罪标准	涉嫌下列情形之一的，应予立案： 1. 致使当事人或者其近亲属自杀、自残造成重伤、死亡，或者精神失常的；2. 造成个人财产直接经济损失十万元以上，或者直接经济损失不满十万元，但间接经济损失五十万元以上的；3. 造成法人或者其他组织财产直接经济损失二十万元以上，或者直接经济损失不满二十万元，但间接经济损失一百万元以上的；4. 造成公司、企业等单位停业、停产六个月以上，或者破产的；5. 其他致使当事人或者其他人的利益遭受重大损失的情形。
量刑标准	五年以下有期徒刑或者拘役。
	致使当事人或者其他人的利益遭受特别重大损失的[21]，处五年以上十年以下有期徒刑。

⑳ 最高检《关于渎职侵权犯罪案件立案标准的规定》一、（八）。

㉑ “特别重大损失”无统一规定。

四、司法认定

判决、裁定[22]	《刑法》第三百一十三条规定的“人民法院的判决、裁定”，是指人民法院依法作出的具有执行内容并已发生法律效力的判决、裁定。人民法院为依法执行支付令、生效的调解书、仲裁裁决、公证债权文书等所作的裁定属于该条规定的裁定。
从重处罚	《刑法》第三百九十九条第四款规定，司法工作人员同时构成执行判决、裁定滥用职权罪和受贿罪的，依照处罚较重的规定定罪处罚。

第七节　私放在押人员罪※

一、刑法规定

【私放在押人员罪】[23] 司法工作人员私放在押的犯罪嫌疑人、被告人或者罪犯的，处五年以下有期徒刑或者拘役；情节严重的，处五年以上十年以下有期徒刑；情节特别严重的，处十年以上有期徒刑。

二、犯罪构成

主体	负有监管职责的司法工作人员。
主观方面	故意，私自将在押的犯罪嫌疑人、被告人、罪犯放走或使其脱逃。
客体	国家对在押人员的监管制度。
客观方面	私放在押（包括在羁押场所和押解途中）的犯罪嫌疑人、被告人或者罪犯的行为。

㉒ 全国人大常委会《关于〈中华人民共和国刑法〉第三百一十三条的解释》。
㉓ 《刑法》第400条第1款。

三、定罪量刑标准[24]

定罪标准	涉嫌下列情形之一的，应予立案： 1. 私自将在押的犯罪嫌疑人、被告人、罪犯放走，或者授意、指使、强迫他人将在押的犯罪嫌疑人、被告人、罪犯放走的；2. 伪造、变造有关法律文书、证明材料，以使在押的犯罪嫌疑人、被告人、罪犯逃跑或者被释放的；3. 为私放在押的犯罪嫌疑人、被告人、罪犯，故意向其通风报信、提供条件，致使该在押的犯罪嫌疑人、被告人、罪犯脱逃的；4. 其他私放在押的犯罪嫌疑人、被告人、罪犯应予追究刑事责任的情形。
量刑标准	五年以下有期徒刑或者拘役。
	情节严重的[25]，处五年以上十年以下有期徒刑。
	情节特别严重的[26]，处十年以上有期徒刑。

四、司法认定

监管主体[27]	工人等非监管机关在编监管人员在被监管机关聘用受委托履行监管职责的过程中私放在押人员的，以私放在押人员罪追究刑事责任。

第八节　失职致使在押人员脱逃罪※

一、刑法规定

【失职致使在押人员脱逃罪】[28] 司法工作人员由于严重不负责任，致使在

---

[24] 最高检《关于渎职侵权犯罪案件立案标准的规定》一、(九)。

[25] “情节严重”无统一规定。

[26] “情节特别严重”无统一规定。

[27] 最高检《关于工人等非监管机关在编监管人员私放在押人员行为和失职致使在押人员脱逃行为适用法律问题的解释》。

[28] 《刑法》第400条第2款。

押的犯罪嫌疑人、被告人或者罪犯脱逃，造成严重后果的，处三年以下有期徒刑或者拘役；造成特别严重后果的，处三年以上十年以下有期徒刑。

二、犯罪构成

主体	负有监管职责的司法工作人员。
主观方面	过失，应当预见自己的严重不负责任会致使在押人员脱逃，由于疏忽大意而没有预见，或者已经预见但轻信能够避免。
客体	国家对在押人员的监管制度。
客观方面	由于严重不负责任，不履行或者不认真履行职责，致使在押（包括在羁押场所和押解途中）的犯罪嫌疑人、被告人、罪犯脱逃，造成严重后果的行为。

三、定罪量刑标准[29]

定罪标准	涉嫌下列情形之一的，应予立案： 1. 致使依法可能判处或者已经判处十年以上有期徒刑、无期徒刑、死刑的犯罪嫌疑人、被告人、罪犯脱逃的；2. 致使犯罪嫌疑人、被告人、罪犯脱逃三人次以上的；3. 犯罪嫌疑人、被告人、罪犯脱逃以后，打击报复报案人、控告人、举报人、被害人、证人和司法工作人员等，或者继续犯罪的；4. 其他致使在押的犯罪嫌疑人、被告人、罪犯脱逃，造成严重后果的情形。
量刑标准	造成严重后果的[30]，处三年以下有期徒刑或者拘役。
	造成特别严重后果的[31]，处三年以上十年以下有期徒刑。

㉙ 最高检《关于渎职侵权犯罪案件立案标准的规定》一、(十)。

㉚ “严重后果”无统一规定。

㉛ “特别严重后果”无统一规定。

四、司法认定

监管主体[32]	工人等非监管机关在编监管人员在被监管机关聘用受委托履行监管职责的过程中由于严重不负责任，致使在押人员脱逃，造成严重后果的，以失职致使在押人员脱逃罪追究刑事责任。

第九节 徇私舞弊减刑、假释、暂予监外执行罪※

一、刑法规定

【徇私舞弊减刑、假释、暂予监外执行罪】[33] 司法工作人员徇私舞弊，对不符合减刑、假释、暂予监外执行条件的罪犯，予以减刑、假释或者暂予监外执行的，处三年以下有期徒刑或者拘役；情节严重的，处三年以上七年以下有期徒刑。

二、犯罪构成

主体	负责减刑、假释或者暂予监外执行的司法工作人员。
主观方面	故意，明知不符合法定条件而予以减刑、假释或者暂予监外执行。
客体	国家对罪犯的正常监管活动。
客观方面	徇私舞弊，对不符合减刑、假释、暂予监外执行条件的罪犯予以减刑、假释、暂予监外执行的行为。

---

[32] 最高检《关于工人等非监管机关在编监管人员私放在押人员行为和失职致使在押人员脱逃行为适用法律问题的解释》。

[33] 《刑法》第401条。

三、定罪量刑标准[34]

定罪标准	涉嫌下列情形之一的，应予立案： 1. 刑罚执行机关的工作人员对不符合减刑、假释、暂予监外执行条件的罪犯，捏造事实，伪造材料，违法报请减刑、假释、暂予监外执行的；2. 审判人员对不符合减刑、假释、暂予监外执行条件的罪犯，徇私舞弊，违法裁定减刑、假释或者违法决定暂予监外执行的；3. 监狱管理机关、公安机关的工作人员对不符合暂予监外执行条件的罪犯，徇私舞弊，违法批准暂予监外执行的；4. 不具有报请、裁定、决定或者批准减刑、假释、暂予监外执行权的司法工作人员利用职务上的便利，伪造有关材料，导致不符合减刑、假释、暂予监外执行条件的罪犯被减刑、假释、暂予监外执行的；5. 其他徇私舞弊减刑、假释、暂予监外执行应予追究刑事责任的情形。
量刑标准	三年以下有期徒刑或者拘役。
	情节严重的[35]，处三年以上七年以下有期徒刑。

四、指导案例

最高人民检察院指导案例3号——林某斌徇私舞弊暂予监外执行案

【关键词】

徇私舞弊暂予监外执行　伪造病情　保外就医

【要旨】

司法工作人员收受贿赂，对不符合减刑、假释、暂予监外执行条件的罪犯，予以减刑、假释或者暂予监外执行的，应根据案件的具体情况，依法追究刑事责任。

---

[34] 最高检《关于渎职侵权犯罪案件立案标准的规定》一、(十一)。

[35] “情节严重”无统一规定。

附　录

一、中华人民共和国刑法（节选）[①]

（1978年7月1日第五届全国人民代表大会第二次会议通过　1997年3月14日第八届全国人民代表大会第五次会议修订　1997年3月14日中华人民共和国主席令第83号公布　自1997年10月1日起施行）

第一编　总　　则

第一章　刑法的任务、基本原则和适用范围

第一条　**【立法宗旨】**为了惩罚犯罪，保护人民，根据宪法，结合我国同犯罪作斗争的具体经验及实际情况，制定本法。

第二条　**【本法任务】**中华人民共和国刑法的任务，是用刑罚同一切犯罪行为作斗争，以保卫国家安全，保卫人民民主专政的政权和社会主义制度，保护国有财产和劳动群众集体所有的财产，保护公民私人所有的财产，保护公民的人身权利、民主权

---

① 根据1998年12月29日第九届全国人民代表大会常务委员会第六次会议通过的《全国人民代表大会常务委员会关于惩治骗购外汇、逃汇和非法买卖外汇犯罪的决定》、1999年12月25日第九届全国人民代表大会常务委员会第十三次会议通过的《中华人民共和国刑法修正案》、2001年8月31日第九届全国人民代表大会常务委员会第二十三次会议通过的《中华人民共和国刑法修正案（二）》、2001年12月29日第九届全国人民代表大会常务委员会第二十五次会议通过的《中华人民共和国刑法修正案（三）》、2002年12月28日第九届全国人民代表大会常务委员会第三十一次会议通过的《中华人民共和国刑法修正案（四）》、2005年2月28日第十届全国人民代表大会常务委员会第十四次会议通过的《中华人民共和国刑法修正案（五）》、2006年6月29日第十届全国人民代表大会常务委员会第二十二次会议通过的《中华人民共和国刑法修正案（六）》、2009年2月28日第十一届全国人民代表大会常务委员会第七次会议通过的《中华人民共和国刑法修正案（七）》、2009年8月27日第十一届全国人民代表大会常务委员会第十次会议通过的《关于修改部分法律的决定》、2011年2月25日第十一届全国人民代表大会常务委员会第十九次会议通过的《中华人民共和国刑法修正案（八）》、2015年8月29日第十二届全国人民代表大会常务委员会第十六次会议通过的《中华人民共和国刑法修正案（九）》、2017年11月4日第十二届全国人民代表大会常务委员会第三十次会议通过的《中华人民共和国刑法修正案（十）》、2020年12月26日第十三届全国人民代表大会常务委员会第二十四次会议通过的《中华人民共和国刑法修正案（十一）》修正。

另，总则部分条文主旨为编者所加，分则条文主旨根据司法解释确定罪名所加。

利和其他权利，维护社会秩序、经济秩序，保障社会主义建设事业的顺利进行。

第三条 **【罪刑法定】**法律明文规定为犯罪行为的，依照法律定罪处刑；法律没有明文规定为犯罪行为的，不得定罪处刑。

第四条 **【适用刑法人人平等】**对任何人犯罪，在适用法律上一律平等。不允许任何人有超越法律的特权。

第五条 **【罪责刑相适应】**刑罚的轻重，应当与犯罪分子所犯罪行和承担的刑事责任相适应。

第六条 **【属地管辖权】**凡在中华人民共和国领域内犯罪的，除法律有特别规定的以外，都适用本法。

凡在中华人民共和国船舶或者航空器内犯罪的，也适用本法。

犯罪的行为或者结果有一项发生在中华人民共和国领域内的，就认为是在中华人民共和国领域内犯罪。

第七条 **【属人管辖权】**中华人民共和国公民在中华人民共和国领域外犯本法规定之罪的，适用本法，但是按本法规定的最高刑为三年以下有期徒刑的，可以不予追究。

中华人民共和国国家工作人员和军人在中华人民共和国领域外犯本法规定之罪的，适用本法。

第八条 **【保护管辖权】**外国人在中华人民共和国领域外对中华人民共和国国家或者公民犯罪，而按本法规定的最低刑为三年以上有期徒刑的，可以适用本法，但是按照犯罪地的法律不受处罚的除外。

第九条 **【普遍管辖权】**对于中华人民共和国缔结或者参加的国际条约所规定的罪行，中华人民共和国在所承担条约义务的范围内行使刑事管辖权的，适用本法。

第十条 **【对外国刑事判决的消极承认】**凡在中华人民共和国领域外犯罪，依照本法应当负刑事责任的，虽然经过外国审判，仍然可以依照本法追究，但是在外国已经受过刑罚处罚的，可以免除或者减轻处罚。

第十一条 **【外交代表刑事管辖豁免】**享有外交特权和豁免权的外国人的刑事责任，通过外交途径解决。

第十二条 **【刑法溯及力】**中华人民共和国成立以后本法施行以前的行为，如果当时的法律不认为是犯罪的，适用当时的法律；如果当时的法律认为是犯罪的，依照本法总则第四章第八节的规定应当追诉的，按照当时的法律追究刑事责任，但是如果本法不认为是犯罪或者处刑较轻的，适用本法。

本法施行以前，依照当时的法律已经作出的生效判决，继续有效。

第二章 犯 罪

第一节 犯罪和刑事责任

第十三条 **【犯罪概念】**一切危害国家主权、领土完整和安全，分裂国家、颠覆人民民主专政的政权和推翻社会主义制度，破坏社会秩序和经济秩序，侵犯国有财产或者劳动群众集体所有的财产，侵犯公民私人所有的财产，侵犯公民的人身权利、民主权利和其他权利，以及其他危害社会的行为，依照法律应当受刑罚处罚的，都是犯罪，但是情节显著轻微危害不大的，不认为是犯罪。

第十四条 **【故意犯罪】**明知自己的行为会发生危害社会的结果，并且希望或者放任这种结果发生，因而构成犯罪的，是故意犯罪。

故意犯罪，应当负刑事责任。

第十五条　【过失犯罪】应当预见自己的行为可能发生危害社会的结果，因为疏忽大意而没有预见，或者已经预见而轻信能够避免，以致发生这种结果的，是过失犯罪。

过失犯罪，法律有规定的才负刑事责任。

第十六条　【不可抗力和意外事件】行为在客观上虽然造成了损害结果，但是不是出于故意或者过失，而是由于不能抗拒或者不能预见的原因所引起的，不是犯罪。

第十七条　【刑事责任年龄】已满十六周岁的人犯罪，应当负刑事责任。

已满十四周岁不满十六周岁的人，犯故意杀人、故意伤害致人重伤或者死亡、强奸、抢劫、贩卖毒品、放火、爆炸、投放危险物质罪的，应当负刑事责任。

已满十二周岁不满十四周岁的人，犯故意杀人、故意伤害罪，致人死亡或者以特别残忍手段致人重伤造成严重残疾，情节恶劣，经最高人民检察院核准追诉的，应当负刑事责任。

对依照前三款规定追究刑事责任的不满十八周岁的人，应当从轻或者减轻处罚。

因不满十六周岁不予刑事处罚的，责令其父母或者其他监护人加以管教；在必要的时候，依法进行专门矫治教育。

第十七条之一　【已满七十五周岁的人的刑事责任】已满七十五周岁的人故意犯罪的，可以从轻或者减轻处罚；过失犯罪的，应当从轻或者减轻处罚。

第十八条　【特殊人员的刑事责任能力】精神病人在不能辨认或者不能控制自己行为的时候造成危害结果，经法定程序鉴定确认的，不负刑事责任，但是应当责令他的家属或者监护人严加看管和医疗；在必要的时候，由政府强制医疗。

间歇性的精神病人在精神正常的时候犯罪，应当负刑事责任。

尚未完全丧失辨认或者控制自己行为能力的精神病人犯罪的，应当负刑事责任，但是可以从轻或者减轻处罚。

醉酒的人犯罪，应当负刑事责任。

第十九条　【又聋又哑的人或盲人犯罪的刑事责任】又聋又哑的人或者盲人犯罪，可以从轻、减轻或者免除处罚。

第二十条　【正当防卫】为了使国家、公共利益、本人或者他人的人身、财产和其他权利免受正在进行的不法侵害，而采取的制止不法侵害的行为，对不法侵害人造成损害的，属于正当防卫，不负刑事责任。

正当防卫明显超过必要限度造成重大损害的，应当负刑事责任，但是应当减轻或者免除处罚。

对正在进行行凶、杀人、抢劫、强奸、绑架以及其他严重危及人身安全的暴力犯罪，采取防卫行为，造成不法侵害人伤亡的，不属于防卫过当，不负刑事责任。

第二十一条　【紧急避险】为了使国家、公共利益、本人或者他人的人身、财产和其他权利免受正在发生的危险，不得已采取的紧急避险行为，造成损害的，不负刑事责任。

紧急避险超过必要限度造成不应有的损害的，应当负刑事责任，但是应当减轻或者免除处罚。

第一款中关于避免本人危险的规定，不适用于职务上、业务上负有特定责任的人。

第二节 犯罪的预备、未遂和中止

第二十二条 【犯罪预备】为了犯罪，准备工具、制造条件的，是犯罪预备。

对于预备犯，可以比照既遂犯从轻、减轻处罚或者免除处罚。

第二十三条 【犯罪未遂】已经着手实行犯罪，由于犯罪分子意志以外的原因而未得逞的，是犯罪未遂。

对于未遂犯，可以比照既遂犯从轻或者减轻处罚。

第二十四条 【犯罪中止】在犯罪过程中，自动放弃犯罪或者自动有效地防止犯罪结果发生的，是犯罪中止。

对于中止犯，没有造成损害的，应当免除处罚；造成损害的，应当减轻处罚。

第三节 共同犯罪

第二十五条 【共同犯罪概念】共同犯罪是指二人以上共同故意犯罪。

二人以上共同过失犯罪，不以共同犯罪论处；应当负刑事责任的，按照他们所犯的罪分别处罚。

第二十六条 【主犯】组织、领导犯罪集团进行犯罪活动的或者在共同犯罪中起主要作用的，是主犯。

三人以上为共同实施犯罪而组成的较为固定的犯罪组织，是犯罪集团。

对组织、领导犯罪集团的首要分子，按照集团所犯的全部罪行处罚。

对于第三款规定以外的主犯，应当按照其所参与的或者组织、指挥的全部犯罪处罚。

第二十七条 【从犯】在共同犯罪中起次要或者辅助作用的，是从犯。

对于从犯，应当从轻、减轻处罚或者免除处罚。

第二十八条 【胁从犯】对于被胁迫参加犯罪的，应当按照他的犯罪情节减轻处罚或者免除处罚。

第二十九条 【教唆犯】教唆他人犯罪的，应当按照他在共同犯罪中所起的作用处罚。教唆不满十八周岁的人犯罪的，应当从重处罚。

如果被教唆的人没有犯被教唆的罪，对于教唆犯，可以从轻或者减轻处罚。

第四节 单位犯罪

第三十条 【单位负刑事责任的范围】公司、企业、事业单位、机关、团体实施的危害社会的行为，法律规定为单位犯罪的，应当负刑事责任。

第三十一条 【单位犯罪的处罚原则】单位犯罪的，对单位判处罚金，并对其直接负责的主管人员和其他直接责任人员判处刑罚。本法分则和其他法律另有规定的，依照规定。

第三章 刑 罚

第一节 刑罚的种类

第三十二条 【主刑和附加刑】刑罚分为主刑和附加刑。

第三十三条 【主刑种类】主刑的种类如下：

（一）管制；

（二）拘役；

（三）有期徒刑；

（四）无期徒刑；

（五）死刑。

第三十四条　【附加刑种类】附加刑的种类如下：

（一）罚金；

（二）剥夺政治权利；

（三）没收财产。

附加刑也可以独立适用。

第三十五条　【驱逐出境】对于犯罪的外国人，可以独立适用或者附加适用驱逐出境。

第三十六条　【赔偿经济损失与民事优先原则】由于犯罪行为而使被害人遭受经济损失的，对犯罪分子除依法给予刑事处罚外，并应根据情况判处赔偿经济损失。

承担民事赔偿责任的犯罪分子，同时被判处罚金，其财产不足以全部支付的，或者被判处没收财产的，应当先承担对被害人的民事赔偿责任。

第三十七条　【非刑罚性处置措施】对于犯罪情节轻微不需要判处刑罚的，可以免予刑事处罚，但是可以根据案件的不同情况，予以训诫或者责令具结悔过、赔礼道歉、赔偿损失，或者由主管部门予以行政处罚或者行政处分。

第三十七条之一　【利用职业便利实施犯罪的禁业限制】因利用职业便利实施犯罪，或者实施违背职业要求的特定义务的犯罪被判处刑罚的，人民法院可以根据犯罪情况和预防再犯罪的需要，禁止其自刑罚执行完毕之日或者假释之日起从事相关职业，期限为三年至五年。

被禁止从事相关职业的人违反人民法院依照前款规定作出的决定的，由公安机关依法给予处罚；情节严重的，依照本法第三百一十三条的规定定罪处罚。

其他法律、行政法规对其从事相关职业另有禁止或者限制性规定的，从其规定。

第二节　管　　制

第三十八条　【管制的期限与执行机关】管制的期限，为三个月以上二年以下。

判处管制，可以根据犯罪情况，同时禁止犯罪分子在执行期间从事特定活动，进入特定区域、场所，接触特定的人。

对判处管制的犯罪分子，依法实行社区矫正。

违反第二款规定的禁止令的，由公安机关依照《中华人民共和国治安管理处罚法》的规定处罚。

第三十九条　【被管制罪犯的义务与权利】被判处管制的犯罪分子，在执行期间，应当遵守下列规定：

（一）遵守法律、行政法规，服从监督；

（二）未经执行机关批准，不得行使言论、出版、集会、结社、游行、示威自由的权利；

（三）按照执行机关规定报告自己的活动情况；

（四）遵守执行机关关于会客的规定；

（五）离开所居住的市、县或者迁居，应当报经执行机关批准。

对于被判处管制的犯罪分子，在劳动中应当同工同酬。

第四十条　【管制期满解除】被判处管制的犯罪分子，管制期满，执行机关应即向本人和其所在单位或者居住地的群众宣布解除管制。

第四十一条　【管制刑期的计算和折抵】管制的刑期，从判决执行之日起计算；判决执行以前先行羁押的，羁押一日折抵刑期二日。

第三节　拘　　役

第四十二条　【拘役的期限】拘役的

期限，为一个月以上六个月以下。

第四十三条 【拘役的执行】被判处拘役的犯罪分子，由公安机关就近执行。

在执行期间，被判处拘役的犯罪分子每月可以回家一天至两天；参加劳动的，可以酌量发给报酬。

第四十四条 【拘役刑期的计算和折抵】拘役的刑期，从判决执行之日起计算；判决执行以前先行羁押的，羁押一日折抵刑期一日。

第四节 有期徒刑、无期徒刑

第四十五条 【有期徒刑的期限】有期徒刑的期限，除本法第五十条、第六十九条规定外，为六个月以上十五年以下。

第四十六条 【有期徒刑与无期徒刑的执行】被判处有期徒刑、无期徒刑的犯罪分子，在监狱或者其他执行场所执行；凡有劳动能力的，都应当参加劳动，接受教育和改造。

第四十七条 【有期徒刑刑期的计算与折抵】有期徒刑的刑期，从判决执行之日起计算；判决执行以前先行羁押的，羁押一日折抵刑期一日。

第五节 死　　刑

第四十八条 【死刑、死缓的适用对象及核准程序】死刑只适用于罪行极其严重的犯罪分子。对于应当判处死刑的犯罪分子，如果不是必须立即执行的，可以判处死刑同时宣告缓期二年执行。

死刑除依法由最高人民法院判决的以外，都应当报请最高人民法院核准。死刑缓期执行的，可以由高级人民法院判决或者核准。

第四十九条 【死刑适用对象的限制】犯罪的时候不满十八周岁的人和审判的时候怀孕的妇女，不适用死刑。

审判的时候已满七十五周岁的人，不适用死刑，但以特别残忍手段致人死亡的除外。

第五十条 【死缓变更】判处死刑缓期执行的，在死刑缓期执行期间，如果没有故意犯罪，二年期满以后，减为无期徒刑；如果确有重大立功表现，二年期满以后，减为二十五年有期徒刑；如果故意犯罪，情节恶劣的，报请最高人民法院核准后执行死刑；对于故意犯罪未执行死刑的，死刑缓期执行的期间重新计算，并报最高人民法院备案。

对被判处死刑缓期执行的累犯以及因故意杀人、强奸、抢劫、绑架、放火、爆炸、投放危险物质或者有组织的暴力性犯罪被判处死刑缓期执行的犯罪分子，人民法院根据犯罪情节等情况可以同时决定对其限制减刑。

第五十一条 【死缓期间及减为有期徒刑的刑期计算】死刑缓期执行的期间，从判决确定之日起计算。死刑缓期执行减为有期徒刑的刑期，从死刑缓期执行期满之日起计算。

第六节 罚　　金

第五十二条 【罚金数额的裁量】判处罚金，应当根据犯罪情节决定罚金数额。

第五十三条 【罚金的缴纳】罚金在判决指定的期限内一次或者分期缴纳。期满不缴纳的，强制缴纳。对于不能全部缴纳罚金的，人民法院在任何时候发现被执行人有可以执行的财产，应当随时追缴。

由于遭遇不能抗拒的灾祸等原因缴纳确实有困难的，经人民法院裁定，可以延期缴纳、酌情减少或者免除。

第七节 剥夺政治权利

第五十四条 【剥夺政治权利的含义】 剥夺政治权利是剥夺下列权利：

（一）选举权和被选举权；

（二）言论、出版、集会、结社、游行、示威自由的权利；

（三）担任国家机关职务的权利；

（四）担任国有公司、企业、事业单位和人民团体领导职务的权利。

第五十五条 【剥夺政治权利的期限】 剥夺政治权利的期限，除本法第五十七条规定外，为一年以上五年以下。

判处管制附加剥夺政治权利的，剥夺政治权利的期限与管制的期限相等，同时执行。

第五十六条 【剥夺政治权利的附加、独立适用】 对于危害国家安全的犯罪分子应当附加剥夺政治权利；对于故意杀人、强奸、放火、爆炸、投毒、抢劫等严重破坏社会秩序的犯罪分子，可以附加剥夺政治权利。

独立适用剥夺政治权利的，依照本法分则的规定。

第五十七条 【对死刑、无期徒刑犯罪剥夺政治权利的适用】 对于被判处死刑、无期徒刑的犯罪分子，应当剥夺政治权利终身。

在死刑缓期执行减为有期徒刑或者无期徒刑减为有期徒刑的时候，应当把附加剥夺政治权利的期限改为三年以上十年以下。

第五十八条 【剥夺政治权利的刑期计算、效力与执行】 附加剥夺政治权利的刑期，从徒刑、拘役执行完毕之日或者从假释之日起计算；剥夺政治权利的效力当然施用于主刑执行期间。

被剥夺政治权利的犯罪分子，在执行期间，应当遵守法律、行政法规和国务院公安部门有关监督管理的规定，服从监督；不得行使本法第五十四条规定的各项权利。

第八节 没收财产

第五十九条 【没收财产的范围】 没收财产是没收犯罪分子个人所有财产的一部或者全部。没收全部财产的，应当对犯罪分子个人及其扶养的家属保留必需的生活费用。

在判处没收财产的时候，不得没收属于犯罪分子家属所有或者应有的财产。

第六十条 【以没收的财产偿还债务】 没收财产以前犯罪分子所负的正当债务，需要以没收的财产偿还的，经债权人请求，应当偿还。

第四章 刑罚的具体运用

第一节 量　　刑

第六十一条 【量刑的一般原则】 对于犯罪分子决定刑罚的时候，应当根据犯罪的事实、犯罪的性质、情节和对于社会的危害程度，依照本法的有关规定判处。

第六十二条 【从重处罚与从轻处罚】 犯罪分子具有本法规定的从重处罚、从轻处罚情节的，应当在法定刑的限度以内判处刑罚。

第六十三条 【减轻处罚】 犯罪分子具有本法规定的减轻处罚情节的，应当在法定刑以下判处刑罚；本法规定有数个量刑幅度的，应当在法定量刑幅度的下一个量刑幅度内判处刑罚。

犯罪分子虽然不具有本法规定的减轻处罚情节，但是根据案件的特殊情况，经最高人民法院核准，也可以在法定刑以下判处刑罚。

第六十四条　【犯罪物品的处理】犯罪分子违法所得的一切财物，应当予以追缴或者责令退赔；对被害人的合法财产，应当及时返还；违禁品和供犯罪所用的本人财物，应当予以没收。没收的财物和罚金，一律上缴国库，不得挪用和自行处理。

第二节　累　　犯

第六十五条　【一般累犯】被判处有期徒刑以上刑罚的犯罪分子，刑罚执行完毕或者赦免以后，在五年以内再犯应当判处有期徒刑以上刑罚之罪的，是累犯，应当从重处罚，但是过失犯罪和不满十八周岁的人犯罪的除外。

前款规定的期限，对于被假释的犯罪分子，从假释期满之日起计算。

第六十六条　【特别累犯】危害国家安全犯罪、恐怖活动犯罪、黑社会性质的组织犯罪的犯罪分子，在刑罚执行完毕或者赦免以后，在任何时候再犯上述任一类罪的，都以累犯论处。

第三节　自首和立功

第六十七条　【自首和坦白】犯罪以后自动投案，如实供述自己的罪行的，是自首。对于自首的犯罪分子，可以从轻或者减轻处罚。其中，犯罪较轻的，可以免除处罚。

被采取强制措施的犯罪嫌疑人、被告人和正在服刑的罪犯，如实供述司法机关还未掌握的本人其他罪行的，以自首论。

犯罪嫌疑人虽不具有前两款规定的自首情节，但是如实供述自己罪行的，可以从轻处罚；因其如实供述自己罪行，避免特别严重后果发生的，可以减轻处罚。

第六十八条　【立功】犯罪分子有揭发他人犯罪行为，查证属实的，或者提供重要线索，从而得以侦破其他案件等立功表现的，可以从轻或者减轻处罚；有重大立功表现的，可以减轻或者免除处罚。

第四节　数罪并罚

第六十九条　【数罪并罚的一般原则】判决宣告以前一人犯数罪的，除判处死刑和无期徒刑的以外，应当在总和刑期以下、数刑中最高刑期以上，酌情决定执行的刑期，但是管制最高不能超过三年，拘役最高不能超过一年，有期徒刑总和刑期不满三十五年的，最高不能超过二十年，总和刑期在三十五年以上的，最高不能超过二十五年。

数罪中有判处有期徒刑和拘役的，执行有期徒刑。数罪中有判处有期徒刑和管制，或者拘役和管制的，有期徒刑、拘役执行完毕后，管制仍须执行。

数罪中有判处附加刑的，附加刑仍须执行，其中附加刑种类相同的，合并执行，种类不同的，分别执行。

第七十条　【判决宣告后发现漏罪的并罚】判决宣告以后，刑罚执行完毕以前，发现被判刑的犯罪分子在判决宣告以前还有其他罪没有判决的，应当对新发现的罪作出判决，把前后两个判决所判处的刑罚，依照本法第六十九条的规定，决定执行的刑罚。已经执行的刑期，应当计算在新判决决定的刑期以内。

第七十一条　【判决宣告后又犯新罪的并罚】判决宣告以后，刑罚执行完毕以前，被判刑的犯罪分子又犯罪的，应当对新犯的罪作出判决，把前罪没有执行的刑罚和后罪所判处的刑罚，依照本法第六十九条的规定，决定执行的刑罚。

第五节 缓 刑

第七十二条 【缓刑的适用条件】 对于被判处拘役、三年以下有期徒刑的犯罪分子，同时符合下列条件的，可以宣告缓刑，对其中不满十八周岁的人、怀孕的妇女和已满七十五周岁的人，应当宣告缓刑：

（一）犯罪情节较轻；

（二）有悔罪表现；

（三）没有再犯罪的危险；

（四）宣告缓刑对所居住社区没有重大不良影响。

宣告缓刑，可以根据犯罪情况，同时禁止犯罪分子在缓刑考验期限内从事特定活动，进入特定区域、场所，接触特定的人。

被宣告缓刑的犯罪分子，如果被判处附加刑，附加刑仍须执行。

第七十三条 【缓刑的考验期限】 拘役的缓刑考验期限为原判刑期以上一年以下，但是不能少于二个月。

有期徒刑的缓刑考验期限为原判刑期以上五年以下，但是不能少于一年。

缓刑考验期限，从判决确定之日起计算。

第七十四条 【累犯不适用缓刑】 对于累犯和犯罪集团的首要分子，不适用缓刑。

第七十五条 【缓刑犯应遵守的规定】 被宣告缓刑的犯罪分子，应当遵守下列规定：

（一）遵守法律、行政法规，服从监督；

（二）按照考察机关的规定报告自己的活动情况；

（三）遵守考察机关关于会客的规定；

（四）离开所居住的市、县或者迁居，应当报经考察机关批准。

第七十六条 【缓刑的考验及其积极后果】 对宣告缓刑的犯罪分子，在缓刑考验期限内，依法实行社区矫正，如果没有本法第七十七条规定的情形，缓刑考验期满，原判的刑罚就不再执行，并公开予以宣告。

第七十七条 【缓刑的撤销及其处理】 被宣告缓刑的犯罪分子，在缓刑考验期限内犯新罪或者发现判决宣告以前还有其他罪没有判决的，应当撤销缓刑，对新犯的罪或者新发现的罪作出判决，把前罪和后罪所判处的刑罚，依照本法第六十九条的规定，决定执行的刑罚。

被宣告缓刑的犯罪分子，在缓刑考验期限内，违反法律、行政法规或者国务院有关部门关于缓刑的监督管理规定，或者违反人民法院判决中的禁止令，情节严重的，应当撤销缓刑，执行原判刑罚。

第六节 减 刑

第七十八条 【减刑条件与限度】 被判处管制、拘役、有期徒刑、无期徒刑的犯罪分子，在执行期间，如果认真遵守监规，接受教育改造，确有悔改表现的，或者有立功表现的，可以减刑；有下列重大立功表现之一的，应当减刑：

（一）阻止他人重大犯罪活动的；

（二）检举监狱内外重大犯罪活动，经查证属实的；

（三）有发明创造或者重大技术革新的；

（四）在日常生产、生活中舍己救人的；

（五）在抗御自然灾害或者排除重大事故中，有突出表现的；

（六）对国家和社会有其他重大贡

献的。

减刑以后实际执行的刑期不能少于下列期限：

（一）判处管制、拘役、有期徒刑的，不能少于原判刑期的二分之一；

（二）判处无期徒刑的，不能少于十三年；

（三）人民法院依照本法第五十条第二款规定限制减刑的死刑缓期执行的犯罪分子，缓期执行期满后依法减为无期徒刑的，不能少于二十五年，缓期执行期满后依法减为二十五年有期徒刑的，不能少于二十年。

第七十九条　【减刑程序】对于犯罪分子的减刑，由执行机关向中级以上人民法院提出减刑建议书。人民法院应当组成合议庭进行审理，对确有悔改或者立功事实的，裁定予以减刑。非经法定程序不得减刑。

第八十条　【无期徒刑减刑的刑期计算】无期徒刑减为有期徒刑的刑期，从裁定减刑之日起计算。

第七节　假　　释

第八十一条　【假释的适用条件】被判处有期徒刑的犯罪分子，执行原判刑期二分之一以上，被判处无期徒刑的犯罪分子，实际执行十三年以上，如果认真遵守监规，接受教育改造，确有悔改表现，没有再犯罪的危险的，可以假释。如果有特殊情况，经最高人民法院核准，可以不受上述执行刑期的限制。

对累犯以及因故意杀人、强奸、抢劫、绑架、放火、爆炸、投放危险物质或者有组织的暴力性犯罪被判处十年以上有期徒刑、无期徒刑的犯罪分子，不得假释。

对犯罪分子决定假释时，应当考虑其假释后对所居住社区的影响。

第八十二条　【假释的程序】对于犯罪分子的假释，依照本法第七十九条规定的程序进行。非经法定程序不得假释。

第八十三条　【假释的考验期限】有期徒刑的假释考验期限，为没有执行完毕的刑期；无期徒刑的假释考验期限为十年。

假释考验期限，从假释之日起计算。

第八十四条　【假释犯应遵守的规定】被宣告假释的犯罪分子，应当遵守下列规定：

（一）遵守法律、行政法规，服从监督；

（二）按照监督机关的规定报告自己的活动情况；

（三）遵守监督机关关于会客的规定；

（四）离开所居住的市、县或者迁居，应当报经监督机关批准。

第八十五条　【假释考验及其积极后果】对假释的犯罪分子，在假释考验期限内，依法实行社区矫正，如果没有本法第八十六条规定的情形，假释考验期满，就认为原判刑罚已经执行完毕，并公开予以宣告。

第八十六条　【假释的撤销及其处理】被假释的犯罪分子，在假释考验期限内犯新罪，应当撤销假释，依照本法第七十一条的规定实行数罪并罚。

在假释考验期限内，发现被假释的犯罪分子在判决宣告以前还有其他罪没有判决的，应当撤销假释，依照本法第七十条的规定实行数罪并罚。

被假释的犯罪分子，在假释考验期限内，有违反法律、行政法规或者国务院有关部门关于假释的监督管理规定的行为，尚未构成新的犯罪的，应当依照法定程序撤销假释，收监执行未执行完毕的刑罚。

第八节　时　　效

第八十七条　【追诉时效期限】犯罪经过下列期限不再追诉：

（一）法定最高刑为不满五年有期徒刑的，经过五年；

（二）法定最高刑为五年以上不满十年有期徒刑的，经过十年；

（三）法定最高刑为十年以上有期徒刑的，经过十五年；

（四）法定最高刑为无期徒刑、死刑的，经过二十年。如果二十年以后认为必须追诉的，须报请最高人民检察院核准。

第八十八条　【不受追诉时效限制】在人民检察院、公安机关、国家安全机关立案侦查或者在人民法院受理案件以后，逃避侦查或者审判的，不受追诉期限的限制。

被害人在追诉期限内提出控告，人民法院、人民检察院、公安机关应当立案而不予立案的，不受追诉期限的限制。

第八十九条　【追诉期限的计算与中断】追诉期限从犯罪之日起计算；犯罪行为有连续或者继续状态的，从犯罪行为终了之日起计算。

在追诉期限以内又犯罪的，前罪追诉的期限从犯后罪之日起计算。

第五章　其他规定

第九十条　【民族自治地方刑法适用的变通】民族自治地方不能全部适用本法规定的，可以由自治区或者省的人民代表大会根据当地民族的政治、经济、文化的特点和本法规定的基本原则，制定变通或者补充的规定，报请全国人民代表大会常务委员会批准施行。

第九十一条　【公共财产的范围】本法所称公共财产，是指下列财产：

（一）国有财产；

（二）劳动群众集体所有的财产；

（三）用于扶贫和其他公益事业的社会捐助或者专项基金的财产。

在国家机关、国有公司、企业、集体企业和人民团体管理、使用或者运输中的私人财产，以公共财产论。

第九十二条　【公民私人所有财产的范围】本法所称公民私人所有的财产，是指下列财产：

（一）公民的合法收入、储蓄、房屋和其他生活资料；

（二）依法归个人、家庭所有的生产资料；

（三）个体户和私营企业的合法财产；

（四）依法归个人所有的股份、股票、债券和其他财产。

第九十三条　【国家工作人员的范围】本法所称国家工作人员，是指国家机关中从事公务的人员。

国有公司、企业、事业单位、人民团体中从事公务的人员和国家机关、国有公司、企业、事业单位委派到非国有公司、企业、事业单位、社会团体从事公务的人员，以及其他依照法律从事公务的人员，以国家工作人员论。

第九十四条　【司法工作人员的范围】本法所称司法工作人员，是指有侦查、检察、审判、监管职责的工作人员。

第九十五条　【重伤】本法所称重伤，是指有下列情形之一的伤害：

（一）使人肢体残废或者毁人容貌的；

（二）使人丧失听觉、视觉或者其他器官机能的；

（三）其他对于人身健康有重大伤害的。

第九十六条 【违反国家规定之含义】本法所称违反国家规定，是指违反全国人民代表大会及其常务委员会制定的法律和决定，国务院制定的行政法规、规定的行政措施、发布的决定和命令。

第九十七条 【首要分子的范围】本法所称首要分子，是指在犯罪集团或者聚众犯罪中起组织、策划、指挥作用的犯罪分子。

第九十八条 【告诉才处理的含义】本法所称告诉才处理，是指被害人告诉才处理。如果被害人因受强制、威吓无法告诉的，人民检察院和被害人的近亲属也可以告诉。

第九十九条 【以上、以下、以内之界定】本法所称以上、以下、以内，包括本数。

第一百条 【前科报告制度】依法受过刑事处罚的人，在入伍、就业的时候，应当如实向有关单位报告自己曾受过刑事处罚，不得隐瞒。

犯罪的时候不满十八周岁被判处五年有期徒刑以下刑罚的人，免除前款规定的报告义务。

第一百零一条 【总则的效力】本法总则适用于其他有刑罚规定的法律，但是其他法律有特别规定的除外。

第二编 分 则

第二章 危害公共安全罪

第一百三十一条 【重大飞行事故罪】航空人员违反规章制度，致使发生重大飞行事故，造成严重后果的，处三年以下有期徒刑或者拘役；造成飞机坠毁或者人员死亡的，处三年以上七年以下有期徒刑。

第一百三十二条 【铁路运营安全事故罪】铁路职工违反规章制度，致使发生铁路运营安全事故，造成严重后果的，处三年以下有期徒刑或者拘役；造成特别严重后果的，处三年以上七年以下有期徒刑。

第一百三十四条 【重大责任事故罪】在生产、作业中违反有关安全管理的规定，因而发生重大伤亡事故或者造成其他严重后果的，处三年以下有期徒刑或者拘役；情节特别恶劣的，处三年以上七年以下有期徒刑。

【强令、组织他人违章冒险作业罪】强令他人违章冒险作业，或者明知存在重大事故隐患而不排除，仍冒险组织作业，因而发生重大伤亡事故或者造成其他严重后果的，处五年以下有期徒刑或者拘役；情节特别恶劣的，处五年以上有期徒刑。

第一百三十四条之一 【危险作业罪】在生产、作业中违反有关安全管理的规定，有下列情形之一，具有发生重大伤亡事故或者其他严重后果的现实危险的，处一年以下有期徒刑、拘役或者管制：

（一）关闭、破坏直接关系生产安全的监控、报警、防护、救生设备、设施，或者篡改、隐瞒、销毁其相关数据、信息的；

（二）因存在重大事故隐患被依法责令停产停业、停止施工、停止使用有关设备、设施、场所或者立即采取排除危险的整改措施，而拒不执行的；

（三）涉及安全生产的事项未经依法批准或者许可，擅自从事矿山开采、金属冶炼、建筑施工，以及危险物品生产、经营、储存等高度危险的生产作业活动的。

第一百三十五条 【重大劳动安全事故罪】安全生产设施或者安全生产条件不符合国家规定，因而发生重大伤亡事故或者造成其他严重后果的，对直接负责的主管人员和其他直接责任人员，处三年以下有期徒刑或者拘役；情节特别恶劣的，处三年以上七年以下有期徒刑。

第一百三十五条之一 【大型群众性活动重大安全事故罪】举办大型群众性活动违反安全管理规定，因而发生重大伤亡事故或者造成其他严重后果的，对直接负责的主管人员和其他直接责任人员，处三年以下有期徒刑或者拘役；情节特别恶劣的，处三年以上七年以下有期徒刑。

第一百三十六条 【危险物品肇事罪】违反爆炸性、易燃性、放射性、毒害性、腐蚀性物品的管理规定，在生产、储存、运输、使用中发生重大事故，造成严重后果的，处三年以下有期徒刑或者拘役；后果特别严重的，处三年以上七年以下有期徒刑。

第一百三十七条 【工程重大安全事故罪】建设单位、设计单位、施工单位、工程监理单位违反国家规定，降低工程质量标准，造成重大安全事故的，对直接责任人员，处五年以下有期徒刑或者拘役，并处罚金；后果特别严重的，处五年以上十年以下有期徒刑，并处罚金。

第一百三十八条 【教育设施重大安全事故罪】明知校舍或者教育教学设施有危险，而不采取措施或者不及时报告，致使发生重大伤亡事故的，对直接责任人员，处三年以下有期徒刑或者拘役；后果特别严重的，处三年以上七年以下有期徒刑。

第一百三十九条 【消防责任事故罪】违反消防管理法规，经消防监督机构通知采取改正措施而拒绝执行，造成严重后果的，对直接责任人员，处三年以下有期徒刑或者拘役；后果特别严重的，处三年以上七年以下有期徒刑。

第一百三十九条之一 【不报、谎报安全事故罪】在安全事故发生后，负有报告职责的人员不报或者谎报事故情况，贻误事故抢救，情节严重的，处三年以下有期徒刑或者拘役；情节特别严重的，处三年以上七年以下有期徒刑。

第三章 破坏社会主义市场经济秩序罪

第一节 生产、销售伪劣商品罪

第一百四十条 【生产、销售伪劣产品罪】生产者、销售者在产品中掺杂、掺假，以假充真，以次充好或者以不合格产品冒充合格产品，销售金额五万元以上不满二十万元的，处二年以下有期徒刑或者拘役，并处或者单处销售金额百分之五十以上二倍以下罚金；销售金额二十万元以上不满五十万元的，处二年以上七年以下有期徒刑，并处销售金额百分之五十以上二倍以下罚金；销售金额五十万元以上不满二百万元的，处七年以上有期徒刑，并处销售金额百分之五十以上二倍以下罚金；销售金额二百万元以上的，处十五年有期徒刑或者无期徒刑，并处销售金额百分之五十以上二倍以下罚金或者没收财产。

第一百四十一条 【生产、销售、提供假药罪】生产、销售假药的，处三年以下有期徒刑或者拘役，并处罚金；对人体健康造成严重危害或者有其他严重情节的，处三年以上十年以下有期徒刑，并处罚金；致人死亡或者有其他特别严重情节的，处十年以上有期徒刑、无期徒刑或者死刑，并处罚金或者没收财产。

药品使用单位的人员明知是假药而提供给他人使用的，依照前款的规定处罚。

第一百四十二条 【生产、销售、提供劣药罪】生产、销售劣药，对人体健康造成严重危害的，处三年以上十年以下有期徒刑，并处罚金；后果特别严重的，处十年以上有期徒刑或者无期徒刑，并处罚金或者没收财产。

药品使用单位的人员明知是劣药而提供给他人使用的，依照前款的规定处罚。

第一百四十二条之一 【妨害药品管理罪】违反药品管理法规，有下列情形之一，足以严重危害人体健康的，处三年以下有期徒刑或者拘役，并处或者单处罚金；对人体健康造成严重危害或者有其他严重情节的，处三年以上七年以下有期徒刑，并处罚金：

（一）生产、销售国务院药品监督管理部门禁止使用的药品的；

（二）未取得药品相关批准证明文件生产、进口药品或者明知是上述药品而销售的；

（三）药品申请注册中提供虚假的证明、数据、资料、样品或者采取其他欺骗手段的；

（四）编造生产、检验记录的。

有前款行为，同时又构成本法第一百四十一条、第一百四十二条规定之罪或者其他犯罪的，依照处罚较重的规定定罪处罚。

第一百四十三条 【生产、销售不符合安全标准的食品罪】生产、销售不符合食品安全标准的食品，足以造成严重食物中毒事故或者其他严重食源性疾病的，处三年以下有期徒刑或者拘役，并处罚金；对人体健康造成严重危害或者有其他严重情节的，处三年以上七年以下有期徒刑，并处罚金；后果特别严重的，处七年以上有期徒刑或者无期徒刑，并处罚金或者没收财产。

第一百四十四条 【生产、销售有毒、有害食品罪】在生产、销售的食品中掺入有毒、有害的非食品原料的，或者销售明知掺有有毒、有害的非食品原料的食品的，处五年以下有期徒刑，并处罚金；对人体健康造成严重危害或者有其他严重情节的，处五年以上十年以下有期徒刑，并处罚金；致人死亡或者有其他特别严重情节的，依照本法第一百四十一条的规定处罚。

第一百四十五条 【生产、销售不符合标准的医用器材罪】生产不符合保障人体健康的国家标准、行业标准的医疗器械、医用卫生材料，或者销售明知是不符合保障人体健康的国家标准、行业标准的医疗器械、医用卫生材料，足以严重危害人体健康的，处三年以下有期徒刑或者拘役，并处销售金额百分之五十以上二倍以下罚金；对人体健康造成严重危害的，处三年以上十年以下有期徒刑，并处销售金额百分之五十以上二倍以下罚金；后果特别严重的，处十年以上有期徒刑或者无期徒刑，并处销售金额百分之五十以上二倍以下罚金或者没收财产。

第一百四十六条 【生产、销售不符合安全标准的产品罪】生产不符合保障人身、财产安全的国家标准、行业标准的电器、压力容器、易燃易爆产品或者其他不符合保障人身、财产安全的国家标准、行业标准的产品，或者销售明知是以上不符合保障人身、财产安全的国家标准、行业标准的产品，造成严重后果的，处五年以下有期徒刑，并处销售金额百分之五十以上二倍以下罚金；后果特别严重的，处五年以上有期徒刑，并处销售金额百分之五十以上二倍以下罚金。

第一百四十七条 【生产、销售伪劣农药、兽药、化肥、种子罪】生产假农药、假兽药、假化肥，销售明知是假的或者失去使用效能的农药、兽药、化肥、种子，或者生产者、销售者以不合格的农药、兽药、化肥、种子冒充合格的农药、兽药、化肥、种子，使生产遭受较大损失的，处三年以下有期徒刑或者拘役，并处或者单处销售金额百分之五十以上二倍以下罚金；使生产遭受重大损失的，处三年以上七年以下有期徒刑，并处销售金额百分之五十以上二倍以下罚金；使生产遭受特别重大损失的，处七年以上有期徒刑或者无期徒刑，并处销售金额百分之五十以上二倍以下罚金或者没收财产。

第一百四十八条 【生产、销售不符合卫生标准的化妆品罪】生产不符合卫生标准的化妆品，或者销售明知是不符合卫生标准的化妆品，造成严重后果的，处三年以下有期徒刑或者拘役，并处或者单处销售金额百分之五十以上二倍以下罚金。

第一百四十九条 【对生产销售伪劣商品行为的法条适用】生产、销售本节第一百四十一条至第一百四十八条所列产品，不构成各该条规定的犯罪，但是销售金额在五万元以上的，依照本节第一百四十条的规定定罪处罚。

生产、销售本节第一百四十一条至第一百四十八条所列产品，构成各该条规定的犯罪，同时又构成本节第一百四十条规定之罪的，依照处罚较重的规定定罪处罚。

第一百五十条 【单位犯本节规定之罪的处理】单位犯本节第一百四十条至第一百四十八条规定之罪的，对单位判处罚金，并对其直接负责的主管人员和其他直接责任人员，依照各该条的规定处罚。

第二节 走私罪

第一百五十一条 【走私武器、弹药罪】【走私核材料罪】【走私假币罪】走私武器、弹药、核材料或者伪造的货币的，处七年以上有期徒刑，并处罚金或者没收财产；情节特别严重的，处无期徒刑，并处没收财产；情节较轻的，处三年以上七年以下有期徒刑，并处罚金。

【走私文物罪】【走私贵重金属罪】【走私珍贵动物、珍贵动物制品罪】走私国家禁止出口的文物、黄金、白银和其他贵重金属或者国家禁止进出口的珍贵动物及其制品的，处五年以上十年以下有期徒刑，并处罚金；情节特别严重的，处十年以上有期徒刑或者无期徒刑，并处没收财产；情节较轻的，处五年以下有期徒刑，并处罚金。

【走私国家禁止进出口的货物、物品罪】走私珍稀植物及其制品等国家禁止进出口的其他货物、物品的，处五年以下有期徒刑或者拘役，并处或者单处罚金；情节严重的，处五年以上有期徒刑，并处罚金。

单位犯本条规定之罪的，对单位判处罚金，并对其直接负责的主管人员和其他直接责任人员，依照本条各款的规定处罚。

第一百五十二条 【走私淫秽物品罪】以牟利或者传播为目的，走私淫秽的影片、录像带、录音带、图片、书刊或者其他淫秽物品的，处三年以上十年以下有期徒刑，并处罚金；情节严重的，处十年以上有期徒刑或者无期徒刑，并处罚金或者没收财产；情节较轻的，处三年以下有期徒刑、拘役或者管制，并处罚金。

【走私废物罪】逃避海关监管将境外固体废物、液态废物和气态废物运输进境，情节严重的，处五年以下有期徒刑，并处或者单处罚金；情节特别严重的，处五年以上有期徒刑，并处罚金。

单位犯前两款罪的，对单位判处罚金，并对其直接负责的主管人员和其他直接责任人员，依照前两款的规定处罚。

第一百五十三条 【走私普通货物、物品罪】走私本法第一百五十一条、第一百五十二条、第三百四十七条规定以外的货物、物品的，根据情节轻重，分别依照下列规定处罚：

（一）走私货物、物品偷逃应缴税额较大或者一年内曾因走私被给予二次行政处罚后又走私的，处三年以下有期徒刑或者拘役，并处偷逃应缴税额一倍以上五倍以下罚金。

（二）走私货物、物品偷逃应缴税额巨大或者有其他严重情节的，处三年以上十年以下有期徒刑，并处偷逃应缴税额一倍以上五倍以下罚金。

（三）走私货物、物品偷逃应缴税额特别巨大或者有其他特别严重情节的，处十年以上有期徒刑或者无期徒刑，并处偷逃应缴税额一倍以上五倍以下罚金或者没收财产。

单位犯前款罪的，对单位判处罚金，并对其直接负责的主管人员和其他直接责任人员，处三年以下有期徒刑或者拘役；情节严重的，处三年以上十年以下有期徒刑；情节特别严重的，处十年以上有期徒刑。

对多次走私未经处理的，按照累计走私货物、物品的偷逃应缴税额处罚。

第一百五十四条 【走私普通货物、物品罪的特殊形式】下列走私行为，根据本节规定构成犯罪的，依照本法第一百五十三条的规定定罪处罚：

（一）未经海关许可并且未补缴应缴税额，擅自将批准进口的来料加工、来件装配、补偿贸易的原材料、零件、制成品、设备等保税货物，在境内销售牟利的；

（二）未经海关许可并且未补缴应缴税额，擅自将特定减税、免税进口的货物、物品，在境内销售牟利的。

第一百五十五条 【以走私罪论处的间接走私行为】下列行为，以走私罪论处，依照本节的有关规定处罚：

（一）直接向走私人非法收购国家禁止进口物品的，或者直接向走私人非法收购走私进口的其他货物、物品，数额较大的；

（二）在内海、领海、界河、界湖运输、收购、贩卖国家禁止进出口物品的，或者运输、收购、贩卖国家限制进出口货物、物品，数额较大，没有合法证明的。

第一百五十六条 【走私共犯】与走私罪犯通谋，为其提供贷款、资金、帐号、发票、证明，或者为其提供运输、保管、邮寄或者其他方便的，以走私罪的共犯论处。

第一百五十七条 【武装掩护走私、抗拒缉私的刑事处罚规定】武装掩护走私的，依照本法第一百五十一条第一款的规定从重处罚。

以暴力、威胁方法抗拒缉私的，以走私罪和本法第二百七十七条规定的阻碍国家机关工作人员依法执行职务罪，依照数罪并罚的规定处罚。

第三节 妨害对公司、企业的管理秩序罪

第一百六十三条 【非国家工作人员受贿罪】公司、企业或者其他单位的工作

人员，利用职务上的便利，索取他人财物或者非法收受他人财物，为他人谋取利益，数额较大的，处三年以下有期徒刑或者拘役，并处罚金；数额巨大或者有其他严重情节的，处三年以上十年以下有期徒刑，并处罚金；数额特别巨大或者有其他特别严重情节的，处十年以上有期徒刑或者无期徒刑，并处罚金。

公司、企业或者其他单位的工作人员在经济往来中，利用职务上的便利，违反国家规定，收受各种名义的回扣、手续费，归个人所有的，依照前款的规定处罚。

国有公司、企业或者其他国有单位中从事公务的人员和国有公司、企业或者其他国有单位委派到非国有公司、企业以及其他单位从事公务的人员有前两款行为的，依照本法第三百八十五条、第三百八十六条的规定定罪处罚。

第一百六十四条　【对非国家工作人员行贿罪】为谋取不正当利益，给予公司、企业或者其他单位的工作人员以财物，数额较大的，处三年以下有期徒刑或者拘役，并处罚金；数额巨大的，处三年以上十年以下有期徒刑，并处罚金。

【对外国公职人员、国际公共组织官员行贿罪】为谋取不正当商业利益，给予外国公职人员或者国际公共组织官员以财物的，依照前款的规定处罚。

单位犯前两款罪的，对单位判处罚金，并对其直接负责的主管人员和其他直接责任人员，依照第一款的规定处罚。

行贿人在被追诉前主动交待行贿行为的，可以减轻处罚或者免除处罚。

第一百六十五条　【非法经营同类营业罪】国有公司、企业的董事、经理利用职务便利，自己经营或者为他人经营与其所任职公司、企业同类的营业，获取非法利益，数额巨大的，处三年以下有期徒刑或者拘役，并处或者单处罚金；数额特别巨大的，处三年以上七年以下有期徒刑，并处罚金。

第一百六十六条　【为亲友非法牟利罪】国有公司、企业、事业单位的工作人员，利用职务便利，有下列情形之一，使国家利益遭受重大损失的，处三年以下有期徒刑或者拘役，并处或者单处罚金；致使国家利益遭受特别重大损失的，处三年以上七年以下有期徒刑，并处罚金：

（一）将本单位的盈利业务交由自己的亲友进行经营的；

（二）以明显高于市场的价格向自己的亲友经营管理的单位采购商品或者以明显低于市场的价格向自己的亲友经营管理的单位销售商品的；

（三）向自己的亲友经营管理的单位采购不合格商品的。

第一百六十七条　【签订、履行合同失职被骗罪】国有公司、企业、事业单位直接负责的主管人员，在签订、履行合同过程中，因严重不负责任被诈骗，致使国家利益遭受重大损失的，处三年以下有期徒刑或者拘役；致使国家利益遭受特别重大损失的，处三年以上七年以下有期徒刑。

第一百六十八条　【国有公司、企业、事业单位人员失职罪】【国有公司、企业、事业单位人员滥用职权罪】国有公司、企业的工作人员，由于严重不负责任或者滥用职权，造成国有公司、企业破产或者严重损失，致使国家利益遭受重大损失的，处三年以下有期徒刑或者拘役；致使国家利益遭受特别重大损失的，处三年以上七年以下有期徒刑。

国有事业单位的工作人员有前款行为，致使国家利益遭受重大损失的，依照前款的规定处罚。

国有公司、企业、事业单位的工作人员，徇私舞弊，犯前两款罪的，依照第一款的规定从重处罚。

第一百六十九条 【徇私舞弊低价折股、出售国有资产罪】国有公司、企业或者其上级主管部门直接负责的主管人员，徇私舞弊，将国有资产低价折股或者低价出售，致使国家利益遭受重大损失的，处三年以下有期徒刑或者拘役；致使国家利益遭受特别重大损失的，处三年以上七年以下有期徒刑。

第一百六十九条之一 【背信损害上市公司利益罪】上市公司的董事、监事、高级管理人员违背对公司的忠实义务，利用职务便利，操纵上市公司从事下列行为之一，致使上市公司利益遭受重大损失的，处三年以下有期徒刑或者拘役，并处或者单处罚金；致使上市公司利益遭受特别重大损失的，处三年以上七年以下有期徒刑，并处罚金：

（一）无偿向其他单位或者个人提供资金、商品、服务或者其他资产的；

（二）以明显不公平的条件，提供或者接受资金、商品、服务或者其他资产的；

（三）向明显不具有清偿能力的单位或者个人提供资金、商品、服务或者其他资产的；

（四）为明显不具有清偿能力的单位或者个人提供担保，或者无正当理由为其他单位或者个人提供担保的；

（五）无正当理由放弃债权、承担债务的；

（六）采用其他方式损害上市公司利益的。

上市公司的控股股东或者实际控制人，指使上市公司董事、监事、高级管理人员实施前款行为的，依照前款的规定处罚。

犯前款罪的上市公司的控股股东或者实际控制人是单位的，对单位判处罚金，并对其直接负责的主管人员和其他直接责任人员，依照第一款的规定处罚。

第四节 破坏金融管理秩序罪

第一百七十一条第二款 【金融工作人员购买假币、以假币换取货币罪】银行或者其他金融机构的工作人员购买伪造的货币或者利用职务上的便利，以伪造的货币换取货币的，处三年以上十年以下有期徒刑，并处二万元以上二十万元以下罚金；数额巨大或者有其他严重情节的，处十年以上有期徒刑或者无期徒刑，并处二万元以上二十万元以下罚金或者没收财产；情节较轻的，处三年以下有期徒刑或者拘役，并处或者单处一万元以上十万元以下罚金。

第一百八十条 【内幕交易、泄露内幕信息罪】证券、期货交易内幕信息的知情人员或者非法获取证券、期货交易内幕信息的人员，在涉及证券的发行，证券、期货交易或者其他对证券、期货交易价格有重大影响的信息尚未公开前，买入或者卖出该证券，或者从事与该内幕信息有关的期货交易，或者泄露该信息，或者明示、暗示他人从事上述交易活动，情节严重的，处五年以下有期徒刑或者拘役，并处或者单处违法所得一倍以上五倍以下罚金；情节特别严重的，处五年以上十年以下有期徒刑，并处违法所得一倍以上五倍以下罚金。

单位犯前款罪的，对单位判处罚金，并对其直接负责的主管人员和其他直接责任人员，处五年以下有期徒刑或者拘役。

内幕信息、知情人员的范围，依照法

律、行政法规的规定确定。

【利用未公开信息交易罪】证券交易所、期货交易所、证券公司、期货经纪公司、基金管理公司、商业银行、保险公司等金融机构的从业人员以及有关监管部门或者行业协会的工作人员，利用因职务便利获取的内幕信息以外的其他未公开的信息，违反规定，从事与该信息相关的证券、期货交易活动，或者明示、暗示他人从事相关交易活动，情节严重的，依照第一款的规定处罚。

第一百八十一条　【编造并传播证券、期货交易虚假信息罪】编造并且传播影响证券、期货交易的虚假信息，扰乱证券、期货交易市场，造成严重后果的，处五年以下有期徒刑或者拘役，并处或者单处一万元以上十万元以下罚金。

【诱骗投资者买卖证券、期货合约罪】证券交易所、期货交易所、证券公司、期货经纪公司的从业人员，证券业协会、期货业协会或者证券期货监督管理部门的工作人员，故意提供虚假信息或者伪造、变造、销毁交易记录，诱骗投资者买卖证券、期货合约，造成严重后果的，处五年以下有期徒刑或者拘役，并处或者单处一万元以上十万元以下罚金；情节特别恶劣的，处五年以上十年以下有期徒刑，并处二万元以上二十万元以下罚金。

单位犯前两款罪的，对单位判处罚金，并对其直接负责的主管人员和其他直接责任人员，处五年以下有期徒刑或者拘役。

第一百八十三条　【职务侵占罪】保险公司的工作人员利用职务上的便利，故意编造未曾发生的保险事故进行虚假理赔，骗取保险金归自己所有的，依照本法第二百七十一条的规定定罪处罚。

【贪污罪】国有保险公司工作人员和国有保险公司委派到非国有保险公司从事公务的人员有前款行为的，依照本法第三百八十二条、第三百八十三条的规定定罪处罚。

第一百八十四条　【金融机构工作人员受贿犯罪如何定罪处罚的规定】银行或者其他金融机构的工作人员在金融业务活动中索取他人财物或者非法收受他人财物，为他人谋取利益的，或者违反国家规定，收受各种名义的回扣、手续费，归个人所有的，依照本法第一百六十三条的规定定罪处罚。

国有金融机构工作人员和国有金融机构委派到非国有金融机构从事公务的人员有前款行为的，依照本法第三百八十五条、第三百八十六条的规定定罪处罚。

第一百八十五条　【挪用资金罪】商业银行、证券交易所、期货交易所、证券公司、期货经纪公司、保险公司或者其他金融机构的工作人员利用职务上的便利，挪用本单位或者客户资金的，依照本法第二百七十二条的规定定罪处罚。

【挪用公款罪】国有商业银行、证券交易所、期货交易所、证券公司、期货经纪公司、保险公司或者其他国有金融机构的工作人员和国有商业银行、证券交易所、期货交易所、证券公司、期货经纪公司、保险公司或者其他国有金融机构委派到前款规定中的非国有机构从事公务的人员有前款行为的，依照本法第三百八十四条的规定定罪处罚。

第一百八十五条之一　【背信运用受托财产罪】商业银行、证券交易所、期货交易所、证券公司、期货经纪公司、保险公司或者其他金融机构，违背受托义务，擅自运用客户资金或者其他委托、信托的财产，情节严重的，对单位判处罚金，并对其直接负责的主管人员和其他直接责任人员，处三年以下有期徒刑或者拘役，并处三万元以上三十万元以下罚金；情节特别严重的，处三年以上十年以下有期徒刑，并处五万元以上五十万元以下罚金。

【违法运用资金罪】社会保障基金管理机构、住房公积金管理机构等公众资金管理机构，以及保险公司、保险资产管理公司、证券投资基金管理公司，违反国家规定运用资金的，对其直接负责的主管人员和其他直接责任人员，依照前款的规定处罚。

第一百八十六条　【违法发放贷款罪】银行或者其他金融机构的工作人员违反国家规定发放贷款，数额巨大或者造成重大损失的，处五年以下有期徒刑或者拘役，并处一万元以上十万元以下罚金；数额特别巨大或者造成特别重大损失的，处五年以上有期徒刑，并处二万元以上二十万元以下罚金。

银行或者其他金融机构的工作人员违反国家规定，向关系人发放贷款的，依照前款的规定从重处罚。

单位犯前两款罪的，对单位判处罚金，并对其直接负责的主管人员和其他直接责任人员，依照前两款的规定处罚。

关系人的范围，依照《中华人民共和国商业银行法》和有关金融法规确定。

第一百八十七条　【吸收客户资金不入账罪】银行或者其他金融机构的工作人员吸收客户资金不入帐，数额巨大或者造成重大损失的，处五年以下有期徒刑或者拘役，并处二万元以上二十万元以下罚金；数额特别巨大或者造成特别重大损失的，处五年以上有期徒刑，并处五万元以上五十万元以下罚金。

单位犯前款罪的，对单位判处罚金，并对其直接负责的主管人员和其他直接责任人员，依照前款的规定处罚。

第一百八十八条　【违规出具金融票证罪】银行或者其他金融机构的工作人员违反规定，为他人出具信用证或者其他保函、票据、存单、资信证明，情节严重的，处五年以下有期徒刑或者拘役；情节特别严重的，处五年以上有期徒刑。

单位犯前款罪的，对单位判处罚金，并对其直接负责的主管人员和其他直接责任人员，依照前款的规定处罚。

第一百八十九条　【对违法票据承兑、付款、保证罪】银行或者其他金融机构的工作人员在票据业务中，对违反票据法规定的票据予以承兑、付款或者保证，造成重大损失的，处五年以下有期徒刑或者拘役；造成特别重大损失的，处五年以上有期徒刑。

单位犯前款罪的，对单位判处罚金，并对其直接负责的主管人员和其他直接责任人员，依照前款的规定处罚。

第八节　扰乱市场秩序罪

第二百二十八条　【非法转让、倒卖土地使用权罪】以牟利为目的，违反土地管理法规，非法转让、倒卖土地使用权，情节严重的，处三年以下有期徒刑或者拘役，并处或者单处非法转让、倒卖土地使用权价额百分之五以上百分之二十以下罚金；情节特别严重的，处三年以上七年以下有期徒刑，并处非法转让、倒卖土地使用权价额百分之五以上百分之二十以下罚金。

第二百三十一条　【单位犯扰乱市场秩序罪的处罚规定】单位犯本节第二百二十一条至第二百三十条规定之罪的，对单位判处罚金，并对其直接负责的主管人员和其他直接责任人员，依照本节各该条的规定处罚。

第四章 侵犯公民人身权利、民主权利罪

第二百五十一条 【非法剥夺公民宗教信仰自由罪】【侵犯少数民族风俗习惯罪】国家机关工作人员非法剥夺公民的宗教信仰自由和侵犯少数民族风俗习惯，情节严重的，处二年以下有期徒刑或者拘役。

第二百五十三条 【私自开拆、隐匿、毁弃邮件、电报罪】邮政工作人员私自开拆或者隐匿、毁弃邮件、电报的，处二年以下有期徒刑或者拘役。

犯前款罪而窃取财物的，依照本法第二百六十四条的规定定罪从重处罚。

第二百五十四条 【报复陷害罪】国家机关工作人员滥用职权、假公济私，对控告人、申诉人、批评人、举报人实行报复陷害的，处二年以下有期徒刑或者拘役；情节严重的，处二年以上七年以下有期徒刑。

第二百五十五条 【打击报复会计、统计人员罪】公司、企业、事业单位、机关、团体的领导人，对依法履行职责、抵制违反会计法、统计法行为的会计、统计人员实行打击报复，情节恶劣的，处三年以下有期徒刑或者拘役。

第二百五十六条 【破坏选举罪】在选举各级人民代表大会代表和国家机关领导人员时，以暴力、威胁、欺骗、贿赂、伪造选举文件、虚报选举票数等手段破坏选举或者妨害选民和代表自由行使选举权和被选举权，情节严重的，处三年以下有期徒刑、拘役或者剥夺政治权利。

第五章 侵犯财产罪

第二百七十一条 【职务侵占罪】公司、企业或者其他单位的工作人员，利用职务上的便利，将本单位财物非法占为己有，数额较大的，处三年以下有期徒刑或者拘役，并处罚金；数额巨大的，处三年以上十年以下有期徒刑，并处罚金；数额特别巨大的，处十年以上有期徒刑或者无期徒刑，并处罚金。

国有公司、企业或者其他国有单位中从事公务的人员和国有公司、企业或者其他国有单位委派到非国有公司、企业以及其他单位从事公务的人员有前款行为的，依照本法第三百八十二条、第三百八十三条的规定定罪处罚。

第二百七十二条 【挪用资金罪】公司、企业或者其他单位的工作人员，利用职务上的便利，挪用本单位资金归个人使用或者借贷给他人，数额较大、超过三个月未还的，或者虽未超过三个月，但数额较大、进行营利活动的，或者进行非法活动的，处三年以下有期徒刑或者拘役；挪用本单位资金数额巨大的，处三年以上七年以下有期徒刑；数额特别巨大的，处七年以上有期徒刑。

国有公司、企业或者其他国有单位中从事公务的人员和国有公司、企业或者其他国有单位委派到非国有公司、企业以及其他单位从事公务的人员有前款行为的，依照本法第三百八十四条的规定定罪处罚。

有第一款行为，在提起公诉前将挪用的资金退还的，可以从轻或者减轻处罚。其中，犯罪较轻的，可以减轻或者免除处罚。

第二百七十三条 【挪用特定款物罪】挪用用于救灾、抢险、防汛、优抚、扶贫、移民、救济款物，情节严重，致使国家和人民群众利益遭受重大损害的，对直接责任人员，处三年以下有期徒刑或者拘役；

情节特别严重的，处三年以上七年以下有期徒刑。

第六章 妨害社会管理秩序罪

第一节 扰乱公共秩序罪

第三百零四条 【故意延误投递邮件罪】邮政工作人员严重不负责任，故意延误投递邮件，致使公共财产、国家和人民利益遭受重大损失的，处二年以下有期徒刑或者拘役。

第二节 妨害司法罪

第三百零八条之一 【泄露不应公开的案件信息罪】司法工作人员、辩护人、诉讼代理人或者其他诉讼参与人，泄露依法不公开审理的案件中不应当公开的信息，造成信息公开传播或者其他严重后果的，处三年以下有期徒刑、拘役或者管制，并处或者单处罚金。

有前款行为，泄露国家秘密的，依照本法第三百九十八条的规定定罪处罚。

【披露、报道不应公开的案件信息罪】公开披露、报道第一款规定的案件信息，情节严重的，依照第一款的规定处罚。

单位犯前款罪的，对单位判处罚金，并对其直接负责的主管人员和其他直接责任人员，依照第一款的规定处罚。

第七章 危害国防利益罪

第三百七十四条 【接送不合格兵员罪】在征兵工作中徇私舞弊，接送不合格兵员，情节严重的，处三年以下有期徒刑或者拘役；造成特别严重后果的，处三年以上七年以下有期徒刑。

第八章 贪污贿赂罪

第三百八十二条 【贪污罪】国家工作人员利用职务上的便利，侵吞、窃取、骗取或者以其他手段非法占有公共财物的，是贪污罪。

受国家机关、国有公司、企业、事业单位、人民团体委托管理、经营国有财产的人员，利用职务上的便利，侵吞、窃取、骗取或者以其他手段非法占有国有财物的，以贪污论。

与前两款所列人员勾结，伙同贪污的，以共犯论处。

第三百八十三条 【对贪污罪的处罚】对犯贪污罪的，根据情节轻重，分别依照下列规定处罚：

（一）贪污数额较大或者有其他较重情节的，处三年以下有期徒刑或者拘役，并处罚金。

（二）贪污数额巨大或者有其他严重情节的，处三年以上十年以下有期徒刑，并处罚金或者没收财产。

（三）贪污数额特别巨大或者有其他特别严重情节的，处十年以上有期徒刑或者无期徒刑，并处罚金或者没收财产；数额特别巨大，并使国家和人民利益遭受特别重大损失的，处无期徒刑或者死刑，并处没收财产。

对多次贪污未经处理的，按照累计贪污数额处罚。

犯第一款罪，在提起公诉前如实供述自己罪行、真诚悔罪、积极退赃，避免、减少损害结果的发生，有第一项规定情形的，可以从轻、减轻或者免除处罚；有第二项、第三项规定情形的，可以从轻处罚。

犯第一款罪，有第三项规定情形被判处死刑缓期执行的，人民法院根据犯罪情节等情况可以同时决定在其死刑缓期执行二年期满依法减为无期徒刑后，终身监禁，不得减刑、假释。

第三百八十四条　【挪用公款罪】国家工作人员利用职务上的便利，挪用公款归个人使用，进行非法活动的，或者挪用公款数额较大、进行营利活动的，或者挪用公款数额较大、超过三个月未还的，是挪用公款罪，处五年以下有期徒刑或者拘役；情节严重的，处五年以上有期徒刑。挪用公款数额巨大不退还的，处十年以上有期徒刑或者无期徒刑。

挪用用于救灾、抢险、防汛、优抚、扶贫、移民、救济款物归个人使用的，从重处罚。

第三百八十五条　【受贿罪】国家工作人员利用职务上的便利，索取他人财物的，或者非法收受他人财物，为他人谋取利益的，是受贿罪。

国家工作人员在经济往来中，违反国家规定，收受各种名义的回扣、手续费，归个人所有的，以受贿论处。

第三百八十六条　【对受贿罪的处罚】对犯受贿罪的，根据受贿所得数额及情节，依照本法第三百八十三条的规定处罚。索贿的从重处罚。

第三百八十七条　【单位受贿罪】国家机关、国有公司、企业、事业单位、人民团体，索取、非法收受他人财物，为他人谋取利益，情节严重的，对单位判处罚金，并对其直接负责的主管人员和其他直接责任人员，处五年以下有期徒刑或者拘役。

前款所列单位，在经济往来中，在帐外暗中收受各种名义的回扣、手续费的，以受贿论，依照前款的规定处罚。

第三百八十八条　【受贿罪】国家工作人员利用本人职权或者地位形成的便利条件，通过其他国家工作人员职务上的行为，为请托人谋取不正当利益，索取请托人财物或者收受请托人财物的，以受贿论处。

第三百八十八条之一　【利用影响力受贿罪】国家工作人员的近亲属或者其他与该国家工作人员关系密切的人，通过该国家工作人员职务上的行为，或者利用该国家工作人员职权或者地位形成的便利条件，通过其他国家工作人员职务上的行为，为请托人谋取不正当利益，索取请托人财物或者收受请托人财物，数额较大或者有其他较重情节的，处三年以下有期徒刑或者拘役，并处罚金；数额巨大或者有其他严重情节的，处三年以上七年以下有期徒刑，并处罚金；数额特别巨大或者有其他特别严重情节的，处七年以上有期徒刑，并处罚金或者没收财产。

离职的国家工作人员或者其近亲属以及其他与其关系密切的人，利用该离职的国家工作人员原职权或者地位形成的便利条件实施前款行为的，依照前款的规定定罪处罚。

第三百八十九条　【行贿罪】为谋取不正当利益，给予国家工作人员以财物的，是行贿罪。

在经济往来中，违反国家规定，给予国家工作人员以财物，数额较大的，或者违反国家规定，给予国家工作人员以各种名义的回扣、手续费的，以行贿论处。

因被勒索给予国家工作人员以财物，没有获得不正当利益的，不是行贿。

第三百九十条　【对行贿罪的处罚】 对犯行贿罪的，处五年以下有期徒刑或者拘役，并处罚金；因行贿谋取不正当利益，情节严重的，或者使国家利益遭受重大损失的，处五年以上十年以下有期徒刑，并处罚金；情节特别严重的，或者使国家利益遭受特别重大损失的，处十年以上有期徒刑或者无期徒刑，并处罚金或者没收财产。

行贿人在被追诉前主动交待行贿行为的，可以从轻或者减轻处罚。其中，犯罪较轻的，对侦破重大案件起关键作用的，或者有重大立功表现的，可以减轻或者免除处罚。

第三百九十条之一　【对有影响力的人行贿罪】 为谋取不正当利益，向国家工作人员的近亲属或者其他与该国家工作人员关系密切的人，或者向离职的国家工作人员或者其近亲属以及其他与其关系密切的人行贿的，处三年以下有期徒刑或者拘役，并处罚金；情节严重的，或者使国家利益遭受重大损失的，处三年以上七年以下有期徒刑，并处罚金；情节特别严重的，或者使国家利益遭受特别重大损失的，处七年以上十年以下有期徒刑，并处罚金。

单位犯前款罪的，对单位判处罚金，并对其直接负责的主管人员和其他直接责任人员，处三年以下有期徒刑或者拘役，并处罚金。

第三百九十一条　【对单位行贿罪】 为谋取不正当利益，给予国家机关、国有公司、企业、事业单位、人民团体以财物的，或者在经济往来中，违反国家规定，给予各种名义的回扣、手续费的，处三年以下有期徒刑或者拘役，并处罚金。

单位犯前款罪的，对单位判处罚金，并对其直接负责的主管人员和其他直接责任人员，依照前款的规定处罚。

第三百九十二条　【介绍贿赂罪】 向国家工作人员介绍贿赂，情节严重的，处三年以下有期徒刑或者拘役，并处罚金。

介绍贿赂人在被追诉前主动交待介绍贿赂行为的，可以减轻处罚或者免除处罚。

第三百九十三条　【单位行贿罪】 单位为谋取不正当利益而行贿，或者违反国家规定，给予国家工作人员以回扣、手续费，情节严重的，对单位判处罚金，并对其直接负责的主管人员和其他直接责任人员，处五年以下有期徒刑或者拘役，并处罚金。因行贿取得的违法所得归个人所有的，依照本法第三百八十九条、第三百九十条的规定定罪处罚。

第三百九十四条　【贪污罪】 国家工作人员在国内公务活动或者对外交往中接受礼物，依照国家规定应当交公而不交公，数额较大的，依照本法第三百八十二条、第三百八十三条的规定定罪处罚。

第三百九十五条　【巨额财产来源不明罪】 国家工作人员的财产、支出明显超过合法收入，差额巨大的，可以责令该国家工作人员说明来源，不能说明来源的，差额部分以非法所得论，处五年以下有期徒刑或者拘役；差额特别巨大的，处五年以上十年以下有期徒刑。财产的差额部分予以追缴。

【隐瞒境外存款罪】 国家工作人员在境外的存款，应当依照国家规定申报。数额较大、隐瞒不报的，处二年以下有期徒刑或者拘役；情节较轻的，由其所在单位或者上级主管机关酌情给予行政处分。

第三百九十六条　【私分国有资产罪】 国家机关、国有公司、企业、事业单位、人民团体，违反国家规定，以单位名义将国有资产集体私分给个人，数额较大的，对其直接负责的主管人员和其他直接责任人员，处三年以下有期徒刑或者拘役，并处或者单处罚金；数额巨大的，处三年以上七年以下有期徒刑，并处罚金。

【私分没收财物罪】司法机关、行政执法机关违反国家规定，将应当上缴国家的罚没财物，以单位名义集体私分给个人的，依照前款的规定处罚。

第九章 渎职罪

第三百九十七条 【滥用职权罪】【玩忽职守罪】国家机关工作人员滥用职权或者玩忽职守，致使公共财产、国家和人民利益遭受重大损失的，处三年以下有期徒刑或者拘役；情节特别严重的，处三年以上七年以下有期徒刑。本法另有规定的，依照规定。

国家机关工作人员徇私舞弊，犯前款罪的，处五年以下有期徒刑或者拘役；情节特别严重的，处五年以上十年以下有期徒刑。本法另有规定的，依照规定。

第三百九十八条 【故意泄露国家秘密罪】【过失泄露国家秘密罪】国家机关工作人员违反保守国家秘密法的规定，故意或者过失泄露国家秘密，情节严重的，处三年以下有期徒刑或者拘役；情节特别严重的，处三年以上七年以下有期徒刑。

非国家机关工作人员犯前款罪的，依照前款的规定酌情处罚。

第三百九十九条之一 【枉法仲裁罪】依法承担仲裁职责的人员，在仲裁活动中故意违背事实和法律作枉法裁决，情节严重的，处三年以下有期徒刑或者拘役；情节特别严重的，处三年以上七年以下有期徒刑。

第四百零二条 【徇私舞弊不移交刑事案件罪】行政执法人员徇私舞弊，对依法应当移交司法机关追究刑事责任的不移交，情节严重的，处三年以下有期徒刑或者拘役；造成严重后果的，处三年以上七年以下有期徒刑。

第四百零三条 【滥用管理公司、证券职权罪】国家有关主管部门的国家机关工作人员，徇私舞弊，滥用职权，对不符合法律规定条件的公司设立、登记申请或者股票、债券发行、上市申请，予以批准或者登记，致使公共财产、国家和人民利益遭受重大损失的，处五年以下有期徒刑或者拘役。

上级部门强令登记机关及其工作人员实施前款行为的，对其直接负责的主管人员，依照前款的规定处罚。

第四百零四条 【徇私舞弊不征、少征税款罪】税务机关的工作人员徇私舞弊，不征或者少征应征税款，致使国家税收遭受重大损失的，处五年以下有期徒刑或者拘役；造成特别重大损失的，处五年以上有期徒刑。

第四百零五条 【徇私舞弊发售发票、抵扣税款、出口退税罪】税务机关的工作人员违反法律、行政法规的规定，在办理发售发票、抵扣税款、出口退税工作中，徇私舞弊，致使国家利益遭受重大损失的，处五年以下有期徒刑或者拘役；致使国家利益遭受特别重大损失的，处五年以上有期徒刑。

【违法提供出口退税凭证罪】其他国家机关工作人员违反国家规定，在提供出口货物报关单、出口收汇核销单等出口退税凭证的工作中，徇私舞弊，致使国家利益遭受重大损失的，依照前款的规定处罚。

第四百零六条 【国家机关工作人员签订、履行合同失职被骗罪】国家机关工作人员在签订、履行合同过程中，因严重不负责任被诈骗，致使国家利益遭受重大损失的，处三年以下有期徒刑或者拘役；致使国家利益遭受特别重大损失的，处三年以上七年以下有期徒刑。

第四百零七条 【违法发放林木采伐许可证罪】林业主管部门的工作人员违反森林法的规定，超过批准的年采伐限额发放林木采伐许可证或者违反规定滥发林木采伐许可证，情节严重，致使森林遭受严重破坏的，处三年以下有期徒刑或者拘役。

第四百零八条 【环境监管失职罪】负有环境保护监督管理职责的国家机关工作人员严重不负责任，导致发生重大环境污染事故，致使公私财产遭受重大损失或者造成人身伤亡的严重后果的，处三年以下有期徒刑或者拘役。

第四百零八条之一 【食品、药品监管渎职罪】负有食品药品安全监督管理职责的国家机关工作人员，滥用职权或者玩忽职守，有下列情形之一，造成严重后果或者有其他严重情节的，处五年以下有期徒刑或者拘役；造成特别严重后果或者有其他特别严重情节的，处五年以上十年以下有期徒刑：

（一）瞒报、谎报食品安全事故、药品安全事件的；

（二）对发现的严重食品药品安全违法行为未按规定查处的；

（三）在药品和特殊食品审批审评过程中，对不符合条件的申请准予许可的；

（四）依法应当移交司法机关追究刑事责任不移交的；

（五）有其他滥用职权或者玩忽职守行为的。

徇私舞弊犯前款罪的，从重处罚。

第四百零九条 【传染病防治失职罪】从事传染病防治的政府卫生行政部门的工作人员严重不负责任，导致传染病传播或者流行，情节严重的，处三年以下有期徒刑或者拘役。

第四百一十条 【非法批准征收、征用、占用土地罪】【非法低价出让国有土地使用权罪】国家机关工作人员徇私舞弊，违反土地管理法规，滥用职权，非法批准征收、征用、占用土地，或者非法低价出让国有土地使用权，情节严重的，处三年以下有期徒刑或者拘役；致使国家或者集体利益遭受特别重大损失的，处三年以上七年以下有期徒刑。

第四百一十一条 【放纵走私罪】海关工作人员徇私舞弊，放纵走私，情节严重的，处五年以下有期徒刑或者拘役；情节特别严重的，处五年以上有期徒刑。

第四百一十二条 【商检徇私舞弊罪】国家商检部门、商检机构的工作人员徇私舞弊，伪造检验结果的，处五年以下有期徒刑或者拘役；造成严重后果的，处五年以上十年以下有期徒刑。

【商检失职罪】前款所列人员严重不负责任，对应当检验的物品不检验，或者延误检验出证、错误出证，致使国家利益遭受重大损失的，处三年以下有期徒刑或者拘役。

第四百一十三条 【动植物检疫徇私舞弊罪】动植物检疫机关的检疫人员徇私舞弊，伪造检疫结果的，处五年以下有期徒刑或者拘役；造成严重后果的，处五年以上十年以下有期徒刑。

【动植物检疫失职罪】前款所列人员严重不负责任，对应当检疫的检疫物不检疫，或者延误检疫出证、错误出证，致使国家利益遭受重大损失的，处三年以下有期徒刑或者拘役。

第四百一十四条 【放纵制售伪劣商品犯罪行为罪】对生产、销售伪劣商品犯罪行为负有追究责任的国家机关工作人员，徇私舞弊，不履行法律规定的追究职责，情节严重的，处五年以下有期徒刑或者拘役。

第四百一十五条 【办理偷越国（边）境人员出入境证件罪】【放行偷越国（边）境人员罪】负责办理护照、签证以及其他出入境证件的国家机关工作人员，对明知是企图偷越国（边）境的人员，予以办理出入境证件的，或者边防、海关等国家机关工作人员，对明知是偷越国（边）境的人员，予以放行的，处三年以下有期徒刑或者拘役；情节严重的，处三年以上七年以下有期徒刑。

第四百一十六条 【不解救被拐卖、绑架妇女、儿童罪】对被拐卖、绑架的妇女、儿童负有解救职责的国家机关工作人员，接到被拐卖、绑架的妇女、儿童及其家属的解救要求或者接到其他人的举报，而对被拐卖、绑架的妇女、儿童不进行解救，造成严重后果的，处五年以下有期徒刑或者拘役。

【阻碍解救被拐卖、绑架妇女、儿童罪】负有解救职责的国家机关工作人员利用职务阻碍解救的，处二年以上七年以下有期徒刑；情节较轻的，处二年以下有期徒刑或者拘役。

第四百一十七条 【帮助犯罪分子逃避处罚罪】有查禁犯罪活动职责的国家机关工作人员，向犯罪分子通风报信、提供便利，帮助犯罪分子逃避处罚的，处三年以下有期徒刑或者拘役；情节严重的，处三年以上十年以下有期徒刑。

第四百一十八条 【招收公务员、学生徇私舞弊罪】国家机关工作人员在招收公务员、学生工作中徇私舞弊，情节严重的，处三年以下有期徒刑或者拘役。

第四百一十九条 【失职造成珍贵文物损毁、流失罪】国家机关工作人员严重不负责任，造成珍贵文物损毁或者流失，后果严重的，处三年以下有期徒刑或者拘役。

二、中华人民共和国监察法

（2018 年 3 月 20 日第十三届全国人民代表大会第一次会议通过 2018 年 3 月 20 日中华人民共和国主席令第 3 号公布 自公布之日起施行）

第一章 总 则

第一条 为了深化国家监察体制改革，加强对所有行使公权力的公职人员的监督，实现国家监察全面覆盖，深入开展反腐败工作，推进国家治理体系和治理能力现代化，根据宪法，制定本法。

第二条 坚持中国共产党对国家监察工作的领导，以马克思列宁主义、毛泽东思想、邓小平理论、“三个代表”重要思想、科学发展观、习近平新时代中国特色社会主义思想为指导，构建集中统一、权威高效的中国特色国家监察体制。

第三条 各级监察委员会是行使国家监察职能的专责机关，依照本法对所有行使公权力的公职人员（以下称公职人员）进行监察，调查职务违法和职务犯罪，开展廉政建设和反腐败工作，维护宪法和法律的尊严。

第四条 监察委员会依照法律规定独立行使监察权，不受行政机关、社会团体和个人的干涉。

监察机关办理职务违法和职务犯罪案件，应当与审判机关、检察机关、执法部门互相配合，互相制约。

监察机关在工作中需要协助的，有关机关和单位应当根据监察机关的要求依法予以协助。

第五条 国家监察工作严格遵照宪法和法律，以事实为根据，以法律为准绳；在适用法律上一律平等，保障当事人的合法权益；权责对等，严格监督；惩戒与教育相结合，宽严相济。

第六条 国家监察工作坚持标本兼治、综合治理，强化监督问责，严厉惩治腐败；深化改革、健全法治，有效制约和监督权力；加强法治教育和道德教育，弘扬中华优秀传统文化，构建不敢腐、不能腐、不想腐的长效机制。

第二章 监察机关及其职责

第七条 中华人民共和国国家监察委员会是最高监察机关。

省、自治区、直辖市、自治州、县、自治县、市、市辖区设立监察委员会。

第八条 国家监察委员会由全国人民代表大会产生，负责全国监察工作。

国家监察委员会由主任、副主任若干人、委员若干人组成，主任由全国人民代表大会选举，副主任、委员由国家监察委员会主任提请全国人民代表大会常务委员会任免。

国家监察委员会主任每届任期同全国人民代表大会每届任期相同，连续任职不得超过两届。

国家监察委员会对全国人民代表大会

及其常务委员会负责，并接受其监督。

第九条 地方各级监察委员会由本级人民代表大会产生，负责本行政区域内的监察工作。

地方各级监察委员会由主任、副主任若干人、委员若干人组成，主任由本级人民代表大会选举，副主任、委员由监察委员会主任提请本级人民代表大会常务委员会任免。

地方各级监察委员会主任每届任期同本级人民代表大会每届任期相同。

地方各级监察委员会对本级人民代表大会及其常务委员会和上一级监察委员会负责，并接受其监督。

第十条 国家监察委员会领导地方各级监察委员会的工作，上级监察委员会领导下级监察委员会的工作。

第十一条 监察委员会依照本法和有关法律规定履行监督、调查、处置职责：

（一）对公职人员开展廉政教育，对其依法履职、秉公用权、廉洁从政从业以及道德操守情况进行监督检查；

（二）对涉嫌贪污贿赂、滥用职权、玩忽职守、权力寻租、利益输送、徇私舞弊以及浪费国家资财等职务违法和职务犯罪进行调查；

（三）对违法的公职人员依法作出政务处分决定；对履行职责不力、失职失责的领导人员进行问责；对涉嫌职务犯罪的，将调查结果移送人民检察院依法审查、提起公诉；向监察对象所在单位提出监察建议。

第十二条 各级监察委员会可以向本级中国共产党机关、国家机关、法律法规授权或者委托管理公共事务的组织和单位以及所管辖的行政区域、国有企业等派驻或者派出监察机构、监察专员。

监察机构、监察专员对派驻或者派出它的监察委员会负责。

第十三条 派驻或者派出的监察机构、监察专员根据授权，按照管理权限依法对公职人员进行监督，提出监察建议，依法对公职人员进行调查、处置。

第十四条 国家实行监察官制度，依法确定监察官的等级设置、任免、考评和晋升等制度。

第三章 监察范围和管辖

第十五条 监察机关对下列公职人员和有关人员进行监察：

（一）中国共产党机关、人民代表大会及其常务委员会机关、人民政府、监察委员会、人民法院、人民检察院、中国人民政治协商会议各级委员会机关、民主党派机关和工商业联合会机关的公务员，以及参照《中华人民共和国公务员法》管理的人员；

（二）法律、法规授权或者受国家机关依法委托管理公共事务的组织中从事公务的人员；

（三）国有企业管理人员；

（四）公办的教育、科研、文化、医疗卫生、体育等单位中从事管理的人员；

（五）基层群众性自治组织中从事管理的人员；

（六）其他依法履行公职的人员。

第十六条 各级监察机关按照管理权限管辖本辖区内本法第十五条规定的人员所涉监察事项。

上级监察机关可以办理下一级监察机关管辖范围内的监察事项，必要时也可以办理所辖各级监察机关管辖范围内的监察事项。

监察机关之间对监察事项的管辖有争议的，由其共同的上级监察机关确定。

第十七条 上级监察机关可以将其所管辖的监察事项指定下级监察机关管辖，也可以将下级监察机关有管辖权的监察事项指定给其他监察机关管辖。

监察机关认为所管辖的监察事项重大、复杂，需要由上级监察机关管辖的，可以报请上级监察机关管辖。

第四章 监察权限

第十八条 监察机关行使监督、调查职权，有权依法向有关单位和个人了解情况，收集、调取证据。有关单位和个人应当如实提供。

监察机关及其工作人员对监督、调查过程中知悉的国家秘密、商业秘密、个人隐私，应当保密。

任何单位和个人不得伪造、隐匿或者毁灭证据。

第十九条 对可能发生职务违法的监察对象，监察机关按照管理权限，可以直接或者委托有关机关、人员进行谈话或者要求说明情况。

第二十条 在调查过程中，对涉嫌职务违法的被调查人，监察机关可以要求其就涉嫌违法行为作出陈述，必要时向被调查人出具书面通知。

对涉嫌贪污贿赂、失职渎职等职务犯罪的被调查人，监察机关可以进行讯问，要求其如实供述涉嫌犯罪的情况。

第二十一条 在调查过程中，监察机关可以询问证人等人员。

第二十二条 被调查人涉嫌贪污贿赂、失职渎职等严重职务违法或者职务犯罪，监察机关已经掌握其部分违法犯罪事实及证据，仍有重要问题需要进一步调查，并有下列情形之一的，经监察机关依法审批，可以将其留置在特定场所：

（一）涉及案情重大、复杂的；

（二）可能逃跑、自杀的；

（三）可能串供或者伪造、隐匿、毁灭证据的；

（四）可能有其他妨碍调查行为的。

对涉嫌行贿犯罪或者共同职务犯罪的涉案人员，监察机关可以依照前款规定采取留置措施。

留置场所的设置、管理和监督依照国家有关规定执行。

第二十三条 监察机关调查涉嫌贪污贿赂、失职渎职等严重职务违法或者职务犯罪，根据工作需要，可以依照规定查询、冻结涉案单位和个人的存款、汇款、债券、股票、基金份额等财产。有关单位和个人应当配合。

冻结的财产经查明与案件无关的，应当在查明后三日内解除冻结，予以退还。

第二十四条 监察机关可以对涉嫌职务犯罪的被调查人以及可能隐藏被调查人或者犯罪证据的人的身体、物品、住处和其他有关地方进行搜查。在搜查时，应当出示搜查证，并有被搜查人或者其家属等见证人在场。

搜查女性身体，应当由女性工作人员进行。

监察机关进行搜查时，可以根据工作需要提请公安机关配合。公安机关应当依法予以协助。

第二十五条 监察机关在调查过程中，可以调取、查封、扣押用以证明被调查人涉嫌违法犯罪的财物、文件和电子数据等信息。采取调取、查封、扣押措施，应当收集原物原件，会同持有人或者保管人、见证人，当面逐一拍照、登记、编号，开列清单，由在场人员当场核对、签名，并将清单副本交财物、文件的持有人或者保管人。

对调取、查封、扣押的财物、文件，监察机关应当设立专用账户、专门场所，确定专门人员妥善保管，严格履行交接、调取手续，定期对账核实，不得毁损或者用于其他目的。对价值不明物品应当及时鉴定，专门封存保管。

查封、扣押的财物、文件经查明与案件无关的，应当在查明后三日内解除查封、扣押，予以退还。

第二十六条 监察机关在调查过程中，可以直接或者指派、聘请具有专门知识、资格的人员在调查人员主持下进行勘验检查。勘验检查情况应当制作笔录，由参加勘验检查的人员和见证人签名或者盖章。

第二十七条 监察机关在调查过程中，对于案件中的专门性问题，可以指派、聘请有专门知识的人进行鉴定。鉴定人进行鉴定后，应当出具鉴定意见，并且签名。

第二十八条 监察机关调查涉嫌重大贪污贿赂等职务犯罪，根据需要，经过严格的批准手续，可以采取技术调查措施，按照规定交有关机关执行。

批准决定应当明确采取技术调查措施的种类和适用对象，自签发之日起三个月以内有效；对于复杂、疑难案件，期限届满仍有必要继续采取技术调查措施的，经过批准，有效期可以延长，每次不得超过三个月。对于不需要继续采取技术调查措施的，应当及时解除。

第二十九条 依法应当留置的被调查人如果在逃，监察机关可以决定在本行政区域内通缉，由公安机关发布通缉令，追捕归案。通缉范围超出本行政区域的，应当报请有权决定的上级监察机关决定。

第三十条 监察机关为防止被调查人及相关人员逃匿境外，经省级以上监察机关批准，可以对被调查人及相关人员采取限制出境措施，由公安机关依法执行。对于不需要继续采取限制出境措施的，应当及时解除。

第三十一条 涉嫌职务犯罪的被调查人主动认罪认罚，有下列情形之一的，监察机关经领导人员集体研究，并报上一级监察机关批准，可以在移送人民检察院时提出从宽处罚的建议：

（一）自动投案，真诚悔罪悔过的；

（二）积极配合调查工作，如实供述监察机关还未掌握的违法犯罪行为的；

（三）积极退赃，减少损失的；

（四）具有重大立功表现或者案件涉及国家重大利益等情形的。

第三十二条 职务违法犯罪的涉案人员揭发有关被调查人职务违法犯罪行为，查证属实的，或者提供重要线索，有助于调查其他案件的，监察机关经领导人员集体研究，并报上一级监察机关批准，可以在移送人民检察院时提出从宽处罚的建议。

第三十三条 监察机关依照本法规定收集的物证、书证、证人证言、被调查人供述和辩解、视听资料、电子数据等证据材料，在刑事诉讼中可以作为证据使用。

监察机关在收集、固定、审查、运用证据时，应当与刑事审判关于证据的要求和标准相一致。

以非法方法收集的证据应当依法予以排除，不得作为案件处置的依据。

第三十四条 人民法院、人民检察院、公安机关、审计机关等国家机关在工作中发现公职人员涉嫌贪污贿赂、失职渎职等职务违法或者职务犯罪的问题线索，应当移送监察机关，由监察机关依法调查处置。

被调查人既涉嫌严重职务违法或者职务犯罪，又涉嫌其他违法犯罪的，一般应当由监察机关为主调查，其他机关予以协助。

第五章 监察程序

第三十五条 监察机关对于报案或者举报，应当接受并按照有关规定处理。对于不属于本机关管辖的，应当移送主管机关处理。

第三十六条 监察机关应当严格按照程序开展工作，建立问题线索处置、调查、审理各部门相互协调、相互制约的工作机制。

监察机关应当加强对调查、处置工作全过程的监督管理，设立相应的工作部门履行线索管理、监督检查、督促办理、统计分析等管理协调职能。

第三十七条 监察机关对监察对象的问题线索，应当按照有关规定提出处置意见，履行审批手续，进行分类办理。线索处置情况应当定期汇总、通报，定期检查、抽查。

第三十八条 需要采取初步核实方式处置问题线索的，监察机关应当依法履行审批程序，成立核查组。初步核实工作结束后，核查组应当撰写初步核实情况报告，提出处理建议。承办部门应当提出分类处理意见。初步核实情况报告和分类处理意见报监察机关主要负责人审批。

第三十九条 经过初步核实，对监察对象涉嫌职务违法犯罪，需要追究法律责任的，监察机关应当按照规定的权限和程序办理立案手续。

监察机关主要负责人依法批准立案后，应当主持召开专题会议，研究确定调查方案，决定需要采取的调查措施。

立案调查决定应当向被调查人宣布，并通报相关组织。涉嫌严重职务违法或者职务犯罪的，应当通知被调查人家属，并向社会公开发布。

第四十条 监察机关对职务违法和职务犯罪案件，应当进行调查，收集被调查人有无违法犯罪以及情节轻重的证据，查明违法犯罪事实，形成相互印证、完整稳定的证据链。

严禁以威胁、引诱、欺骗及其他非法方式收集证据，严禁侮辱、打骂、虐待、体罚或者变相体罚被调查人和涉案人员。

第四十一条 调查人员采取讯问、询问、留置、搜查、调取、查封、扣押、勘验检查等调查措施，均应当依照规定出示证件，出具书面通知，由二人以上进行，形成笔录、报告等书面材料，并由相关人员签名、盖章。

调查人员进行讯问以及搜查、查封、扣押等重要取证工作，应当对全过程进行录音录像，留存备查。

第四十二条 调查人员应当严格执行调查方案，不得随意扩大调查范围、变更调查对象和事项。

对调查过程中的重要事项，应当集体研究后按程序请示报告。

第四十三条 监察机关采取留置措施，应当由监察机关领导人员集体研究决定。设区的市级以下监察机关采取留置措施，应当报上一级监察机关批准。省级监察机关采取留置措施，应当报国家监察委员会备案。

留置时间不得超过三个月。在特殊情况下，可以延长一次，延长时间不得超过三个月。省级以下监察机关采取留置措施的，延长留置时间应当报上一级监察机关批准。监察机关发现采取留置措施不当的，应当及时解除。

监察机关采取留置措施，可以根据工作需要提请公安机关配合。公安机关应当依法予以协助。

第四十四条 对被调查人采取留置措施后，应当在二十四小时以内，通知被留置人员所在单位和家属，但有可能毁灭、伪造证据，干扰证人作证或者串供等有碍调查情形的除外。有碍调查的情形消失后，应当立即通知被留置人员所在单位和家属。

监察机关应当保障被留置人员的饮食、休息和安全，提供医疗服务。讯问被留置人员应当合理安排讯问时间和时长，讯问笔录由被讯问人阅看后签名。

被留置人员涉嫌犯罪移送司法机关后，被依法判处管制、拘役和有期徒刑的，留置一日折抵管制二日，折抵拘役、有期徒刑一日。

第四十五条 监察机关根据监督、调查结果，依法作出如下处置：

（一）对有职务违法行为但情节较轻的公职人员，按照管理权限，直接或者委托有关机关、人员，进行谈话提醒、批评教育、责令检查，或者予以诫勉；

（二）对违法的公职人员依照法定程序作出警告、记过、记大过、降级、撤职、开除等政务处分决定；

（三）对不履行或者不正确履行职责负有责任的领导人员，按照管理权限对其直接作出问责决定，或者向有权作出问责决定的机关提出问责建议；

（四）对涉嫌职务犯罪的，监察机关经调查认为犯罪事实清楚，证据确实、充分的，制作起诉意见书，连同案卷材料、证据一并移送人民检察院依法审查、提起公诉；

（五）对监察对象所在单位廉政建设和履行职责存在的问题等提出监察建议。

监察机关经调查，对没有证据证明被调查人存在违法犯罪行为的，应当撤销案件，并通知被调查人所在单位。

第四十六条 监察机关经调查，对违法取得的财物，依法予以没收、追缴或者责令退赔；对涉嫌犯罪取得的财物，应当随案移送人民检察院。

第四十七条 对监察机关移送的案件，人民检察院依照《中华人民共和国刑事诉讼法》对被调查人采取强制措施。

人民检察院经审查，认为犯罪事实已经查清，证据确实、充分，依法应当追究刑事责任的，应当作出起诉决定。

人民检察院经审查，认为需要补充核实的，应当退回监察机关补充调查，必要时可以自行补充侦查。对于补充调查的案件，应当在一个月内补充调查完毕。补充调查以二次为限。

人民检察院对于有《中华人民共和国刑事诉讼法》规定的不起诉的情形的，经上一级人民检察院批准，依法作出不起诉的决定。监察机关认为不起诉的决定有错误的，可以向上一级人民检察院提请复议。

第四十八条 监察机关在调查贪污贿赂、失职渎职等职务犯罪案件过程中，被调查人逃匿或者死亡，有必要继续调查的，经省级以上监察机关批准，应当继续调查并作出结论。被调查人逃匿，在通缉一年后不能到案，或者死亡的，由监察机关提请人民检察院依照法定程序，向人民法院提出没收违法所得的申请。

第四十九条 监察对象对监察机关作出的涉及本人的处理决定不服的，可以在收到处理决定之日起一个月内，向作出决定的监察机关申请复审，复审机关应当在一个月内作出复审决定；监察对象对复审决定仍不服的，可以在收到复审决定之日起一个月内，向上一级监察机关申请复核，复核机关应当在二个月内作出复核决定。复审、复核期间，不停止原处理决定的执行。复核机关经审查，认定处理决定有错误的，原处理机关应当及时予以纠正。

第六章　反腐败国际合作

第五十条　国家监察委员会统筹协调与其他国家、地区、国际组织开展的反腐败国际交流、合作，组织反腐败国际条约实施工作。

第五十一条　国家监察委员会组织协调有关方面加强与有关国家、地区、国际组织在反腐败执法、引渡、司法协助、被判刑人的移管、资产追回和信息交流等领域的合作。

第五十二条　国家监察委员会加强对反腐败国际追逃追赃和防逃工作的组织协调，督促有关单位做好相关工作：

（一）对于重大贪污贿赂、失职渎职等职务犯罪案件，被调查人逃匿到国（境）外，掌握证据比较确凿的，通过开展境外追逃合作，追捕归案；

（二）向赃款赃物所在国请求查询、冻结、扣押、没收、追缴、返还涉案资产；

（三）查询、监控涉嫌职务犯罪的公职人员及其相关人员进出国（境）和跨境资金流动情况，在调查案件过程中设置防逃程序。

第七章　对监察机关和监察人员的监督

第五十三条　各级监察委员会应当接受本级人民代表大会及其常务委员会的监督。

各级人民代表大会常务委员会听取和审议本级监察委员会的专项工作报告，组织执法检查。

县级以上各级人民代表大会及其常务委员会举行会议时，人民代表大会代表或者常务委员会组成人员可以依照法律规定的程序，就监察工作中的有关问题提出询问或者质询。

第五十四条　监察机关应当依法公开监察工作信息，接受民主监督、社会监督、舆论监督。

第五十五条　监察机关通过设立内部专门的监督机构等方式，加强对监察人员执行职务和遵守法律情况的监督，建设忠诚、干净、担当的监察队伍。

第五十六条　监察人员必须模范遵守宪法和法律，忠于职守、秉公执法，清正廉洁、保守秘密；必须具有良好的政治素质，熟悉监察业务，具备运用法律、法规、政策和调查取证等能力，自觉接受监督。

第五十七条　对于监察人员打听案情、过问案件、说情干预的，办理监察事项的监察人员应当及时报告。有关情况应当登记备案。

发现办理监察事项的监察人员未经批准接触被调查人、涉案人员及其特定关系人，或者存在交往情形的，知情人应当及时报告。有关情况应当登记备案。

第五十八条　办理监察事项的监察人员有下列情形之一的，应当自行回避，监察对象、检举人及其他有关人员也有权要求其回避：

（一）是监察对象或者检举人的近亲属的；

（二）担任过本案的证人的；

（三）本人或者其近亲属与办理的监察事项有利害关系的；

（四）有可能影响监察事项公正处理的其他情形的。

第五十九条 监察机关涉密人员离岗离职后，应当遵守脱密期管理规定，严格履行保密义务，不得泄露相关秘密。

监察人员辞职、退休三年内，不得从事与监察和司法工作相关联且可能发生利益冲突的职业。

第六十条 监察机关及其工作人员有下列行为之一的，被调查人及其近亲属有权向该机关申诉：

（一）留置法定期限届满，不予以解除的；

（二）查封、扣押、冻结与案件无关的财物的；

（三）应当解除查封、扣押、冻结措施而不解除的；

（四）贪污、挪用、私分、调换以及违反规定使用查封、扣押、冻结的财物的；

（五）其他违反法律法规、侵害被调查人合法权益的行为。

受理申诉的监察机关应当在受理申诉之日起一个月内作出处理决定。申诉人对处理决定不服的，可以在收到处理决定之日起一个月内向上一级监察机关申请复查，上一级监察机关应当在收到复查申请之日起二个月内作出处理决定，情况属实的，及时予以纠正。

第六十一条 对调查工作结束后发现立案依据不充分或者失实，案件处置出现重大失误，监察人员严重违法的，应当追究负有责任的领导人员和直接责任人员的责任。

第八章 法律责任

第六十二条 有关单位拒不执行监察机关作出的处理决定，或者无正当理由拒不采纳监察建议的，由其主管部门、上级机关责令改正，对单位给予通报批评；对负有责任的领导人员和直接责任人员依法给予处理。

第六十三条 有关人员违反本法规定，有下列行为之一的，由其所在单位、主管部门、上级机关或者监察机关责令改正，依法给予处理：

（一）不按要求提供有关材料，拒绝、阻碍调查措施实施等拒不配合监察机关调查的；

（二）提供虚假情况，掩盖事实真相的；

（三）串供或者伪造、隐匿、毁灭证据的；

（四）阻止他人揭发检举、提供证据的；

（五）其他违反本法规定的行为，情节严重的。

第六十四条 监察对象对控告人、检举人、证人或者监察人员进行报复陷害的；控告人、检举人、证人捏造事实诬告陷害监察对象的，依法给予处理。

第六十五条 监察机关及其工作人员有下列行为之一的，对负有责任的领导人员和直接责任人员依法给予处理：

（一）未经批准、授权处置问题线索，发现重大案情隐瞒不报，或者私自留存、处理涉案材料的；

（二）利用职权或者职务上的影响干预调查工作、以案谋私的；

（三）违法窃取、泄露调查工作信息，

或者泄露举报事项、举报受理情况以及举报人信息的；

（四）对被调查人或者涉案人员逼供、诱供，或者侮辱、打骂、虐待、体罚或者变相体罚的；

（五）违反规定处置查封、扣押、冻结的财物的；

（六）违反规定发生办案安全事故，或者发生安全事故后隐瞒不报、报告失实、处置不当的；

（七）违反规定采取留置措施的；

（八）违反规定限制他人出境，或者不按规定解除出境限制的；

（九）其他滥用职权、玩忽职守、徇私舞弊的行为。

第六十六条 违反本法规定，构成犯罪的，依法追究刑事责任。

第六十七条 监察机关及其工作人员行使职权，侵犯公民、法人和其他组织的合法权益造成损害的，依法给予国家赔偿。

第九章 附 则

第六十八条 中国人民解放军和中国人民武装警察部队开展监察工作，由中央军事委员会根据本法制定具体规定。

第六十九条 本法自公布之日起施行。《中华人民共和国行政监察法》同时废止。

三、中华人民共和国监察法实施条例

（2021年7月20日国家监察委员会全体会议决定，自2021年9月20日起施行）

第一章 总 则

第一条 为了推动监察工作法治化、规范化，根据《中华人民共和国监察法》（以下简称监察法），结合工作实际，制定本条例。

第二条 坚持中国共产党对监察工作的全面领导，增强政治意识、大局意识、核心意识、看齐意识，坚定中国特色社会主义道路自信、理论自信、制度自信、文化自信，坚决维护习近平总书记党中央的核心、全党的核心地位，坚决维护党中央权威和集中统一领导，把党的领导贯彻到监察工作各方面和全过程。

第三条 监察机关与党的纪律检查机关合署办公，坚持法治思维和法治方式，促进执纪执法贯通、有效衔接司法，实现依纪监督和依法监察、适用纪律和适用法律有机融合。

第四条 监察机关应当依法履行监督、调查、处置职责，坚持实事求是，坚持惩前毖后、治病救人，坚持惩戒与教育相结合，实现政治效果、法律效果和社会效果相统一。

第五条 监察机关应当坚定不移惩治腐败，推动深化改革、完善制度，规范权力运行，加强思想道德教育、法治教育、廉洁教育，引导公职人员提高觉悟、担当作为、依法履职，一体推进不敢腐、不能腐、不想腐体制机制建设。

第六条 监察机关坚持民主集中制，对于线索处置、立案调查、案件审理、处置执行、复审复核中的重要事项应当集体研究，严格按照权限履行请示报告程序。

第七条 监察机关应当在适用法律上一律平等，充分保障监察对象以及相关人员的人身权、知情权、财产权、申辩权、申诉权以及申请复审复核权等合法权益。

第八条 监察机关办理职务犯罪案件，应当与人民法院、人民检察院互相配合、互相制约，在案件管辖、证据审查、案件移送、涉案财物处置等方面加强沟通协调，对于人民法院、人民检察院提出的退回补充调查、排除非法证据、调取同步录音录像、要求调查人员出庭等意见依法办理。

第九条 监察机关开展监察工作，可以依法提请组织人事、公安、国家安全、审计、统计、市场监管、金融监管、财政、税务、自然资源、银行、证券、保险等有关部门、单位予以协助配合。

有关部门、单位应当根据监察机关的要求，依法协助采取有关措施、共享相关信息、提供相关资料和专业技术支持，配合开展监察工作。

第二章 监察机关及其职责

第一节 领导体制

第十条 国家监察委员会在党中央领

导下开展工作。地方各级监察委员会在同级党委和上级监察委员会双重领导下工作，监督执法调查工作以上级监察委员会领导为主，线索处置和案件查办在向同级党委报告的同时应当一并向上一级监察委员会报告。

上级监察委员会应当加强对下级监察委员会的领导。下级监察委员会对上级监察委员会的决定必须执行，认为决定不当的，应当在执行的同时向上级监察委员会反映。上级监察委员会对下级监察委员会作出的错误决定，应当按程序予以纠正，或者要求下级监察委员会予以纠正。

第十一条 上级监察委员会可以依法统一调用所辖各级监察机关的监察人员办理监察事项。调用决定应当以书面形式作出。

监察机关办理监察事项应当加强互相协作和配合，对于重要、复杂事项可以提请上级监察机关予以协调。

第十二条 各级监察委员会依法向本级中国共产党机关、国家机关、法律法规授权或者受委托管理公共事务的组织和单位以及所管辖的国有企业事业单位等派驻或者派出监察机构、监察专员。

省级和设区的市级监察委员会依法向地区、盟、开发区等不设置人民代表大会的区域派出监察机构或者监察专员。县级监察委员会和直辖市所辖区（县）监察委员会可以向街道、乡镇等区域派出监察机构或者监察专员。

监察机构、监察专员开展监察工作，受派出机关领导。

第十三条 派驻或者派出的监察机构、监察专员根据派出机关授权，按照管理权限依法对派驻或者派出监督单位、区域等的公职人员开展监督，对职务违法和职务犯罪进行调查、处置。监察机构、监察专员可以按规定与地方监察委员会联合调查严重职务违法、职务犯罪，或者移交地方监察委员会调查。

未被授予职务犯罪调查权的监察机构、监察专员发现监察对象涉嫌职务犯罪线索的，应当及时向派出机关报告，由派出机关调查或者依法移交有关地方监察委员会调查。

第二节 监察监督

第十四条 监察机关依法履行监察监督职责，对公职人员政治品行、行使公权力和道德操守情况进行监督检查，督促有关机关、单位加强对所属公职人员的教育、管理、监督。

第十五条 监察机关应当坚决维护宪法确立的国家指导思想，加强对公职人员特别是领导人员坚持党的领导、坚持中国特色社会主义制度，贯彻落实党和国家路线方针政策、重大决策部署，履行从严管理监督职责，依法行使公权力等情况的监督。

第十六条 监察机关应当加强对公职人员理想教育、为人民服务教育、宪法法律法规教育、优秀传统文化教育，弘扬社会主义核心价值观，深入开展警示教育，教育引导公职人员树立正确的权力观、责任观、利益观，保持为民务实清廉本色。

第十七条 监察机关应当结合公职人员的职责加强日常监督，通过收集群众反映、座谈走访、查阅资料、召集或者列席会议、听取工作汇报和述责述廉、开展监督检查等方式，促进公职人员依法用权、秉公用权、廉洁用权。

第十八条 监察机关可以与公职人员进行谈心谈话，发现政治品行、行使公权力和道德操守方面有苗头性、倾向性问题的，及时进行教育提醒。

第十九条 监察机关对于发现的系统性、行业性的突出问题，以及群众反映强烈的问题，可以通过专项检查进行深入了解，督促有关机关、单位强化治理，促进公职人员履职尽责。

第二十条 监察机关应当以办案促进整改、以监督促进治理，在查清问题、依法处置的同时，剖析问题发生的原因，发现制度建设、权力配置、监督机制等方面存在的问题，向有关机关、单位提出改进工作的意见或者监察建议，促进完善制度，提高治理效能。

第二十一条 监察机关开展监察监督，应当与纪律监督、派驻监督、巡视监督统筹衔接，与人大监督、民主监督、行政监督、司法监督、审计监督、财会监督、统计监督、群众监督和舆论监督等贯通协调，健全信息、资源、成果共享等机制，形成监督合力。

第三节 监察调查

第二十二条 监察机关依法履行监察调查职责，依据监察法、《中华人民共和国公职人员政务处分法》（以下简称政务处分法）和《中华人民共和国刑法》（以下简称刑法）等规定对职务违法和职务犯罪进行调查。

第二十三条 监察机关负责调查的职务违法是指公职人员实施的与其职务相关联，虽不构成犯罪但依法应当承担法律责任的下列违法行为：

（一）利用职权实施的违法行为；

（二）利用职务上的影响实施的违法行为；

（三）履行职责不力、失职失责的违法行为；

（四）其他违反与公职人员职务相关的特定义务的违法行为。

第二十四条 监察机关发现公职人员存在其他违法行为，具有下列情形之一的，可以依法进行调查、处置：

（一）超过行政违法追究时效，或者超过犯罪追诉时效、未追究刑事责任，但需要依法给予政务处分的；

（二）被追究行政法律责任，需要依法给予政务处分的；

（三）监察机关调查职务违法或者职务犯罪时，对被调查人实施的事实简单、清楚，需要依法给予政务处分的其他违法行为一并查核的。

监察机关发现公职人员成为监察对象前有前款规定的违法行为的，依照前款规定办理。

第二十五条 监察机关依法对监察法第十一条第二项规定的职务犯罪进行调查。

第二十六条 监察机关依法调查涉嫌贪污贿赂犯罪，包括贪污罪，挪用公款罪，受贿罪，单位受贿罪，利用影响力受贿罪，行贿罪，对有影响力的人行贿罪，对单位行贿罪，介绍贿赂罪，单位行贿罪，巨额财产来源不明罪，隐瞒境外存款罪，私分国有资产罪，私分罚没财物罪，以及公职人员在行使公权力过程中实施的职务侵占罪，挪用资金罪，对外国公职人员、国际公共组织官员行贿罪，非国家工作人员受贿罪和相关联的对非国家工作人员行贿罪。

第二十七条 监察机关依法调查公职人员涉嫌滥用职权犯罪，包括滥用职权罪，国有公司、企业、事业单位人员滥用职权罪，滥用管理公司、证券职权罪，食品、药品监管渎职罪，故意泄露国家秘密罪，报复陷害罪，阻碍解救被拐卖、绑架妇女、儿童罪，帮助犯罪分子逃避处罚罪，违法发放林木采伐许可证罪，办理偷越国（边）境人员出入境证件罪，放行偷越国（边）境人员罪，挪用特定款物罪，非法剥夺公民宗教信仰自由罪，侵犯少数民族风俗习惯罪，打击报复会计、统计人员罪，以及司法工作人员以外的公职人员利用职权实施的非法拘禁罪、虐待被监管人罪、非法搜查罪。

第二十八条 监察机关依法调查公职人员涉嫌玩忽职守犯罪，包括玩忽职守罪，国有公司、企业、事业单位人员失职罪，签订、履行合同失职被骗罪，国家机关工作人员签订、履行合同失职被骗罪，环境监管失职罪，传染病防治失职罪，商检失职罪，动植物检疫失职罪，不解救被拐卖、绑架妇女、儿童罪，失职造成珍贵文物损毁、流失罪，过失泄露国家秘密罪。

第二十九条 监察机关依法调查公职人员涉嫌徇私舞弊犯罪，包括徇私舞弊低价折股、出售国有资产罪，非法批准征收、征用、占用土地罪，非法低价出让国有土地使用权罪，非法经营同类营业罪，为亲友非法牟利罪，枉法仲裁罪，徇私舞弊发售发票、抵扣税款、出口退税罪，商检徇私舞弊罪，动植物检疫徇私舞弊罪，放纵走私罪，放纵制售伪劣商品犯罪行为罪，招收公务员、学生徇私舞弊罪，徇私舞弊不移交刑事案件罪，违法提供出口退税凭证罪，徇私舞弊不征、少征税款罪。

第三十条 监察机关依法调查公职人员在行使公权力过程中涉及的重大责任事故犯罪，包括重大责任事故罪，教育设施重大安全事故罪，消防责任事故罪，重大劳动安全事故罪，强令、组织他人违章冒险作业罪，危险作业罪，不报、谎报安全事故罪，铁路运营安全事故罪，重大飞行事故罪，大型群众性活动重大安全事故罪，危险物品肇事罪，工程重大安全事故罪。

第三十一条 监察机关依法调查公职人员在行使公权力过程中涉及的其他犯罪，包括破坏选举罪，背信损害上市公司利益罪，金融工作人员购买假币、以假币换取货币罪，利用未公开信息交易罪，诱骗投资者买卖证券、期货合约罪，背信运用受托财产罪，违法运用资金罪，违法发放贷款罪，吸收客户资金不入账罪，违规出具金融票证罪，对违法票据承兑、付款、保证罪，非法转让、倒卖土地使用权罪，私自开拆、隐匿、毁弃邮件、电报罪，故意延误投递邮件罪，泄露不应公开的案件信息罪，披露、报道不应公开的案件信息罪，接送不合格兵员罪。

第三十二条 监察机关发现依法由其他机关管辖的违法犯罪线索，应当及时移送有管辖权的机关。

监察机关调查结束后，对于应当给予被调查人或者涉案人员行政处罚等其他处理的，依法移送有关机关。

第四节 监察处置

第三十三条 监察机关对违法的公职人员，依据监察法、政务处分法等规定作出政务处分决定。

第三十四条 监察机关在追究违法的公职人员直接责任的同时，依法对履行职责不力、失职失责，造成严重后果或者恶劣影响的领导人员予以问责。

监察机关应当组成调查组依法开展问责调查。调查结束后经集体讨论形成调查报告，需要进行问责的按照管理权限作出问责决定，或者向有权作出问责决定的机关、单位书面提出问责建议。

第三十五条 监察机关对涉嫌职务犯

罪的人员，经调查认为犯罪事实清楚，证据确实、充分，需要追究刑事责任的，依法移送人民检察院审查起诉。

第三十六条 监察机关根据监督、调查结果，发现监察对象所在单位在廉政建设、权力制约、监督管理、制度执行以及履行职责等方面存在问题需要整改纠正的，依法提出监察建议。

监察机关应当跟踪了解监察建议的采纳情况，指导、督促有关单位限期整改，推动监察建议落实到位。

第三章 监察范围和管辖

第一节 监察对象

第三十七条 监察机关依法对所有行使公权力的公职人员进行监察，实现国家监察全面覆盖。

第三十八条 监察法第十五条第一项所称公务员范围，依据《中华人民共和国公务员法》（以下简称公务员法）确定。

监察法第十五条第一项所称参照公务员法管理的人员，是指有关单位中经批准参照公务员法进行管理的工作人员。

第三十九条 监察法第十五条第二项所称法律、法规授权或者受国家机关依法委托管理公共事务的组织中从事公务的人员，是指在上述组织中，除参照公务员法管理的人员外，对公共事务履行组织、领导、管理、监督等职责的人员，包括具有公共事务管理职能的行业协会等组织中从事公务的人员，以及法定检验检测、检疫等机构中从事公务的人员。

第四十条 监察法第十五条第三项所称国有企业管理人员，是指国家出资企业中的下列人员：

（一）在国有独资、全资公司、企业中履行组织、领导、管理、监督等职责的人员；

（二）经党组织或者国家机关，国有独资、全资公司、企业，事业单位提名、推荐、任命、批准等，在国有控股、参股公司及其分支机构中履行组织、领导、管理、监督等职责的人员；

（三）经国家出资企业中负有管理、监督国有资产职责的组织批准或者研究决定，代表其在国有控股、参股公司及其分支机构中从事组织、领导、管理、监督等工作的人员。

第四十一条 监察法第十五条第四项所称公办的教育、科研、文化、医疗卫生、体育等单位中从事管理的人员，是指国家为了社会公益目的，由国家机关举办或者其他组织利用国有资产举办的教育、科研、文化、医疗卫生、体育等事业单位中，从事组织、领导、管理、监督等工作的人员。

第四十二条 监察法第十五条第五项所称基层群众性自治组织中从事管理的人员，是指该组织中的下列人员：

（一）从事集体事务和公益事业管理的人员；

（二）从事集体资金、资产、资源管理的人员；

（三）协助人民政府从事行政管理工作的人员，包括从事救灾、防疫、抢险、防汛、优抚、帮扶、移民、救济款物的管理，社会捐助公益事业款物的管理，国有土地的经营和管理，土地征收、征用补偿费用的管理，代征、代缴税款，有关计划生育、户籍、征兵工作，协助人民政府等国家机关在基层群众性自治组织中从事的其他管理工作。

第四十三条 下列人员属于监察法第十五条第六项所称其他依法履行公职的人员：

（一）履行人民代表大会职责的各级人民代表大会代表，履行公职的中国人民政治协商会议各级委员会委员、人民陪审员、人民监督员；

（二）虽未列入党政机关人员编制，但在党政机关中从事公务的人员；

（三）在集体经济组织等单位、组织中，由党组织或者国家机关，国有独资、全资公司、企业，国家出资企业中负有管理监督国有和集体资产职责的组织，事业单位提名、推荐、任命、批准等，从事组织、领导、管理、监督等工作的人员；

（四）在依法组建的评标、谈判、询价等组织中代表国家机关，国有独资、全资公司、企业，事业单位，人民团体临时履行公共事务组织、领导、管理、监督等职责的人员；

（五）其他依法行使公权力的人员。

第四十四条 有关机关、单位、组织集体作出的决定违法或者实施违法行为的，监察机关应当对负有责任的领导人员和直接责任人员中的公职人员依法追究法律责任。

第二节 管 辖

第四十五条 监察机关开展监督、调查、处置，按照管理权限与属地管辖相结合的原则，实行分级负责制。

第四十六条 设区的市级以上监察委员会按照管理权限，依法管辖同级党委管理的公职人员涉嫌职务违法和职务犯罪案件。

县级监察委员会和直辖市所辖区（县）监察委员会按照管理权限，依法管辖本辖区内公职人员涉嫌职务违法和职务犯罪案件。

地方各级监察委员会按照本条例第十三条、第四十九条规定，可以依法管辖工作单位在本辖区内的有关公职人员涉嫌职务违法和职务犯罪案件。

监察机关调查公职人员涉嫌职务犯罪案件，可以依法对涉嫌行贿犯罪、介绍贿赂犯罪或者共同职务犯罪的涉案人员中的非公职人员一并管辖。非公职人员涉嫌利用影响力受贿罪的，按照其所利用的公职人员的管理权限确定管辖。

第四十七条 上级监察机关对于下一级监察机关管辖范围内的职务违法和职务犯罪案件，具有下列情形之一的，可以依法提级管辖：

（一）在本辖区有重大影响的；

（二）涉及多个下级监察机关管辖的监察对象，调查难度大的；

（三）其他需要提级管辖的重大、复杂案件。

上级监察机关对于所辖各级监察机关管辖范围内有重大影响的案件，必要时可以依法直接调查或者组织、指挥、参与调查。

地方各级监察机关所管辖的职务违法和职务犯罪案件，具有第一款规定情形的，可以依法报请上一级监察机关管辖。

第四十八条 上级监察机关可以依法将其所管辖的案件指定下级监察机关管辖。

设区的市级监察委员会将同级党委管理的公职人员涉嫌职务违法或者职务犯罪案件指定下级监察委员会管辖的，应当报省级监察委员会批准；省级监察委员会将同级党委管理的公职人员涉嫌职务违法或者职务犯罪案件指定下级监察委员会管辖的，应当报国家监察委员会相关监督检查部门备案。

上级监察机关对于下级监察机关管辖的职务违法和职务犯罪案件，具有下列情形之一，认为由其他下级监察机关管辖更为适宜的，可以依法指定给其他下级监察机关管辖：

（一）管辖有争议的；

（二）指定管辖有利于案件公正处理的；

（三）下级监察机关报请指定管辖的；

（四）其他有必要指定管辖的。

被指定的下级监察机关未经指定管辖的监察机关批准，不得将案件再行指定管辖。发现新的职务违法或者职务犯罪线索，以及其他重要情况、重大问题，应当及时向指定管辖的监察机关请示报告。

第四十九条 工作单位在地方、管理权限在主管部门的公职人员涉嫌职务违法和职务犯罪，一般由驻在主管部门、有管辖权的监察机构、监察专员管辖；经协商，监察机构、监察专员可以按规定移交公职人员工作单位所在地的地方监察委员会调查，或者与地方监察委员会联合调查。地方监察委员会在工作中发现上述公职人员有关问题线索，应当向驻在主管部门、有管辖权的监察机构、监察专员通报，并协商确定管辖。

前款规定单位的其他公职人员涉嫌职务违法和职务犯罪，可以由地方监察委员会管辖；驻在主管部门的监察机构、监察专员自行立案调查的，应当及时通报地方监察委员会。

地方监察委员会调查前两款规定案件，应当将立案、留置、移送审查起诉、撤销案件等重要情况向驻在主管部门的监察机构、监察专员通报。

第五十条 监察机关办理案件中涉及无隶属关系的其他监察机关的监察对象，认为需要立案调查的，应当商请有管理权限的监察机关依法立案调查。商请立案时，应当提供涉案人员基本情况、已经查明的涉嫌违法犯罪事实以及相关证据材料。

承办案件的监察机关认为由其一并调查更为适宜的，可以报请有权决定的上级监察机关指定管辖。

第五十一条 公职人员既涉嫌贪污贿赂、失职渎职等严重职务违法和职务犯罪，又涉嫌公安机关、人民检察院等机关管辖的犯罪，依法由监察机关为主调查的，应当由监察机关和其他机关分别依职权立案，监察机关承担组织协调职责，协调调查和侦查工作进度、重要调查和侦查措施使用等重要事项。

第五十二条 监察机关必要时可以依法调查司法工作人员利用职权实施的涉嫌非法拘禁、刑讯逼供、非法搜查等侵犯公民权利、损害司法公正的犯罪，并在立案后及时通报同级人民检察院。

监察机关在调查司法工作人员涉嫌贪污贿赂等职务犯罪中，可以对其涉嫌的前款规定的犯罪一并调查，并及时通报同级人民检察院。人民检察院在办理直接受理侦查的案件中，发现犯罪嫌疑人同时涉嫌监察机关管辖的其他职务犯罪，经沟通全案移送监察机关管辖的，监察机关应当依法进行调查。

第五十三条 监察机关对于退休公职人员在退休前或者退休后，或者离职、死亡的公职人员在履职期间实施的涉嫌职务违法或者职务犯罪行为，可以依法进行调查。

对前款规定人员，按照其原任职务的管辖规定确定管辖的监察机关；由其他监察机关管辖更为适宜的，可以依法指定或者交由其他监察机关管辖。

第四章 监察权限

第一节 一般要求

第五十四条 监察机关应当加强监督执法调查工作规范化建设，严格按规定对监察措施进行审批和监管，依照法定的范围、程序和期限采取相关措施，出具、送达法律文书。

第五十五条 监察机关在初步核实中，可以依法采取谈话、询问、查询、调取、勘验检查、鉴定措施；立案后可以采取讯问、留置、冻结、搜查、查封、扣押、通缉措施。需要采取技术调查、限制出境措施的，应当按照规定交有关机关依法执行。设区的市级以下监察机关在初步核实中不得采取技术调查措施。

开展问责调查，根据具体情况可以依法采取相关监察措施。

第五十六条 开展讯问、搜查、查封、扣押以及重要的谈话、询问等调查取证工作，应当全程同步录音录像，并保持录音录像资料的完整性。录音录像资料应当妥善保管、及时归档，留存备查。

人民检察院、人民法院需要调取同步录音录像的，监察机关应当予以配合，经审批依法予以提供。

第五十七条 需要商请其他监察机关协助收集证据材料的，应当依法出具《委托调查函》；商请其他监察机关对采取措施提供一般性协助的，应当依法出具《商请协助采取措施函》。商请协助事项涉及协助地监察机关管辖的监察对象的，应当由协助地监察机关按照所涉人员的管理权限报批。协助地监察机关对于协助请求，应当依法予以协助配合。

第五十八条 采取监察措施需要告知、通知相关人员的，应当依法办理。告知包括口头、书面两种方式，通知应当采取书面方式。采取口头方式告知的，应当将相关情况制作工作记录；采取书面方式告知、通知的，可以通过直接送交、邮寄、转交等途径送达，将有关回执或者凭证附卷。

无法告知、通知，或者相关人员拒绝接收的，调查人员应当在工作记录或者有关文书上记明。

第二节 证 据

第五十九条 可以用于证明案件事实的材料都是证据，包括：

（一）物证；

（二）书证；

（三）证人证言；

（四）被害人陈述；

（五）被调查人陈述、供述和辩解；

（六）鉴定意见；

（七）勘验检查、辨认、调查实验等笔录；

（八）视听资料、电子数据。

监察机关向有关单位和个人收集、调取证据时，应当告知其必须依法如实提供证据。对于不按要求提供有关材料，泄露相关信息，伪造、隐匿、毁灭证据，提供虚假情况或者阻止他人提供证据的，依法追究法律责任。

监察机关依照监察法和本条例规定收集的证据材料，经审查符合法定要求的，在刑事诉讼中可以作为证据使用。

第六十条 监察机关认定案件事实应当以证据为根据，全面、客观地收集、固定被调查人有无违法犯罪以及情节轻重的各种证据，形成相互印证、完整稳定的证据链。

只有被调查人陈述或者供述，没有其他证据的，不能认定案件事实；没有被调查人陈述或者供述，证据符合法定标准的，可以认定案件事实。

第六十一条 证据必须经过查证属实，才能作为定案的根据。审查认定证据，应当结合案件的具体情况，从证据与待证事实的关联程度、各证据之间的联系、是否依照法定程序收集等方面进行综合判断。

第六十二条 监察机关调查终结的职务违法案件，应当事实清楚、证据确凿。证据确凿，应当符合下列条件：

（一）定性处置的事实都有证据证实；

（二）定案证据真实、合法；

（三）据以定案的证据之间不存在无法排除的矛盾；

（四）综合全案证据，所认定事实清晰且令人信服。

第六十三条 监察机关调查终结的职务犯罪案件，应当事实清楚，证据确实、充分。证据确实、充分，应当符合下列条件：

（一）定罪量刑的事实都有证据证明；

（二）据以定案的证据均经法定程序查证属实；

（三）综合全案证据，对所认定事实已排除合理怀疑。

证据不足的，不得移送人民检察院审查起诉。

第六十四条 严禁以暴力、威胁、引诱、欺骗以及非法限制人身自由等非法方法收集证据，严禁侮辱、打骂、虐待、体罚或者变相体罚被调查人、涉案人员和证人。

第六十五条 对于调查人员采用暴力、威胁以及非法限制人身自由等非法方法收集的被调查人供述、证人证言、被害人陈述，应当依法予以排除。

前款所称暴力的方法，是指采用殴打、违法使用戒具等方法或者变相肉刑的恶劣手段，使人遭受难以忍受的痛苦而违背意愿作出供述、证言、陈述；威胁的方法，是指采用以暴力或者严重损害本人及其近亲属合法权益等进行威胁的方法，使人遭受难以忍受的痛苦而违背意愿作出供述、证言、陈述。

收集物证、书证不符合法定程序，可能严重影响案件公正处理的，应当予以补正或者作出合理解释；不能补正或者作出合理解释的，对该证据应当予以排除。

第六十六条 监察机关监督检查、调查、案件审理、案件监督管理等部门发现监察人员在办理案件中，可能存在以非法方法收集证据情形的，应当依据职责进行调查核实。对于被调查人控告、举报调查人员采用非法方法收集证据，并提供涉嫌非法取证的人员、时间、地点、方式和内容等材料或者线索的，应当受理并进行审核。根据现有材料无法证明证据收集合法性的，应当进行调查核实。

经调查核实，确认或者不能排除以非法方法收集证据的，对有关证据依法予以排除，不得作为案件定性处置、移送审查起诉的依据。认定调查人员非法取证的，应当依法处理，另行指派调查人员重新调查取证。

监察机关接到对下级监察机关调查人员采用非法方法收集证据的控告、举报，可以直接进行调查核实，也可以交由下级监察机关调查核实。交由下级监察机关调查核实的，下级监察机关应当及时将调查结果报告上级监察机关。

第六十七条 对收集的证据材料及扣

押的财物应当妥善保管，严格履行交接、调用手续，定期对账核实，不得违规使用、调换、损毁或者自行处理。

第六十八条 监察机关对行政机关在行政执法和查办案件中收集的物证、书证、视听资料、电子数据，勘验、检查等笔录，以及鉴定意见等证据材料，经审查符合法定要求的，可以作为证据使用。

根据法律、行政法规规定行使国家行政管理职权的组织在行政执法和查办案件中收集的证据材料，视为行政机关收集的证据材料。

第六十九条 监察机关对人民法院、人民检察院、公安机关、国家安全机关等在刑事诉讼中收集的物证、书证、视听资料、电子数据，勘验、检查、辨认、侦查实验等笔录，以及鉴定意见等证据材料，经审查符合法定要求的，可以作为证据使用。

监察机关办理职务违法案件，对于人民法院生效刑事判决、裁定和人民检察院不起诉决定采信的证据材料，可以直接作为证据使用。

第三节 谈 话

第七十条 监察机关在问题线索处置、初步核实和立案调查中，可以依法对涉嫌职务违法的监察对象进行谈话，要求其如实说明情况或者作出陈述。

谈话应当个别进行。负责谈话的人员不得少于二人。

第七十一条 对一般性问题线索的处置，可以采取谈话方式进行，对监察对象给予警示、批评、教育。谈话应当在工作地点等场所进行，明确告知谈话事项，注重谈清问题、取得教育效果。

第七十二条 采取谈话方式处置问题线索的，经审批可以由监察人员或者委托被谈话人所在单位主要负责人等进行谈话。

监察机关谈话应当形成谈话笔录或者记录。谈话结束后，可以根据需要要求被谈话人在十五个工作日以内作出书面说明。被谈话人应当在书面说明每页签名，修改的地方也应当签名。

委托谈话的，受委托人应当在收到委托函后的十五个工作日以内进行谈话。谈话结束后及时形成谈话情况材料报送监察机关，必要时附被谈话人的书面说明。

第七十三条 监察机关开展初步核实工作，一般不与被核查人接触；确有需要与被核查人谈话的，应当按规定报批。

第七十四条 监察机关对涉嫌职务违法的被调查人立案后，可以依法进行谈话。

与被调查人首次谈话时，应当出示《被调查人权利义务告知书》，由其签名、捺指印。被调查人拒绝签名、捺指印的，调查人员应当在文书上记明。对于被调查人未被限制人身自由的，应当在首次谈话时出具《谈话通知书》。

与涉嫌严重职务违法的被调查人进行谈话的，应当全程同步录音录像，并告知被调查人。告知情况应当在录音录像中予以反映，并在笔录中记明。

第七十五条 立案后，与未被限制人身自由的被调查人谈话的，应当在具备安全保障条件的场所进行。

调查人员按规定通知被调查人所在单位派员或者被调查人家属陪同被调查人到指定场所的，应当与陪同人员办理交接手续，填写《陪送交接单》。

第七十六条 调查人员与被留置的被调查人谈话的，按照法定程序在留置场所进行。

与在押的犯罪嫌疑人、被告人谈话的，

应当持以监察机关名义出具的介绍信、工作证件，商请有关案件主管机关依法协助办理。

与在看守所、监狱服刑的人员谈话的，应当持以监察机关名义出具的介绍信、工作证件办理。

第七十七条 与被调查人进行谈话，应当合理安排时间、控制时长，保证其饮食和必要的休息时间。

第七十八条 谈话笔录应当在谈话现场制作。笔录应当详细具体，如实反映谈话情况。笔录制作完成后，应当交给被调查人核对。被调查人没有阅读能力的，应当向其宣读。

笔录记载有遗漏或者差错的，应当补充或者更正，由被调查人在补充或者更正处捺指印。被调查人核对无误后，应当在笔录中逐页签名、捺指印。被调查人拒绝签名、捺指印的，调查人员应当在笔录中记明。调查人员也应当在笔录中签名。

第七十九条 被调查人请求自行书写说明材料的，应当准许。必要时，调查人员可以要求被调查人自行书写说明材料。

被调查人应当在说明材料上逐页签名、捺指印，在末页写明日期。对说明材料有修改的，在修改之处应当捺指印。说明材料应当由二名调查人员接收，在首页记明接收的日期并签名。

第八十条 本条例第七十四条至第七十九条的规定，也适用于在初步核实中开展的谈话。

第四节 讯　　问

第八十一条 监察机关对涉嫌职务犯罪的被调查人，可以依法进行讯问，要求其如实供述涉嫌犯罪的情况。

第八十二条 讯问被留置的被调查人，应当在留置场所进行。

第八十三条 讯问应当个别进行，调查人员不得少于二人。

首次讯问时，应当向被讯问人出示《被调查人权利义务告知书》，由其签名、捺指印。被讯问人拒绝签名、捺指印的，调查人员应当在文书上记明。被讯问人未被限制人身自由的，应当在首次讯问时向其出具《讯问通知书》。

讯问一般按照下列顺序进行：

（一）核实被讯问人的基本情况，包括姓名、曾用名、出生年月日、户籍地、身份证件号码、民族、职业、政治面貌、文化程度、工作单位及职务、住所、家庭情况、社会经历，是否属于党代表大会代表、人大代表、政协委员，是否受到过党纪政务处分，是否受到过刑事处罚等；

（二）告知被讯问人如实供述自己罪行可以依法从宽处理和认罪认罚的法律规定；

（三）讯问被讯问人是否有犯罪行为，让其陈述有罪的事实或者无罪的辩解，应当允许其连贯陈述。

调查人员的提问应当与调查的案件相关。被讯问人对调查人员的提问应当如实回答。调查人员对被讯问人的辩解，应当如实记录，认真查核。

讯问时，应当告知被讯问人将进行全程同步录音录像。告知情况应当在录音录像中予以反映，并在笔录中记明。

第八十四条 本条例第七十五条至第七十九条的要求，也适用于讯问。

第五节 询　　问

第八十五条 监察机关按规定报批后，可以依法对证人、被害人等人员进行询问，了解核实有关问题或者案件情况。

第八十六条　证人未被限制人身自由的，可以在其工作地点、住所或者其提出的地点进行询问，也可以通知其到指定地点接受询问。到证人提出的地点或者调查人员指定的地点进行询问的，应当在笔录中记明。

调查人员认为有必要或者证人提出需要由所在单位派员或者其家属陪同到询问地点的，应当办理交接手续并填写《陪送交接单》。

第八十七条　询问应当个别进行。负责询问的调查人员不得少于二人。

首次询问时，应当向证人出示《证人权利义务告知书》，由其签名、捺指印。证人拒绝签名、捺指印的，调查人员应当在文书上记明。证人未被限制人身自由的，应当在首次询问时向其出具《询问通知书》。

询问时，应当核实证人身份，问明证人的基本情况，告知证人应当如实提供证据、证言，以及作伪证或者隐匿证据应当承担的法律责任。不得向证人泄露案情，不得采用非法方法获取证言。

询问重大或者有社会影响案件的重要证人，应当对询问过程全程同步录音录像，并告知证人。告知情况应当在录音录像中予以反映，并在笔录中记明。

第八十八条　询问未成年人，应当通知其法定代理人到场。无法通知或者法定代理人不能到场的，应当通知未成年人的其他成年亲属或者所在学校、居住地基层组织的代表等有关人员到场。询问结束后，由法定代理人或者有关人员在笔录中签名。调查人员应当将到场情况记录在案。

询问聋、哑人，应当有通晓聋、哑手势的人员参加。调查人员应当在笔录中记明证人的聋、哑情况，以及翻译人员的姓名、工作单位和职业。询问不通晓当地通用语言、文字的证人，应当有翻译人员。询问结束后，由翻译人员在笔录中签名。

第八十九条　凡是知道案件情况的人，都有如实作证的义务。对故意提供虚假证言的证人，应当依法追究法律责任。

证人或者其他任何人不得帮助被调查人隐匿、毁灭、伪造证据或者串供，不得实施其他干扰调查活动的行为。

第九十条　证人、鉴定人、被害人因作证，本人或者近亲属人身安全面临危险，向监察机关请求保护的，监察机关应当受理并及时进行审查；对于确实存在人身安全危险的，监察机关应当采取必要的保护措施。监察机关发现存在上述情形的，应当主动采取保护措施。

监察机关可以采取下列一项或者多项保护措施：

（一）不公开真实姓名、住址和工作单位等个人信息；

（二）禁止特定的人员接触证人、鉴定人、被害人及其近亲属；

（三）对人身和住宅采取专门性保护措施；

（四）其他必要的保护措施。

依法决定不公开证人、鉴定人、被害人的真实姓名、住址和工作单位等个人信息的，可以在询问笔录等法律文书、证据材料中使用化名。但是应当另行书面说明使用化名的情况并标明密级，单独成卷。

监察机关采取保护措施需要协助的，可以提请公安机关等有关单位和要求有关个人依法予以协助。

第九十一条　本条例第七十六条至第七十九条的要求，也适用于询问。询问重要涉案人员，根据情况适用本条例第七十五条的规定。

询问被害人，适用询问证人的规定。

第六节　留　　置

第九十二条　监察机关调查严重职务违法或者职务犯罪，对于符合监察法第二十二条第一款规定的，经依法审批，可以对被调查人采取留置措施。

监察法第二十二条第一款规定的严重职务违法，是指根据监察机关已经掌握的事实及证据，被调查人涉嫌的职务违法行为情节严重，可能被给予撤职以上政务处分；重要问题，是指对被调查人涉嫌的职务违法或者职务犯罪，在定性处置、定罪量刑等方面有重要影响的事实、情节及证据。

监察法第二十二条第一款规定的已经掌握其部分违法犯罪事实及证据，是指同时具备下列情形：

（一）有证据证明发生了违法犯罪事实；

（二）有证据证明该违法犯罪事实是被调查人实施；

（三）证明被调查人实施违法犯罪行为的证据已经查证属实。

部分违法犯罪事实，既可以是单一违法犯罪行为的事实，也可以是数个违法犯罪行为中任何一个违法犯罪行为的事实。

第九十三条　被调查人具有下列情形之一的，可以认定为监察法第二十二条第一款第二项所规定的可能逃跑、自杀：

（一）着手准备自杀、自残或者逃跑的；

（二）曾经有自杀、自残或者逃跑行为的；

（三）有自杀、自残或者逃跑意图的；

（四）其他可能逃跑、自杀的情形。

第九十四条　被调查人具有下列情形之一的，可以认定为监察法第二十二条第一款第三项所规定的可能串供或者伪造、隐匿、毁灭证据：

（一）曾经或者企图串供，伪造、隐匿、毁灭、转移证据的；

（二）曾经或者企图威逼、恐吓、利诱、收买证人，干扰证人作证的；

（三）有同案人或者与被调查人存在密切关联违法犯罪的涉案人员在逃，重要证据尚未收集完成的；

（四）其他可能串供或者伪造、隐匿、毁灭证据的情形。

第九十五条　被调查人具有下列情形之一的，可以认定为监察法第二十二条第一款第四项所规定的可能有其他妨碍调查行为：

（一）可能继续实施违法犯罪行为的；

（二）有危害国家安全、公共安全等现实危险的；

（三）可能对举报人、控告人、被害人、证人、鉴定人等相关人员实施打击报复的；

（四）无正当理由拒不到案，严重影响调查的；

（五）其他可能妨碍调查的行为。

第九十六条　对下列人员不得采取留置措施：

（一）患有严重疾病、生活不能自理的；

（二）怀孕或者正在哺乳自己婴儿的妇女；

（三）系生活不能自理的人的唯一扶养人。

上述情形消除后，根据调查需要可以对相关人员采取留置措施。

第九十七条　采取留置措施时，调查人员不得少于二人，应当向被留置人员宣布《留置决定书》，告知被留置人员权利义务，要求其在《留置决定书》上签名、捺指印。被留置人员拒绝签名、捺指印的，调查人员应当在文书上记明。

第九十八条 采取留置措施后，应当在二十四小时以内通知被留置人员所在单位和家属。当面通知的，由有关人员在《留置通知书》上签名。无法当面通知的，可以先以电话等方式通知，并通过邮寄、转交等方式送达《留置通知书》，要求有关人员在《留置通知书》上签名。

因可能毁灭、伪造证据，干扰证人作证或者串供等有碍调查情形而不宜通知的，应当按规定报批，记录在案。有碍调查的情形消失后，应当立即通知被留置人员所在单位和家属。

第九十九条 县级以上监察机关需要提请公安机关协助采取留置措施的，应当按规定报批，请同级公安机关依法予以协助。提请协助时，应当出具《提请协助采取留置措施函》，列明提请协助的具体事项和建议，协助采取措施的时间、地点等内容，附《留置决定书》复印件。

因保密需要，不适合在采取留置措施前向公安机关告知留置对象姓名的，可以作出说明，进行保密处理。

需要提请异地公安机关协助采取留置措施的，应当按规定报批，向协作地同级监察机关出具协作函件和相关文书，由协作地监察机关提请当地公安机关依法予以协助。

第一百条 留置过程中，应当保障被留置人员的合法权益，尊重其人格和民族习俗，保障饮食、休息和安全，提供医疗服务。

第一百零一条 留置时间不得超过三个月，自向被留置人员宣布之日起算。具有下列情形之一的，经审批可以延长一次，延长时间不得超过三个月：

（一）案情重大，严重危害国家利益或者公共利益的；

（二）案情复杂，涉案人员多、金额巨大，涉及范围广的；

（三）重要证据尚未收集完成，或者重要涉案人员尚未到案，导致违法犯罪的主要事实仍须继续调查的；

（四）其他需要延长留置时间的情形。

省级以下监察机关采取留置措施的，延长留置时间应当报上一级监察机关批准。

延长留置时间的，应当在留置期满前向被留置人员宣布延长留置时间的决定，要求其在《延长留置时间决定书》上签名、捺指印。被留置人员拒绝签名、捺指印的，调查人员应当在文书上记明。

延长留置时间的，应当通知被留置人员家属。

第一百零二条 对被留置人员不需要继续采取留置措施的，应当按规定报批，及时解除留置。

调查人员应当向被留置人员宣布解除留置措施的决定，由其在《解除留置决定书》上签名、捺指印。被留置人员拒绝签名、捺指印的，调查人员应当在文书上记明。

解除留置措施的，应当及时通知被留置人员所在单位或者家属。调查人员应当与交接人办理交接手续，并由其在《解除留置通知书》上签名。无法通知或者有关人员拒绝签名的，调查人员应当在文书上记明。

案件依法移送人民检察院审查起诉的，留置措施自犯罪嫌疑人被执行拘留时自动解除，不再办理解除法律手续。

第一百零三条 留置场所应当建立健

全保密、消防、医疗、餐饮及安保等安全工作责任制，制定紧急突发事件处置预案，采取安全防范措施。

留置期间发生被留置人员死亡、伤残、脱逃等办案安全事故、事件的，应当及时做好处置工作。相关情况应当立即报告监察机关主要负责人，并在二十四小时以内逐级上报至国家监察委员会。

第七节　查询、冻结

第一百零四条　监察机关调查严重职务违法或者职务犯罪，根据工作需要，按规定报批后，可以依法查询、冻结涉案单位和个人的存款、汇款、债券、股票、基金份额等财产。

第一百零五条　查询、冻结财产时，调查人员不得少于二人。调查人员应当出具《协助查询财产通知书》或者《协助冻结财产通知书》，送交银行或者其他金融机构、邮政部门等单位执行。有关单位和个人应当予以配合，并严格保密。

查询财产应当在《协助查询财产通知书》中填写查询账号、查询内容等信息。没有具体账号的，应当填写足以确定账户或者权利人的自然人姓名、身份证件号码或者企业法人名称、统一社会信用代码等信息。

冻结财产应当在《协助冻结财产通知书》中填写冻结账户名称、冻结账号、冻结数额、冻结期限起止时间等信息。冻结数额应当具体、明确，暂时无法确定具体数额的，应当在《协助冻结财产通知书》上明确写明“只收不付”。冻结证券和交易结算资金时，应当明确冻结的范围是否及于孳息。

冻结财产，应当为被调查人及其所扶养的亲属保留必需的生活费用。

第一百零六条　调查人员可以根据需要对查询结果进行打印、抄录、复制、拍照，要求相关单位在有关材料上加盖证明印章。对查询结果有疑问的，可以要求相关单位进行书面解释并加盖印章。

第一百零七条　监察机关对查询信息应当加强管理，规范信息交接、调阅、使用程序和手续，防止滥用和泄露。

调查人员不得查询与案件调查工作无关的信息。

第一百零八条　冻结财产的期限不得超过六个月。冻结期限到期未办理续冻手续的，冻结自动解除。

有特殊原因需要延长冻结期限的，应当在到期前按原程序报批，办理续冻手续。每次续冻期限不得超过六个月。

第一百零九条　已被冻结的财产可以轮候冻结，不得重复冻结。轮候冻结的，监察机关应当要求有关银行或者其他金融机构等单位在解除冻结或者作出处理前予以通知。

监察机关接受司法机关、其他监察机关等国家机关移送的涉案财物后，该国家机关采取的冻结期限届满，监察机关续行冻结的顺位与该国家机关冻结的顺位相同。

第一百一十条　冻结财产应当通知权利人或者其法定代理人、委托代理人，要求其在《冻结财产告知书》上签名。冻结股票、债券、基金份额等财产，应当告知权利人或者其法定代理人、委托代理人有权申请出售。

对于被冻结的股票、债券、基金份额等财产，权利人或者其法定代理人、委托代理人申请出售，不损害国家利益、被害人利益，不影响调查正常进行的，经审批可以在案件办结前由相关机构依法出售或者变现。对于被冻结的汇票、本票、支票即将到期的，经审批可以在案件办结前由相关机构依法出售或者变现。出售上述财产的，应当出具《许可出售冻结财产通知书》。

出售或者变现所得价款应当继续冻结在其对应的银行账户中；没有对应的银行账户的，应当存入监察机关指定的专用账户保管，并将存款凭证送监察机关登记。监察机关应当及时向权利人或者其法定代理人、委托代理人出具《出售冻结财产通知书》，并要求其签名。拒绝签名的，调查人员应当在文书上记明。

第一百一十一条 对于冻结的财产，应当及时核查。经查明与案件无关的，经审批，应当在查明后三日以内将《解除冻结财产通知书》送交有关单位执行。解除情况应当告知被冻结财产的权利人或者其法定代理人、委托代理人。

第八节 搜 查

第一百一十二条 监察机关调查职务犯罪案件，为了收集犯罪证据、查获被调查人，按规定报批后，可以依法对被调查人以及可能隐藏被调查人或者犯罪证据的人的身体、物品、住处、工作地点和其他有关地方进行搜查。

第一百一十三条 搜查应当在调查人员主持下进行，调查人员不得少于二人。搜查女性的身体，由女性工作人员进行。

搜查时，应当有被搜查人或者其家属、其所在单位工作人员或者其他见证人在场。监察人员不得作为见证人。调查人员应当向被搜查人或者其家属、见证人出示《搜查证》，要求其签名。被搜查人或者其家属不在场，或者拒绝签名的，调查人员应当在文书上记明。

第一百一十四条 搜查时，应当要求在场人员予以配合，不得进行阻碍。对以暴力、威胁等方法阻碍搜查的，应当依法制止。对阻碍搜查构成违法犯罪的，依法追究法律责任。

第一百一十五条 县级以上监察机关需要提请公安机关依法协助采取搜查措施的，应当按规定报批，请同级公安机关予以协助。提请协助时，应当出具《提请协助采取搜查措施函》，列明提请协助的具体事项和建议，搜查时间、地点、目的等内容，附《搜查证》复印件。

需要提请异地公安机关协助采取搜查措施的，应当按规定报批，向协作地同级监察机关出具协作函件和相关文书，由协作地监察机关提请当地公安机关予以协助。

第一百一十六条 对搜查取证工作，应当全程同步录音录像。

对搜查情况应当制作《搜查笔录》，由调查人员和被搜查人或者其家属、见证人签名。被搜查人或者其家属不在场，或者拒绝签名的，调查人员应当在笔录中记明。

对于查获的重要物证、书证、视听资料、电子数据及其放置、存储位置应当拍照，并在《搜查笔录》中作出文字说明。

第一百一十七条 搜查时，应当避免未成年人或者其他不适宜在搜查现场的人在场。

搜查人员应当服从指挥、文明执法，不得擅自变更搜查对象和扩大搜查范围。搜查的具体时间、方法，在实施前应当严格保密。

第一百一十八条 在搜查过程中查封、扣押财物和文件的，按照查封、扣押的有关规定办理。

第九节 调 取

第一百一十九条 监察机关按规定报

批后，可以依法向有关单位和个人调取用以证明案件事实的证据材料。

第一百二十条 调取证据材料时，调查人员不得少于二人。调查人员应当依法出具《调取证据通知书》，必要时附《调取证据清单》。

有关单位和个人配合监察机关调取证据，应当严格保密。

第一百二十一条 调取物证应当调取原物。原物不便搬运、保存，或者依法应当返还，或者因保密工作需要不能调取原物的，可以将原物封存，并拍照、录像。对原物拍照或者录像时，应当足以反映原物的外形、内容。

调取书证、视听资料应当调取原件。取得原件确有困难或者因保密工作需要不能调取原件的，可以调取副本或者复制件。

调取物证的照片、录像和书证、视听资料的副本、复制件的，应当书面记明不能调取原物、原件的原因，原物、原件存放地点，制作过程，是否与原物、原件相符，并由调查人员和物证、书证、视听资料原持有人签名或者盖章。持有人无法签名、盖章或者拒绝签名、盖章的，应当在笔录中记明，由见证人签名。

第一百二十二条 调取外文材料作为证据使用的，应当交由具有资质的机构和人员出具中文译本。中文译本应当加盖翻译机构公章。

第一百二十三条 收集、提取电子数据，能够扣押原始存储介质的，应当予以扣押、封存并在笔录中记录封存状态。无法扣押原始存储介质的，可以提取电子数据，但应当在笔录中记明不能扣押的原因、原始存储介质的存放地点或者电子数据的来源等情况。

由于客观原因无法或者不宜采取前款规定方式收集、提取电子数据的，可以采取打印、拍照或者录像等方式固定相关证据，并在笔录中说明原因。

收集、提取的电子数据，足以保证完整性，无删除、修改、增加等情形的，可以作为证据使用。

收集、提取电子数据，应当制作笔录，记录案由、对象、内容，收集、提取电子数据的时间、地点、方法、过程，并附电子数据清单，注明类别、文件格式、完整性校验值等，由调查人员、电子数据持有人（提供人）签名或者盖章；电子数据持有人（提供人）无法签名或者拒绝签名的，应当在笔录中记明，由见证人签名或者盖章。有条件的，应当对相关活动进行录像。

第一百二十四条 调取的物证、书证、视听资料等原件，经查明与案件无关的，经审批，应当在查明后三日以内退还，并办理交接手续。

第十节 查封、扣押

第一百二十五条 监察机关按规定报批后，可以依法查封、扣押用以证明被调查人涉嫌违法犯罪以及情节轻重的财物、文件、电子数据等证据材料。

对于被调查人到案时随身携带的物品，以及被调查人或者其他相关人员主动上交的财物和文件，依法需要扣押的，依照前款规定办理。对于被调查人随身携带的与案件无关的个人用品，应当逐件登记，随案移交或者退还。

第一百二十六条 查封、扣押时，应当出具《查封/扣押通知书》，调查人员不得少于二人。持有人拒绝交出应当查封、扣押的财物和文件的，可以依法强制查封、扣押。

调查人员对于查封、扣押的财物和文件，应当会同在场见证人和被查封、扣押财物持有人进行清点核对，开列《查封/扣押财物、文件清单》，由调查人员、见证人和持有人签名或者盖章。持有人不在场或者拒绝签名、盖章的，调查人员应当在清单上记明。

查封、扣押财物，应当为被调查人及其所扶养的亲属保留必需的生活费用和物品。

第一百二十七条 查封、扣押不动产和置于该不动产上不宜移动的设施、家具和其他相关财物，以及车辆、船舶、航空器和大型机械、设备等财物，必要时可以依法扣押其权利证书，经拍照或者录像后原地封存。调查人员应当在查封清单上记明相关财物的所在地址和特征，已经拍照或者录像及其权利证书被扣押的情况，由调查人员、见证人和持有人签名或者盖章。持有人不在场或者拒绝签名、盖章的，调查人员应当在清单上记明。

查封、扣押前款规定财物的，必要时可以将被查封财物交给持有人或者其近亲属保管。调查人员应当告知保管人妥善保管，不得对被查封财物进行转移、变卖、毁损、抵押、赠予等处理。

调查人员应当将《查封/扣押通知书》送达不动产、生产设备或者车辆、船舶、航空器等财物的登记、管理部门，告知其在查封期间禁止办理抵押、转让、出售等权属关系变更、转移登记手续。相关情况应当在查封清单上记明。被查封、扣押的财物已经办理抵押登记的，监察机关在执行没收、追缴、责令退赔等决定时应当及时通知抵押权人。

第一百二十八条 查封、扣押下列物品，应当依法进行相应的处理：

（一）查封、扣押外币、金银珠宝、文物、名贵字画以及其他不易辨别真伪的贵重物品，具备当场密封条件的，应当当场密封，由二名以上调查人员在密封材料上签名并记明密封时间。不具备当场密封条件的，应当在笔录中记明，以拍照、录像等方法加以保全后进行封存。查封、扣押的贵重物品需要鉴定的，应当及时鉴定。

（二）查封、扣押存折、银行卡、有价证券等支付凭证和具有一定特征能够证明案情的现金，应当记明特征、编号、种类、面值、张数、金额等，当场密封，由二名以上调查人员在密封材料上签名并记明密封时间。

（三）查封、扣押易损毁、灭失、变质等不宜长期保存的物品以及有消费期限的卡、券，应当在笔录中记明，以拍照、录像等方法加以保全后进行封存，或者经审批委托有关机构变卖、拍卖。变卖、拍卖的价款存入专用账户保管，待调查终结后一并处理。

（四）对于可以作为证据使用的录音录像、电子数据存储介质，应当记明案由、对象、内容，录制、复制的时间、地点、规格、类别、应用长度、文件格式及长度等，制作清单。具备查封、扣押条件的电子设备、存储介质应当密封保存。必要时，可以请有关机关协助。

（五）对被调查人使用违法犯罪所得与合法收入共同购置的不可分割的财产，可以先行查封、扣押。对无法分割退还的财产，涉及违法的，可以在结案后委托有关单位拍卖、变卖，退还不属于违法所得的部分及孳息；涉及职务犯罪的，依法移送司法机关处置。

（六）查封、扣押危险品、违禁品，应当及时送交有关部门，或者根据工作需要严格封存保管。

第一百二十九条 对于需要启封的财物和文件，应当由二名以上调查人员共同办理。重新密封时，由二名以上调查人员在密封材料上签名、记明时间。

第一百三十条 查封、扣押涉案财物，应当按规定将涉案财物详细信息、《查封/扣押财物、文件清单》录入并上传监察机关涉案财物信息管理系统。

对于涉案款项，应当在采取措施后十五日以内存入监察机关指定的专用账户。对于涉案物品，应当在采取措施后三十日以内移交涉案财物保管部门保管。因特殊原因不能按时存入专用账户或者移交保管的，应当按规定报批，将保管情况录入涉案财物信息管理系统，在原因消除后及时存入或者移交。

第一百三十一条 对于已移交涉案财物保管部门保管的涉案财物，根据调查工作需要，经审批可以临时调用，并应当确保完好。调用结束后，应当及时归还。调用和归还时，调查人员、保管人员应当当面清点查验。保管部门应当对调用和归还情况进行登记，全程录像并上传涉案财物信息管理系统。

第一百三十二条 对于被扣押的股票、债券、基金份额等财产，以及即将到期的汇票、本票、支票，依法需要出售或者变现的，按照本条例关于出售冻结财产的规定办理。

第一百三十三条 监察机关接受司法机关、其他监察机关等国家机关移送的涉案财物后，该国家机关采取的查封、扣押期限届满，监察机关续行查封、扣押的顺位与该国家机关查封、扣押的顺位相同。

第一百三十四条 对查封、扣押的财物和文件，应当及时进行核查。经查明与案件无关的，经审批，应当在查明后三日以内解除查封、扣押，予以退还。解除查封、扣押的，应当向有关单位、原持有人或者近亲属送达《解除查封/扣押通知书》，附《解除查封/扣押财物、文件清单》，要求其签名或者盖章。

第一百三十五条 在立案调查之前，对监察对象及相关人员主动上交的涉案财物，经审批可以接收。

接收时，应当由二名以上调查人员，会同持有人和见证人进行清点核对，当场填写《主动上交财物登记表》。调查人员、持有人和见证人应当在登记表上签名或者盖章。

对于主动上交的财物，应当根据立案及调查情况及时决定是否依法查封、扣押。

第十一节　勘验检查

第一百三十六条 监察机关按规定报批后，可以依法对与违法犯罪有关的场所、物品、人身、尸体、电子数据等进行勘验检查。

第一百三十七条 依法需要勘验检查的，应当制作《勘验检查证》；需要委托勘验检查的，应当出具《委托勘验检查书》，送具有专门知识、勘验检查资格的单位（人员）办理。

第一百三十八条 勘验检查应当由二名以上调查人员主持，邀请与案件无关的见证人在场。勘验检查情况应当制作笔录，并由参加勘验检查人员和见证人签名。

勘验检查现场、拆封电子数据存储介质应当全程同步录音录像。对现场情况应当拍摄现场照片、制作现场图，并由勘验检查人员签名。

第一百三十九条 为了确定被调查人或者相关人员的某些特征、伤害情况或者生理状态，可以依法对其人身进行检查。必要时可以聘请法医或者医师进行人身检查。检查女性身体，应当由女性工作人员或者医师进行。被调查人拒绝检查的，可以依法强制检查。

人身检查不得采用损害被检查人生命、健康或者贬低其名誉、人格的方法。对人身检查过程中知悉的个人隐私，应当严格保密。

对人身检查的情况应当制作笔录，由参加检查的调查人员、检查人员、被检查人员和见证人签名。被检查人员拒绝签名的，调查人员应当在笔录中记明。

第一百四十条 为查明案情，在必要的时候，经审批可以依法进行调查实验。调查实验，可以聘请有关专业人员参加，也可以要求被调查人、被害人、证人参加。

进行调查实验，应当全程同步录音录像，制作调查实验笔录，由参加实验的人签名。进行调查实验，禁止一切足以造成危险、侮辱人格的行为。

第一百四十一条 调查人员在必要时，可以依法让被害人、证人和被调查人对与违法犯罪有关的物品、文件、尸体或者场所进行辨认；也可以让被害人、证人对被调查人进行辨认，或者让被调查人对涉案人员进行辨认。

辨认工作应当由二名以上调查人员主持进行。在辨认前，应当向辨认人详细询问辨认对象的具体特征，避免辨认人见到辨认对象，并告知辨认人作虚假辨认应当承担的法律责任。几名辨认人对同一辨认对象进行辨认时，应当由辨认人个别进行。辨认应当形成笔录，并由调查人员、辨认人签名。

第一百四十二条 辨认人员时，被辨认的人数不得少于七人，照片不得少于十张。

辨认人不愿公开进行辨认时，应当在不暴露辨认人的情况下进行辨认，并为其保守秘密。

第一百四十三条 组织辨认物品时一般应当辨认实物。被辨认的物品系名贵字画等贵重物品或者存在不便搬运等情况的，可以对实物照片进行辨认。辨认人进行辨认时，应当在辨认出的实物照片与附纸骑缝上捺指印予以确认，在附纸上写明该实物涉案情况并签名、捺指印。

辨认物品时，同类物品不得少于五件，照片不得少于五张。

对于难以找到相似物品的特定物，可以将该物品照片交由辨认人进行确认后，在照片与附纸骑缝上捺指印，在附纸上写明该物品涉案情况并签名、捺指印。在辨认人确认前，应当向其详细询问物品的具体特征，并对确认过程和结果形成笔录。

第一百四十四条 辨认笔录具有下列情形之一的，不得作为认定案件的依据：

（一）辨认开始前使辨认人见到辨认对象的；

（二）辨认活动没有个别进行的；

（三）辨认对象没有混杂在具有类似特征的其他对象中，或者供辨认的对象数量不符合规定的，但特定辨认对象除外；

（四）辨认中给辨认人明显暗示或者明显有指认嫌疑的；

（五）辨认不是在调查人员主持下进行的；

（六）违反有关规定，不能确定辨认笔录真实性的其他情形。

辨认笔录存在其他瑕疵的，应当结合全案证据审查其真实性和关联性，作出综合判断。

第十二节 鉴 定

第一百四十五条 监察机关为解决案件中的专门性问题，按规定报批后，可以依法进行鉴定。

鉴定时应当出具《委托鉴定书》，由二名以上调查人员送交具有鉴定资格的鉴定机构、鉴定人进行鉴定。

第一百四十六条 监察机关可以依法开展下列鉴定：

（一）对笔迹、印刷文件、污损文件、制成时间不明的文件和以其他形式表现的文件等进行鉴定；

（二）对案件中涉及的财务会计资料及相关财物进行会计鉴定；

（三）对被调查人、证人的行为能力进行精神病鉴定；

（四）对人体造成的损害或者死因进行人身伤亡医学鉴定；

（五）对录音录像资料进行鉴定；

（六）对因电子信息技术应用而出现的材料及其派生物进行电子证据鉴定；

（七）其他可以依法进行的专业鉴定。

第一百四十七条 监察机关应当为鉴定提供必要条件，向鉴定人送交有关检材和对比样本等原始材料，介绍与鉴定有关的情况。调查人员应当明确提出要求鉴定事项，但不得暗示或者强迫鉴定人作出某种鉴定意见。

监察机关应当做好检材的保管和送检工作，记明检材送检环节的责任人，确保检材在流转环节的同一性和不被污染。

第一百四十八条 鉴定人应当在出具的鉴定意见上签名，并附鉴定机构和鉴定人的资质证明或者其他证明文件。多个鉴定人的鉴定意见不一致的，应当在鉴定意见上记明分歧的内容和理由，并且分别签名。

监察机关对于法庭审理中依法决定鉴定人出庭作证的，应当予以协调。

鉴定人故意作虚假鉴定的，应当依法追究法律责任。

第一百四十九条 调查人员应当对鉴定意见进行审查。对经审查作为证据使用的鉴定意见，应当告知被调查人及相关单位、人员，送达《鉴定意见告知书》。

被调查人或者相关单位、人员提出补充鉴定或者重新鉴定申请，经审查符合法定要求的，应当按规定报批，进行补充鉴定或者重新鉴定。

对鉴定意见告知情况可以制作笔录，载明告知内容和被告知人的意见等。

第一百五十条 经审查具有下列情形之一的，应当补充鉴定：

（一）鉴定内容有明显遗漏的；

（二）发现新的有鉴定意义的证物的；

（三）对鉴定证物有新的鉴定要求的；

（四）鉴定意见不完整，委托事项无法确定的；

（五）其他需要补充鉴定的情形。

第一百五十一条 经审查具有下列情形之一的，应当重新鉴定：

（一）鉴定程序违法或者违反相关专业技术要求的；

（二）鉴定机构、鉴定人不具备鉴定资质和条件的；

（三）鉴定人故意作出虚假鉴定或者违反回避规定的；

（四）鉴定意见依据明显不足的；

（五）检材虚假或者被损坏的；

（六）其他应当重新鉴定的情形。

决定重新鉴定的，应当另行确定鉴定机构和鉴定人。

第一百五十二条 因无鉴定机构，或者根据法律法规等规定，监察机关可以指派、聘请具有专门知识的人就案件的专门性问题出具报告。

第十三节 技术调查

第一百五十三条 监察机关根据调查涉嫌重大贪污贿赂等职务犯罪需要，依照规定的权限和程序报经批准，可以依法采取技术调查措施，按照规定交公安机关或者国家有关执法机关依法执行。

前款所称重大贪污贿赂等职务犯罪，是指具有下列情形之一：

（一）案情重大复杂，涉及国家利益或者重大公共利益的；

（二）被调查人可能被判处十年以上有期徒刑、无期徒刑或者死刑的；

（三）案件在全国或者本省、自治区、直辖市范围内有较大影响的。

第一百五十四条 依法采取技术调查措施的，监察机关应当出具《采取技术调查措施委托函》《采取技术调查措施决定书》和《采取技术调查措施适用对象情况表》，送交有关机关执行。其中，设区的市级以下监察机关委托有关执行机关采取技术调查措施，还应当提供《立案决定书》。

第一百五十五条 技术调查措施的期限按照监察法的规定执行，期限届满前未办理延期手续的，到期自动解除。

对于不需要继续采取技术调查措施的，监察机关应当按规定及时报批，将《解除技术调查措施决定书》送交有关机关执行。

需要依法变更技术调查措施种类或者增加适用对象的，监察机关应当重新办理报批和委托手续，依法送交有关机关执行。

第一百五十六条 对于采取技术调查措施收集的信息和材料，依法需要作为刑事诉讼证据使用的，监察机关应当按规定报批，出具《调取技术调查证据材料通知书》向有关执行机关调取。

对于采取技术调查措施收集的物证、书证及其他证据材料，监察机关应当制作书面说明，写明获取证据的时间、地点、数量、特征以及采取技术调查措施的批准机关、种类等。调查人员应当在书面说明上签名。

对于采取技术调查措施获取的证据材料，如果使用该证据材料可能危及有关人员的人身安全，或者可能产生其他严重后果的，应当采取不暴露有关人员身份、技术方法等保护措施。必要时，可以建议由审判人员在庭外进行核实。

第一百五十七条 调查人员对采取技术调查措施过程中知悉的国家秘密、商业秘密、个人隐私，应当严格保密。

采取技术调查措施获取的证据、线索及其他有关材料，只能用于对违法犯罪的调查、起诉和审判，不得用于其他用途。

对采取技术调查措施获取的与案件无关的材料，应当经审批及时销毁。对销毁情况应当制作记录，由调查人员签名。

第十四节 通 缉

第一百五十八条 县级以上监察机关对在逃的应当被留置人员，依法决定在本行政区域内通缉的，应当按规定报批，送交同级公安机关执行。送交执行时，应当出具《通缉决定书》，附《留置决定书》等法律文书和被通缉人员信息，以及承办单位、承办人员等有关情况。

通缉范围超出本行政区域的，应当报有决定权的上级监察机关出具《通缉决定书》，并附《留置决定书》及相关材料，送交同级公安机关执行。

第一百五十九条 国家监察委员会依

法需要提请公安部对在逃人员发布公安部通缉令的，应当先提请公安部采取网上追逃措施。如情况紧急，可以向公安部同时出具《通缉决定书》和《提请采取网上追逃措施函》。

省级以下监察机关报请国家监察委员会提请公安部发布公安部通缉令的，应当先提请本地公安机关采取网上追逃措施。

第一百六十条 监察机关接到公安机关抓获被通缉人员的通知后，应当立即核实被抓获人员身份，并在接到通知后二十四小时以内派员办理交接手续。边远或者交通不便地区，至迟不得超过三日。

公安机关在移交前，将被抓获人员送往当地监察机关留置场所临时看管的，当地监察机关应当接收，并保障临时看管期间的安全，对工作信息严格保密。

监察机关需要提请公安机关协助将被抓获人员带回的，应当按规定报批，请本地同级公安机关依法予以协助。提请协助时，应当出具《提请协助采取留置措施函》，附《留置决定书》复印件及相关材料。

第一百六十一条 监察机关对于被通缉人员已经归案、死亡，或者依法撤销留置决定以及发现有其他不需要继续采取通缉措施情形的，应当经审批出具《撤销通缉通知书》，送交协助采取原措施的公安机关执行。

第十五节 限制出境

第一百六十二条 监察机关为防止被调查人及相关人员逃匿境外，按规定报批后，可以依法决定采取限制出境措施，交由移民管理机构依法执行。

第一百六十三条 监察机关采取限制出境措施应当出具有关函件，与《采取限制出境措施决定书》一并送交移民管理机构执行。其中，采取边控措施的，应当附《边控对象通知书》；采取法定不批准出境措施的，应当附《法定不准出境人员报备表》。

第一百六十四条 限制出境措施有效期不超过三个月，到期自动解除。

到期后仍有必要继续采取措施的，应当按原程序报批。承办部门应当出具有关函件，在到期前与《延长限制出境措施期限决定书》一并送交移民管理机构执行。延长期限每次不得超过三个月。

第一百六十五条 监察机关接到口岸移民管理机构查获被决定采取留置措施的边控对象的通知后，应当于二十四小时以内到达口岸办理移交手续。无法及时到达的，应当委托当地监察机关及时前往口岸办理移交手续。当地监察机关应当予以协助。

第一百六十六条 对于不需要继续采取限制出境措施的，应当按规定报批，及时予以解除。承办部门应当出具有关函件，与《解除限制出境措施决定书》一并送交移民管理机构执行。

第一百六十七条 县级以上监察机关在重要紧急情况下，经审批可以依法直接向口岸所在地口岸移民管理机构提请办理临时限制出境措施。

第五章 监察程序

第一节 线索处置

第一百六十八条 监察机关应当对问题线索归口受理、集中管理、分类处置、定期清理。

第一百六十九条 监察机关对于报案或者举报应当依法接受。属于本级监察机关管辖的，依法予以受理；属于其他监察机关管辖的，应当在五个工作日以内予以转送。

监察机关可以向下级监察机关发函交办检举控告，并进行督办，下级监察机关应当按期回复办理结果。

第一百七十条 对于涉嫌职务违法或者职务犯罪的公职人员主动投案的，应当依法接待和办理。

第一百七十一条 监察机关对于执法机关、司法机关等其他机关移送的问题线索，应当及时审核，并按照下列方式办理：

（一）本单位有管辖权的，及时研究提出处置意见；

（二）本单位没有管辖权但其他监察机关有管辖权的，在五个工作日以内转送有管辖权的监察机关；

（三）本单位对部分问题线索有管辖权的，对有管辖权的部分提出处置意见，并及时将其他问题线索转送有管辖权的机关；

（四）监察机关没有管辖权的，及时退回移送机关。

第一百七十二条 信访举报部门归口受理本机关管辖监察对象涉嫌职务违法和职务犯罪问题的检举控告，统一接收有关监察机关以及其他单位移送的相关检举控告，移交本机关监督检查部门或者相关部门，并将移交情况通报案件监督管理部门。

案件监督管理部门统一接收巡视巡察机构和审计机关、执法机关、司法机关等其他机关移送的职务违法和职务犯罪问题线索，按程序移交本机关监督检查部门或者相关部门办理。

监督检查部门、调查部门在工作中发现的相关问题线索，属于本部门受理范围的，应当报送案件监督管理部门备案；属于本机关其他部门受理范围的，经审批后移交案件监督管理部门分办。

第一百七十三条 案件监督管理部门应当对问题线索实行集中管理、动态更新，定期汇总、核对问题线索及处置情况，向监察机关主要负责人报告，并向相关部门通报。

问题线索承办部门应当指定专人负责管理线索，逐件编号登记、建立管理台账。线索管理处置各环节应当由经手人员签名，全程登记备查，及时与案件监督管理部门核对。

第一百七十四条 监督检查部门应当结合问题线索所涉及地区、部门、单位总体情况进行综合分析，提出处置意见并制定处置方案，经审批按照谈话、函询、初步核实、暂存待查、予以了结等方式进行处置，或者按照职责移送调查部门处置。

函询应当以监察机关办公厅（室）名义发函给被反映人，并抄送其所在单位和派驻监察机构主要负责人。被函询人应当在收到函件后十五个工作日以内写出说明材料，由其所在单位主要负责人签署意见后发函回复。被函询人为所在单位主要负责人的，或者被函询人所作说明涉及所在单位主要负责人的，应当直接发函回复监察机关。

被函询人已经退休的，按照第二款规定程序办理。

监察机关根据工作需要，经审批可以对谈话、函询情况进行核实。

第一百七十五条 检举控告人使用本人真实姓名或者本单位名称，有电话等具体联系方式的，属于实名检举控告。监察机关对实名检举控告应当优先办理、优先处置，依法给予答复。虽有署名但不是检举控告人真实姓名（单位名称）或者无法验证的检举控告，按照匿名检举控告处理。

信访举报部门对属于本机关受理的实名检举控告，应当在收到检举控告之日起十五个工作日以内按规定告知实名检举控告人受理情况，并做好记录。

调查人员应当将实名检举控告的处理结果在办结之日起十五个工作日以内向检举控告人反馈，并记录反馈情况。对检举控告人提出异议的应当如实记录，并向其进行说明；对提供新证据材料的，应当依法核查处理。

第二节 初步核实

第一百七十六条 监察机关对具有可查性的职务违法和职务犯罪问题线索，应当按规定报批后，依法开展初步核实工作。

第一百七十七条 采取初步核实方式处置问题线索，应当确定初步核实对象，制定工作方案，明确需要核实的问题和采取的措施，成立核查组。

在初步核实中应当注重收集客观性证据，确保真实性和准确性。

第一百七十八条 在初步核实中发现或者受理被核查人新的具有可查性的问题线索的，应当经审批纳入原初核方案开展核查。

第一百七十九条 核查组在初步核实工作结束后应当撰写初步核实情况报告，列明被核查人基本情况、反映的主要问题、办理依据、初步核实结果、存在疑点、处理建议，由全体人员签名。

承办部门应当综合分析初步核实情况，按照拟立案调查、予以了结、谈话提醒、暂存待查，或者移送有关部门、机关处理等方式提出处置建议，按照批准初步核实的程序报批。

第三节 立案

第一百八十条 监察机关经过初步核实，对于已经掌握监察对象涉嫌职务违法或者职务犯罪的部分事实和证据，认为需要追究其法律责任的，应当按规定报批后，依法立案调查。

第一百八十一条 监察机关立案调查职务违法或者职务犯罪案件，需要对涉嫌行贿犯罪、介绍贿赂犯罪或者共同职务犯罪的涉案人员立案调查的，应当一并办理立案手续。需要交由下级监察机关立案的，经审批交由下级监察机关办理立案手续。

对单位涉嫌受贿、行贿等职务犯罪，需要追究法律责任的，依法对该单位办理立案调查手续。对事故（事件）中存在职务违法或者职务犯罪问题，需要追究法律责任，但相关责任人员尚不明确的，可以以事立案。对单位立案或者以事立案后，经调查确定相关责任人员的，按照管理权限报批确定被调查人。

监察机关根据人民法院生效刑事判决、裁定和人民检察院不起诉决定认定的事实，需要对监察对象给予政务处分的，可以由相关监督检查部门依据司法机关的生效判决、裁定、决定及其认定的事实、性质和情节，提出给予政务处分的意见，按程序移送审理。对依法被追究行政法律责任的监察对象，需要给予政务处分的，应当依法办理立案手续。

第一百八十二条 对案情简单、经过初步核实已查清主要职务违法事实，应当追究监察对象法律责任，不再需要开展调查的，立案和移送审理可以一并报批，履行立案程序后再移送审理。

第一百八十三条 上级监察机关需要

指定下级监察机关立案调查的，应当按规定报批，向被指定管辖的监察机关出具《指定管辖决定书》，由其办理立案手续。

第一百八十四条 批准立案后，应当由二名以上调查人员出示证件，向被调查人宣布立案决定。宣布立案决定后，应当及时向被调查人所在单位等相关组织送达《立案通知书》，并向被调查人所在单位主要负责人通报。

对涉嫌严重职务违法或者职务犯罪的公职人员立案调查并采取留置措施的，应当按规定通知被调查人家属，并向社会公开发布。

第四节 调 查

第一百八十五条 监察机关对已经立案的职务违法或者职务犯罪案件应当依法进行调查，收集证据查明违法犯罪事实。

调查职务违法或者职务犯罪案件，对被调查人没有采取留置措施的，应当在立案后一年以内作出处理决定；对被调查人解除留置措施的，应当在解除留置措施后一年以内作出处理决定。案情重大复杂的案件，经上一级监察机关批准，可以适当延长，但延长期限不得超过六个月。

被调查人在监察机关立案调查以后逃匿的，调查期限自被调查人到案之日起重新计算。

第一百八十六条 案件立案后，监察机关主要负责人应当依照法定程序批准确定调查方案。

监察机关应当组成调查组依法开展调查。调查工作应当严格按照批准的方案执行，不得随意扩大调查范围、变更调查对象和事项，对重要事项应当及时请示报告。调查人员在调查工作期间，未经批准不得单独接触任何涉案人员及其特定关系人，不得擅自采取调查措施。

第一百八十七条 调查组应当将调查认定的涉嫌违法犯罪事实形成书面材料，交给被调查人核对，听取其意见。被调查人应当在书面材料上签署意见。对被调查人签署不同意见或者拒不签署意见的，调查组应当作出说明或者注明情况。对被调查人提出申辩的事实、理由和证据应当进行核实，成立的予以采纳。

调查组对于立案调查的涉嫌行贿犯罪、介绍贿赂犯罪或者共同职务犯罪的涉案人员，在查明其涉嫌犯罪问题后，依照前款规定办理。

对于按照本条例规定，对立案和移送审理一并报批的案件，应当在报批前履行本条第一款规定的程序。

第一百八十八条 调查组在调查工作结束后应当集体讨论，形成调查报告。调查报告应当列明被调查人基本情况、问题线索来源及调查依据、调查过程，涉嫌的主要职务违法或者职务犯罪事实，被调查人的态度和认识，处置建议及法律依据，并由调查组组长以及有关人员签名。

对调查过程中发现的重要问题和形成的意见建议，应当形成专题报告。

第一百八十九条 调查组对被调查人涉嫌职务犯罪拟依法移送人民检察院审查起诉的，应当起草《起诉建议书》。《起诉建议书》应当载明被调查人基本情况，调查简况，认罪认罚情况，采取留置措施的时间，涉嫌职务犯罪事实以及证据，对被调查人从重、从轻、减轻或者免除处罚等情节，提出对被调查人移送起诉的理由和法律依据，采取强制措施的建议，并注明移送案卷数及涉案财物等内容。

调查组应当形成被调查人到案经过及量刑情节方面的材料，包括案件来源、到案经过，自动投案、如实供述、立功等量刑情节，认罪悔罪态度、退赃、避免和减少损害结果发生等方面的情况说明及相关材料。被检举揭发的问题已被立案、查破，被检举揭发人已被采取调查措施或者刑事强制措施、起诉或者审判的，还应当附有关法律文书。

第一百九十条 经调查认为被调查人构成职务违法或者职务犯罪的，应当区分不同情况提出相应处理意见，经审批将调查报告、职务违法或者职务犯罪事实材料、涉案财物报告、涉案人员处理意见等材料，连同全部证据和文书手续移送审理。

对涉嫌职务犯罪的案件材料应当按照刑事诉讼要求单独立卷，与《起诉建议书》、涉案财物报告、同步录音录像资料及其自查报告等材料一并移送审理。

调查全过程形成的材料应当案结卷成、事毕归档。

第五节 审 理

第一百九十一条 案件审理部门收到移送审理的案件后，应当审核材料是否齐全、手续是否完备。对被调查人涉嫌职务犯罪的，还应当审核相关案卷材料是否符合职务犯罪案件立卷要求，是否在调查报告中单独表述已查明的涉嫌犯罪问题，是否形成《起诉建议书》。

经审核符合移送条件的，应当予以受理；不符合移送条件的，经审批可以暂缓受理或者不予受理，并要求调查部门补充完善材料。

第一百九十二条 案件审理部门受理案件后，应当成立由二人以上组成的审理组，全面审理案卷材料。

案件审理部门对于受理的案件，应当以监察法、政务处分法、刑法、《中华人民共和国刑事诉讼法》等法律法规为准绳，对案件事实证据、性质认定、程序手续、涉案财物等进行全面审理。

案件审理部门应当强化监督制约职能，对案件严格审核把关，坚持实事求是、独立审理，依法提出审理意见。坚持调查与审理相分离的原则，案件调查人员不得参与审理。

第一百九十三条 审理工作应当坚持民主集中制原则，经集体审议形成审理意见。

第一百九十四条 审理工作应当在受理之日起一个月以内完成，重大复杂案件经批准可以适当延长。

第一百九十五条 案件审理部门根据案件审理情况，经审批可以与被调查人谈话，告知其在审理阶段的权利义务，核对涉嫌违法犯罪事实，听取其辩解意见，了解有关情况。与被调查人谈话时，案件审理人员不得少于二人。

具有下列情形之一的，一般应当与被调查人谈话：

（一）对被调查人采取留置措施，拟移送起诉的；

（二）可能存在以非法方法收集证据情形的；

（三）被调查人对涉嫌违法犯罪事实材料签署不同意见或者拒不签署意见的；

（四）被调查人要求向案件审理人员当面陈述的；

（五）其他有必要与被调查人进行谈话的情形。

第一百九十六条 经审理认为主要违法犯罪事实不清、证据不足的，应当经审批将案件退回承办部门重新调查。

有下列情形之一，需要补充完善证据的，经审批可以退回补充调查：

（一）部分事实不清、证据不足的；

（二）遗漏违法犯罪事实的；

（三）其他需要进一步查清案件事实的情形。

案件审理部门将案件退回重新调查或者补充调查的，应当出具审核意见，写明调查事项、理由、调查方向、需要补充收集的证据及其证明作用等，连同案卷材料一并送交承办部门。

承办部门补充调查结束后，应当经审批将补证情况报告及相关证据材料，连同案卷材料一并移送案件审理部门；对确实无法查明的事项或者无法补充的证据，应当作出书面说明。重新调查终结后，应当重新形成调查报告，依法移送审理。

重新调查完毕移送审理的，审理期限重新计算。补充调查期间不计入审理期限。

第一百九十七条　审理工作结束后应当形成审理报告，载明被调查人基本情况、调查简况、涉嫌违法或者犯罪事实、被调查人态度和认识、涉案财物处置、承办部门意见、审理意见等内容，提请监察机关集体审议。

对被调查人涉嫌职务犯罪需要追究刑事责任的，应当形成《起诉意见书》，作为审理报告附件。《起诉意见书》应当忠实于事实真象，载明被调查人基本情况，调查简况，采取留置措施的时间，依法查明的犯罪事实和证据，从重、从轻、减轻或者免除处罚等情节，涉案财物情况，涉嫌罪名和法律依据，采取强制措施的建议，以及其他需要说明的情况。

案件审理部门经审理认为现有证据不足以证明被调查人存在违法犯罪行为，且通过退回补充调查仍无法达到证明标准的，应当提出撤销案件的建议。

第一百九十八条　上级监察机关办理下级监察机关管辖案件的，可以经审理后按程序直接进行处置，也可以经审理形成处置意见后，交由下级监察机关办理。

第一百九十九条　被指定管辖的监察机关在调查结束后应当将案件移送审理，提请监察机关集体审议。

上级监察机关将其所管辖的案件指定管辖的，被指定管辖的下级监察机关应当按照前款规定办理后，将案件报上级监察机关依法作出政务处分决定。上级监察机关在作出决定前，应当进行审理。

上级监察机关将下级监察机关管辖的案件指定其他下级监察机关管辖的，被指定管辖的监察机关应当按照第一款规定办理后，将案件送交有管理权限的监察机关依法作出政务处分决定。有管理权限的监察机关应当进行审理，审理意见与被指定管辖的监察机关意见不一致的，双方应当进行沟通；经沟通不能取得一致意见的，报请有权决定的上级监察机关决定。经协商，有管理权限的监察机关在被指定管辖的监察机关审理阶段可以提前阅卷，沟通了解情况。

对于前款规定的重大、复杂案件，被指定管辖的监察机关经集体审议后将处理意见报有权决定的上级监察机关审核同意的，有管理权限的监察机关可以经集体审议后依法处置。

第六节　处　　置

第二百条　监察机关根据监督、调查结果，依据监察法、政务处分法等规定进行处置。

第二百零一条　监察机关对于公职人员有职务违法行为但情节较轻的，可以依法进行谈话提醒、批评教育、责令检查，或者予以诫勉。上述方式可以单独使用，也可以依据规定合并使用。

谈话提醒、批评教育应当由监察机关相关负责人或者承办部门负责人进行，可以由被谈话提醒、批评教育人所在单位有关负责人陪同；经批准也可以委托其所在单位主要负责人进行。对谈话提醒、批评教育情况应当制作记录。

被责令检查的公职人员应当作出书面检查并进行整改。整改情况在一定范围内通报。

诫勉由监察机关以谈话或者书面方式进行。以谈话方式进行的，应当制作记录。

第二百零二条 对违法的公职人员依法需要给予政务处分的，应当根据情节轻重作出警告、记过、记大过、降级、撤职、开除的政务处分决定，制作政务处分决定书。

第二百零三条 监察机关应当将政务处分决定书在作出后一个月以内送达被处分人和被处分人所在机关、单位，并依法履行宣布、书面告知程序。

政务处分决定自作出之日起生效。有关机关、单位、组织应当依法及时执行处分决定，并将执行情况向监察机关报告。处分决定应当在作出之日起一个月以内执行完毕，特殊情况下经监察机关批准可以适当延长办理期限，最迟不得超过六个月。

第二百零四条 监察机关对不履行或者不正确履行职责造成严重后果或者恶劣影响的领导人员，可以按照管理权限采取通报、诫勉、政务处分等方式进行问责；提出组织处理的建议。

第二百零五条 监察机关依法向监察对象所在单位提出监察建议的，应当经审批制作监察建议书。

监察建议书一般应当包括下列内容：

（一）监督调查情况；

（二）调查中发现的主要问题及其产生的原因；

（三）整改建议、要求和期限；

（四）向监察机关反馈整改情况的要求。

第二百零六条 监察机关经调查，对没有证据证明或者现有证据不足以证明被调查人存在违法犯罪行为的，应当依法撤销案件。省级以下监察机关撤销案件后，应当在七个工作日以内向上一级监察机关报送备案报告。上一级监察机关监督检查部门负责备案工作。

省级以下监察机关拟撤销上级监察机关指定管辖或者交办案件的，应当将《撤销案件意见书》连同案卷材料，在法定调查期限到期七个工作日前报指定管辖或者交办案件的监察机关审查。对于重大、复杂案件，在法定调查期限到期十个工作日前报指定管辖或者交办案件的监察机关审查。

指定管辖或者交办案件的监察机关由监督检查部门负责审查工作。指定管辖或者交办案件的监察机关同意撤销案件的，下级监察机关应当作出撤销案件决定，制作《撤销案件决定书》；指定管辖或者交办案件的监察机关不同意撤销案件的，下级监察机关应当执行该决定。

监察机关对于撤销案件的决定应当向被调查人宣布，由其在《撤销案件决定书》上签名、捺指印，立即解除留置措施，并通知其所在机关、单位。

撤销案件后又发现重要事实或者有充分证据，认为被调查人有违法犯罪事实需要追究法律责任的，应当重新立案调查。

第二百零七条 对于涉嫌行贿等犯罪的非监察对象，案件调查终结后依法移送起诉。综合考虑行为性质、手段、后果、时间节点、认罪悔罪态度等具体情况，对于情节较轻，经审批不予移送起诉的，应当采取批评教育、责令具结悔过等方式处置；应当给予行政处罚的，依法移送有关行政执法部门。

对于有行贿行为的涉案单位和人员，按规定记入相关信息记录，可以作为信用评价的依据。

对于涉案单位和人员通过行贿等非法手段取得的财物及孳息，应当依法予以没收、追缴或者责令退赔。对于违法取得的其他不正当利益，依照法律法规及有关规定予以纠正处理。

第二百零八条　对查封、扣押、冻结的涉嫌职务犯罪所得财物及孳息应当妥善保管，并制作《移送司法机关涉案财物清单》随案移送人民检察院。对作为证据使用的实物应当随案移送；对不宜移送的，应当将清单、照片和其他证明文件随案移送。

对于移送人民检察院的涉案财物，价值不明的，应当在移送起诉前委托进行价格认定。在价格认定过程中，需要对涉案财物先行作出真伪鉴定或者出具技术、质量检测报告的，应当委托有关鉴定机构或者检测机构进行真伪鉴定或者技术、质量检测。

对不属于犯罪所得但属于违法取得的财物及孳息，应当依法予以没收、追缴或者责令退赔，并出具有关法律文书。

对经认定不属于违法所得的财物及孳息，应当及时予以返还，并办理签收手续。

第二百零九条　监察机关经调查，对违法取得的财物及孳息决定追缴或者责令退赔的，可以依法要求公安、自然资源、住房城乡建设、市场监管、金融监管等部门以及银行等机构、单位予以协助。

追缴涉案财物以追缴原物为原则，原物已经转化为其他财物的，应当追缴转化后的财物；有证据证明依法应当追缴、没收的涉案财物无法找到、被他人善意取得、价值灭失减损或者与其他合法财产混合且不可分割的，可以依法追缴、没收其他等值财产。

追缴或者责令退赔应当自处置决定作出之日起一个月以内执行完毕。因被调查人的原因逾期执行的除外。

人民检察院、人民法院依法将不认定为犯罪所得的相关涉案财物退回监察机关的，监察机关应当依法处理。

第二百一十条　监察对象对监察机关作出的涉及本人的处理决定不服的，可以在收到处理决定之日起一个月以内，向作出决定的监察机关申请复审。复审机关应当依法受理，并在受理后一个月以内作出复审决定。监察对象对复审决定仍不服的，可以在收到复审决定之日起一个月以内，向上一级监察机关申请复核。复核机关应当依法受理，并在受理后二个月以内作出复核决定。

上一级监察机关的复核决定和国家监察委员会的复审、复核决定为最终决定。

第二百一十一条　复审、复核机关承办部门应当成立工作组，调阅原案卷宗，必要时可以进行调查取证。承办部门应当集体研究，提出办理意见，经审批作出复审、复核决定。决定应当送达申请人，抄送相关单位，并在一定范围内宣布。

复审、复核期间，不停止原处理决定的执行。复审、复核机关经审查认定处理决定有错误或者不当的，应当依法撤销、变更原处理决定，或者责令原处理机关及时予以纠正。复审、复核机关经审查认定处理决定事实清楚、适用法律正确的，应当予以维持。

坚持复审复核与调查审理分离，原案调查、审理人员不得参与复审复核。

第七节　移送审查起诉

第二百一十二条　监察机关决定对涉嫌职务犯罪的被调查人移送起诉的，应当出具《起诉意见书》，连同案卷材料、证据等，一并移送同级人民检察院。

监察机关案件审理部门负责与人民检察院审查起诉的衔接工作，调查、案件监督管理等部门应当予以协助。

国家监察委员会派驻或者派出的监察机构、监察专员调查的职务犯罪案件，应当依法移送省级人民检察院审查起诉。

第二百一十三条　涉嫌职务犯罪的被调查人和涉案人员符合监察法第三十一条、第三十二条规定情形的，结合其案发前的一贯表现、违法犯罪行为的情节、后果和影响等因素，监察机关经综合研判和集体审议，报上一级监察机关批准，可以在移送人民检察院时依法提出从轻、减轻或者免除处罚等从宽处罚建议。报请批准时，应当一并提供主要证据材料、忏悔反思材料。

上级监察机关相关监督检查部门负责审查工作，重点审核拟认定的从宽处罚情形、提出的从宽处罚建议，经审批在十五个工作日以内作出批复。

第二百一十四条　涉嫌职务犯罪的被调查人有下列情形之一，如实交代自己主要犯罪事实的，可以认定为监察法第三十一条第一项规定的自动投案，真诚悔罪悔过：

（一）职务犯罪问题未被监察机关掌握，向监察机关投案的；

（二）在监察机关谈话、函询过程中，如实交代监察机关未掌握的涉嫌职务犯罪问题的；

（三）在初步核实阶段，尚未受到监察机关谈话时投案的；

（四）职务犯罪问题虽被监察机关立案，但尚未受到讯问或者采取留置措施，向监察机关投案的；

（五）因伤病等客观原因无法前往投案，先委托他人代为表达投案意愿，或者以书信、网络、电话、传真等方式表达投案意愿，后到监察机关接受处理的；

（六）涉嫌职务犯罪潜逃后又投案，包括在被通缉、抓捕过程中投案的；

（七）经查实确已准备去投案，或者正在投案途中被有关机关抓获的；

（八）经他人规劝或者在他人陪同下投案的；

（九）虽未向监察机关投案，但向其所在党组织、单位或者有关负责人员投案，向有关巡视巡察机构投案，以及向公安机关、人民检察院、人民法院投案的；

（十）具有其他应当视为自动投案的情形的。

被调查人自动投案后不能如实交代自己的主要犯罪事实，或者自动投案并如实供述自己的罪行后又翻供的，不能适用前款规定。

第二百一十五条　涉嫌职务犯罪的被调查人有下列情形之一的，可以认定为监察法第三十一条第二项规定的积极配合调查工作，如实供述监察机关还未掌握的违法犯罪行为：

（一）监察机关所掌握线索针对的犯罪事实不成立，在此范围外被调查人主动交代其他罪行的；

（二）主动交代监察机关尚未掌握的犯罪事实，与监察机关已掌握的犯罪事实属不同种罪行的；

（三）主动交代监察机关尚未掌握的犯罪事实，与监察机关已掌握的犯罪事实属同种罪行的；

（四）监察机关掌握的证据不充分，被调查人如实交代有助于收集定案证据的。

前款所称同种罪行和不同种罪行，一般以罪名区分。被调查人如实供述其他罪行的罪名与监察机关已掌握犯罪的罪名不同，但属选择性罪名或者在法律、事实上密切关联的，应当认定为同种罪行。

第二百一十六条 涉嫌职务犯罪的被调查人有下列情形之一的，可以认定为监察法第三十一条第三项规定的积极退赃，减少损失：

（一）全额退赃的；

（二）退赃能力不足，但被调查人及其亲友在监察机关追缴赃款赃物过程中积极配合，且大部分已追缴到位的；

（三）犯罪后主动采取措施避免损失发生，或者积极采取有效措施减少、挽回大部分损失的。

第二百一十七条 涉嫌职务犯罪的被调查人有下列情形之一的，可以认定为监察法第三十一条第四项规定的具有重大立功表现：

（一）检举揭发他人重大犯罪行为且经查证属实的；

（二）提供其他重大案件的重要线索且经查证属实的；

（三）阻止他人重大犯罪活动的；

（四）协助抓捕其他重大职务犯罪案件被调查人、重大犯罪嫌疑人（包括同案犯）的；

（五）为国家挽回重大损失等对国家和社会有其他重大贡献的。

前款所称重大犯罪一般是指依法可能被判处无期徒刑以上刑罚的犯罪行为；重大案件一般是指在本省、自治区、直辖市或者全国范围内有较大影响的案件；查证属实一般是指有关案件已被监察机关或者司法机关立案调查、侦查，被调查人、犯罪嫌疑人被监察机关采取留置措施或者被司法机关采取强制措施，或者被告人被人民法院作出有罪判决，并结合案件事实、证据进行判断。

监察法第三十一条第四项规定的案件涉及国家重大利益，是指案件涉及国家主权和领土完整、国家安全、外交、社会稳定、经济发展等情形。

第二百一十八条 涉嫌行贿等犯罪的涉案人员有下列情形之一的，可以认定为监察法第三十二条规定的揭发有关被调查人职务违法犯罪行为，查证属实或者提供重要线索，有助于调查其他案件：

（一）揭发所涉案件以外的被调查人职务犯罪行为，经查证属实的；

（二）提供的重要线索指向具体的职务犯罪事实，对调查其他案件起到实质性推动作用的；

（三）提供的重要线索有助于加快其他案件办理进度，或者对其他案件固定关键证据、挽回损失、追逃追赃等起到积极作用的。

第二百一十九条 从宽处罚建议一般应当在移送起诉时作为《起诉意见书》内容一并提出，特殊情况下也可以在案件移送后、人民检察院提起公诉前，单独形成从宽处罚建议书移送人民检察院。对于从宽处罚建议所依据的证据材料，应当一并移送人民检察院。

监察机关对于被调查人在调查阶段认罪认罚，但不符合监察法规定的提出从宽处罚建议条件，在移送起诉时没有提出从宽处罚建议的，应当在《起诉意见书》中写明其自愿认罪认罚的情况。

第二百二十条 监察机关一般应当在正式移送起诉十日前，向拟移送的人民检察院采取书面通知等方式预告移送事宜。对于已采取留置措施的案件，发现被调查人因身体等原因存在不适宜羁押等可能影响刑事强制措施执行情形的，应当通报人民检察院。对于未采取留置措施的案件，可以根据案件具体情况，向人民检察院提出对被调查人采取刑事强制措施的建议。

第二百二十一条 监察机关办理的职务犯罪案件移送起诉，需要指定起诉、审判管辖的，应当与同级人民检察院协商有关程序事宜。需要由同级人民检察院的上级人民检察院指定管辖的，应当商请同级人民检察院办理指定管辖事宜。

监察机关一般应当在移送起诉二十日前，将商请指定管辖函送交同级人民检察院。商请指定管辖函应当附案件基本情况，对于被调查人已被其他机关立案侦查的犯罪认为需要并案审查起诉的，一并进行说明。

派驻或者派出的监察机构、监察专员调查的职务犯罪案件需要指定起诉、审判管辖的，应当报派出机关办理指定管辖手续。

第二百二十二条 上级监察机关指定下级监察机关进行调查，移送起诉时需要人民检察院依法指定管辖的，应当在移送起诉前由上级监察机关与同级人民检察院协商有关程序事宜。

第二百二十三条 监察机关对已经移送起诉的职务犯罪案件，发现遗漏被调查人罪行需要补充移送起诉的，应当经审批出具《补充起诉意见书》，连同相关案卷材料、证据等一并移送同级人民检察院。

对于经人民检察院指定管辖的案件需要补充移送起诉的，可以直接移送原受理移送起诉的人民检察院；需要追加犯罪嫌疑人、被告人的，应当再次商请人民检察院办理指定管辖手续。

第二百二十四条 对于涉嫌行贿犯罪、介绍贿赂犯罪或者共同职务犯罪等关联案件的涉案人员，移送起诉时一般应当随主案确定管辖。

主案与关联案件由不同监察机关立案调查的，调查关联案件的监察机关在移送起诉前，应当报告或者通报调查主案的监察机关，由其统一协调案件管辖事宜。因特殊原因，关联案件不宜随主案确定管辖的，调查主案的监察机关应当及时通报和协调有关事项。

第二百二十五条 监察机关对于人民检察院在审查起诉中书面提出的下列要求应当予以配合：

（一）认为可能存在以非法方法收集证据情形，要求监察机关对证据收集的合法性作出说明或者提供相关证明材料的；

（二）排除非法证据后，要求监察机关另行指派调查人员重新取证的；

（三）对物证、书证、视听资料、电子数据及勘验检查、辨认、调查实验等笔录存在疑问，要求调查人员提供获取、制作的有关情况的；

（四）要求监察机关对案件中某些专门性问题进行鉴定，或者对勘验检查进行复验、复查的；

（五）认为主要犯罪事实已经查清，仍有部分证据需要补充完善，要求监察机关补充提供证据的；

（六）人民检察院依法提出的其他工作要求。

第二百二十六条 监察机关对于人民

检察院依法退回补充调查的案件，应当向主要负责人报告，并积极开展补充调查工作。

第二百二十七条　对人民检察院退回补充调查的案件，经审批分别作出下列处理：

（一）认定犯罪事实的证据不够充分的，应当在补充证据后，制作补充调查报告书，连同相关材料一并移送人民检察院审查，对无法补充完善的证据，应当作出书面情况说明，并加盖监察机关或者承办部门公章；

（二）在补充调查中发现新的同案犯或者增加、变更犯罪事实，需要追究刑事责任的，应当重新提出处理意见，移送人民检察院审查；

（三）犯罪事实的认定出现重大变化，认为不应当追究被调查人刑事责任的，应当重新提出处理意见，将处理结果书面通知人民检察院并说明理由；

（四）认为移送起诉的犯罪事实清楚，证据确实、充分的，应当说明理由，移送人民检察院依法审查。

第二百二十八条　人民检察院在审查起诉过程中发现新的职务违法或者职务犯罪问题线索并移送监察机关的，监察机关应当依法处置。

第二百二十九条　在案件审判过程中，人民检察院书面要求监察机关补充提供证据，对证据进行补正、解释，或者协助人民检察院补充侦查的，监察机关应当予以配合。监察机关不能提供有关证据材料的，应当书面说明情况。

人民法院在审判过程中就证据收集合法性问题要求有关调查人员出庭说明情况时，监察机关应当依法予以配合。

第二百三十条　监察机关认为人民检察院不起诉决定有错误的，应当在收到不起诉决定书后三十日以内，依法向其上一级人民检察院提请复议。监察机关应当将上述情况及时向上一级监察机关书面报告。

第二百三十一条　对于监察机关移送起诉的案件，人民检察院作出不起诉决定，人民法院作出无罪判决，或者监察机关经人民检察院退回补充调查后不再移送起诉，涉及对被调查人已生效政务处分事实认定的，监察机关应当依法对政务处分决定进行审核。认为原政务处分决定认定事实清楚、适用法律正确的，不再改变；认为原政务处分决定确有错误或者不当的，依法予以撤销或者变更。

第二百三十二条　对于贪污贿赂、失职渎职等职务犯罪案件，被调查人逃匿，在通缉一年后不能到案，或者被调查人死亡，依法应当追缴其违法所得及其他涉案财产的，承办部门在调查终结后应当依法移送审理。

监察机关应当经集体审议，出具《没收违法所得意见书》，连同案卷材料、证据等，一并移送人民检察院依法提出没收违法所得的申请。

监察机关将《没收违法所得意见书》移送人民检察院后，在逃的被调查人自动投案或者被抓获的，监察机关应当及时通知人民检察院。

第二百三十三条　监察机关立案调查拟适用缺席审判程序的贪污贿赂犯罪案件，应当逐级报送国家监察委员会同意。

监察机关承办部门认为在境外的被调查人犯罪事实已经查清，证据确实、充分，依法应当追究刑事责任的，应当依法移送审理。

监察机关应当经集体审议，出具《起诉意见书》，连同案卷材料、证据等，一并移送人民检察院审查起诉。

在审查起诉或者缺席审判过程中，犯罪嫌疑人、被告人向监察机关自动投案或者被抓获的，监察机关应当立即通知人民检察院、人民法院。

第六章 反腐败国际合作

第一节 工作职责和领导体制

第二百三十四条 国家监察委员会统筹协调与其他国家、地区、国际组织开展反腐败国际交流、合作。

国家监察委员会组织《联合国反腐败公约》等反腐败国际条约的实施以及履约审议等工作，承担《联合国反腐败公约》司法协助中央机关有关工作。

国家监察委员会组织协调有关单位建立集中统一、高效顺畅的反腐败国际追逃追赃和防逃协调机制，统筹协调、督促指导各级监察机关反腐败国际追逃追赃等涉外案件办理工作，具体履行下列职责：

（一）制定反腐败国际追逃追赃和防逃工作计划，研究工作中的重要问题；

（二）组织协调反腐败国际追逃追赃等重大涉外案件办理工作；

（三）办理由国家监察委员会管辖的涉外案件；

（四）指导地方各级监察机关依法开展涉外案件办理工作；

（五）汇总和通报全国职务犯罪外逃案件信息和追逃追赃工作信息；

（六）建立健全反腐败国际追逃追赃和防逃合作网络；

（七）承担监察机关开展国际刑事司法协助的主管机关职责；

（八）承担其他与反腐败国际追逃追赃等涉外案件办理工作相关的职责。

第二百三十五条 地方各级监察机关在国家监察委员会领导下，统筹协调、督促指导本地区反腐败国际追逃追赃等涉外案件办理工作，具体履行下列职责：

（一）落实上级监察机关关于反腐败国际追逃追赃和防逃工作部署，制定工作计划；

（二）按照管辖权限或者上级监察机关指定管辖，办理涉外案件；

（三）按照上级监察机关要求，协助配合其他监察机关开展涉外案件办理工作；

（四）汇总和通报本地区职务犯罪外逃案件信息和追逃追赃工作信息；

（五）承担本地区其他与反腐败国际追逃追赃等涉外案件办理工作相关的职责。

省级监察委员会应当会同有关单位，建立健全本地区反腐败国际追逃追赃和防逃协调机制。

国家监察委员会派驻或者派出的监察机构、监察专员统筹协调、督促指导本部门反腐败国际追逃追赃等涉外案件办理工作，参照第一款规定执行。

第二百三十六条 国家监察委员会国际合作局归口管理监察机关反腐败国际追逃追赃等涉外案件办理工作。地方各级监察委员会应当明确专责部门，归口管理本地区涉外案件办理工作。

国家监察委员会派驻或者派出的监察机构、监察专员和地方各级监察机关办理涉外案件中有关执法司法国际合作事项，应当逐级报送国家监察委员会审批。由国家监察委员会依法直接或者协调有关单位与有关国家（地区）相关机构沟通，以双方认可的方式实施。

第二百三十七条 监察机关应当建立

追逃追赃和防逃工作内部联络机制。承办部门在调查过程中，发现被调查人或者重要涉案人员外逃、违法所得及其他涉案财产被转移到境外的，可以请追逃追赃部门提供工作协助。监察机关将案件移送人民检察院审查起诉后，仍有重要涉案人员外逃或者未追缴的违法所得及其他涉案财产的，应当由追逃追赃部门继续办理，或者由追逃追赃部门指定协调有关单位办理。

第二节 国（境）内工作

第二百三十八条 监察机关应当将防逃工作纳入日常监督内容，督促相关机关、单位建立健全防逃责任机制。

监察机关在监督、调查工作中，应当根据情况制定对监察对象、重要涉案人员的防逃方案，防范人员外逃和资金外流风险。监察机关应当会同同级组织人事、外事、公安、移民管理等单位健全防逃预警机制，对存在外逃风险的监察对象早发现、早报告、早处置。

第二百三十九条 监察机关应当加强与同级人民银行、公安等单位的沟通协作，推动预防、打击利用离岸公司和地下钱庄等向境外转移违法所得及其他涉案财产，对涉及职务违法和职务犯罪的行为依法进行调查。

第二百四十条 国家监察委员会派驻或者派出的监察机构、监察专员和地方各级监察委员会发现监察对象出逃、失踪、出走，或者违法所得及其他涉案财产被转移至境外的，应当在二十四小时以内将有关信息逐级报送至国家监察委员会国际合作局，并迅速开展相关工作。

第二百四十一条 监察机关追逃追赃部门统一接收巡视巡察机构、审计机关、行政执法部门、司法机关等单位移交的外逃信息。

监察机关对涉嫌职务违法和职务犯罪的外逃人员，应当明确承办部门，建立案件档案。

第二百四十二条 监察机关应当依法全面收集外逃人员涉嫌职务违法和职务犯罪证据。

第二百四十三条 开展反腐败国际追逃追赃等涉外案件办理工作，应当把思想教育贯穿始终，落实宽严相济刑事政策，依法适用认罪认罚从宽制度，促使外逃人员回国投案或者配合调查、主动退赃。开展相关工作，应当尊重所在国家（地区）的法律规定。

第二百四十四条 外逃人员归案、违法所得及其他涉案财产被追缴后，承办案件的监察机关应当将情况逐级报送国家监察委员会国际合作局。监察机关应当依法对涉案人员和违法所得及其他涉案财产作出处置，或者请有关单位依法处置。对不需要继续采取相关措施的，应当及时解除或者撤销。

第三节 对外合作

第二百四十五条 监察机关对依法应当留置或者已经决定留置的外逃人员，需要申请发布国际刑警组织红色通报的，应当逐级报送国家监察委员会审核。国家监察委员会审核后，依法通过公安部向国际刑警组织提出申请。

需要延期、暂停、撤销红色通报的，申请发布红色通报的监察机关应当逐级报送国家监察委员会审核，由国家监察委员会依法通过公安部联系国际刑警组织办理。

第二百四十六条 地方各级监察机关通过引渡方式办理相关涉外案件的，应当按照引渡法、相关双边及多边国际条约等规定准备引渡请求书及相关材料，逐级报送国家监察委员会审核。由国家监察委员会依法通过外交等渠道向外国提出引渡请求。

第二百四十七条 地方各级监察机关通过刑事司法协助方式办理相关涉外案件的，应当按照国际刑事司法协助法、相关双边及多边国际条约等规定准备刑事司法协助请求书及相关材料，逐级报送国家监察委员会审核。由国家监察委员会依法直接或者通过对外联系机关等渠道，向外国提出刑事司法协助请求。

国家监察委员会收到外国提出的刑事司法协助请求书及所附材料，经审查认为符合有关规定的，作出决定并交由省级监察机关执行，或者转交其他有关主管机关。省级监察机关应当立即执行，或者交由下级监察机关执行，并将执行结果或者妨碍执行的情形及时报送国家监察委员会。在执行过程中，需要依法采取查询、调取、查封、扣押、冻结等措施或者需要返还涉案财物的，根据我国法律规定和国家监察委员会的执行决定办理有关法律手续。

第二百四十八条 地方各级监察机关通过执法合作方式办理相关涉外案件的，应当将合作事项及相关材料逐级报送国家监察委员会审核。由国家监察委员会依法直接或者协调有关单位，向有关国家（地区）相关机构提交并开展合作。

第二百四十九条 地方各级监察机关通过境外追诉方式办理相关涉外案件的，应当提供外逃人员相关违法线索和证据，逐级报送国家监察委员会审核。由国家监察委员会依法直接或者协调有关单位向有关国家（地区）相关机构提交，请其依法对外逃人员调查、起诉和审判，并商有关国家（地区）遣返外逃人员。

第二百五十条 监察机关对依法应当追缴的境外违法所得及其他涉案财产，应当责令涉案人员以合法方式退赔。涉案人员拒不退赔的，可以依法通过下列方式追缴：

（一）在开展引渡等追逃合作时，随附请求有关国家（地区）移交相关违法所得及其他涉案财产；

（二）依法启动违法所得没收程序，由人民法院对相关违法所得及其他涉案财产作出冻结、没收裁定，请有关国家（地区）承认和执行，并予以返还；

（三）请有关国家（地区）依法追缴相关违法所得及其他涉案财产，并予以返还；

（四）通过其他合法方式追缴。

第七章 对监察机关和监察人员的监督

第二百五十一条 监察机关和监察人员必须自觉坚持党的领导，在党组织的管理、监督下开展工作，依法接受本级人民代表大会及其常务委员会的监督，接受民主监督、司法监督、社会监督、舆论监督，加强内部监督制约机制建设，确保权力受到严格的约束和监督。

第二百五十二条 各级监察委员会应当按照监察法第五十三条第二款规定，由主任在本级人民代表大会常务委员会全体会议上报告专项工作。

在报告专项工作前，应当与本级人民代表大会有关专门委员会沟通协商，并配合开展调查研究等工作。各级人民代表大会常务委员会审议专项工作报告时，本级监察委员会应当根据要求派出领导成员列席相关会议，听取意见。

各级监察委员会应当认真研究办理本级人民代表大会常务委员会反馈的审议意见，并按照要求书面报告办理情况。

第二百五十三条 各级监察委员会应当积极接受、配合本级人民代表大会常务委员会组织的执法检查。对本级人民代表大会常务委员会的执法检查报告，应当认真研究处理，并向其报告处理情况。

第二百五十四条 各级监察委员会在本级人民代表大会常务委员会会议审议与监察工作有关的议案和报告时，应当派相关负责人到会听取意见，回答询问。

监察机关对依法交由监察机关答复的质询案应当按照要求进行答复。口头答复的，由监察机关主要负责人或者委派相关负责人到会答复。书面答复的，由监察机关主要负责人签署。

第二百五十五条 各级监察机关应当通过互联网政务媒体、报刊、广播、电视等途径，向社会及时准确公开下列监察工作信息：

（一）监察法规；

（二）依法应当向社会公开的案件调查信息；

（三）检举控告地址、电话、网站等信息；

（四）其他依法应当公开的信息。

第二百五十六条 各级监察机关可以根据工作需要，按程序选聘特约监察员履行监督、咨询等职责。特约监察员名单应当向社会公布。

监察机关应当为特约监察员依法开展工作提供必要条件和便利。

第二百五十七条 监察机关实行严格的人员准入制度，严把政治关、品行关、能力关、作风关、廉洁关。监察人员必须忠诚坚定、担当尽责、遵纪守法、清正廉洁。

第二百五十八条 监察机关应当建立监督检查、调查、案件监督管理、案件审理等部门相互协调制约的工作机制。

监督检查和调查部门实行分工协作、相互制约。监督检查部门主要负责联系地区、部门、单位的日常监督检查和对涉嫌一般违法问题线索处置。调查部门主要负责对涉嫌严重职务违法和职务犯罪问题线索进行初步核实和立案调查。

案件监督管理部门负责对监督检查、调查工作全过程进行监督管理，做好线索管理、组织协调、监督检查、督促办理、统计分析等工作。案件监督管理部门发现监察人员在监督检查、调查中有违规办案行为的，及时督促整改；涉嫌违纪违法的，根据管理权限移交相关部门处理。

第二百五十九条 监察机关应当对监察权运行关键环节进行经常性监督检查，适时开展专项督查。案件监督管理、案件审理等部门应当按照各自职责，对问题线索处置、调查措施使用、涉案财物管理等进行监督检查，建立常态化、全覆盖的案件质量评查机制。

第二百六十条 监察机关应当加强对监察人员执行职务和遵纪守法情况的监督，按照管理权限依法对监察人员涉嫌违法犯罪问题进行调查处置。

第二百六十一条 监察机关及其监督检查、调查部门负责人应当定期检查调查期间的录音录像、谈话笔录、涉案财物登记资料，加强对调查全过程的监督，发现问题及时纠正并报告。

第二百六十二条 对监察人员打听案情、过问案件、说情干预的，办理监察事项的监察人员应当及时向上级负责人报告。有关情况应当登记备案。

发现办理监察事项的监察人员未经批准接触被调查人、涉案人员及其特定关系人，或者存在交往情形的，知情的监察人员应当及时向上级负责人报告。有关情况应当登记备案。

第二百六十三条 办理监察事项的监察人员有监察法第五十八条所列情形之一的，应当自行提出回避；没有自行提出回避的，监察机关应当依法决定其回避，监察对象、检举人及其他有关人员也有权要求其回避。

选用借调人员、看护人员、调查场所，应当严格执行回避制度。

第二百六十四条 监察人员自行提出回避，或者监察对象、检举人及其他有关人员要求监察人员回避的，应当书面或者口头提出，并说明理由。口头提出的，应当形成记录。

监察机关主要负责人的回避，由上级监察机关主要负责人决定；其他监察人员的回避，由本级监察机关主要负责人决定。

第二百六十五条 上级监察机关应当通过专项检查、业务考评、开展复查等方式，强化对下级监察机关及监察人员执行职务和遵纪守法情况的监督。

第二百六十六条 监察机关应当对监察人员有计划地进行政治、理论和业务培训。培训应当坚持理论联系实际、按需施教、讲求实效，突出政治机关特色，建设高素质专业化监察队伍。

第二百六十七条 监察机关应当严格执行保密制度，控制监察事项知悉范围和时间。监察人员不准私自留存、隐匿、查阅、摘抄、复制、携带问题线索和涉案资料，严禁泄露监察工作秘密。

监察机关应当建立健全检举控告保密制度，对检举控告人的姓名（单位名称）、工作单位、住址、电话和邮箱等有关情况以及检举控告内容必须严格保密。

第二百六十八条 监察机关涉密人员离岗离职后，应当遵守脱密期管理规定，严格履行保密义务，不得泄露相关秘密。

第二百六十九条 监察人员离任三年以内，不得从事与监察和司法工作相关联且可能发生利益冲突的职业。

监察人员离任后，不得担任原任职监察机关办理案件的诉讼代理人或者辩护人，但是作为当事人的监护人或者近亲属代理诉讼或者进行辩护的除外。

第二百七十条 监察人员应当严格遵守有关规范领导干部配偶、子女及其配偶经商办企业行为的规定。

第二百七十一条 监察机关在履行职责过程中应当依法保护企业产权和自主经营权，严禁利用职权非法干扰企业生产经营。需要企业经营者协助调查的，应当依法保障其合法的人身、财产等权益，避免或者减少对涉案企业正常生产、经营活动的影响。

查封企业厂房、机器设备等生产资料，企业继续使用对该财产价值无重大影响的，可以允许其使用。对于正在运营或者正在用于科技创新、产品研发的设备和技术资料等，一般不予查封、扣押，确需调取违法犯罪证据的，可以采取拍照、复制等方式。

第二百七十二条 被调查人及其近亲属认为监察机关及监察人员存在监察法第六十条第一款规定的有关情形，向监察机关提出申诉的，由监察机关案件监督管理部门依法受理，并按照法定的程序和时限办理。

第二百七十三条 监察机关在维护监督执法调查工作纪律方面失职失责的，依法追究责任。监察人员涉嫌严重职务违法、职务犯罪或者对案件处置出现重大失误的，既应当追究直接责任，还应当严肃追究负有责任的领导人员责任。

监察机关应当建立办案质量责任制，对滥用职权、失职失责造成严重后果的，实行终身责任追究。

第八章 法律责任

第二百七十四条 有关单位拒不执行监察机关依法作出的下列处理决定的，应当由其主管部门、上级机关责令改正，对单位给予通报批评，对负有责任的领导人员和直接责任人员依法给予处理：

（一）政务处分决定；

（二）问责决定；

（三）谈话提醒、批评教育、责令检查，或者予以诫勉的决定；

（四）采取调查措施的决定；

（五）复审、复核决定；

（六）监察机关依法作出的其他处理决定。

第二百七十五条 监察对象对控告人、申诉人、批评人、检举人、证人、监察人员进行打击、压制等报复陷害的，监察机关应当依法给予政务处分。构成犯罪的，依法追究刑事责任。

第二百七十六条 控告人、检举人、证人采取捏造事实、伪造材料等方式诬告陷害的，监察机关应当依法给予政务处分，或者移送有关机关处理。构成犯罪的，依法追究刑事责任。

监察人员因依法履行职责遭受不实举报、诬告陷害、侮辱诽谤，致使名誉受到损害的，监察机关应当会同有关部门及时澄清事实，消除不良影响，并依法追究相关单位或者个人的责任。

第二百七十七条 监察机关应当建立健全办案安全责任制。承办部门主要负责人和调查组组长是调查安全第一责任人。调查组应当指定专人担任安全员。

地方各级监察机关履行管理、监督职责不力发生严重办案安全事故的，或者办案中存在严重违规违纪违法行为的，省级监察机关主要负责人应当向国家监察委员会作出检讨，并予以通报、严肃追责问责。

案件监督管理部门应当对办案安全责任制落实情况组织经常性检查和不定期抽查，发现问题及时报告并督促整改。

第二百七十八条 监察人员在履行职责中有下列行为之一的，依法严肃处理；构成犯罪的，依法追究刑事责任：

（一）贪污贿赂、徇私舞弊的；

（二）不履行或者不正确履行监督职责，应当发现的问题没有发现，或者发现问题不报告、不处置，造成严重影响的；

（三）未经批准、授权处置问题线索，发现重大案情隐瞒不报，或者私自留存、处理涉案材料的；

（四）利用职权或者职务上的影响干预调查工作的；

（五）违法窃取、泄露调查工作信息，或者泄露举报事项、举报受理情况以及举报人信息的；

（六）对被调查人或者涉案人员逼供、诱供，或者侮辱、打骂、虐待、体罚或者变相体罚的；

（七）违反规定处置查封、扣押、冻结的财物的；

（八）违反规定导致发生办案安全事故，或者发生安全事故后隐瞒不报、报告失实、处置不当的；

（九）违反规定采取留置措施的；

（十）违反规定限制他人出境，或者不按规定解除出境限制的；

（十一）其他职务违法和职务犯罪行为。

第二百七十九条 对监察人员在履行职责中存在违法行为的，可以根据情节轻重，依法进行谈话提醒、批评教育、责令检查、诫勉，或者给予政务处分。构成犯罪的，依法追究刑事责任。

第二百八十条 监察机关及其工作人员在行使职权时，有下列情形之一的，受害人可以申请国家赔偿：

（一）采取留置措施后，决定撤销案件的；

（二）违法没收、追缴或者违法查封、扣押、冻结财物造成损害的；

（三）违法行使职权，造成被调查人、涉案人员或者证人身体伤害或者死亡的；

（四）非法剥夺他人人身自由的；

（五）其他侵犯公民、法人和其他组织合法权益造成损害的。

受害人死亡的，其继承人和其他有扶养关系的亲属有权要求赔偿；受害的法人或者其他组织终止的，其权利承受人有权要求赔偿。

第二百八十一条 监察机关及其工作人员违法行使职权侵犯公民、法人和其他组织的合法权益造成损害的，该机关为赔偿义务机关。申请赔偿应当向赔偿义务机关提出，由该机关负责复审复核工作的部门受理。

赔偿以支付赔偿金为主要方式。能够返还财产或者恢复原状的，予以返还财产或者恢复原状。

第九章 附 则

第二百八十二条 本条例所称监察机关，包括各级监察委员会及其派驻或者派出监察机构、监察专员。

第二百八十三条 本条例所称“近亲属”，是指夫、妻、父、母、子、女、同胞兄弟姊妹。

第二百八十四条 本条例所称以上、以下、以内，包括本级、本数。

第二百八十五条 期间以时、日、月、年计算，期间开始的时和日不算在期间以内。本条例另有规定的除外。

按照年、月计算期间的，到期月的对应日为期间的最后一日；没有对应日的，月末日为期间的最后一日。

期间的最后一日是法定休假日的，以法定休假日结束的次日为期间的最后一日。但被调查人留置期间应当至到期之日为止，不得因法定休假日而延长。

第二百八十六条 本条例由国家监察委员会负责解释。

第二百八十七条 本条例自发布之日起施行。

四、监察机关办案期限汇总表

名称	期限	依据
报案举报	属于本级监察机关管辖的，依法予以受理；属于其他监察机关管辖的，应当在五个工作日以内予以转送。	《实施条例》第一百六十九条
实名检举控告	信访举报部门对属于本机关受理的实名检举控告，应当在收到检举控告之日起十五个工作日以内按规定告知实名检举控告人受理情况，并做好记录。 调查人员应当将实名检举控告的处理结果在办结之日起十五个工作日以内向检举控告人反馈，并记录反馈情况。	《实施条例》第一百七十五条
谈话	采取谈话方式处置问题线索的，谈话结束后，可以根据需要要求被谈话人在十五个工作日以内作出书面说明。 委托谈话的，受委托人应当在收到委托函后的十五个工作日以内进行谈话。	《实施条例》第七十二条
函询	被函询人应当在收到函件后十五个工作日以内写出说明材料，由其所在单位主要负责人签署意见后发函回复。 被函询人为所在单位主要负责人的，或者被函询人所作说明涉及所在单位主要负责人的，应当直接发函回复监察机关。	《实施条例》第一百七十四条
调查	调查职务违法或者职务犯罪案件，对被调查人没有采取留置措施的，应当在立案后一年以内作出处理决定；对被调查人解除留置措施的，应当在解除留置措施后一年以内作出处理决定。案情重大复杂的案件，经上一级监察机关批准，可以适当延长，但延长期限不得超过六个月。 被调查人在监察机关立案调查以后逃匿的，调查期限自被调查人到案之日起重新计算。	《实施条例》第一百八十五条
补充调查	对于补充调查的案件，应当在一个月内补充调查完毕。补充调查以二次为限。	《监察法》第四十七条

续表

名称	期限	依据
特别调查	被调查人逃匿，在通缉一年后不能到案，或者死亡的，由监察机关提请人民检察院依照法定程序，向人民法院提出没收违法所得的申请。	《监察法》第四十八条
审理	审理工作应当在受理之日起一个月以内完成，重大复杂案件经批准可以适当延长。	《实施条例》第一百九十四条
撤销案件	省级以下监察机关撤销案件后，应当在七个工作日以内向上一级监察机关报送备案报告。 省级以下监察机关拟撤销上级监察机关指定管辖或者交办案件的，应当在法定调查期限到期七个工作日前报指定管辖或者交办案件的监察机关审查。对于重大、复杂案件，在法定调查期限到期十个工作日前报指定管辖或者交办案件的监察机关审查。	《实施条例》第二百零六条
政务处分	监察机关应当将政务处分决定书在作出后一个月以内送达被处分人和被处分人所在机关、单位，并依法履行宣布、书面告知程序。 处分决定应当在作出之日起一个月以内执行完毕，特殊情况下经监察机关批准可以适当延长办理期限，最迟不得超过六个月。	《实施条例》第二百零三条
违法所得	追缴或者责令退赔应当自处置决定作出之日起一个月以内执行完毕。因被调查人的原因逾期执行的除外。	《实施条例》第二百零九条
从宽处罚建议	上级监察机关相关监督检查部门重点审核拟认定的从宽处罚情形、提出的从宽处罚建议，经审批在十五个工作日以内作出批复。	《实施条例》第二百一十三条
移送起诉	监察机关一般应当在正式移送起诉十日前，向拟移送的人民检察院采取书面通知等方式预告移送事宜。 需要指定起诉、审判管辖的，监察机关一般应当在移送起诉二十日前，将商请指定管辖函送交同级人民检察院。	《实施条例》第二百二十条 第二百二十一条
复议	监察机关认为人民检察院不起诉决定有错误的，应当在收到不起诉决定书后三十日以内，依法向其上一级人民检察院提请复议。	《实施条例》第二百三十条
留置	留置时间不得超过三个月。在特殊情况下，可以延长一次，延长时间不得超过三个月。	《监察法》第四十三条

续表

名称	期限	依据
留置通知	对被调查人采取留置措施后，应当在二十四小时以内，通知被留置人员所在单位和家属，但有可能毁灭、伪造证据，干扰证人作证或者串供等有碍调查情形的除外。有碍调查的情形消失后，应当立即通知被留置人员所在单位和家属。	《监察法》第四十四条
留置事故事件	留置期间发生被留置人员死亡、伤残、脱逃等办案安全事故、事件的，应当及时做好处置工作。相关情况应当立即报告监察机关主要负责人，并在二十四小时以内逐级上报至国家监察委员会。	《实施条例》第一百零三条
留置折抵	被留置人员涉嫌犯罪移送司法机关后，被依法判处管制、拘役和有期徒刑的，留置一日折抵管制二日，折抵拘役、有期徒刑一日。	《监察法》第四十四条
冻结	冻结财产的期限不得超过六个月。冻结期限到期未办理续冻手续的，冻结自动解除。 有特殊原因需要延长冻结期限的，应当在到期前按原程序报批，办理续冻手续。每次续冻期限不得超过六个月。	《实施条例》第一百零八条
解除冻结	冻结的财产经查明与案件无关的，应当在查明后三日内解除冻结，予以退还。	《监察法》第二十三条
退还	调取的物证、书证、视听资料等原件，经查明与案件无关的，经审批，应当在查明后三日以内退还，并办理交接手续。	《实施条例》第一百二十四条
查封扣押	对于涉案款项，应当在采取措施后十五日以内存入监察机关指定的专用账户。对于涉案物品，应当在采取措施后三十日以内移交涉案财物保管部门保管。因特殊原因不能按时存入专用账户或者移交保管的，应当按规定报批，将保管情况录入涉案财物信息管理系统，在原因消除后及时存入或移交。	《实施条例》第一百三十条
解除查封扣押	查封、扣押的财物、文件经查明与案件无关的，应当在查明后三日内解除查封、扣押，予以退还。	《监察法》第二十五条
技术调查措施	批准决定应当明确采取技术调查措施的种类和适用对象，自签发之日起三个月以内有效；对于复杂、疑难案件，期限届满仍有必要继续采取技术调查措施的，经过批准，有效期可以延长，每次不得超过三个月。对于不需要继续采取技术调查措施的，应当及时解除。	《监察法》第二十八条

续表

名称	期限	依据
通缉交接	监察机关接到公安机关抓获被通缉人员的通知后，应当立即核实被抓获人员身份，并在接到通知后二十四小时以内派员办理交接手续。边远或者交通不便地区，至迟不得超过三日。	《实施条例》第一百六十条
限制出境	限制出境措施有效期不超过三个月，到期自动解除。 到期后仍有必要继续采取措施的，应当按原程序报批。延长期限每次不得超过三个月。	《实施条例》第一百六十四条
边控交接	监察机关接到口岸移民管理机构查获被决定采取留置措施的边控对象的通知后，应当于二十四小时以内到达口岸办理移交手续。无法及时到达的，应当委托当地监察机关及时前往口岸办理移交手续。当地监察机关应当予以协助。	《实施条例》第一百六十五条
外逃	发现监察对象出逃、失踪、出走，或者违法所得及其他涉案财产被转移至境外的，应当在二十四小时以内将有关信息逐级报送至国家监察委员会国际合作局，并迅速开展相关工作。	《实施条例》第二百四十条
复审复核	监察对象对监察机关作出的涉及本人的处理决定不服的，可以在收到处理决定之日起一个月内，向作出决定的监察机关申请复审，复审机关应当在一个月内作出复审决定；监察对象对复审决定仍不服的，可以在收到复审决定之日起一个月内，向上一级监察机关申请复核，复核机关应当在二个月内作出复核决定。复审、复核期间，不停止原处理决定的执行。复核机关经审查，认定处理决定有错误的，原处理机关应当及时予以纠正。	《监察法》第四十九条
申诉	监察机关及其工作人员有下列行为之一的，被调查人及其近亲属有权向该机关申诉：1. 留置法定期限届满，不予以解除的；2. 查封、扣押、冻结与案件无关的财物的；3. 应当解除查封、扣押、冻结措施而不解除的；4. 贪污、挪用、私分、调换以及违反规定使用查封、扣押、冻结的财物的；5. 其他违反法律法规、侵害被调查人合法权益的行为。 受理申诉的监察机关应当在受理申诉之日起一个月内作出处理决定。申诉人对处理决定不服的，可以在收到处理决定之日起一个月内向上一级监察机关申请复查，上一级监察机关应当在收到复查申请之日起二个月内作出处理决定，情况属实的，及时予以纠正。	《监察法》第六十条

续表

名称	期限	依据
脱密	监察人员辞职、退休三年内，不得从事与监察和司法工作相关联且可能发生利益冲突的职业。	《监察法》第五十九条
期间	期间以时、日、月、年计算，期间开始的时和日不算在期间以内。本条例另有规定的除外。 按照年、月计算期间的，到期月的对应日为期间的最后一日；没有对应日的，月末日为期间的最后一日。 期间的最后一日是法定休假日的，以法定休假日结束的次日为期间的最后一日。但被调查人留置期间应当至到期之日为止，不得因法定休假日而延长。	《实施条例》第二百八十五条

五、中央和国家机关工作人员赴地方差旅住宿费标准明细表

（财行〔2016〕71号）

单位：元/人·天

序号	地区（城市）		住宿费标准			旺季地区	旺季浮动标准			
			部级	司局级	其他人员		旺季期间	旺季上浮价		
								部级	司局级	其他人员
1	北京	全市	1100	650	500					
2	天津	6个中心城区、滨海新区、东丽区、西青区、津南区、北辰区、武清区、宝坻区、静海区、蓟县	800	480	380					
		宁河区	600	350	320					
3	河北	石家庄市、张家口市、秦皇岛市、廊坊市、承德市、保定市	800	450	350	张家口市	7－9月、11－3月	1200	675	525
						秦皇岛市	7－8月	1200	680	500
						承德市	7－9月	1000	580	580
		其他地区	800	450	310					
4	山西	太原市、大同市、晋城市	800	480	350					
		临汾市	800	480	330					
		阳泉市、长治市、晋中市	800	480	310					
		其他地区	800	400	240					

续表

<table>
<tr><th rowspan="3">序号</th><th rowspan="3" colspan="2">地区（城市）</th><th colspan="3">住宿费标准</th><th rowspan="3">旺季地区</th><th colspan="4">旺季浮动标准</th></tr>
<tr><th rowspan="2">部级</th><th rowspan="2">司局级</th><th rowspan="2">其他人员</th><th rowspan="2">旺季期间</th><th colspan="3">旺季上浮价</th></tr>
<tr><th>部级</th><th>司局级</th><th>其他人员</th></tr>
<tr><td rowspan="4">5</td><td rowspan="4">内蒙古</td><td>呼和浩特市</td><td>800</td><td>460</td><td>350</td><td></td><td></td><td></td><td></td><td></td></tr>
<tr><td rowspan="3">其他地区</td><td rowspan="3">800</td><td rowspan="3">460</td><td rowspan="3">320</td><td>海拉尔市、满洲里市、阿尔山市</td><td>7－9月</td><td>1200</td><td>690</td><td>480</td></tr>
<tr><td>二连浩特市</td><td>7－9月</td><td>1000</td><td>580</td><td>400</td></tr>
<tr><td>额济纳旗</td><td>9－10月</td><td>1200</td><td>690</td><td>480</td></tr>
<tr><td rowspan="2">6</td><td rowspan="2">辽宁</td><td>沈阳市</td><td>800</td><td>480</td><td>350</td><td></td><td></td><td></td><td></td><td></td></tr>
<tr><td>其他地区</td><td>800</td><td>480</td><td>330</td><td></td><td></td><td></td><td></td><td></td></tr>
<tr><td>7</td><td>大连</td><td>全市</td><td>800</td><td>490</td><td>350</td><td>全市</td><td>7－9月</td><td>960</td><td>590</td><td>420</td></tr>
<tr><td rowspan="2">8</td><td rowspan="2">吉林</td><td>长春市、吉林市、延边州、长白山管理区</td><td>800</td><td>450</td><td>350</td><td>吉林市、延边州、长白山管理区</td><td>7－9月</td><td>960</td><td>540</td><td>420</td></tr>
<tr><td>其他地区</td><td>750</td><td>400</td><td>300</td><td></td><td></td><td></td><td></td><td></td></tr>
<tr><td rowspan="2">9</td><td rowspan="2">黑龙江</td><td>哈尔滨市</td><td>800</td><td>450</td><td>350</td><td>哈尔滨市</td><td>7－9月</td><td>960</td><td>540</td><td>420</td></tr>
<tr><td>其他地区</td><td>750</td><td>450</td><td>300</td><td>牡丹江市、伊春市、大兴安岭地区、黑河市、佳木斯市</td><td>6－8月</td><td>900</td><td>540</td><td>360</td></tr>
<tr><td>10</td><td>上海</td><td>全市</td><td>1100</td><td>600</td><td>500</td><td></td><td></td><td></td><td></td><td></td></tr>
<tr><td rowspan="2">11</td><td rowspan="2">江苏</td><td>南京市、苏州市、无锡市、常州市、镇江市</td><td>900</td><td>490</td><td>380</td><td></td><td></td><td></td><td></td><td></td></tr>
<tr><td>其他地区</td><td>900</td><td>490</td><td>360</td><td></td><td></td><td></td><td></td><td></td></tr>
</table>

续表

序号	地区（城市）		住宿费标准			旺季地区	旺季浮动标准			
			部级	司局级	其他人员		旺季期间	旺季上浮价		
								部级	司局级	其他人员
12	浙江	杭州市	900	500	400					
		其他地区	800	490	340					
13	宁波	全市	800	450	350					
14	安徽	全省	800	460	350					
15	福建	福州市、泉州市、平潭综合实验区	900	480	380					
		其他地区	900	480	350					
16	厦门	全市	900	500	400					
17	江西	全省	800	470	350					
18	山东	济南市、淄博市、枣庄市、东营市、烟台市、潍坊市、济宁市、泰安市、威海市、日照市	800	480	380	烟台市、威海市、日照市	7－9月	960	570	450
		其他地区	800	460	360					
19	青岛	全市	800	490	380	全市	7－9月	960	590	450
20	河南	郑州市	900	480	380					
		其他地区	800	480	330	洛阳市	4－5月上旬	1200	720	500
21	湖北	武汉市	800	480	350					
		其他地区	800	480	320					
22	湖南	长沙市	800	450	350					
		其他地区	800	450	330					
23	广东	广州市、珠海市、佛山市、东莞市、中山市、江门市	900	550	450					
		其他地区	850	530	420					
24	深圳	全市	900	550	450					

续表

序号	地区（城市）		住宿费标准			旺季地区	旺季浮动标准			
			部级	司局级	其他人员		旺季期间	旺季上浮价		
								部级	司局级	其他人员
25	广西	南宁市	800	470	350					
		其他地区	800	470	330	桂林市、北海市	1－2月、7－9月	1040	610	430
26	海南	海口市、三沙市、儋州市、五指山市、文昌市、琼海市、万宁市、东方市、定安县、屯昌县、澄迈县、临高县、白沙县、昌江县、乐东县、陵水县、保亭县、琼中县、洋浦开发区	800	500	350	海口市、文昌市、澄迈县	11－2月	1040	650	450
						琼海市、万宁市、陵水县、保亭县	11－3月	1040	650	450
		三亚市	1000	600	400	三亚市	10－4月	1200	720	480
27	重庆	9个中心城区、北部新区	800	480	370					
		其他地区	770	450	300					
28	四川	成都市	900	470	370					
		阿坝州、甘孜州	800	430	330					
		绵阳市、乐山市、雅安市	800	430	320					
		宜宾市	800	430	300					
		凉山州	750	430	330					
		德阳市、遂宁市、巴中市	750	430	310					
		其他地区	750	430	300					
29	贵州	贵阳市	800	470	370					
		其他地区	750	450	300					

续表

<table>
<tr><th rowspan="3">序号</th><th rowspan="3" colspan="2">地区
（城市）</th><th colspan="3">住宿费标准</th><th rowspan="3">旺季地区</th><th colspan="4">旺季浮动标准</th></tr>
<tr><th rowspan="2">部级</th><th rowspan="2">司局级</th><th rowspan="2">其他人员</th><th rowspan="2">旺季期间</th><th colspan="3">旺季上浮价</th></tr>
<tr><th>部级</th><th>司局级</th><th>其他人员</th></tr>
<tr><td rowspan="2">30</td><td rowspan="2">云南</td><td>昆明市、大理州、丽江市、迪庆州、西双版纳州</td><td>900</td><td>480</td><td>380</td><td></td><td></td><td></td><td></td><td></td></tr>
<tr><td>其他地区</td><td>900</td><td>480</td><td>330</td><td></td><td></td><td></td><td></td><td></td></tr>
<tr><td rowspan="2">31</td><td rowspan="2">西藏</td><td>拉萨市</td><td>800</td><td>500</td><td>350</td><td>拉萨市</td><td>6－9月</td><td>1200</td><td>750</td><td>530</td></tr>
<tr><td>其他地区</td><td>500</td><td>400</td><td>300</td><td>其他地区</td><td>6－9月</td><td>800</td><td>500</td><td>350</td></tr>
<tr><td rowspan="6">32</td><td rowspan="6">陕西</td><td>西安市</td><td>800</td><td>460</td><td>350</td><td></td><td></td><td></td><td></td><td></td></tr>
<tr><td>榆林市、延安市</td><td>680</td><td>350</td><td>300</td><td></td><td></td><td></td><td></td><td></td></tr>
<tr><td>杨凌区</td><td>680</td><td>320</td><td>260</td><td></td><td></td><td></td><td></td><td></td></tr>
<tr><td>咸阳市、宝鸡市</td><td>600</td><td>320</td><td>260</td><td></td><td></td><td></td><td></td><td></td></tr>
<tr><td>渭南市、韩城市</td><td>600</td><td>300</td><td>260</td><td></td><td></td><td></td><td></td><td></td></tr>
<tr><td>其他地区</td><td>600</td><td>300</td><td>230</td><td></td><td></td><td></td><td></td><td></td></tr>
<tr><td rowspan="2">33</td><td rowspan="2">甘肃</td><td>兰州市</td><td>800</td><td>470</td><td>350</td><td></td><td></td><td></td><td></td><td></td></tr>
<tr><td>其他地区</td><td>700</td><td>450</td><td>310</td><td></td><td></td><td></td><td></td><td></td></tr>
<tr><td rowspan="5">34</td><td rowspan="5">青海</td><td>西宁市</td><td>800</td><td>500</td><td>350</td><td>西宁市</td><td>6－9月</td><td>1200</td><td>750</td><td>530</td></tr>
<tr><td>玉树州、果洛州</td><td>600</td><td>350</td><td>300</td><td>玉树州</td><td>5－9月</td><td>900</td><td>525</td><td>450</td></tr>
<tr><td>海北州、黄南州</td><td>600</td><td>350</td><td>250</td><td>海北州、黄南州</td><td>5－9月</td><td>900</td><td>525</td><td>375</td></tr>
<tr><td>海东市、海南州</td><td>600</td><td>300</td><td>250</td><td>海东市、海南州</td><td>5－9月</td><td>900</td><td>450</td><td>375</td></tr>
<tr><td>海西州</td><td>600</td><td>300</td><td>200</td><td>海西州</td><td>5－9月</td><td>900</td><td>450</td><td>300</td></tr>
<tr><td rowspan="2">35</td><td rowspan="2">宁夏</td><td>银川市</td><td>800</td><td>470</td><td>350</td><td></td><td></td><td></td><td></td><td></td></tr>
<tr><td>其他地区</td><td>800</td><td>430</td><td>330</td><td></td><td></td><td></td><td></td><td></td></tr>
</table>

续表

序号	地区（城市）		住宿费标准			旺季地区	旺季浮动标准			
			部级	司局级	其他人员		旺季期间	旺季上浮价		
								部级	司局级	其他人员
36	新疆	乌鲁木齐市	800	480	350					
		石河子市、克拉玛依市、昌吉州、伊犁州、阿勒泰地区、博州、吐鲁番市、哈密地区、巴州、和田地区	800	480	340					
		克州	800	480	320					
		喀什地区	780	480	300					
		阿克苏地区	700	450	300					
		塔城地区	700	400	300					

六、参考法规名录及案例索引

1. 本书必读法规名录

发文机关	文件名称	发文字号
最高人民法院	关于审理贪污、职务侵占案件如何认定共同犯罪几个问题的解释	法释〔2000〕15号
最高人民法院	关于审理单位犯罪案件具体应用法律有关问题的解释	法释[一九九九]十四号
最高人民法院、最高人民检察院	关于常见犯罪的量刑指导意见（试行）	法发〔2021〕21号
最高人民法院、最高人民检察院、公安部、司法部	关于对判处管制、宣告缓刑的犯罪分子适用禁止令有问题的规定（试行）	法发〔2011〕9号
最高人民法院、最高人民检察院、公安部、司法部	社区矫正法实施办法	司发通〔2020〕59号
最高人民法院、最高人民检察院	关于办理职务犯罪案件认定自首、立功等量刑情节若干问题的意见	法发〔2009〕13号
最高人民法院	关于刑事裁判涉财产部分执行的若干规定	法释〔2014〕13号
最高人民法院、最高人民检察院	关于办理职务犯罪案件严格适用缓刑、免予刑事处罚若干问题的意见	法发〔2012〕17号
最高人民法院	关于办理减刑、假释案件具体应用法律的规定	法释〔2016〕23号
最高人民法院	关于减刑、假释案件审理程序的规定	法释〔2014〕5号
最高人民检察院	人民检察院办理减刑、假释案件规定	高检发监字〔2014〕8号
最高人民法院、最高人民检察院	关于办理贪污贿赂刑事案件适用法律若干问题的解释	法释〔2016〕9号
最高人民法院、最高人民检察院	关于办理国家出资企业中职务犯罪案件具体应用法律若干问题的意见	法发〔2010〕49号

续表

最高人民法院、最高人民检察院	关于办理商业贿赂刑事案件适用法律若干问题的意见	法发〔2008〕33 号
最高人民法院	全国法院审理经济犯罪案件工作座谈会纪要	法发〔2003〕167 号
最高人民法院、最高人民检察院	关于办理渎职刑事案件适用法律若干问题的解释（一）	法释〔2012〕18 号
最高人民检察院	关于渎职侵权犯罪案件立案标准的规定	高检发释字〔2006〕2 号
最高人民检察院	人民检察院直接受理立案侦查的渎职侵权重特大案件标准（试行）	高检发〔2001〕13 号
最高人民检察院、公安部	关于公安机关管辖的刑事案件立案追诉标准的规定（一）	公通字〔2008〕36 号
最高人民检察院、公安部	关于公安机关管辖的刑事案件立案追诉标准的规定（二）	公通字〔2022〕12 号
国家林业局（现为国家林业和草原局）	中国主要栽培珍贵树种参考名录（2017 年版）	林造发〔2017〕123 号
文化部（现为文化和旅游部）	文物藏品定级标准	中华人民共和国文化部令第 19 号
最高人民法院	关于审理伪造货币等案件具体应用法律若干问题的解释	法释〔2000〕26 号
最高人民法院	关于审理伪造货币等案件具体应用法律若干问题的解释（二）	法释〔2010〕14 号
最高人民法院	全国法院审理金融犯罪案件工作座谈会纪要	法〔2001〕8 号
最高人民法院、最高人民检察院	关于办理危害生产安全刑事案件适用法律若干问题的解释	法释〔2015〕22 号
最高人民法院	关于进一步加强危害生产安全刑事案件审判工作的意见	法发〔2011〕20 号

2. **本书案例详情请扫描下方二维码：**

图书在版编目（CIP）数据

监察机关职务犯罪调查法律实务 / 韩玉胜，王达主编．—2 版．—北京：中国法制出版社，2022. 12
ISBN 978 – 7 – 5216 – 2823 – 4

Ⅰ. ①监… Ⅱ. ①韩…②王… Ⅲ. ①职务犯罪 – 研究 – 中国 Ⅳ. ①D924. 304

中国版本图书馆 CIP 数据核字（2022）第 142157 号

责任编辑　李宏伟　　　　封面设计　杨鑫宇

监察机关职务犯罪调查法律实务

JIANCHA JIGUAN ZHIWU FANZUI DIAOCHA FALÜ SHIWU

主编/韩玉胜　王达

经销/新华书店

印刷/河北华商印刷有限公司

开本/710 毫米×1000 毫米　16 开　　　　印张/ 28. 25　字数/ 361 千

版次/2022 年 12 月第 2 版　　　　2022 年 12 月第 1 次印刷

中国法制出版社出版

书号 ISBN 978 – 7 – 5216 – 2823 – 4　　　　定价：98. 00 元

北京市西城区西便门西里甲 16 号西便门办公区

邮政编码：100053　　　　传真：010 – 63141600

网址：http：//www. zgfzs. com　　　　**编辑部电话：010 – 63141836**

市场营销部电话：010 – 63141612　　　　**印务部电话：010 – 63141606**

（如有印装质量问题，请与本社印务部联系。）